Suzan Stutz

Islam und Moderne

Ein Abriss über die innermuslimische Diskussion im 20. Jahrhundert

Islam und Moderne

Ein Abriss über die innermuslimische Diskussion
im 20. Jahrhundert

von
Suzan Stutz

Dissertation, Karlsruher Institut für Technologie (KIT)
Fakultät für Geistes- und Sozialwissenschaften
Tag der mündlichen Prüfung: 18. April 2012
Referenten: Prof. Dr. Rolf-Ulrich Kunze, PD Dr. Kurt Möser

Impressum

Karlsruher Institut für Technologie (KIT)
KIT Scientific Publishing
Straße am Forum 2
D-76131 Karlsruhe
www.ksp.kit.edu

KIT – Universität des Landes Baden-Württemberg und
nationales Forschungszentrum in der Helmholtz-Gemeinschaft

KIT Scientific Publishing 2013
Print on Demand

ISBN 978-3-86644-995-4

Islam und Moderne

ein Abriss der innermuslimischen Diskussion im 20. Jahrhundert

———————————

Zur Erlangung des akademischen Grades

DOKTOR DER PHILOSOPHIE

der

Fakultät für Geistes- und Sozialwissenschaften
Karlsruher Institut für Technologie (KIT),

genehmigte
DISSERTATION

von

Suzan Stutz (M.A.)
aus Karlsruhe

———————————

Tag der mündlichen Prüfung: 18. April 2012
Hauptreferent: Prof. Dr. Rolf-Ulrich Kunze
Korreferent: PD Dr. Kurt Möser

Inhalt

Diese Arbeit wurde gefördert durch das
Brigitte Schlieben-Lange-Programm
des Ministeriums für Wissenschaft, Forschung und Kunst Baden-Württemberg.

Einleitung[1]

Obwohl der 11. September 2001 einen „neuen, dramatischen Taktwechsel in der Geschichte"[2] zwischen dem Westen und dem Islam darstellt, steht der Islam seit dem Ende
des Ost-West-Konflikts im Zusammenhang mit der Thematik um die Wiederkehr der Religion in der internationalen Politik im Zentrum des Diskurses[3], wobei dieser unter dem
Aspekt der Bedrohung und Gefahr geführt wurde.[4] Und spätestens seitdem der Politologe
Samuel Huntington für das 21. Jahrhundert einen „Zusammenprall der Zivilisationen"[5]
voraussagte und die islamische Zivilisation als Hauptkonkurrenz des Westens identifiziert
wurde, verstärkte und verschärfte sich die Diskussion um den Islam mit dem Ergebnis,
dass das vorhandene Islambild sich zu einem aktuellen Feindbild entwickelt hat. Ausgelöst durch die Iranische Revolution in den Jahren 1978/79 und massiv verstärkt durch
die Attentate des 11. September 2001 hat sich in der westlichen Perzeption eine Struktur
etabliert, die den Islam in hohem Maße mit Gewalt- und Konfliktthemen, wie dem internationalen Terrorismus, in Verbindung bringt. Aus dieser Wahrnehmung heraus wird
auch behauptet, dass der so genannte „Islamische Fundamentalismus bzw. Islamismus"[6]
die Moderne bedrohe mit der Begründung, dass der Islam mit der westlichen Moder-

---

1   Für eine bessere Lesbarkeit des Textes wurde auf die wissenschaftliche Transkription der arabischen, türkischen
    und persischen Wörter verzichtet.
2   Peter Norman Waage: Islam und die moderne Welt. Versuch eines Dialogs. Dornach 2004. S. 9.
3   Siehe dazu Scott M. Thomas: The Global Resurgence of Religion and the Transformation of International Rela-
    tions. New York 2005.
4   Johannes Reissner: Islam in der Weltgesellschaft. Wege in eine eigene Moderne. Berlin 2007. S. 7.
5   Samuel P. Huntington: Kampf der Kulturen. Die Neugestaltung der Weltpolitik im 21. Jahrhundert. Wien, Mün-
    chen 1996.
6   Ernst Nolte: Die dritte radikale Widerstandsbewegung: Der Islamismus. Berlin 2009.

nität nicht zu vereinbaren sei. Um diese Thesenbildung verstehen zu können, muss auf die Gedankenwelt der Aufklärung zurückgegriffen werden, die zu einer Konstante wurde, mit der die Rückständigkeit anderer Kulturen definiert werden konnte. Die Maßstäbe der Aufklärung wurden auch an die Zustände in der muslimischen Welt angelegt, und als Ursache für deren Rückständigkeit wurde der Islam als Religion verantwortlich gemacht, der durch seine dogmatischen und mittelalterlichen Lehren nicht in der Lage sei, sich ausreichend zu reformieren, um seinen Platz in der Moderne einnehmen zu können. In diesem Zusammenhang wurde und wird den Muslimen immer wieder vorgeworfen, die Normen des Westens nicht zu beachten, was sich vor allem in der hiesigen Integrationsdiskussion widerspiegelt.[7]

Obwohl zum Thema „Der Islam in der Moderne" diverse Publikationen vorliegen, blieb eine umfassende geschichtswissenschaftliche Aufarbeitung dieses Themenkomplexes bis dato ein Forschungsdesiderat. Neben einer Vielzahl von journalistischen Veröffentlichungen beschäftigten sich auch unterschiedliche Wissenschaftsdisziplinen mit diesem Phänomen. Insbesondere die Fachrichtungen Islamwissenschaften, Orientalistik und Politikwissenschaften nahmen sich seit den siebziger Jahren überwiegend dieser Thematik an.[8]

Obgleich die meisten dieser Wissenschaftler[9] die Art und Weise, wie sich westliche Medien mit dem Thema Islam beschäftigen, sowie die Auswirkungen auf die öffentliche Meinungsbildung kritisierten, bildete diese für viele Forschende den Ausgangspunkt ihrer Betrachtungen. Aus diesem Grund fragen die meisten Untersuchungen nach dem Aufkommen des so genannten Islamischen Fundamentalismus[10], der in den letzten Jahren mit

---

7   Vgl. Ahmet Toprak: Integrationsunwillige Muslime? Ein Milieubericht. Freiburg im Breisgau 2010. Adel Theodor Khoury, Peter Heine, Janbernd Oebbecke (Hrsg.): Handbuch Recht und Kultur des Islams in der deutschen Gesellschaft: Probleme im Alltag – Hintergründe – Antworten. Gütersloh 2000.

8   Im Weiteren werden nur die jüngsten Erscheinungen bzw. Standardwerke zu den einzelnen Themen angegeben. Adel Theodor Khoury, Peter Heine, Janbernd Oebbecke (Hrsg.): Handbuch Recht und Kultur des Islams in der deutschen Gesellschaft. Probleme im Alltag – Hintergründe – Antworten. Gütersloh 2000.

9   Im Weiteren wird aufgrund der besseren Lesbarkeit auf die weibliche Form verzichtet.

10   Der Begriff des islamischen Fundamentalismus ist problematisch, da darunter alle möglichen unterschiedlichen Erscheinungsformen zusammengefasst werden, die oft nicht zusammengehören. Siehe dazu Azmi Bishara: Religion und Politik im Nahen und Mittleren Osten. In: Jochen Hippler, Andrea Lueg (Hrsg.): Feindbild Islam oder Dialog der Kulturen. Hamburg 2002. S. 116-158. Dorothee C. von Tippelskirch, Rolf Hanusch (Hrsg.):

dem „Islamismus"[11] und „Terrorismus"[12] in Verbindung gebracht worden ist. Die Autoren setzen jedoch nicht nur unterschiedliche thematische Schwerpunkte, sondern vertreten auch völlig verschiedene Betrachtungsweisen, die folgendermaßen geordnet werden können:

Eine wichtige Perspektivierung bildet die Konzentration auf ein bestimmtes Land oder eine Region[13], wobei hier die inhaltlichen Akzente beispielsweise auf islamischen Gruppen bzw. Organisationen und ihrer Agitation[14] oder der Frage nach der Verflechtung von Religion und Politik liegen. Einen großen Bereich in der Erforschung der modernen Erscheinung des Islam nimmt die Darstellung der so genannten Islamischen Bewegungen ein, die diverse Aspekte beinhaltet: die Beschreibung des räumlichen und zeitlichen Auftretens[15], die Ursachenforschung[16], die Darstellung fundamentalistischer Ideologien[17], die Behandlung des Verhältnisses der Trägergruppen zum Staat[18] bzw. die Beziehung zwi-

---

Fundamentalismus in der Moderne. Tübingen 1999.

11 Vgl. dazu Tilman Nagel: Islam oder Islamismus? Problem einer Grenzziehung. In: Hans Zehetmair (Hrsg.): Der Islam. Im Spannungsfeld von Konflikt und Dialog. Wiesbaden 2005. S. 22 ff.

12 Michel Dormal: Terror und Politik. Eine politische Analyse des Islamismus aus Sicht einer kritischen Theorie von Antisemitismus und totaler Herrschaft. Berlin 2009.

13 Khalid al-Maaly (Hrsg.): Die arabische Welt. Zwischen Tradition und Moderne. Heidelberg 2004. Nadjma Yassari (Hrsg.): The Scharia in the constitutions of Afghanistan, Iran and Egypt: implications for private law. Tübingen 2005. Beate Sträter: Zwischen Radikalisierung und Integration: Politischer Islam in Ägypten und christliche Befreiungstheologie in Brasilien. Baden-Baden 2007. Georg Stauth: Herausforderung Ägypten. Religion und Authentizität in der globalen Moderne. Bielefeld 2010. Gudrun Krämer: Demokratie im Islam. Der Kampf für Toleranz und Freiheit in der arabischen Welt. München 2011.

14 Denis Engelleder: Die islamistische Bewegung in Jordanien und Palästina: 1945-1989. Wiesbaden 2002. Udo Ulfkotte: Heiliger Krieg in Europa: wie die radikale Muslimbruderschaft unsere Gesellschaft bedroht. Frankfurt am Main 2007. Quintan Wiktorowicz: The management of Islamic activism: Salafis, the Muslim Brotherhood and state power in Jordan. New York 2001. Gudrun Krämer: Gottes Staat als Republik. Reflexionen zeitgenössischer Muslime zu Islam, Menschenrechten und Demokratie. Baden-Baden 1999.

15 Werner Ende, Udo Steinbach (Hrsg.): Der Islam in der Gegenwart. München 2000.

16 Rainer Werle, Renate Kreile: Renaissance des Islam. Das Beispiel Türkei. Hamburg 2000. Fatema Mernessi: Die Angst vor der Moderne. Frauen und Männer zwischen Islam und Demokratie. Hamburg 1992. Dan Diner: Versiegelte Zeit. Über den Stillstand in der islamischen Welt. Berlin 2007. Christina von Braun, Christina Mathes: Verschleierte Wirklichkeit. Die Frau, der Islam und der Westen. Berlin 2007.

17 Wolfgang Günter Lerch: Denker des Propheten: die Philosophie des Islam. Düsseldorf 2000. Stefan Makowski: Allahs Diener in Europa: Denker und Dichter im Dialog mit dem Islam. Zürich 1997.

18 Raif Georges Khoury: Politik und Religion im Islam und die Probleme der Entwicklung der arabisch-islamischen Welt in der modernen Zeit: der Beitrag der Reformen. Heidelberg 2007. Nader Purnaqchéband: Islamismus als politische Theologie: Selbstdarstellung und Gegenentwurf zum Projekt der Moderne. Münster, Hamburg, London 2002.

schen Staaten oder auch Kontinenten[19]. Obwohl die jeweilige Fragestellung methodisch individuell behandelt wird, haben sich in der wissenschaftlichen Diskussion zwei Haupttraditionen herauskristallisiert, die allerdings in gewissem Maße in einem antagonistischen Verhältnis zueinander stehen. So hat sich auf der einen Seite die so genannte „historisch-orientalisch ausgerichtete Sichtweise"[20] herausgebildet, deren wichtigster Forschungsbereich die Erschließung und die Kommentierung der schriftlichen Quellen sind, welche wiederum Aufschluss über die Erforschung des Orients und somit auch des muslimischen Kerngebietes bieten. Insofern ist die klassische Methode der Orientalistik[21] als philologisch zu bezeichnen, denn die Sicht auf die Kultur, das menschliche Verhalten sowie das Verhältnis von Religion und Politik innerhalb der muslimischen Welt wird im Wesentlichen auf der Grundlage von Texten gewonnen.[22] Doch diese Vorgehensweise wurde hauptsächlich wegen ihrer eindimensionalen Interpretation der geschichtlichen Entwicklung kritisiert, welche auf die spezielle Betrachtungsweise des Orients zurückzuführen ist.[23]

Auf der anderen Seite entwickelte sich die „kontextuell-sozialwissenschaftlich ausgerichtete und übergreifende Sichtweise"[24], welche den Ansatz verfolgt, dass ein Tatbestand erst dann vollständig erfasst werden kann, wenn sein Kontext mitbetrachtet wird. Allerdings muss an dieser Stelle erwähnt werden, dass solch eine kontextuelle Forschung erst durchgeführt werden kann, wenn bereits ein gewisses Maß an Wissensbeständen sowohl über die eigene als auch über die fremde Gesellschaft und Kultur vorhanden ist.[25] Aus diesem Grund werden die Erkenntnisse, die aus der historisch-orientalischen Perspektive

---

19   Bernhard Lewis: Die Wut der arabischen Welt. Warum der jahrhundertelange Konflikt zwischen dem Islam und dem Westen weiter eskaliert. Frankfurt 2003. Franco Cardini: Europa und der Islam. Geschichte eines Missverständnisses. München 2000. Hans Fischer-Barnicol: Die islamische Welt und Europa. Kulturelle Verständigung als politische Herausforderung. Stuttgart 1991.

20   Hanna Lücke: „Islamischer Fundamentalismus" – Rückfall ins Mittelalter oder Wegbereiter der Moderne? Die Stellungnahme der Forschung. Berlin 1993. S. 54.

21   Die Islamwissenschaften, Arabistik etc. werden im gängigen Sprachgebrauch oft in den Begriff Orientalistik miteingeschlossen, da sie als sich überschneidende, ihr untergeordnete oder zugeordnete Fächer bewertet werden.

22   Edmund Burke: Understanding Arab Protest Movements 1750-1925. In: Arab Studies Quarterly 8/1986. S. 333 f.

23   Hanna Lücke: „Islamischer Fundamentalismus" – Rückfall ins Mittelalter oder Wegbereiter der Moderne? Die Stellungnahme der Forschung. Berlin 1993. S. 60 f.

24   Ebenda. S. 54.

25   Vgl. dazu Jaques Waardenburg: Religionen und Religion. Berlin 1986. S. 38 f.

gewonnen wurden, als Vorwissen für die Formulierung der erkenntnisleitenden Fragestellung in kontextuell-sozialwissenschaftlicher Hinsicht verwendet. Trotzdem unterscheiden sich die beiden Ansätze insofern, als sie unterschiedliche Quellen für die zu untersuchende Fragestellung heranziehen. Da sich die sozialwissenschaftliche Forschungsperspektive auf die Erschließung des jeweiligen kulturellen Idioms unter besonderer Einbeziehung des ökonomischen, politischen und sozialen Hintergrunds konzentriert, wird das als Quelle deklariert, was Aufschluss über die materiellen Bedingungen und den politisch-sozialen Kontext gibt. Im Gegensatz dazu beschäftigt sich die orientalistische Sichtweise bis heute mit dem religiösen Schrifttum, obgleich verschiedene Herangehensweisen und innovative Perspektivierungen den wissenschaftlichen Diskurs entschieden bereichert haben.[26] Werden nun die Mängel der sozialwissenschaftlichen Herangehensweise betrachtet, so muss vermerkt werden, dass vor allem durch das Fehlen eines historischen Kontextes die gewonnenen Sachverhalte nicht in einen Gesamtrahmen eingebettet werden können. Insgesamt kann festgehalten werden, dass sich teilweise keine klare Trennlinie zwischen beiden Ansätzen ziehen lässt, so dass eine Vermischung der methodischen Vorgehensweisen zu verzeichnen ist.[27]

Im Westen hat sich der Islam zu einem *media event* entwickelt, was auch die Wissenschaft veranlasst, den Islam als Weltreligion aus unterschiedlichen Perspektiven zu beleuchten[28], auch um vorhandene gesellschaftliche Wissensdefizite zu beseitigen. Einen wichtigen Platz nimmt dabei die Beschreibung der Probleme und Missstände in den muslimischen Ländern ein, die im Wesentlichen mit folgenden Stichpunkten zusammengefasst werden können: die offensichtlichen Defizite der gesellschaftlichen Mobilisierung, die Blockade der technisch-wissenschaftlichen Entwicklung, die andauernde Präsenz eines allgegenwärtigen Staates, die Schwäche der politischen Institutionen, der Mangel an Demokratie und Menschenrechten. Eine solche Herangehensweise impliziert aber un-

---

26 Edward Said: Orientalism. London 2003. Und vgl. dazu Isolde Kurz: Vom Umgang mit dem anderen: Die Orientalismus-Debatte zwischen Alteritätsdiskurs und interkultureller Kommunikation. Würzburg 2000.

27 Hanna Lücke: „Islamischer Fundamentalismus" – Rückfall ins Mittelalter oder Wegbereiter der Moderne? Die Stellungnahme der Forschung. Berlin 1993. S. 60.

28 Vgl. dazu Peter Normann Waage: Islam und die Moderne. Versuch eines Dialogs. Dornach 2004. Siehe dazu außerdem Muhammad Allafi: Islam, Gesellschaft und europäische Moderne. Chancen und Hindernisse für Demokratie und Zivilgesellschaft. Frankfurt am Main 2002.

terschwellig zwei wesentliche Motive, denn zum einem unterstellt sie eine dualistische
Trennung zwischen „dem Islam" und „dem Westen", wobei die antiwestliche Demagogie
als Beweis für die „unüberbrückbare Gegensätzlichkeit der beiden Systeme"[29] gewertet
wird. Zum anderen wird durch die unpolitische und kulturalisierende Darstellung des
zeitwidrigen islamischen Fundamentalismus in Abgrenzung zur westlichen Moderne die
Rückwärtsgewandtheit der gesamten islamischen Welt suggeriert, die sich in den Protest-
bewegungen der Muslime im Allgemeinen widerspiegele. Zwar fordern die Forscher[30]
eine differenzierte Betrachtungsweise des Islam bzw. der Muslime sowie deren nüchter-
ne Vermittlung, doch stellt neben den sprachlichen Barrieren der kulturelle Zugang die
größte Schwierigkeit dar. Aus diesem Grund ist es notwendig, das Konstrukt „Der Islam
in der Moderne" aus muslimischer Perspektive heraus zu betrachten, um dadurch einen
tieferen Einblick in den innermuslimischen Diskurs zu dieser Thematik zu erhalten.

Insbesondere seit dem 19. Jahrhundert wurde die muslimische Welt im Zuge der imperialistischen Bestrebungen von den europäischen Mächten militärisch und wirtschaftlich durchdrungen, so dass die direkte Präsenz der Kolonialherren die muslimischen
Gesellschaften auch geistig beeinflusste. Vor allem die technologisch-wissenschaftliche
Überlegenheit des Westens löste eine gewisse Bewunderung[31] unter der muslimischen Bevölkerung aus, es entstanden jedoch auch unterschiedliche Ideologien, wie beispielsweise
der Panislamismus[32] oder auch der arabische Nationalismus[33], die sowohl als Reaktion auf
die ungewollte Fremdbestimmung als auch als Resultat des Zusammenpralls der muslimischen Zivilisation mit der europäischen Moderne bewertet werden können. Allerdings

---

29   Siehe dazu Dorothee Bölke: Drei Mann in einem Boot: Der islamische Fundamentalismus bei Peter Scholl-La-
      tour, Gerhard Konzelmann und Bassam Tibi. In: Verena Klemm, Karin Hörner (Hrsg.): Das Schwert des „Exper-
      ten". Heidelberg 1993. S. 201.

30   Jochen Hippler, Andrea Lueg (Hrsg.): Feindbild Islam oder Dialog der Kulturen. Hamburg 2002.

31   Bassam Tibi: Vom Gottesreich zum Nationalstaat. Islam und panarabischer Nationalismus. Frankfurt am Main
      1987. S. 65.

32   Robert Lautenschlager: Der Modernisierungsprozess in der Türkei und seine strukturellen und räumlichen Wi-
      dersprüche. Weiden, Regensburg 1996. S. 38.

33   Theodor Hanf: Zwischen arabischem Nationalismus und Islamismus. Soziale und politische Krisen im Nahen
      Osten. In: Jürgen Schwarz (Hrsg.): Der politische Islam. Intentionen und Wirkungen. Paderborn 1993. S. 157.

muss auch festgehalten werden, dass sie inhaltlich den Versuch einer indigenen Selbstbestimmung in gewandelter Zeit darstellten.

Obwohl die Beziehung zwischen der westlichen und der muslimischen Zivilisation auf eine lange Tradition zurückgeht, welche schon seit langer Zeit von tiefgreifenden Vorurteilen und stark negativ beladenen stereotypen Vorstellungen geprägt war, stellte die Begegnung in der neuzeitliche Begegnung eine neue Form der Konfrontation dar, denn insbesondere in Zeiten der Selbstbehauptung und des Anspruchs auf Selbstbestimmung verändern Gesellschaften das vorhandene Selbstbild, was oft durch klare Abgrenzung vom Fremden geschieht. Dieser Mechanismus dient der Selbstdefinition eines Individuums, einer Gruppe, eines Volkes oder eben einer Nation, wobei der oder das Fremde eine wichtige Funktion einnimmt, so dass der Umgang mit dem Fremden im Selbstverständnis des Eigenen eine entscheidende Rolle spielt.[34]

Aus dieser Perspektivierung heraus geht die vorliegende Arbeit mit dem Titel „Islam und Moderne – ein Abriss der innermuslimischen Diskussion im 20. Jahrhundert" der Frage nach, wie die muslimische Welt den modernen Westen charakterisiert hat und wie das Verhältnis von Islam und Moderne bewertet wurde. Denn im 20. Jahrhundert bildeten neben der Ausrufung der Iranischen Revolution der Zusammenbruch des Osmanischen Reiches und die Staatsgründung Israels die wichtigsten Zäsuren in der Geschichte der muslimischen Welt. Diese Ereignisse brachten nicht nur geopolitische und wirtschaftliche Veränderungen mit sich, sondern den muslimischen Menschen auch immer stärker zu Bewusstsein, dass sie sich in einer tiefgreifenden Krise befanden, die sich sowohl auf die eigene Identität bezog als auch wirtschaftliche, soziale und politische Aspekte mit einschloss. So ist grundsätzlich die Frage relevant, wie in einem muslimischen Diskurs der krisenhaften Lage begegnet wurde und welche Lösungsvorschläge formuliert wurden. Um dies realisieren zu können, steht folgende erkenntnisleitende Fragestellung im Fokus der Untersuchung: Nimmt der Islam in der Debatte um die Modernisierung die Rolle

---

34 Klaus Roth: „Bilder in den Köpfen". Stereotypen, Mythen, Identitäten aus ethnologischer Sicht. In: Valeria Heuberger (Hrsg.): Das Bild vom Anderen. Identitäten, Mentalitäten, Mythen und Stereotypen in multiethnischen europäischen Regionen. Frankfurt am Main 1998. S. 22 f.

des „Geburtshelfers" im Selbstfindungsprozess der Muslime ein oder verkörpert er eine modernisierungshemmende Ideologie?

Nicht nur die westlich geprägten Länder wurden von den Umbrüchen und Wandlungsprozessen der letzten zwei Jahrhunderte im besonderen Maße beeinflusst – zu nennen sind die Industrialisierung und damit zusammenhängend die grundlegenden Veränderungen der Arbeitswelt und der Unternehmen, die Urbanisierung, die Durchsetzung der Konsumgesellschaft und Massenkommunikation, die Veränderungen im sozialen Bereich und der Wertewandel –, sondern auch in den muslimischen Ländern wurde ein massiver Transformationsprozess eingeleitet. So führte die imperialistisch motivierte Durchdringung der einzelnen muslimischen Länder nicht nur zur völligen Abhängigkeit von den industrialisierten Staaten, sondern zum Zusammenbruch des Großreiches der Osmanen und zur staatlichen Neuordnung der muslimischen Länder. Auch die Frage nach der eigenen Identität und der Zugehörigkeit spielte im 20. Jahrhundert eine wesentliche Rolle. Doch vor allem die Analyse der und die Suche nach Ursachen und Lösungsvorschlägen für die Rückständigkeit der muslimischen Welt beschäftigten die muslimischen Denker. Dabei stellte der unmittelbare Vergleich mit der westlich-industrialisierten Welt den wichtigsten Bezugspunkt dar. Aus diesem Grund soll mit Hilfe des historisch-analytischen Vergleichs die Aufarbeitung der rasanten Umbrüche und Veränderungen innerhalb der muslimischen Gesellschaften nachvollzogen werden. Insbesondere die Wahl dieses Forschungsansatzes ermöglicht es, weitgefächerte Wandlungsprozesse zu erschließen[35], um im historischen Vergleich

> „im Allgemeinen die explizite und systematische Gegenüberstellung von zwei, drei oder mehreren historischen Gesellschaften, um Gemeinsamkeiten und Unterschiede sowie Prozesse der Annäherungen und Auseinanderentwicklungen zu erforschen. Dabei werden ganz selten Gesellschaften in ihrer Gesamtheit, sondern in der Regel nur eng eingegrenzte Teilaspekte verglichen. Zu den Zielen eines voll-

---

35 Vgl. dazu Hartmut Kaelble: Der historische Vergleich. Eine Einführung zum 19. und 20. Jahrhundert. Frankfurt am Main 1999. S. 53 f.

ständigen Vergleichs gehört entweder die Erklärung der vorgefundenen Unterschiede und Gemeinsamkeiten oder ihre Typisierung."[36]

Im Folgenden liegt der Schwerpunkt auf der Typisierung, da sie „die unterschiedliche innere Logik der gleichen Phänomene in verschiedenen Gesellschaften"[37] behandelt, wodurch die Verständlichkeit der jeweiligen Besonderheiten hervorgehoben werden kann.

So beanspruchte die Diskussion um die Moderne mit ihrem universellen Anspruch die völlige Aufmerksamkeit der muslimischen Welt; und Themenfelder wie Modernisierung, Säkularisierung, Demokratie und Zivilgesellschaft veränderten das muslimische Denken auf verschiedenste Art und Weise.[38]

Die vorliegende Arbeit ist in vier größere Kapitel eingeteilt: Das erste gibt einen kurzen Überblick über die Geschichte der muslimischen Welt im 20. Jahrhundert. Während die wichtigsten Ereignisse, Zäsuren und Umbrüche nur skizziert werden, stehen die kolonialen Interessen, die Folgen der beiden Weltkriege und die dekolonisierenden Bestrebungen im Vordergrund der Betrachtung.

Das nächste Kapitel umreißt das Konstrukt „Moderne als Projekt" aus westlicher Perspektive. So werden die Begriffe Moderne und Modernisierung näher beleuchtet und die wichtigsten Modernisierungstheorien erwähnt, des Weiteren wird kurz auf das Verhältnis des Islam zur Moderne in der westlichen Bewertung eingegangen.

In Kapitel drei wird die Beziehung des Islam zur Moderne im muslimischen Denken erörtert. Die dabei angeführten Monographien und Gesamtdarstellungen aus dem türkischsprachigen Raum beschäftigen sich intensiv mit den Auswirkungen der Moderne auf die muslimische Welt und im Speziellen auf das muslimische Denken.[39]

Das letzte Kapitel stellt einen Vergleich der Ansichten zweier bedeutender muslimischer Denker bzw. Gelehrter zu dem Themenkomplex „Der Islam in der Moderne" dar. Es

---

36 Ebenda. S. 12.

37 Ebenda. S. 13.

38 Muhammad Allafi: Islam, Gesellschaft und europäische Moderne. Chancen und Hindernisse für Demokratie und Zivilgesellschaft. Frankfurt am Main 2002.

39 An dieser Stelle muss betont werden, dass bei dieser Zusammenfassung keine umfassende Zusammentragung aller erschienenen Werke gewährleistet werden kann.

steht hierbei die Frage im Vordergrund, wie sie der „Modernisierung ohne Entwicklung"[40] begegneten, die in den einzelnen muslimischen Ländern von Seiten der westlichen Mächte und ihrer Verbündeten vorangetrieben wurde. Durch diese vergleichende Werkanalyse soll auch der Frage nachgegangen werden, ob ein „kollektives Gedächtnis"[41] in der muslimischen Welt im krisenbeladenen 20. Jahrhundert existiert und wie es sich möglicherweise manifestiert hat.

Die Auswahl der muslimischen Denker orientierte sich an folgenden drei Kriterien, die letztlich dem Ziel dienten, ein möglichst breitgefächertes Bild präsentieren zu können. Erstens sollten sie aus unterschiedlichen Regionen der muslimischen Welt stammen, zweitens verschiedene Berufe ausüben oder zumindest unterschiedliche Bildungswege hinter sich gebracht haben, und drittens kam es darauf an, dass die Gelehrten in der muslimischen Bevölkerung einen gewissen Bekanntheitsgrad besitzen. Nach längerem Abwägen fiel die Wahl auf Necip Fazıl Kisakürek (1904-1983) und Ali Schariati (1933-1977). Kisakürek gehört bis heute zu den bedeutendsten Dichtern der Türkei. Ali Schariati hingegen wird als erster muslimischer Soziologe bezeichnet.

Bezüglich der Einschätzung der Lage der Muslime und des Islam im 20. Jahrhundert fungierten sie nicht nur als Denker, sondern galten auch als Zeitzeugen und Kommentatoren. Durch ihre Agitationen in den jeweiligen Gesellschaften sowie teilweise auch durch ihre Präsenz auf der internationalen Bühne übernahmen sie zudem die Aufgabe von Multiplikatoren. Im Werkvergleich nimmt daher die Ausarbeitung der Gemeinsamkeiten und Unterschiede in der Bewertung des Stellenwertes des Islam in der Moderne einen großen Bereich ein. Dazu ist es notwendig, wichtige Parameter zu bestimmen, die letztlich den Begriff der Moderne charakterisieren. Vor diesem Hintergrund sollen die Ansichten der Denker unter folgenden Stichpunkten zusammengetragen werden: Zivilisation, Modernisierung, soziopolitische Strukturen und Erziehung. Durch die Konzentration auf bestimmte Aspekte ihrer Ansichten besteht zwar die Gefahr, sie aus dem Gesamtkontext herauszureißen oder wichtige Perspektivierungen zu vernachlässigen, für die Beantwor-

---

40   Siehe dazu Christian Giordano: Die Betrogenen der Geschichte. Überlagerungsmentalität und Überlagerungsrationalität in mediterranen Gesellschaften. Frankfurt am Main, New York 1992.

41   Maurice Halbwachs: Das kollektive Gedächtnis. Frankfurt am Main 1991.

tung der erkenntnisleitenden Fragestellungen ist jedoch eine kategorisierte Analyse der Quellen unausweichlich. Um trotzdem ein Gesamtbild der Lehren des jeweiligen Denkers liefern zu können, werden diese vorab kurz zusammengefasst.

Bevor nun im ersten Kapitel knapp in die Geschichte der muslimischen Welt im 20. Jahrhundert eingeführt wird, ist eine Klärung der Frage erforderlich, auf welche Art und Weise die muslimische Welt zu definieren ist.

1 Die Geschichte der muslimischen Welt im 20. Jahrhundert

Unter „islamischer Welt" werden im Allgemeinen alle Regionen, Länder und Gesellschaften zusammengefasst, in denen überwiegend Muslime und Musliminnen leben und die durch einen historischen Bezug an die Entfaltung und Entwicklung des Islam gebunden sind. Diese Definition impliziert auch die Vorstellung, dass diese Welt durch die Religion des Islam eine Einheit bildet, wobei der Islam bis heute als Grundidentität betrachtet wird.[42] So schließt dieser Begriff der islamischen Welt zum einen Gesellschaften ein, in denen Teilaspekte des Islam sichtbar bzw. präsent sind (Saudi-Arabien, Iran, Sudan, Afghanistan, Pakistan), und zum anderen umfasst er multireligiöse Gesellschaften, deren Bevölkerungsmehrheiten sich zum Islam bekennen (Syrien, Irak, Libanon, Malaysia, Indonesien), schließlich bezieht er auch säkulare bzw. laizistische Gesellschaften mit ein (Türkei, Albanien, Kasachstan, Ägypten). Aufgrund ihrer gemeinsamen historischen Erfahrungen mit der osmanischen Herrschaft und der kolonialen Präsenz europäischer Mächte, aber auch aufgrund des Prozesses der Nationalstaatsgründungen lassen sich alle 22 arabischen Länder unter diesen Begriff „subsumieren"[43]. Der im Jahr 1969 gegründeten Organization of the Islamic Conference (OIC) gehören heute insgesamt 56 Länder an.

Allerdings darf diese Welt nicht als monolithischer Block verstanden werden, denn trotz übergreifender Bewegungen, Bezüge und gemeinsamer Fundamente weisen die Re-

---

42 Siehe dazu Reinhard Schulze: Geschichte der islamischen Welt im 20. Jahrhundert. München 2002. S. 11 f.

43 Gerdien Jonker: Einleitung. In: Gerdien Jonker, Pierre Hecker, Cornelia Schnoy (Hrsg.): Muslimische Gesellschaften in der Moderne. Ideen, Geschichten, Materialien. Wien 2007. S. 11.

gionen und Länder unterschiedliche Charakteristika auf, d. h. sie lassen sich bezüglich ihrer politischen, wirtschaftlichen oder auch sozialen Struktur sowie ihrem eigenen religiös-kulturellen Verständnis nach weiter differenzieren.

Im Weiteren wird jedoch von der „muslimischen Welt" gesprochen, um den Unterschied zwischen Islam und Muslim zu verdeutlichen, d. h. der Islam meint die Religion mit all seinen Aspekten und der Muslim gehört dem Islam an bzw. bekennt sich zum Islam. Viele Autoren haben darauf aufmerksam gemacht, dass eine große Diskrepanz zwischen etwas Islamischem und etwas Muslimischem herrschen kann und dass diese Differenzierung als außerordentlich essentiell zu betrachten und zu bewerten ist.[44]

Bereits das 19. Jahrhundert wird als die Zeit „des Umbruchs und des Neuanfangs"[45] in der muslimischen Welt bezeichnet. Zwar verliefen die Veränderungsprozesse in den verschiedenen Teilen dieser Welt unterschiedlich intensiv ab, doch waren sie sämtlich geprägt von Reformen bzw. Reformbewegungen, die sich sowohl auf den Islam als auch auf die einzelnen gesellschaftlichen Bereiche bezogen wie beispielsweise die Armee, den Staat, das Recht und die Bildung, welche wiederum die Kultur und somit die gesamten gesellschaftlichen Strukturen veränderten. Ein Grund für die Notwendigkeit solcher tiefgreifenden Umgestaltungen war die koloniale Expansion der europäischen Mächte, deren dominante Präsenz in der muslimischen Welt im Imperialismus seinen Höhepunkt fand und den Hintergrund für eine „islamische Neubesinnung"[46] darstellte. Zwar war die muslimische Welt nur ein Teil des großen kolonialen bzw. imperialen Projektes, welches entweder die direkte Beherrschung oder die informelle Durchdringung formal unabhängiger Staaten zum Ziel hatte[47], doch gelang es den europäischen Staaten insbesondere nach dem „Anglo-Ottoman Trade Agreement"[48], das Osmanische Reich kulturell und ökonomisch

---

44   Siehe dazu Emilio Platti: Christen und Muslime: Freunde oder Feinde? Herausforderung an die Moderne. Freiburg im Breisgau 2010. S. 14 ff. Für eine genaue Definition dazu siehe Amir M. A. Zaidan: Al-'Aqida. Einführung in die Iman-Inhalte. Offenbach 1999. S. 30 f.

45   Gudrun Krämer: Geschichte des Islam. München 2005. S. 263.

46   Ebenda. S. 281.

47   Vgl. dazu Gregor Schöllgen: Das Zeitalter des Imperialismus. Oldenbourg Grundriss der Geschichte. Band 15. München 2000. S. 45-66.

48   Im „Anglo-Ottoman Trade Agreement" wurde den europäischen Mächten das Recht zum Vertrieb ihrer Waren in den gesamten osmanischen Gebieten ohne jede Einschränkung gewährt. Siehe die einzelnen Vertragsbestim-

zu durchdringen. Die Schwerpunkte bildeten dabei der Ausbau der Infrastruktur und die Kontrolle des Finanz- und Kreditwesens.[49] Diese unverkennbare Unabhängigkeit zwang die osmanischen Regenten, eine reaktionäre Politik zu praktizieren, welche innerstaatliche Reformen zur Folge hatte, die zum einen zur Verwestlichung bzw. Säkularisierung der osmanischen Ordnung führten[50] und zum anderen letztlich auch den unvermeidlichen Untergang des Großreiches bedeuteten.[51]

Seit der napoleonischen Expedition nach Ägypten und der immer intensiver werdenden Konfrontation mit den europäischen Mächten im Nahen und Mittleren Osten setzte sich die Bevölkerung, insbesondere die Intellektuellen, mit den politischen Ideen Europas auseinander, wodurch spätestens seit dem 19. Jahrhundert die „muslimische Entdeckung Europas"[52] eingeleitet wurde. Europa wurde bewundert und fungierte als Vorbild, da es als Repräsentant der Moderne nicht nur den wissenschaftlichen Fortschritt und die technischen Innovationen mit einschloss, sondern auch menschlichen Fleiß, Bildung und Prosperität verkörperte. Die Folge dieser Perzeption war die Vergegenwärtigung der eigenen Rückständigkeit und Inferiorität, so dass viele Intellektuelle die einzige Lösung im Prozess der Verwestlichung sahen. Doch auch zahlreiche, religiös konnotierte Erweckungsbewegungen entstanden, die sich zum einen von der immer stärker werdenden Fremdherrschaft befreien wollten, um somit die eigene Souveränität zu erlangen, zum anderen jedoch die Wiederbelebung und insbesondere die Neuinterpretation des Islam postulierten.[53] In diesem Zusammenhang ist zu betonen, dass die oben erwähnte Bewunderung

---

mungen in Cahit Kurt: Die Türkei auf dem Weg in die Moderne. Bildung, Politik und Wirtschaft vom Osmanischen Reich bis heute. Frankfurt am Main 1989. S. 407.

49 Mehmet Reşat Nalbandoğlu: Die Industrialisierung der Türkei. München 1937. S. 23 f.

50 Diese Phase der Neuordnung wird als die Zeit des „Tanzimat" bezeichnet, welche durch die Charta „Tanzimat Fermanı" am 3. November 1839 eröffnet wurde. Ziel dieser Neuordnung war es, die Benachteiligung bzw. Rückständigkeit des Osmanenstaates gegenüber den europäischen Staaten aufzuheben, um somit den endgültigen Verfall zu verhindern. Siehe dazu Josef Matuz: Das Osmanische Reich. Grundlinien seiner Geschichte. Darmstadt 1985. S. 224-237.

51 Siehe dazu Alan Palmer: Untergang und Verfall des Osmanischen Reiches. München, Leipzig 1994.

52 Gerhard Höpp: Feindbild „Westen". Zur Rolle historischer Zäsuren beim Wandel muslimischer Europabilder seit dem 19. Jahrhundert. In: Henner Fürtig, Gerhard Höpp (Hrsg.): Wessen Geschichte? Muslimische Erfahrungen historischer Zäsuren im 20. Jahrhundert. Berlin 1998. S. 13.

53 Diese Rückbesinnung auf den wahren Islam ist ein altes Thema in der Geschichte der Muslime. So gab es bereits kurz nach dem Tod des Propheten Muhammad immer wieder Geistliche, die eine Rückbesinnung auf seine ur-

für Europa keineswegs unkritisch ablief und sich bereits am Ende des 19. Jahrhunderts Stimmen breitmachten, die sich gegen eine platte Verwestlichung aussprachen und den Schwerpunkt auf eine gesellschaftliche Modernisierung legten. Allerdings sollte dabei der Islam den Bezugsrahmen bilden.[54] Einige Reformbewegungen mündeten in militanten Aktionen, deren Motivationen unterschiedlich gelagert waren: Einige lehnten sich gegen die kolonialen Mächte auf, andere wiederum gegen staatliche Unterdrückung, doch waren zu diesem Zeitpunkt auch Gewalttaten zu verzeichnen, die sich gegen die immer stärker werdenden Säkularisierungstendenzen richteten.[55]

Obgleich in den verschiedenen Gesellschaften unterschiedlich gewichtet, kennzeichneten drei wesentliche Charakteristika die Geschichte der muslimischen Welt im 20. Jahrhundert. Das so genannte moderne Zeitalter mit seinem globalen Charakter determinierte eben auch die muslimische politische Öffentlichkeit, wobei der Bezugspunkt immer von dem Territorialstaat gebildet wurde, der auch in den muslimischen Einheitsbemühungen als Ausgangspunkt betrachtet werden kann. Das erste Charakteristikum ist das Ziel, den Territorialstaat zu erhalten. Diese Bestrebungen unterlagen drei wichtigen Phasen. In den ersten drei Jahrzehnten des 20. Jahrhunderts bildete der Staat selbst „den ideologischen Brennpunkt der politischen Öffentlichkeit"[56], wobei eben Politik mit Staatsmacht identifiziert wurde. Diese Perspektive relativierte sich mit den Ereignissen und Folgen des Zweiten Weltkrieges, Phase zwei, da die gesellschaftsorientierten Ideologien die Ideale von Fortschritt und Entwicklung bestimmten. Erst in den letzten zwanzig Jahren des Jahrhunderts, der dritten Phase, trat die „einheitliche Nationalkultur als Bezugspunkt in den Hintergrund"[57] und die Betonung lag auf kleineren Bezugsgruppen, wobei auch hier die Territorialität nicht grundlegend in Frage gestellt wurde.

---

sprüngliche Form forderten, wobei hier auf die islamische Gemeinschaft zu Lebzeiten des Propheten hingewiesen wurde. In diesem Kontext wurde auch von der Rückkehr zu den wahren Quellen des Islam, nämlich dem Koran und der *sunna*, gesprochen. So sollten die Reformen nichts Neues schaffen, sondern eine Reinigung bewirken. Für nähere Informationen siehe Gudrun Krämer: Geschichte des Islam. München 2005. S. 263-267.

54   Siehe dazu Emad Eldin Shahin: Through Muslim Eyes. M. Rashid Rida and the West. Herndon 1994. S. 50 f.

55   Karl-Heinz Ohlig: Weltreligion Islam. Eine Einführung. Mainz 2000. S. 248 ff.

56   Reinhard Schulze: Geschichte der islamischen Welt im 20. Jahrhundert. München 2002. S. 19.

57   Ebenda.

Das zweite Merkmal der muslimischen Geschichte des 20. Jahrhunderts ist der sprachliche Ausdruck der islamischen Kultur, in dem der historische Verlauf eng mit der muslimischen politischen Publizität verknüpft ist. Dieser Diskurs musste, obwohl er mit islamischen Termini und Symbolen versehen war, inhaltlich nicht immer zwingend eine religiöse Konnotation aufweisen. Denn in der Tat liefen zwei Diskurse gleichzeitig ab: die europäische und die islamischen und umgekehrt, die von einem durchgehenden Prozess der kulturellen Übersetzung überlagert wurden. So thematisierten beispielsweise unterschiedliche Parteien und Gruppierungen die Leitthemen der westlichen Moderne in einer islamischen Sprache, so dass der Eindruck entstand, dass dies eine zwingend religiöse Auseinandersetzung sei, die von verschiedenen Bevölkerungsgruppen unterschiedlich ausgelegt werde.

Das dritte Charakteristikum bezieht sich auf den politischen Konflikt zwischen Stadt und Land, der auf die politische und ökonomische Aufwertung ländlicher Regionen im Zuge der weltwirtschaftlichen Einbindung der Agrarsektoren zurückzuführen war, wodurch das Bestreben der Städte nach eigenständiger Macht und die Einschränkung der Herrschaft der Landesherren eine neue Dimension gewann. Die städtischen Eliten waren grundsätzlich republikanisch geprägt, wogegen die agrarischen Eliten eine royalistische Herrschaftsordnung verfolgten, die insbesondere von der Kooperation mit den Kolonialherren gefördert wurde, wobei beide Seiten „ihre kulturelle Stellung durch eine Nutzung islamischer Sprache"[58] aufzuwerten versuchten.

Um 1900 war beinahe die gesamte muslimische Welt von den europäischen Kolonialmächten abhängig und unterlag demnach der europäischen Ausbeutungspolitik, so dass die Reformbemühungen intensiviert wurden: Auf politischer Ebene bezog sich dies auf alle Staatsapparate und Institutionen. Neben der Idee, einen Kompromiss zwischen islamischen Traditionen und den westlichen Vorstellungen zu finden, entstanden auch religiös konnotierte antieuropäische Bewegungen. Jedoch kann man heute von einem weitgehenden Scheitern dieser Reformversuche sprechen, da entweder die Reformen von den Kolonialmächten unterdrückt wurden oder aber kein wirklicher gesellschaftlicher

---

58   Gudrun Krämer: Geschichte des Islam. München 2005. S. 23.

Strukturwandel einsetzen konnte. Oft entstanden auch innerhalb der Gesellschaften Widerstände gegen die Durchsetzung der Reformen, ganz gleich, von welcher gesellschaftlichen Schicht sie ausgingen.[59]

Die Forschung wertet die Situation der muslimischen Gesellschaften zu Beginn des 20. Jahrhunderts als „das Produkt einer doppelten Geschichte"[60]. Auf der einen Seite beeinflussten die europäische Politik und insbesondere ihre Wirtschaft die verschiedenen Entwicklungsstufen dieser Gesellschaften. Auf der anderen Seite entwickelten sich aus den inneren Prozessen in den einzelnen Gesellschaften „widersprüchliche Trends"[61]. Vor diesem Hintergrund kann man seit der Verfestigung bzw. Etablierung der kolonialen Strukturen von einer Interdependenz von lokaler Geschichte und europäischer Machtpolitik sprechen.[62]

1.1 Der Erste Weltkrieg

Am Vorabend des Ersten Weltkrieges gingen die konstitutionellen Bewegungen in der muslimischen Welt von unterschiedlichen politischen Kräften aus, die das Ziel verfolgten, die Macht der Sultane bzw. der europäischen Kolonialverwaltungen zu schwächen, um an deren Stelle eine einheimische, zivile Regierung und Verwaltung zu etablieren. Diese politischen Tendenzen wiesen Ähnlichkeiten mit der politischen Parteienlandschaft in Europa auf. So spielten die nationalistischen, bürgerlich-liberalen und die sozialrevolutionären Richtungen eine entscheidende Rolle in der Entwicklung.

In der Frage der Identitätsfindung wurde der so genannten panislamischen Bewegung eine wichtige Rolle zugeschrieben, da sie zum einen die Grundvorstellung der Einheit der muslimischen Gemeinschaft in sich trug und zum anderen versuchte, die Errungenschaften der westlichen Welt aus „islamischer" Perspektive zu bewerten. Bereits im 19. Jahr-

---

59   Siehe dazu Günter Kettermann: Atlas zur Geschichte des Islam. Darmstadt 2008. S. 134.

60   Georges Balandier: Die koloniale Situation: ein theoretischer Ansatz. In: Rudolf von Albertini (Hrsg.): Moderne Kolonialgeschichte. Köln 1970. S. 105-124. Hier S. 109.

61   Reinhard Schulze: Geschichte der islamischen Welt im 20. Jahrhundert. München 2002. S. 37.

62   Gudrun Krämer: Geschichte des Islam. München 2005. S. 263.

hundert bestand sie aus zwei gegensätzlichen gesellschaftlichen Gruppierungen: den muslimischen Gelehrten, die sich durch ihr islamisch fundiertes Wissen qualifizierten, und den Intellektuellen, die in der Öffentlichkeit eine gewisse Reputation genossen und auf der Grundlage von Wissenschaft und Vernunft zukunftsorientierte Visionen formulierten. In diesem Zusammenhang entstanden auch einige neo-sufistische Orden. In den Jahren zwischen 1880 und 1918 wurden zwölf verschiedene Vorschläge zur Einberufung einer islamischen Konferenz unterbreitet. Allerdings verlor der Panislamismus an Kraft, weil sich insbesondere nationalistische Gedanken etablieren konnten (wie beispielsweise der Panturkismus[63], Panarabismus[64] etc.).[65] Allerdings führten diese Bestrebungen zu einer Vielzahl von Organisationen[66], die teilweise miteinander konkurrierten.

Auch wenn der Erste Weltkrieg nicht für die gesamte muslimische Welt als Zäsur zu bewerten ist, so kann doch festgehalten werden, dass er für die Geschichte des Nahen Ostens tiefgreifende Veränderungen und Brüche bedeutete.[67] Für das Osmanische Reich hingegen bedeutete die „Urkatastrophe"[68] nicht nur seine Zerstörung[69], sondern auch den Bruch des jahrhundertealten Bündnisses zwischen den türkischen und arabischen Gesellschaften, so dass sich die arabischen Länder der internationalen Kriegspolitik enthalten konnten. Obwohl eine verstärkte Propaganda hinsichtlich der Vereinigung der Muslime unter dem Dach des Islam zu verzeichnen war, konnte die Spaltung innerhalb der muslimischen Gesellschaften nicht überwunden werden. Dabei verlor die osmanische Regierung ihren Machtanspruch und ihre hegemoniale Stellung, was durch das Aufkommen

---

63   Gustave Edmund von Grunebaum (Hrsg.): Fischer Weltgeschichte. Islam. Band 2. Die islamischen Reiche nach dem Fall von Konstantinopel. Frankfurt am Main 2003. S. 135 f.

64   Theodor Hanf: Zwischen arabischem Nationalismus und Islamismus. Soziale und politische Krisen im Nahen Osten. In: Jürgen Schwarz (Hrsg.): Der politische Islam. Intentionen und Wirkungen. Paderborn 1993. S. 164.

65   Rotraud Wielandt: Islam und kulturelle Selbstbehauptung. In: Werner Ende, Udo Steinbach (Hrsg.): Der Islam in der Gegenwart. München 2005. S. 773 ff.

66   Um hier nur einige zu erwähnen: Islamischer Weltkongress (MAI), Islamischer Generalkongress (MIAQ), Islamische Weltliga (RAI), Organisation der Islamischen Konferenz (MMI).

67   Siehe dazu Alber Hourani: Die Geschichte der arabischen Völker. Von den Anfängen des Islam bis zum Nahostkonflikt unserer Tage. Frankfurt am Main 2006. S. 385 ff.

68   Vgl. dazu http://www.erster-weltkrieg.clio-online.de/_Rainbow/documents/poluzeit/apuz_reimann.pdf [Zugriff 10.07.2011].

69   Siehe dazu Josef Matuz: Das Osmanische Reich. Grundlinien seiner Geschichte. Darmstadt 1985. S. 262.

des Türkismus verstärkt wurde – mit dem Ergebnis, dass die Religion hinter die nationale Identität trat, so dass die islamischen Ideen in ihren Wirkungen kaum Einfluss nehmen konnten.[70] Vor diesem Hintergrund muss auch die Bündnispartnerschaft mit den europäischen Kriegsmächten betrachtet werden: Während das Osmanische Reich auf der Seite der Mittelmächte kämpfte, verbündeten sich die arabischen Nationalisten mit den Westmächten in der sich auf die Versprechen der Kolonialmächte stützenden Hoffnung, die eigene Souveränität zu erlangen. Im Besonderen wurde in diesem Kontext die 14-Punkte-Erklärung Wilsons als Bestätigung des Rechtes auf die eigene Souveränität ausgelegt, wobei bereits die politische Identität als durchweg nationalistisch verstanden wurde.[71] Es existierten auch islamisch konnotierte Interpretationen des Nationalismus, der islamische Internationalismus jedoch wurde nur noch von einigen wenigen muslimischen Gelehrten und Intellektuellen propagiert.[72]

Eine weitere einschneidende Auswirkung dieses Weltkrieges für die muslimischen Gesellschaften war das Aufkommen des politischen Konfliktes zwischen Stadt und Land, welcher die politischen Ereignisse und Entwicklungen im weiteren Verlauf prägen sollte. Zwar konnte das politische Verhältnis zwischen der jeweiligen Kolonie und den städtischen Zentren gefestigt werden, doch lösten sich die städtischen Eliten auch zunehmend aus dem Machtapparat des Landes. Diese Entwicklung wurde durch eine Reorganisation der Verwaltung und Wirtschaft während der Kriegsjahre noch gefördert, da die Kolonie weitgehend zentralisiert wurde, welche wiederum durch die beschleunigte Zunahme nationalistischer Tendenzen die politische Identität der einheimischen Eliten förderte. Diese kolonialistisch motivierte Zentralisierung zerstörte den nationalen Markt nachhaltig, zumal die Mutterländer eine umfassende binnenwirtschaftliche Entwicklung insofern verhinderten, als im Grunde genommen alle internen Marktbeziehungen von ihnen abhängig waren. Weiterhin bestand die Aufgabe der Binnenwirtschaft darin, die militärische

70   Kemal Karpat: Studies on Ottoman social and political history. Selected articels and essays. Leiden 2002. S. 544-554.

71   Siehe dazu Helmut Mejcher: Der arabische Osten im zwanzigsten Jahrhundert 1914-1985. In: Ulrich Haarmann (Hrsg.): Geschichte der arabischen Welt. München 1987. S. 432-501. Hier S. 435 ff.

72   Siehe dazu Rudolph Peters: Erneuerungsbewegungen im Islam vom 18. bis zum 20. Jahrhundert und die Rolle des Islam in der neueren Geschichte: Antikolonialismus und Nationalismus. In: Werner Ende, Udo Steinbach (Hrsg.): Der Islam in der Gegenwart. München 2005. S. 103-122.

Versorgung zu gewährleisten. Somit konnten die breiten Bevölkerungsschichten keinen Nutzen aus den neuen Produkten und Entwicklungen ziehen.[73]

Die Zwischenkriegszeit stellte nicht nur aufgrund der größten Ausdehnung der europäischen Kolonialreiche die Hochzeit des Imperialismus dar, sondern brachte auch eine Neuordnung des Nahen Ostens, der neue nationale, aber auch islamische Bewegungen vorangegangen waren oder auch folgten. Die Niederlage des Osmanischen Reiches im Ersten Weltkrieg bedeutete zwar für das Großreich den absoluten Niedergang, doch gelang es durch die Formation einer nationalen Bewegung unter Führung Mustafa Kemals (1881-1938), das anatolische Kernland des Großreiches von den Westmächten zu befreien. Hierbei stand die Befreiung der türkischen Nation im Fokus der Motivation, doch konnte kein Konsens über das (Selbst-)Verständnis dieser Nation hergestellt werden. Der Erfolg dieses Befreiungskrieges äußerte sich in der Ausrufung der Türkischen Republik durch die türkische Nationalversammlung, so dass auch innenpolitisch drastische Transformierungsprozesse eingeleitet wurden.[74] So behauptete sich die junge Republik als westlich orientierter, laizistischer Nationalstaat, der sich durch eine stringente und von oben gelenkte harte Modernisierung von seinem kulturellen Erbe loslöste. Eben dieser Bruch provozierte in der Folge viele Widerstandsbewegungen im Inneren des Landes, die jedoch gewaltsam im Keim erstickt wurden.[75] Eine im Ansatz ähnliche Entwicklung nahm auch der Iran, wo sich Reza Khan zum Schah krönen ließ, die Dynastie der Pahlavi begründete und eine radikale Verwestlichung und Industrialisierung verfolgte.[76]

Die Abschaffung des Kalifats löste in der muslimischen Welt unterschiedliche Reaktionen aus: Viele muslimische Intellektuelle bewerteten die Auflösung der Personalunion von Sultanat und Kalifat als ein positives Ergebnis, da dadurch die Idee einer Synthese der Nationalstaatlichkeit mit dem Ideal der Kalifatsvertretung realisierbar wurde. Jedoch muss hinzugefügt werden, dass außerhalb der islamisch orientierten Öffentlichkeit kaum

---

73   Reinhard Schulze: Geschichte der islamischen Welt im 20. Jahrhundert. München 2002. S. 62 f.

74   Siehe dazu Josef Matuz: Das Osmanische Reich. Grundlinien seiner Geschichte. Darmstadt 1985. S. 269 ff.

75   Siehe Udo Steinbach: Geschichte der Türkei. München 2000. S. 33.

76   Gustave Edmund von Grunebaum (Hrsg.): Fischer Weltgeschichte. Islam. Band 2. Die islamischen Reiche nach dem Fall von Konstantinopel. Frankfurt am Main 2003. S. 201-211. Vgl. dazu auch Ebrahim Towfigh: Modernisierung und postkoloniale Herrschaft in Iran. Frankfurt am Main 1998. S. 85-136.

das Bedürfnis bestand, das Amt des Kalifen zu besetzen, denn in dem Diskurs um die Modernisierung dominierte der europäische Standpunkt. Trotzdem entstanden in diesem Zusammenhang nicht nur viele Konzepte dafür, wie die Modernisierung zu realisieren sei, sondern es waren auch innermuslimische Auseinandersetzungen zu verzeichnen. So sprachen sich, um hier nur ein Beispiel zu erwähnen, viele gegen die Selbstproklamation Abdullahs, Sohn des Königs des Hidschaz, zum Kalifen der Muslime aus. Das indische Kalifatkomitee verkündete eine Gegenerklärung und besaß die Zuversicht, dass der Republikanismus das Kalifat retten könne.[77]

Für die nahöstliche Neuordnung ist zu verzeichnen, dass sich der arabische Nationalismus grundsätzlich einer royalistischen Tradition verpflichtet fühlte und der Republikanismus sich auf Syrien, Libanon sowie Algerien beschränkte, wenngleich auch in den muslimischen Gebieten Russlands diese Vorstellungen dominierten. Der Einfluss der Kolonialmächte ließ sich auch in einigen neu entstandenen arabischen Republiken nachzeichnen, wie beispielsweise die Gründung der tripolitanischen Republik[78], die als die erste Republik in der muslimischen Welt bezeichnet wurde, oder auch die Rif-Republik[79] in Marokko.

In der Zwischenkriegszeit waren die muslimischen Gesellschaften überwiegend agrarisch geprägt. Im Irak, in Iran, Ägypten und Syrien dominierten die Großgrundbesitzer in Politik und Gesellschaft, so dass die politische Ordnung als „Notabelnherrschaft"[80] bezeichnet werden konnte, „die über Patronage und Klientelbeziehungen ihre Interessen sowohl gegenüber den städtischen und ländlichen Mittel- und Unterschichten wie gegenüber den Mandatsmächten verteidigten".[81] Geprägt von der Auseinandersetzung um die politische Unabhängigkeit und wirtschaftliche Autarkie versuchten die arabischen Staaten sich im „Arabischen Aufstand" von 1936 bis 1939 gegen die zionistischen Bestrebungen zu wehren, in Palästina einen jüdischen Staat zu errichten.[82] Das verstärkte den

---

77   Reinhard Schulze: Geschichte der islamischen Welt im 20. Jahrhundert. München 2002. S. 92 ff.
78   Ebenda. S. 83 f.
79   Ebenda. S. 85 f.
80   Gudrun Krämer: Geschichte des Islam. München 2005. S. 291.
81   Ebenda.
82   Gudrun Krämer: Geschichte Palästinas. Von der osmanischen Eroberung bis zur Gründung des Staates Israel.

Wunsch einzelner Staaten, sich von den Kolonialmächten loszulösen, und in der zweiten Hälfte des 20. Jahrhunderts folgt aus diesem Kontext heraus die Hinwendung zum europäischen Faschismus im Nahen und Mittleren Osten.[83]

1.2 Der Zweite Weltkrieg

Die Folgen des Zweiten Weltkrieges waren gravierender für die muslimischen Gesellschaften, da er gewaltige Einschnitte und Brüche mit sich brachte und somit als eine „tiefere historische Zäsur als der Erste"[84] bewertet wurde. Neben den unmittelbaren Kriegsfolgen spielte im politischen Denken der Nationalstaatsgedanke und die Frage seiner Gestaltung und Umsetzung eine wichtige Rolle. Allerdings werden sowohl die Zeit während des Krieges als auch die Nachkriegszeit als die „Zeit der kolonialen Restauration"[85] bezeichnet, da die meisten Kolonialregime die strukturelle Schwäche der nationalistischen Opposition nutzten, um ihren kolonialen Besitz zu sichern und neu zu organisieren. So betonte beispielsweise die britische Seite, dass sie während des Krieges das Ziel verfolgten, das britische Weltreich zu retten und zu stabilisieren.[86] Bereits zu Kriegsbeginn zeigten sich die Tragweite und der Stellenwert der kolonialen Präsenz, denn die muslimische Welt war auf lebenswichtige Importe angewiesen, und durch die wirtschaftliche Vernetzung mit dem Weltmarkt kam es zu einem erheblichen Defizit an Konsum- und Produktionsgütern. Dieser krisenhafte Zustand führte wiederum zur ökonomischen Stimulation, so dass der existentielle Bedarf an Gütern in den Städten selbst gedeckt wurde und eine „Nationalisierung des einheimischen Kapitals"[87] zur Folge hatte. Aus diesem Grund radikalisierte

---

München 2002. S. 308-345.

83   Gerhard Höpp, Peter Wien, René Wildangel (Hrsg.): Blind für die Geschichte? Arabische Begegnungen mit dem Nationalsozialismus. Berlin 2004. Klaus-Michael Mallmann, Martin Cüppers: Halbmond und Hakenkreuz. Das Dritte Reich, die Araber und Palästina. Darmstadt 2006.

84   Gudrun Krämer: Geschichte des Islam. München 2005. S. 292.

85   Reinhard Schulze: Geschichte der islamischen Welt im 20. Jahrhundert. München 2002. S. 145.

86   David Kennenth Fieldhouse (Hrsg.): Fischer Weltgeschichte. Band 29. Die Kolonialreiche seit dem 18. Jahrhundert. Frankfurt am Main 1965. S. 249 ff.

87   Reinhard Schulze: Geschichte der islamischen Welt im 20. Jahrhundert. München 2002. S. 146.

der Krieg die städtische Identität, die sich in der muslimischen Publizität wiederum als Nationalismus niederschlug. Bewertet man den Zweiten Weltkrieg aus Sicht der muslimischen Bevölkerung, so muss betont werden, dass sich die politische Öffentlichkeit grundsätzlich neu orientierte, was sich auf den Krieg bzw. die Krise und den Aufschwung, doch ganz besonders auf die Involvierung der muslimischen Gesellschaften in das Kriegsgeschehen zurückführen lässt. Betroffen waren vor allem der Balkan, Nordafrika und der Irak, teilweise auch Indien und insbesondere Indonesien. Mehr noch als im Ersten Weltkrieg waren die muslimischen Länder in „Mitleidenschaft gezogene Nichtkombattanten"[88]. Die Erfahrungen aus dem Krieg führten unter den Nationalisten letztlich zu der Überzeugung, dass sie ihre Unabhängigkeit nur noch über die Durchsetzung ihrer eigenen Interessen gegenüber den europäischen Mächten erlangen konnten. Die nationalistisch gesinnte Stadtbevölkerung fühlte sich den Achsenmächte verbunden und ging kurzfristig ein Bündnis mit ihnen ein. Die agrarische Elite hingegen stellte sich auf die Seite der Alliierten. Ausschlaggebend für diese wechselnden Bündnisse waren die mannigfaltigen wirtschaftlichen, sozialen und kulturellen Beziehungen. Eine neue Dimension in der politischen Orientierung der muslimischen Öffentlichkeit brachte die Verkündung der Atlantikcharta im Jahr 1941, in der US-Präsident Roosevelt und der britische Premierminister Churchill die völkerrechtlichen Grundsätze für die Nachkriegsordnung benannten. Der dritte Punkt dieses Dokumentes lautet: „Sie anerkennen das Recht aller Völker, die Regierungsform zu wählen, unter der sie leben wollen; und sie wünschen, dass denjenigen souveräne Rechte und Selbstregierung zurückgegeben werden, die ihrer gewaltsam beraubt worden sind."[89] Sofort verbanden die Nationalisten mit diesem Dokument die Förderung der Dekolonisierung, für die sich aus ihrer Sichtweise hauptsächlich die USA einsetzten. Somit kristallisierte sich die Vereinigten Staaten als neue Verbündete heraus, denn sie wurden als Vertreterinnen des Antiimperialismus betrachtet. Dies verdeutlichte sich speziell im Fall um die Unabhängigkeit Indiens, da sich die indische Nationalbewegung durch die Charta bestätigt sah. Die indischen Muslime waren zu diesem Zeitpunkt

---

88   Ebenda. S. 147.

89   Siehe dazu Dietrich Rauschning (Hrsg.): Rechtsstellung Deutschlands. Völkerrechtliche Verträge und andere rechtsgestaltende Akten. Nördlingen 1989. S. 1.

in zwei Lager gespalten. Die Muslim League[90] forderte die Errichtung eines eigenständigen muslimischen Staates im Nordwesten Indiens, dabei stellten das Muslimsein die Nationalität und der Islam das ethnische Merkmal dar.[91] Die „Gesellschaft der Gelehrten Indiens" hingegen sprach sich gegen die Teilung Indiens aus und vertrat die Meinung, dass Indien ein dezentraler und multireligiöser Staat sein solle, in dem die Angelegenheiten des muslimischen Teils der Bevölkerung einen wichtigen Bezugspunkt darstellen sollten.[92] Zwar hatte die „Gesellschaft" im Gegensatz zur „Muslim League" wenig Einfluss auf die Bevölkerung, doch trat sie in der muslimischen Öffentlichkeit hervor.[93] Wie das Beispiel Indien verdeutlicht, hatte der Zweite Weltkrieg dazu geführt, dass sich in die politische Denkweise der verschiedenen muslimischen Länder der Nationalismus – auf differente Art und Weise – integriert hatte.[94] Ein weiteres Ergebnis des Zweiten Weltkrieges für die muslimische Welt war, dass sich die Politik in diesen Gesellschaften nach den globalen Mustern ausgerichtet hatte. Nicht nur der eben ausgeführte Nationalstaatsgedanke verankerte sich in der Bevölkerung, sondern die Begriffe Volksgemeinschaft und Menschenrechte wurden auch in der muslimischen Welt zu politischen Schlagwörtern, nicht zuletzt weil die Kriegserfahrungen wie Hunger, Zerstörung, Entwurzelung und Flucht die Menschen geprägt hatten. Trotz dieses Appells begann aufgrund der kolonialen Restauration für viele muslimische Länder erst nach der Beendigung des Weltkrieges der eigentliche Krieg. Betroffen davon waren Marokko, Algerien, Tunesien, Jugoslawien, Palästina, Indien und Indonesien. Diese Kriege mit ihren vielen Toten auf muslimischer Seite führten dazu, dass diese Kriegszeit die Politik der muslimischen Welt für die nächsten Jahrzehnte entscheidend bestimmen sollte: Zum einen hatte sich die muslimische Publizität dazu verpflichtet, die Maximen der Volksgemeinschaft und der Menschenrechte hochzuhalten, zum anderen machte sie die Erfahrung, dass diese Werte „nur für den Westen und Osten

---

90 Die Muslim League war eine historische politische Partei der Muslime in Indien. Seit 2001 zählt sie zu den wichtigsten politischen Parteien im heutigen Pakistan.

91 Reinhard Schulze: Islamischer Internationalismus im 20. Jahrhundert. Leiden 1990. S. 109 f.

92 Reinhard Schulze: Geschichte der islamischen Welt im 20. Jahrhundert. München 2002. S. 151.

93 Ebenda.

94 Ebenda. S. 159.

galten und dass die islamische Welt deshalb von diesen Prinzipien ausgeschlossen wurde, weil ihre Menschen als Muslime eben über keine westliche Kultur verfügten".[95]

Die Politik in den muslimischen Gesellschaften hatte sich nach den globalen Mustern ausgerichtet, denen zufolge der Nationalstaatsgedanke bis zum Ende der 1930er Jahre in die muslimische Öffentlichkeit integriert wurde, wobei sich auch die islamisch begründeten Konzepte an dieser Perspektive ausrichteten. Insbesondere in der westlichen Bewertung wurde dieser islamisch konnotierten Rhetorik mit einer ablehnenden Haltung begegnet.[96]

Aus diesen Erfahrungen heraus setzte in den muslimischen Ländern eine Welle der Unabhängigkeits- und Dekolonisationsbewegungen ein, die, wenngleich nur allmählich, schlussendlich das angestrebte Ziel erreichten, dass die Kolonialmächte, ob freiwillig oder unfreiwillig, abzogen. Nominell waren Ägypten und der Irak seit den 1930er Jahren unabhängig, durch die Teilung Indiens und die Gründung des Staates Pakistan im Jahr 1947 wurde der erste moderne Staat „von Muslimen für Muslime"[97] gegründet. Der Nahe Osten erlangte zwar seine lang ersehnte politische Unabhängigkeit[98], doch leitete die Staatsgründung Israels 1948 eine jahrzehntelange kriegerische Auseinandersetzung zwischen den arabischen Staaten und Israel ein. Als letzter nordafrikanischer Staat gewann Algerien nach langen kriegerischen Kämpfen und vielen Opfern 1962 seine Souveränität.[99] Großbritanniens kolonialer Rückzug aus den Kolonien östlich des Suez vollzog sich bis Ende des Jahres 1972.[100]

Im Zusammenhang mit den Bemühungen der Alliierten, die muslimische Welt in eine Nachkriegsordnung einzubeziehen, wurde aufgrund der ethnisch-kulturellen Perzeption eine arabische Politik eingeleitet, deren Ergebnis die Gründung der „Arabischen Liga" im

---

95   Ebenda. S. 161.

96   Ebenda. S. 160.

97   Gudrun Krämer: Geschichte des Islam. München 2005. S. 292.

98   Vgl. dazu Alber Hourani: Die Geschichte der arabischen Völker. Von den Anfängen des Islams bis zum Nahostkonflikt unserer Tage. Frankfurt am Main 2006. S. 432-443.

99   Peter von Sivers: Nordafrika in der Neuzeit. In: Ulrich Haarmann (Hrsg.): Geschichte der arabischen Welt. München 1987. S. 576 ff.

100 Vgl. dazu William Roger Louis: Ends of British imperialism. The scramble of empire, Suez and decolonization. Collected Essays. New York 2006.

Jahr 1945 war.[101] Innerhalb der arabischen Welt existierten zwar divergierende Konzepte, die sich insbesondere in der Frage des Führungsanspruches unterschieden, doch konnte sich der ägyptische Staatsminister als Generalsekretär der Liga durchsetzen mit der Folge, dass sowohl der Irak als auch Saudi-Arabien sich gegen den Beitritt aussprachen. Da schlussendlich die Mitgliedschaft in der Arabischen Liga eine Voraussetzung für die Aufnahme in die UNO darstellte, nahmen Saudi-Arabien, Syrien, Libanon und der Irak als Gründungsmitglieder an der UNO-Konferenz im gleichen Jahr teil. Interessant an dieser Stelle ist, dass in der arabischen Öffentlichkeit keine wirkliche Stellung dazu genommen, sondern nur auf die arabische Zivilisation verwiesen wurde.[102]

Eine weitere Bewegung, die sich für die Vereinheitlichung der muslimischen Welt einsetzte, stellte die so genannte „neo-salafitische Muslimbruderschaft"[103] dar. Deren Bestrebungen können unter dem Stichwort der Einheit der islamischen *umma*[104] zusammengefasst werden, wobei der Aspekt der Unterordnung unter den Prozess der Globalisierung auch in diesem Kontext nicht unerwähnt bleiben darf. Nachdem die formative Phase der ägyptischen Muslimbruderschaft in den Jahren 1928 bis 1932 abgeschlossen wurde, trat die Organisation in eine Phase ein, in der sie sich in vielen muslimischen Ländern wie beispielsweise Syrien, Palästina, Sudan, Indien oder Irak verbreitete. So gelang es den Muslimbrüdern, ein muslimisches Netzwerk zu schaffen, das auch Berührungspunkte mit der internationalen Politik aufzuweisen hatte, denn auf den „islamischen Block" wurde in der internationalen Öffentlichkeit fortan stärker hingewiesen. Auf lokaler Ebene konnten die Muslimbrüder insbesondere unter dem Stichwort der sozialen Gerechtigkeit aus islamischer Perspektive eine Alternative zu dem nationalistischen Programm liefern, doch in den überregionalen Fragen hatten auch sie wenig brauchbare Konzepte.[105] Die arabischen

---

101 Siehe dazu http://avalon.law.yale.edu/20th_century/arableag.asp [Zugriff 08.09.2011].

102 Reinhard Schulze: Geschichte der islamischen Welt im 20. Jahrhundert. München 2002. S. 162.

103 Ali Muhammad Garisha: Die Muslimbruderschaft. In: Bayerische Landeszentrale für politische Bildungsarbeit (Hrsg.): Weltmacht Islam. München 1988. S. 393-401.

104 Als *umma* (arab. Volk, Gemeinschaft) wird die Gemeinschaft aller Muslime bezeichnet. Zur Zeit des Propheten Muhammad stellte sie in politischer und religiöser Hinsicht eine Einheit dar. Im Verlauf der muslimischen Geschichte war sowohl aus politischer als auch religiöser Sicht eine Spaltung zu verzeichnen. Siehe dazu Klaus Kreiser, Werner Diem, Hans-Georg Majer (Hrsg.): Lexikon der Islamischen Welt. Band 3. Stuttgart 1974. S. 156.

105 Reinhard Schulze: Geschichte der islamischen Welt im 20. Jahrhundert. München 2002. S. 164 f.

Nationalisten bedienten sich ebenfalls des islamischen Diskurses und fassten in ihrer Rhetorik den Islam als arabische Nationalreligion zusammen.

Vor diesem Hintergrund konnte sich die Muslimbruderschaft als politische Opposition zwar etablieren, doch aufgrund der Radikalisierung der politischen Situation hatten die muslimischen Gruppierungen Mitte der 50er Jahre wenig Spielraum mit der Konsequenz, dass viele ihrer Aktionäre und Denker entweder ins Exil flohen oder inhaftiert wurden.[106]

Eine weitere wichtige Entwicklung in den muslimischen Ländern war die ansteigende Popularität des sozialistischen und kommunistischen Programms, dessen Erfolg vor allem mit dem Diskurs um die soziale Frage und die Frage nach dem Privateigentum zu erklären war.[107]

1.3 Nachkriegsordnung

Während zeitweise noch die Unabhängigkeitskriege gegen die koloniale Besetzung wüteten, entstand in der Konferenz von Bandung[108] 1955 die Idee einer Zusammenführung der blockfreien Staaten in eine antikoloniale Solidaritätsgemeinschaft. Insgesamt gelang es den muslimischen Staaten jedoch nicht, sich von der Blockbildung zu lösen. Somit partizipierte die muslimische Welt direkt an der Blockbildung und wurde zum „Instrument des Kalten Krieges"[109], wobei sie sich nach 1958 in zwei Blöcke spaltete. Zum Westblock gehörten die überwiegend royalistisch geleiteten Staaten wie der Iran, die Golffürstentümer, Libyen, Marokko, Saudi-Arabien und die Malaiische Föderation. Die Staaten Tu-

---

106   Guido Steinberg, Jan-Peter Hartung: Islamistische Gruppen und Bewegungen. In: Werner Ende, Udo Steinbach (Hrsg.): Der Islam in der Gegenwart. München 2005. S. 683 ff.

107   Heinz Gstrein: Marx oder Mohammed. Arabischer Sozialismus und islamische Erneuerung. Freiburg im Breisgau, Würzburg 1979. Wolfgang Ule: Der arabische Sozialismus und der zeitgenössische Islam. Dargestellt am Beispiel Ägyptens und des Iraks. Opladen 1969. Hans Bräker: Kommunismus und Weltreligionen Asiens. Zur Religions- und Asienpolitik der Sowjetunion. Band 1. Kommunismus und Islam. 1. Religionsdiskussion und Islam in der Sowjetunion. Tübingen 1969. S. 49-64.

108   Walther Maas: Das Zeitalter des Kolonialismus: von den Conquistadoren zur Konferenz von Bandung. Lüneburg 1958.

109   Reinhard Schulze: Geschichte der islamischen Welt im 20. Jahrhundert. München 2002. S. 189.

nesien, Ägypten, Sudan, Syrien, Irak, Indien und Indonesien bekannten sich zur positiven Neutralität, sahen sich einerseits aufgrund ihrer Interessen mit den Ostblockstaaten
verbunden, pochten jedoch andererseits aus innenpolitischen Gesichtspunkten auf ihre
Unabhängigkeit. Die Türkei fühlte sich nicht zuletzt wegen ihrer NATO-Mitgliedschaft
eng mit dem Westen assoziiert.[110] Aus diesem Kontext heraus ist auch die CENTO, der
Central Treaty Organization, zu bewerten, die 1955 von den Staaten Pakistan, Iran, Irak,
Türkei und Großbritannien gegründet wurde. Sie sollte als nähöstlicher Gegenpart zur
NATO die Funktion eines antikommunistischen Bollwerkes einnehmen. Die lang ersehnte Vereinigung der muslimischen Staaten wurde deswegen unter Hinweis auf die Gefahr,
sich dem westlichen Block möglicherweise unterordnen zu müssen, abgestempelt. Aus
dieser Entwicklung heraus gewann der Islam als Kultur eine neue Konnotation hinsichtlich der Auseinandersetzung mit seiner nationalen Befreiung. Insbesondere eine islamische Auslegung des Sozialismus wurde von unterschiedlichen Seiten vertreten. So stellten
sich nicht nur die Gelehrten der Al-Azhar[111] der Aufgabe, den Islam sozialistisch zu interpretieren, sondern auch Politiker wie Nasser (1918-1970), der in den Hochzeiten des
Ost-West-Konfliktes eine Politik der positiven Neutralität verfolgte, versuchte dem Sozialismus einen islamischen Bedeutungsinhalt zuzuschreiben.[112] Die staatliche Ideologie
Ägyptens wurde als „islamischer Befreiungssozialismus"[113] propagiert, dabei wurden auch
Fragenstellungen der Ausbeutung und der Zwangsherrschaft neu bewertet. Neben dem
Ziel wahrer Souveränität durch die Befreiung von der kolonialen Bevormundung, was
nicht nur den Abzug der kolonialen Truppen implizierte, sondern auch die Realisierung
der geforderten Blockfreiheit, dominierten in der politischen Öffentlichkeit Themen wie
die soziale Gerechtigkeit, die mit der wirtschaftlichen Entwicklung eingefordert wurde,
die Industrialisierung und die Forderung nach Bildungschancen für alle Bevölkerungs-

---

110 Günter Seufert, Christopher Kubaseck: Die Türkei. Politik, Geschichte, Kultur. Bonn 2006. S. 93.

111 Die Al-Azhar-Universität in Kairo ist eine der ältesten und angesehensten Bildungsinstitutionen der muslimi-
      schen Welt. Sie wurde 988 während der Herrschaft der Fatimiden gegründet. Schwerpunkt der Lehre waren und
      sind die Theologie und die Rechtswissenschaft.

112 Alber Hourani: Die Geschichte der arabischen Völker. Von den Anfängen des Islam bis zum Nahostkonflikt
      unserer Tage. Frankfurt am Main 2006, S. 490 ff.

113 Reinhard Schulze: Geschichte der islamischen Welt im 20. Jahrhundert. München 2002. S. 193.

schichten. Die Etablierung der politischen Systeme folgte diesen Problemstellungen, und unabhängig von der jeweils dominierenden Ideologie setzten sich „autoritäre, ‚neo-patrimoniale' Regime"[114] durch, nicht zuletzt auch deshalb, weil sich die Regenten der fortentwickelten Bereiche wie der Armee[115], der Sicherheitsdienste, der Einheitsparteien und Massenorganisationen bedienten, um ihre Vorstellungen in der Gesellschaft erwirken zu können. Ihnen kamen insbesondere auch die Einnahmen aus natürlichen Rohstoffen zugute, wodurch sich zunehmend Rentierstaaten etablierten, die die vorhandenen politischen Strukturen zunehmend stärkten. Aufgrund des einsetzenden Ölbooms in den 70er Jahren des 20. Jahrhunderts konnte in den erdölreichen Golfmonarchien ein ähnlicher Verlauf erreicht werden. Zwar waren massive Veränderungen in der ökonomischen Entwicklung zu verzeichnen, ohne dass sie sich jedoch zwingend auf die politischen oder sozialen Strukturen auswirkten. Eine Politik, die sich in Richtung einer Modernisierung hin öffnete, konnte nicht darüber hinwegtäuschen, dass an den kulturellen Traditionen festgehalten wurde, die ein fester Bestandteil der gesellschaftlichen Strukturen dieser Länder blieben und sie über Jahrzehnte hinweg wesentlich charakterisierten. Insbesondere die gezielte Förderung von traditionellen Institutionen und Einrichtungen bestärkte diese Tendenz.

Der so genannte Nahostkonflikt löste vor allem durch die Niederlagen gegen Israel eine Vielzahl von Militärputschen aus, die 1949 in Syrien begannen und 1969 in Libyen endeten. Der Konflikt mit Israel entwickelte sich darüber hinaus zu einem symbolischen Kampf um die innerarabische Hegemonie, der insbesondere zwischen Ägypten und Saudi-Arabien ausgetragen wurde. Insgesamt versuchten die arabischen Nachbarstaaten sich in vier Nahostkriegen gegen die Gründung und Existenz des Staates Israels zur Wehr zu setzen, jedoch blieb ihnen der Erfolg verwehrt und Israel konnte seine Herrschaftsgebiete zudem erweitern.

Im Zuge der Unabhängigkeitsbewegungen waren Konflikte bzw. Krisen zwischen souveränen muslimischen Staaten zu verzeichnen, welche sich vor allem nach der Er-

---

114 Gudrun Krämer: Geschichte des Islam. München 2005. S. 294.
115 In den dekolonisierten Ländern kam der Armee eine ähnliche Rolle zu wie am Anfang des 20. Jahrhunderts in der Türkei oder dem Iran.

langung der Souveränität auf das nationalistische Prinzip stützten und die gemeinsame Religionszugehörigkeit verstärkt in den Hintergrund rückten – mit dem Ergebnis, dass die Konflikte auch auf kriegerischer Ebene ausgetragen wurden. Oft war der Grenzverlauf ein Motiv, oder die Auseinandersetzugn war schlicht auf die Durchsetzung eigener (meist wirtschaftliche) Interessen ausgerichtet. Doch es entstanden auch Konflikte bis hin zu kriegerischen Auseinandersetzungen aufgrund der Existenz religiöser oder ethnischer Minderheiten, an dieser Stelle könnten die diversen Bürgerkriege aufgezählt werden.

Die Niederlage des Sechstagekrieges von 1967 bedeutete nicht nur den Niedergang des arabischen Nationalismus, sondern eine weitere tiefgreifende Folge war die grundlegende Infragestellung der Legitimität der Regierungen. Insbesondere die vom Westen übernommenen Ideologien nahmen Schaden, da in diesem Zusammenhang von ihrem „Scheitern"[116] gesprochen wurde. Neben den Forderungen nach politischer Unabhängigkeit, wirtschaftlicher Entwicklung und sozialer Gerechtigkeit verlautbarten die muslimischen Länder einen Anspruch auf „kulturelle Authentizität"[117], die eine Rückbesinnung auf die islamische Identität implizierte. Dem Islam wurde somit eine spezielle Funktion zugeschrieben, „da er, politisch unbelastet, am ehesten dem neuen Deutungshorizont einen machtvollen Ausdruck verleihen konnte".[118] Dieser Perspektivenwechsel gewann einen globalen Charakter, d. h., dass nicht nur die muslimischen Gesellschaften davon betroffen waren, sondern diese Wendung auch in den westlichen Staaten zu beobachten war. Zugleich zeichnete sich in der muslimischen Welt eine gewisse Militarisierung ab, die jeweiligen Regierungen förderten und verstärkten den Import von Waffen, da sie im besonderen Maße als eines der wichtigen Mittel für ihre Machterhaltung eingesetzt werden konnten. Obgleich der Einfluss sowohl der sufistischen Orden als auch der Muslimbrüder in den 70er und 80er Jahren in den muslimischen Gesellschaften enorm anstieg, wäre die Annahme falsch, dass der Islam „der restlichen Welt geschlossen als wiedererwachte Religionsmacht und damit als einheitlicher Block gegenüber"[119] gestanden hätte. In diesem

---

116 Gudrun Krämer: Geschichte des Islam. München 2005. S. 296.

117 Ebenda.

118 Reinhard Schulze: Geschichte der islamischen Welt im 20. Jahrhundert. München 2002. S. 267.

119 Erdmute Heller: Die arabisch-islamische Welt im Aufbruch. In: Wolfgang Benz, Hermann Graml (Hrsg.): Fischer Weltgeschichte. Band 36. Weltprobleme zwischen den Machtblöcken. Das Zwanzigste Jahrhundert III.

Zusammenhang spielte die Kontroverse um die Definition des „wahren" Islam eine wichtige Rolle, doch genauso führte die ungeklärte Frage der politisch-staatlichen Organisationsform der jeweiligen dekolonisierten Länder zu Differenzen und zu Krisen, die sich angesichts der lang tradierten Konflikte in den Beziehungen zwischen den Gesellschaften zuspitzten.

Nichtsdestotrotz gewann die neu entstandene muslimische Öffentlichkeit eine neue ideologische Dimension, die sich im verstärkten Maße auf die aktuellen sozialen und kulturellen Probleme ausrichtete, so dass der „heterogene islamische Diskurs zu einer ideologischen Sprache"[120] heranreifen konnte. Nicht nur die klassischen Gelehrten bewerteten die Situation der Muslime, auch muslimische Intellektuelle waren bestrebt, die muslimische Selbstdefinition und neue Deutungsmuster für das Selbstverständnis neu zu formieren. Darin überwog auch die Überzeugung, dass der Islam als Gesamtsystem in der Lage sei, allein den Anforderungen der muslimischen Bevölkerung gerecht zu werden; dies wurde als „Vollendung allen ideologischen Denkens"[121] betrachtet. Aus dieser Perspektive heraus kann auch die Iranische Revolution 1979 bewertet werden, die von einer breiten Bevölkerungsschicht getragen wurde und den Sturz des Schahregimes bewirken konnte, obwohl dieses von den westlichen Mächten unterstützt wurde.[122] Obwohl die Ergebnisse der Iranischen Revolution und die Persönlichkeit Ayatollah Khomeini (1902-1989) von vielen Muslimen bewundert wurden, fanden sich „kaum Nachahmer"[123]: Auch wenn die Sunniten die schiitisch ausgerichtete Ordnung respektierten, verorteten sie diese Entwicklung als schiitische Besonderheit, wobei das iranische Modell auch innerhalb der schiitischen Gruppierungen nur teilweise akzeptiert wurde.[124] Die jeweiligen Regierungen unterdrückt die meisten muslimischen Bewegungen mit einer massiven Repressionspolitik. Trotz alldem wurde die islamische Revolution in Iran als ein „markantes Merkmal

Frankfurt am Main 1991. S. 162.

120   Reinhard Schulze: Geschichte der islamischen Welt im 20. Jahrhundert. München 2002. S. 277.

121   Ebenda. S. 278.

122   Eckart Ehlers: Die Islamische Republik Iran – Ursachen, Verlauf und Konsequenzen einer „islamischen Revolution". In: Bayerische Landeszentrale für politische Bildungsarbeit (Hrsg.): Weltmacht Islam. München 1988. S. 439-461.

123   Gudrun Krämer: Geschichte des Islam. München 2005. S. 299.

124   Reinhard Schulze: Geschichte der islamischen Welt im 20. Jahrhundert. München 2002. S. 297-300.

für den Mobilisationserfolg eines islamischen Diskurses"[125] betrachtet, in dessen Fokus die Neugestaltung der Gesellschaft stand. Nach der Beendigung des Ost-West-Konflikts brach dieser Diskurs endgültig zusammen, so dass eine besondere sinnstiftende Ausformulierung der Gesellschaftsutopie nicht mehr zu finden war. Anstelle dessen konnte eine Vielzahl von islamisch konnotierten Interpretationen nachgewiesen werden, die sich sowohl auf soziale und kulturelle als auch auf politische und wirtschaftliche Wirklichkeiten bezogen. Der entscheidende Aspekt bestand darin, dass keine zwangsläufige ideologische Ausrichtung damit verbunden werden musste.[126]

1.4   Das Ende des Ost-West-Konflikts

„Das Ende des Ost-West-Konflikts ist eine Zäsur, die weltweit Wirkungen zeigte, Reaktionen auslöste und zu Erwartungen und letztendlich auch Befürchtungen Anlass gab"[127], und wie alle so genannten Dritte-Welt-Staaten[128] schränkten sich nach dem Ende des Ost-West-Konflikts auch für die meisten muslimischen Staaten die politischen Optionen auf der internationalen Ebene ein, da fortan eine starke Dominanz der westlichen Supermächte vorherrschte.[129] Dabei ist zu betonen, dass zwar gegenüber dem Westen eine grundsätzlich positivere Haltung als gegenüber der Sowjetunion und deren Verbündeten zu verzeichnen war[130], dass jedoch zu diesem Zeitpunkt in der muslimischen Öffentlichkeit insbesondere die hegemonialen Ansprüche des Westens, die immer noch bestehenden imperialen Bestrebungen, aber auch die einseitige Parteinahme im Nahostkonflikt

---

125 Ebenda. S. 350.

126 Ebenda.

127 Ellinor Schöne: Die islamische Staatengruppe und das Ende des Ost-West-Konflikts – die Sicht der Organisation der islamischen Konferenz. In: Henner Fürtig, Gerhard Höpp (Hrsg.): Wessen Geschichte? Muslimische Erfahrungen historischer Zäsuren im 20. Jahrhundert. Berlin 1998. S. 98.

128 Lothar Brock: Nord-Süd-Beziehungen. Handlungsfelder und Kontroversen. In: Manfred Knapp, Gert Krell (Hrsg.): Einführung in die Internationale Politik. Ein Studienbuch. München 2004. S. 617 f.

129 Graham E. Fuller, Ian E. Lesser: A sense of siege. The geopolitics of Islam and the West. Boulder 1995. S. 1.

130 Muhammad Salim Abdullah (Hrsg.): Stimmen zum Dialog. Köln 1981. S. 10 f.

kritisiert wurden.[131] Im Fokus der Diskussionen stand nun die These von einer neuen Blockbildung zwischen dem Islam und dem Westen, da sich abgesehen von einigen wenigen Ausnahmen (Jordanien, Jemen, Libyen und die PLO) die gesamte muslimische Welt auf die Seite des Westens schlug, auch wenn gerade die Bevölkerung lautstark forderte, die eigene Souveränität mit unabhängigen Regimen, die sich auf ihre muslimische Identität stützten, zu etablieren. Im Gegensatz zu den realpolitischen Bündnissen während des Kalten Krieges, „wurde jetzt die Blockbildung auf einen Prozess der kulturellen Trennung zwischen der westlichen Welt und dem Islam bezogen"[132], was ein heuristisches Fundament für die Interpretation der Ereignisse und Entwicklungen in der muslimischen Welt schuf. In den letzten zwei Jahrzehnten des 20. Jahrhunderts war die muslimische Welt von unterschiedlichen Kriegen und Konflikten wie den beiden Golfkriegen, dem Zusammenbruch Jugoslawiens und den daraus resultierenden Folgen für Bosnien und Tschetschenien und auch dem Palästinakonflikt gekennzeichnet. Als Lösung dieser Probleme war zwar der Wunsch nach der Restauration des islamischen Kosmopolitismus vernehmbar. Da sie jedoch nicht realisiert werden konnte, setzte parallel zur der Errichtung der neuen Weltordnung eine zunehmende Entideologisierung in der muslimischen Öffentlichkeit ein, die zudem in einem klaren Abhängigkeitsverhältnis zum Nationalstaat stand, „so dass das 20. Jahrhundert keine Einheit der islamischen Geschichte hatte schaffen können"[133].

Die fortschreitende Globalisierung und die damit verbundene wachsende Interdependenz wirkten sich auch auf den muslimischen Diskurs aus, der sich dem globalen Muster anpasste und den Islam fortan eher als Kultur deutete. Auf der einen Seite betteten insbesondere die Intellektuellen den Islam in die Diskussion um die globalisierten Werte (freier Markt, Rechtsstaatlichkeit, zivile Gesellschaft etc.) ein, auf der anderen Seiten wiederum gewann die islamische Interpretation der Lokalisierungsprozesse an Bedeutung,

---

131   Ellinor Schöne: Die islamische Staatengruppe und das Ende des Ost-West-Konflikts – die Sicht der Organisation der islamischen Konferenz. In: Henner Fürtig, Gerhard Höpp (Hrsg.): Wessen Geschichte? Muslimische Erfahrungen historischer Zäsuren im 20. Jahrhundert. Berlin 1998. S. 99.

132   Reinhard Schulze: Geschichte der islamischen Welt im 20. Jahrhundert. München 2002. S. 333.

133   Ebenda. S. 349.

denn „die Welt selbst wird doppeldeutig erlebt: die große, durch die Medien porträtierte Welt, und die kleine, real erlebte Welt"[134].

Geprägt war diese Welt auch von der Forderung nach einer Korrektur des negativen Islambildes in der westlichen Perzeption. Aus der Perspektive des Westens geriet der Islam seit dem Ende des Kalten Krieges verstärkt ins Visier. Die Äußerung des damaligen NATO-Oberbefehlshabers John Galvin im Jahre 1988 beispielsweise wies auf den nächsten epochalen Entscheidungskampf hin: „Den Kalten Krieg haben wir gewonnen. Nach einer siebzigjährigen Verirrung kommen wir nun zur eigentlichen Konfliktachse der letzten 1300 Jahre zurück. Das ist die große Auseinandersetzung mit dem Islam."[135] So wurde der Islam zunehmend mit Rückständigkeit assoziiert, als Gegner von Fortschritt und Menschenrechten, mit Terrorismus, Extremismus, Gewalt und Tyrannei gleichgesetzt, so dass als Gegenreaktion von muslimischer Seite das Postulat einer differenzierten Bewertung und der Demokratisierung der internationalen Beziehungen aufgestellt wurde.[136]

---

134 Ebenda. S. 378.

135 Zitiert nach Gerhard Schweizer: Islam und Abendland – ein Dauerkonflikt. Stuttgart 1995. S. 9.

136 Ellinor Schöne: Die islamische Staatengruppe und das Ende des Ost-West-Konflikts – die Sicht der Organisation der islamischen Konferenz. In: Henner Fürtig, Gerhard Höpp (Hrsg.): Wessen Geschichte? Muslimische Erfahrungen historischer Zäsuren im 20. Jahrhundert. Berlin 1998. S. 109.

2 Die Moderne als Projekt aus westlicher Sicht

2.1 Annäherung an den Begriff der Modernisierung

In Verbindung mit gesellschaftlichen Zusammenhängen bestimmte der Begriff der Modernisierung nicht nur maßgeblich die Richtung des Diskurses, sondern hatte sich zu dem politischen und sozialen Schlagwort schlechthin entwickelt. Obgleich im „globalen Zeitalter"[137] seine Verwendung nicht nur hitzige Diskussionen auslöste, spielte es als Indiz für die jeweilige Weltsicht eine entscheidende Rolle. Rückt nun die Definition von Modernisierung in den Fokus der Aufmerksamkeit, ist zu erkennen, dass verschiedene wissenschaftliche Disziplinen versuchten, den Begriff greifbar zu machen.

Doch vor allem die Soziologie beschäftigt sich seit ihren Anfängen vor mehr als einhundert Jahren mit diesem gesellschaftlichen Phänomen. Nach klassischer soziologischer Sichtweise bezieht der Prozess der Modernisierung einen fundamentalen Bruch mit der Vergangenheit mit ein und umfasst dementsprechend „die Entwicklung von einfachen und armen Agrargesellschaften zu komplexen, differenzierten und reichen Industriegesellschaften, die nach innen und außen ein bestimmtes Maß an Selbststeuerungsfähigkeit besitzen"[138]. Die Herausbildung einer demokratischen und pluralistischen Industriegesellschaft aus einer Agrargesellschaft im Westen impliziert eine planmäßige Beschleunigung. Dabei muss Modernisierung als „ein vielschichtiger Prozess von Wandlungsverfah-

---

137 Siehe dazu Martin Albrow: Das globale Zeitalter. Frankfurt am Main 2007.
138 Wolfgang Zapf: Entwicklung und Sozialstruktur moderner Gesellschaften. In: Hermann Korte, Bernhard Schäfers (Hrsg.): Einführung in die Hauptbegriffe der Soziologie. Wiesbaden 2000. S. 238.

ren [verstanden werden] die aufeinander einwirken und ineinander übergehen können, die aber auf gewisse Schwerpunkte konzentriert sind: ökonomische, politische, kulturelle und sozialpsychologische"[139]. Folglich wird Modernisierung als prozessartige Strukturveränderung in den verschiedenen Bereichen der Gesellschaft verstanden, die sich wechselseitig beeinflussten:

> „Staaten- und Nationenbildung, Demokratisierung im politischen Bereich; Industrialisierung und Tertiärisierung, d.h. Ausbau der Dienstleistungen, im wirtschaftlichen Bereich; Urbanisierung, Bildungsentwicklung, steigende Mobilität (soziale Mobilisierung) im sozialen Bereich; Säkularisierung, Rationalismus und Universalismus, u.a. mit der Folge des wissenschaftlichen und technischen Fortschritts, im kulturellen Bereich; Individualisierung und Leistungsorientierung im personalen Bereich"[140].

So war im wirtschaftlichen Bereich die Industrialisierung der ausschlaggebende Faktor für die Entwicklung und für das Wachstum, dabei stellten der Massenkonsum und die Wohlfahrtsentwicklung die tragenden Säulen dar. Unter politischen Gesichtspunkten waren in der ersten Etappe der Modernisierung die Staaten- und Nationenbildung von besonderer Relevanz, gestützt auf das Aufkommen und die Weiterbildung nationaler Identitäten, die Herausbildung des Wahlrechts und die Durchsetzung der parlamentarischen Demokratie. Diese Veränderungsprozesse standen wiederum in Wechselwirkung mit soziokulturellen Bedingungen, die unter den Stichpunkten Urbanisierung, soziale Mobilisierung, Säkularisierung, Rationalisierung und letztlich Individualisierung zusammengefasst werden können.[141] Da diese Merkmale insbesondere auf die westlichen Gesellschaften zutrafen, wurde die Modernisierung als „zentraler Typus sozialen Wandels"[142] hinsichtlich der

---

139   Hugo Mansilla: Entwicklung als Nachahmung. Zu einer kritischen Theorie der Modernisierung. Meisenheim 1978. S. 6.

140   Bernhard Schäfers (Hrsg.): Grundbegriffe der Soziologie. Opladen 2001. S. 430.

141   Siehe dazu Wolfgang Zapf: Entwicklung und Sozialstruktur moderner Gesellschaften. In: Hermann Korte, Bernard Schäfers (Hrsg.): Einführung in die Hauptbegriffe der Soziologie. Wiesbaden 2000. S. 254.

142   Nina Degele, Christian Dries: Modernisierungstheorie. Eine Einführung. München 2005. S. 17.

Richtung der gesellschaftlichen Entwicklung konkludiert. Der „soziale Wandel"[143] hingegen spielte nicht nur in diesem Kontext eine entscheidende Rolle, sondern er

> „bezeichnet allgemein und umfassend die soziokulturellen Veränderungen innerhalb einer Gesellschaft und auch darüber hinaus. Der Grundbegriff des sozialen Wandels ist besonders auf die Veränderung der quantitativen und qualitativen Verhältnisse und Beziehungen zwischen den materiellen und normativ-geistigen Zuständen, Elementen und Kräften in einer Gesellschaft, einem Kulturkreis und zunehmend auch im weltgesellschaftlichen Zusammenhang ausgerichtet."[144]

Gemäß der klassischen Vorstellung von Modernisierung wurden vier Hypothesen aufgestellt: Nach der ersten Annahme ist die Modernisierung als eine endogene Leistung anzusehen, die in diesem Entwicklungsstadium innerhalb einer Gesellschaft geleistet wird. Zweitens unterstützen sich die einzelnen Stränge innerhalb dieses Prozesses wechselseitig. Drittens behindern die Vorreiter einzelner Modernisierungsschübe die Nachzügler nicht. Die letzte These besagt, dass die Modernisierungsprozesse die gesamtgesellschaftliche Anpassungsfähigkeit steigern. Insofern wurde Modernisierung nicht nur als ein progressiver und systemischer, sondern auch als ein globaler und irreversibler Prozess begriffen.[145] Als solcher war er nicht losgelöst von der so genannten Moderne zu betrachten, da die Moderne längst nicht mehr nur eine Richtung in der Kunst- und Literaturwissenschaft darstellte, sondern eben „eine erhebliche Formenvielfalt gesellschaftlicher Verhältnisse"[146] beinhaltete, die sich – wiederum hauptsächlich im klassischen Verständnis – mit dem westlichen Kulturkreis gleichsetzen ließ. Allerdings erwies es sich als schwierig, diesen Terminus so

---

143 Vgl. dazu Alfred Bellebaum: Soziologische Grundbegriffe. Eine Einführung für Soziale Berufe. Stuttgart 2001. S. 104-128. Vgl. auch Wolfgang Zapf: Entwicklung und Sozialstruktur moderner Gesellschaften. In: Hermann Korte, Bernard Schäfers (Hrsg.): Einführung in die Hauptbegriffe der Soziologie. Wiesbaden 2000. S. 346-351.

144 Karl-Heinz Hillmann: Wörterbuch der Soziologie. Stuttgart 2007. S. 953.

145 Siehe dazu Wolfgang Zapf: Modernisierung und Modernisierungstheorien. In: Wolfgang Zapf (Hrsg.): Die Modernisierung moderner Gesellschaften. Verhandlungen des 25. Deutschen Soziologentages in Frankfurt am Main 1990. Frankfurt am Main, New York 1991. S. 33 ff.

146 Reinhart Kößler, Tilman Schiel: Auf dem Weg zu einer kritischen Theorie der Modernisierung. Frankfurt am Main 1996. S. 20.

zu beschreiben, dass eine klare Definition abzuleiten gewesen wäre, denn das „ist die Signatur diese Begriffes: dass jeder ihn verwendet, dass jeder ungefähr, aber nicht ganz, dasselbe darunter versteht; dass folglich jeder weiß, was gemeint ist; dass folglich kaum einer definiert – definieren kann –, was er meint"[147]. So barg dieses Wort vielschichtige Dimensionen in sich mit der Folge, dass sich inzwischen mehrere Begriffsanwendungen von Moderne herauskristallisiert haben[148]: Häufig wird „Moderne" mit dem Begriff Neuzeit gleichgesetzt und findet deswegen als Epochenbegriff seine Verwendung mit der hauptsächlichen Funktion, eine bestimmte Zeitperiode von vorhergehenden Zeitabschnitten abzugrenzen. Auch dient er dazu, die hoch komplexen Strukturen der gegenwärtigen Gesellschaften greifbar zu machen, so dass er des Weiteren auch als Systembegriff benutzt wird, um vor allem im wissenschaftlichen Bereich den Grad der Modernisierung einer Gesellschaft kennzeichnen zu können. Aus ideengeschichtlicher und politischer Perspektive wurde „Moderne" nicht nur mit den Prinzipien der Aufklärung, sondern auch mit „Fortschritt und Perfektionierung im Hinblick auf die Etablierung einer Ordnung der Vernunft"[149] assoziiert. Als letzte Begriffsanwendung dient er sowohl in der Kunst als auch in der Architektur als ein Stilbegriff.

In einem ideengeschichtlichen Rückblick[150] weist der Autor darauf hin, dass bereits im 5. Jahrhundert das lateinische Wort „modernus" literarisch mit den damaligen Bedeutungen „nur", „eben", „erst" und „gleich" oder auch „derzeitig", „jetzt" und „neu" belegt war. Zwar wurde es anfangs nur als reiner Zeitbegriff noch ohne selbständigen sachlichen Inhalt[151] eingesetzt, jedoch implizierte seine Benutzung eine klare Abgrenzung gegenüber der Vergangenheit.[152] So kann festgehalten werden, dass der Begriff „modern" in den ge-

---

147 Gotthart Wunberg (Hrsg.): Die Literarische Moderne. Dokumente zum Verständnis der Literatur um die Jahrhundertwende. Frankfurt am Main 1971. S. 245.

148 Vgl. dazu Evelyn Gröbl-Steinbach: Fortschrittsidee und rationale Weltgestaltung. Die kulturellen Voraussetzungen des Politischen in der Moderne. Frankfurt am Main 1994. S. 269-281.

149 Peter Imbusch: Moderne und Gewalt. Zivilisationstheoretische Perspektiven auf das 20. Jahrhundert. Wiesbaden 2005. S. 64.

150 Peter Wehling: Die Moderne als Sozialmythos. Zur Kritik sozialwissenschaftlicher Modernisierungstheorien. Frankfurt am Main 1992. S. 60 f.

151 Vgl. dazu Hans Ulrich Gumbrecht: Modern, Modernität, Moderne. In: Otto Brunner, Werner Conze, Reinhart Koselleck (Hrsg.): Geschichtliche Grundbegriffe. Band 4. Stuttgart 1978. S. 93 ff.

152 Hans Robert Jauß: Literaturgeschichte als Provokation. Frankfurt am Main 1970. S. 16.

schichtlichen Epochen immer wieder zur Distanzierung von Altem und Hergebrachtem eingesetzt wurde. So werden aus der Retrospektive drei Bedeutungsmöglichkeiten unterschieden, die sich erst im Verlauf der Geschichte herauskristallisiert haben[153]:

In der ersten Bedeutungsmöglichkeit wurde „modern" dem Begriff „vorherig" gegenübergestellt. In seiner zweiten Bedeutungsebene wird es mit dem Bedeutungsinhalt „neu" als Gegenbegriff zu „alt" verwendet, wobei die Gegenwart als Epoche betrachtet wird, die sich „durch bestimmte [...] Eigenschaften von Epochen der Vergangenheit"[154] absetzt. Der dritte Sinngehalt stellte „modern" als „vorübergehend" im Gegensatz zu „ewig" dar. Hier begegnet die erlebte Gegenwart einer neuen Bewertung, da sie nicht als vorübergehend erfahren, sondern eben auch als „rasch und schnelllebig"[155] empfunden wird, so dass sowohl die Vergangenheit als auch die Ewigkeit einen neuen Stellenwert gewinnen:

„Diese Bedeutung des Prädikats ‚modern' wird immer dann möglich, wenn eine Gegenwart und ihre Konzepte von den Zeitgenossen als ‚Vergangenheit einer zukünftigen Gegenwart' gedeutet werden können. Sie gewinnt ihr volles Recht bei der Bezeichnung einer Gegenwart, die als so rasch vorübergehend empfunden wird, dass man ihr nicht mehr wie im Fall der zweiten Bedeutungsmöglichkeit von ‚modern' eine qualitativ verschiedene Vergangenheit, sondern nur noch die Ewigkeit als ruhenden Pol entgegensetzen kann."[156]

Die gegenwärtige Entwicklung der Globalisierungsdebatte hingegen hat dazu geführt, dass die Moderne im Lauf ihrer Geschichte immer wieder von neuem hinterfragt wurde, so dass von einer zunehmenden „Attribuierung"[157] dieses Begriffes gesprochen werden kann.

---

153 Vgl. dazu Hans Ulrich Gumbrecht: Modern, Modernität, Moderne. In: Otto Brunner, Werner Conze, Reinhart Koselleck (Hrsg.): Geschichtliche Grundbegriffe. Band 4. Stuttgart 1978. S. 93-131.

154 Ebenda. S. 96.

155 Peter Imbusch: Moderne und Gewalt. Zivilisationstheoretische Perspektiven auf das 20. Jahrhundert. Wiesbaden 2005. S. 66.

156 Hans Ulrich Gumbrecht: Modern, Modernität, Moderne. In: Otto Brunner, Werner Conze, Reinhart Koselleck (Hrsg.): Geschichtliche Grundbegriffe. Band 4. Stuttgart 1978. S. 96.

157 Stephan Scheuzger, Peter Fleer: Einleitung: Zentren und Peripherien des Wandels – Die Moderne in Lateiname-

2.2 Modernisierungstheorien

Insbesondere die Soziologie beschäftigte sich bereits seit der zweiten Hälfte des 19. Jahrhunderts mit dem Phänomen der Moderne bzw. Modernität, wobei sich diese Beziehung von Beginn an als „Paradox"[158] präsentierte, da, wie bereits oben erwähnt, die Moderne als Untersuchungsgegenstand bestimmt wurde, um die Soziologie als eigenständige Wissenschaft etablieren zu können, dessen letztlich „ureigenes Produkt"[159] sie darstellte. Die Krisenerfahrungen im letzten Viertel des 19. Jahrhunderts führten dazu, dass vor allem in den bürgerlichen Schichten der Fortschrittsglaube an Bedeutung verlor. Außerdem wurde für das Misslingen der emanzipatorischen Bemühungen fortan die Modernität der Gesellschaft verantwortlich gemacht, so dass sich eine „scharfe Polemik gegen einen als Feind überkommener Ordnungen und Werte identifizierten Modernismus"[160] herauskristallisierte. Der Verlust der traditionellen Lebensweise stand in konservativen Kreisen im Mittelpunkt der Diskussionen. Auch die klassischen Soziologen wie Simmel, Tönnies, Durkheim und Weber nahmen sich dieser Problematik an und versuchten die gesellschaftlichen Realitäten zu ordnen, zu verorten und zu deuten. Die Modernität wurde dann als Eigenschaft der jeweiligen Gegenwart bewertet, obgleich sie sich als etwas Neues von der immerwährenden Gesellschaft abgrenzt: „das Produzierte gegenüber dem Natürlichen, das Neue gegenüber dem Alten, das Plötzliche gegenüber dem Stetigen"[161]. Bei der Kontextualisierung des Konstrukts Moderne, die wiederum den Verlust der Zu-

---

rika. In: Stephan Scheuzger, Peter Fleer (Hrsg.): Die Moderne in Lateinamerika. Zentren und Peripherien des Wandels. Hans Werner Tobler zum 65. Geburtstag. Frankfurt am Main 2009. S. 15.

158 David P. Frisby: Soziologie und Moderne. Ferdinand Tönnies, Georg Simmel und Max Weber. In: Otthein Rammstedt (Hrsg.): Simmel und die frühen Soziologien. Nähe und Distanz zu Durkheim, Tönnies und Max Weber. Frankfurt am Main 1988. S. 196.

159 Peter Imbusch: Moderne und Gewalt. Zivilisationstheoretische Perspektiven auf das 20. Jahrhundert. Wiesbaden 2005. S. 69.

160 Hans Ulrich Gumbrecht: Modern, Modernität, Moderne. In: Otto Brunner, Werner Conze, Reinhart Koselleck (Hrsg.): Geschichtliche Grundbegriffe. Band 4. Stuttgart 1978. S. 116.

161 Otthein Rammstedt: Die Attitüden der Klassiker als unsere soziologischen Selbstverständlichkeiten. Durkheim, Simmel, Weber und die Konstitution der modernen Soziologie. In: Otthein Rammstedt (Hrsg.): Simmel und die frühen Soziologien. Nähe und Distanz zu Durkheim, Tönnies und Max Weber. Frankfurt am Main 1988. S. 281 f.

kunftsgewissheit suggerierte, versuchten die Soziologen sie anhand von Dichotomien fassbarer zu machen:

> „So finden wir in Tönnies' frühen Arbeiten die Nebeneinanderstellung von Gemeinschaft und Gesellschaft, bei Durkheim die Gegenüberstellung von Gesellschaft, die auf mechanischer bzw. organischer Solidarität beruht bei Simmel den Gegensatz von geldloser Wirtschaft und der entwickelten (kapitalistischen) Geldwirtschaft und bei Weber den Vergleich zwischen sämtlichen vorangegangen ‚traditionellen' Gesellschaftstypen und dem auf dem modernen westlichen Rationalismus (moderner westlicher Kapitalismus) beruhenden Gesellschaftstyp."[162]

An dieser Stelle muss erwähnt werden, dass diese Soziologen – wenngleich in unterschiedlichem Maße – die Modernität gegenüber der konservativen und traditionalistischen Kritik verteidigten und das Problem mit dem Verlust der Tradition durch die Stichpunkte Rationalität und Moralität zu lösen versuchten, wie etwa der Rationalisierungsprozess des Handelns bei Weber oder die verstärkte moralische Integration der Gesellschaft bei Durkheim. Bei der Bewertung dieser Ansätze als Theorien der Moderne soll darauf hingewiesen, dass sie nicht nur eine sozialwissenschaftliche Komponente hinsichtlich des Erklärens implizierten, „sondern auch retrospektive Selbstvergewisserungen der bürgerlichen Gesellschaft der Jahrhundertwende – unter deren Oberfläche sich die Katastrophen des 20. Jahrhunderts andeuteten und vorbereiteten"[163]. Wird in der Auseinandersetzung mit „Modernität" der Aspekt der historischen Selbstvergewisserung in den Mittelpunkt gestellt, so muss der Erste Weltkrieg als endgültige Zäsur für den Begriff der Moderne gesehen werden, denn die „Urkatastrophe des 20. Jahrhunderts"[164] versetzte der bürger-

---

162 David P. Frisby: Soziologie und Moderne. Ferdinand Tönnies, Georg Simmel und Max Weber. In: Otthein Rammstedt (Hrsg.): Simmel und die frühen Soziologien. Nähe und Distanz zu Durkheim, Tönnies und Max Weber. Frankfurt am Main 1988. S. 198.

163 Peter Wehling: Die Moderne als Sozialmythos. Zur Kritik sozialwissenschaftlicher Modernisierungstheorien. Frankfurt am Main 1992. S. 66.

164 Stephan Burgdorff, Klaus Wiegrefe (Hrsg.): Der Erste Weltkrieg. Die Urkatastrophe des 20. Jahrhunderts. München 2004.

lichen Gesellschaft einen Schock und die Hoffnung auf die sinngebenden Aspekte der „Moderne" verlor maßgeblich an Bedeutung.

Insbesondere die problematischen Entwicklungen in den Ländern der so genannten Dritten Welt wurden von der Sozialwissenschaft näher analysiert. Aus diesem Zusammenhang heraus entstanden die Modernisierungstheorien, die sich ausdrücklich auf die Entwicklungsländer bezogen und im Grunde genommen eine komplette Transformation der „traditionalen" Gesellschaft hin zur „modernen" Gesellschaft nach dem „westlichen Modell"[165] implizierten. Vor allem vor dem Hintergrund des Kalten Krieges versuchte die USA mittels solcher politischer, ökonomischer und soziokultureller Entwicklungsmodelle den Eintritt dieser Länder in das sowjetische Lager zu verhindern.[166]

Obgleich die Modernisierung an sich ein spezifischer Ausdruck des sozialen Wandels war, setzte sie sich in den Sozialwissenschaften als „universeller Kategorierahmen"[167] durch. Jedoch wurde sie auch als „Produkt der Verallgemeinerung und Abstraktion"[168] betrachtet, da sich auf der einen Seite die Abstraktion auf bestimmte Dimensionen und Aspekte des Entwicklungsprozesses bezog und eine Verallgemeinerung hinsichtlich Form und Inhalten festzustellen war. Auf der anderen Seite wurde sie als Synonym für Europäisierung, Amerikanisierung, Verwestlichung oder gar Zivilisierung benutzt[169], denn sie „wirkt attraktiv gerade wegen ihres vagen, allgemeinen, vieldeutigen, amorphen Charakters; obendrein weckte das Wort durchweg positive Assoziationen"[170]. So muss festgehalten werden, dass mit der Verwendung der Begriffe Modernisierung bzw. Modernität eigentlich nicht die soziokulturellen und soziopolitischen Strukturen der Industriegesellschaften und ihr Verhältnis zu den Entwicklungsländern, sondern „eher ein kulturell

---

165 Vgl. Daniel Lerner: The Passing of Traditional Society. New York, London 1958.

166 Siehe dazu Hadi Resasade: Zur Kritik der Modernisierungstheorien. Ein Versuch zur Beleuchtung ihres methodologischen Basissyndroms. Leverkusen 1984.

167 Hans-Ulrich Wehler: Modernisierungstheorie und Geschichte. Göttingen 1975.

168 Kap-Young Choung: Einfluss und Bedeutung der Modernisierungstheorien am Beispiel Südkoreas. Tübingen 1991. S. 75.

169 Peter Flora: Modernisierungsforschung. Zur empirischen Analyse der gesellschaftlichen Entwicklung. Opladen 1974. S. 13.

170 Peter Imbusch: Moderne und Gewalt. Zivilisationstheoretische Perspektiven auf das 20. Jahrhundert. Wiesbaden 2005. S. 69. Siehe dazu auch Hans-Ulrich Wehler: Modernisierungstheorie und Geschichte. Göttingen 1975. S. 11.

überhöhtes Selbstverständnis der westlichen Gesellschaft" erfasst werden sollte.[171] Anfangs wurden die Modernisierungstheorien hinsichtlich ihrer „unmittelbar normativ-
sinnhafte[n] Qualität"[172] als erfolgreich bewertet, wobei insbesondere die Messbarkeit
von sozialen Prozessen anhand der unterschiedlichen Parameter[173] – trotz vorhandener
Diffusität und Mehrdeutigkeit[174] – eine entscheidende Rolle spielte.

Jedoch erwies sich bereits in den 60er Jahren das Konzept der „nachholenden
Entwicklung"[175] bzw. Industrialisierung als „trügerisch"[176], da außer den sozialen und
politischen Emanzipationsbestrebungen auch die Widerstände gegen die imperialen
Mächte – meistens geknüpft an nationalistische Absichten – die Theorien insoweit he-
rausforderten, als nicht nur die ökonomischen Faktoren berücksichtigt, sondern eben
auch die sozialen, kulturellen und politischen Komponenten der gesamtgesellschaftlichen Entwicklungen mit einbezogen werden sollten.[177] Hinzu kommt, dass die globale
ökologische Krise den Rationalitäts- und Universalitätsanspruch des westlichen Modells
in Zweifel rief – und nach wie vor ruft – und nicht nur, aber vor allem die Anhänger der
marxistischen Ansätze den Ethnozentrismus und die Nichthistorizität kritisieren, da

„eine Ausdehnung der Lebens- und Konsumtionsweise des Westens auf die fünf
Milliarden Menschen unseres Planeten an absolute – unter anderem ökologische – Hindernisse stoßen würde [...]. Was bringt es also, ‚macht's wie wir' zu sagen, wenn vorher bereits klar ist, dass dies gar nicht geht."[178]

---

171 Peter Wehling: Die Moderne als Sozialmythos. Zur Kritik sozialwissenschaftlicher Modernisierungstheorien.
Frankfurt am Main 1992. S. 22.

172 Peter Imbusch: Moderne und Gewalt. Zivilisationstheoretische Perspektiven auf das 20. Jahrhundert. Wiesbaden
2005. S. 70.

173 Vgl. dazu Peter Flora: Modernisierungsforschung. Zur empirischen Analyse der gesellschaftlichen Entwicklung.
Opladen 1974. S. 13.

174 Ebenda.

175 Siehe dazu Claus Offe: Die Utopie der Null-Option. Modernität und Modernisierung als politische Gütekriteri-
en. In: Johannes Berger (Hrsg.): Die Moderne – Kontinuitäten und Zäsuren. Göttingen 1986. S. 97.

176 Hadi Resasade: Zur Kritik der Modernisierungstheorien. Ein Versuch zur Beleuchtung ihres methodologischen
Basissyndroms. Leverkusen 1984. S. 13.

177 Die erste Abhandlung hierzu war von Daniel Lerner: The Passing of Traditional Society. New York, London
1958.

178 Samir Amin: Ansätze zu einer nicht-eurozentrischen Kulturtheorie. In Elmar Altvater, Heiner Ganßmann, Micha-

Das verbreitete Selbstbild des Westens erwies sich als krisenhaft, das Prinzip der Rationalität gekoppelt an den Universalitätsanspruch stand unter Legitimationsdruck, und die Option, dem westlichen Modell universell Geltung zu verschaffen, schien nicht durchführbar. Doch gerade diese Krise der Moderne wird von Wehling als Übergangszeit beschrieben, die dazu führte, dass insbesondere dadurch die „Modernisierung der modernen Gesellschaft"[179] eingeleitet wurde.[180]

Aus dieser Perspektive heraus entstand in den 1980er Jahren eine neue Form von Modernisierungstheorien, die ihren Untersuchungsgegenstand von Grund auf veränderten. Im Fokus standen nicht mehr die weniger unterentwickelten Länder der „Dritten Welt", die bereits wegen des Wegfalls des Ost-West-Gegensatzes an Bedeutung verloren, sondern die modernen Gesellschaften sollten von den so genannten Innovationsblockaden, gemeint sind damit vormoderne Komponenten wie Mythen und Rigiditäten, befreit werden, so dass sich eine theoretisch erneuerte Kontinuitätsvorstellung gesellschaftlicher Modernisierung etablieren konnte. So gewann Modernisierung eine neue Bedeutungskomponente: „Modernisierung bedeutet jetzt die Fortschreibung und Weiterentwicklung grundlegender evolutionärer Mechanismen funktionaler Differenzierung und gesellschaftlicher Rationalisierung."[181]

Im Weiteren wäre es notwendig zu fragen, welchen methodologischen Grundprinzipien die Modernisierungstheorien unterliegen, hierbei wird allerdings darauf verzichtet, die einzelnen Theorieansätze zu gliedern.[182]

---

el Heinrich, (Hrsg.): Prokla 75. Euro-Fieber. Zeitschrift für politische Ökonomie und sozialistische Politik 1989. S. 108.

179   Wolfgang Zapf (Hrsg.): Die Modernisierung moderner Gesellschaften: Verhandlungen des 25. Deutschen Soziologentages in Frankfurt am Main 1990. Frankfurt am Main, New York 1991.

180   Vgl. dazu Peter Wehling: Die Moderne als Sozialmythos. Zur Kritik sozialwissenschaftlicher Modernisierungstheorien. Frankfurt am Main 1992. S. 202-211.

181   Peter Imbusch: Moderne und Gewalt. Zivilisationstheoretische Perspektiven auf das 20. Jahrhundert. Wiesbaden 2005. S. 72.

182   Eine differenzierte Aufzählung würde den Rahmen dieser Arbeit sprengen, siehe jedoch dazu Peter Flora: Modernisierungsforschung. Zur empirischen Analyse der gesellschaftlichen Entwicklung. Opladen 1974. S. 20 f. Er teilte die Modelle ein in Entwicklungstrends, Entwicklungsstadien, Entwicklungstypologien, quantitative Gleichungsmodelle, qualitativ-typologische Modelle, Problem-Theorien und Lösungstypologien.

Den ersten Grundsatz bildete ohne Zweifel die so genannte moderne Systemtheorie[183], die im Kontext mit den Modernisierungstheorien zum einen die Abhängigkeit der einzelnen gesellschaftlichen Teilsysteme erklären sollte. Zum anderen sollte sie die Zielgerichtetheit der einzelnen Modernisierungsprozesse, wie beispielsweise die soziale Mobilität oder die politische Entwicklung, erfassen. So wurde Modernisierung als Erhöhung hinsichtlich der gesamtgesellschaftlichen Fähigkeiten in den Bereichen Anpassung, Selbststeuerung, Eigenständigkeit und Autonomie verstanden.[184]

Zweitens muss erwähnt werden, dass bei der Beschäftigung mit den verschiedenen Varianten der Modernisierungstheorie immer das Verhältnis zwischen Tradition und Moderne behandelt wurde, das unter dem Begriff „Dichotomie-Konzeption"[185] zusammengefasst werden konnte. Diese doch „inhaltsleere"[186] Aufteilung implizierte letztlich die Idee, dass „Moderne" und „Tradition" zwei exklusive Systeme darstellten und dass der Prozess der Modernisierung demnach den Übergang von der Tradition hin zur Modernität bzw. zur modernen Gesellschaft einbezog, was sich wiederum in fast allen Versuchen, Modernisierung zu definieren, widerspiegelte:

„Mit der Modernisierung spielt sich eine ‚totale' Umwandlung der Gesellschaft aus einer traditionsbestimmten oder ‚vormodernen' Form in diejenige ab, die in ihrer technischen Ausrüstung und in den damit verbundenen sozialen Organisationsformen dem entspricht, was für die ‚fortgeschrittenen', wirtschaftlich wohlhabenden und politisch verhältnismäßig stabilen Nationen der westlichen Welt kennzeichnend ist."[187]

---

183   Eine nähere Erläuterung der modernen Systemtheorie ist im Rahmen dieser Arbeit nicht zu leisten. Vgl. Helmut Schwarz: Einführung in die moderne Systemtheorie. Braunschweig 1969.

184   Siehe dazu Wolfgang Zapf (Hrsg.): Theorien des Sozialen Wandels. Köln, Berlin 1969. S. 22.

185   Hadi Resasade: Zur Kritik der Modernisierungstheorien. Ein Versuch zur Beleuchtung ihres methodologischen Basissyndroms. Leverkusen 1984. S. 14.

186   Peter Wehling: Die Moderne als Sozialmythos. Zur Kritik sozialwissenschaftlicher Modernisierungstheorien. Frankfurt am Main 1992. S. 117.

187   Wilbert Ellis Moore: Strukturwandel der Gesellschaft. München 1967. S. 147.

Diese allgemein dichotomische Auffassung innerhalb der Modernisierungstheorie führte letztlich dazu, auf der einen Seite gesellschaftliche Modernität mit den ökonomischen, sozialen und politischen Systemen der westlichen Welt gleichzusetzen, der mithin eine universale Gültigkeit zugesprochen wurde.[188] Auf der anderen Seite bewerteten die Modernisierungstheoretiker fast alle Gesellschaften, die sich nicht nach dem westlichen Modernisierungsmodell entwickelt hatten, als traditional. Rostow definiert die traditionale Gesellschaft als eine, „deren Struktur innerhalb begrenzter Produktionsmöglichkeiten entwickelt ist, die auf vornewtonscher Wissenschaft und Technik basiert sowie auf einem vornewtonschen Verhalten gegenüber der physikalischen Welt"[189]. Hierbei unterlief der Fehler, die unterentwickelten Gesellschaften mit den westeuropäischen Gesellschaften vor der industriellen Revolution in eins zu setzen, um diese „Entwicklungsländer" dann nach dem eurozentrische Modell der Industrialisierung Europas verändern zu können.

Zum „methodologischen Basissyndrom"[190] der Modernisierungstheorien gehörte zweifelsohne der so genannte Systemfunktionalismus[191], der im Grunde genommen ein Schema sozialwissenschaftlicher Kategorien aufwies und zum Einsatz kam, um mit Hilfe der Begriffe Struktur und Funktion soziale Phänomene analysieren zu können. Die von Parsons entwickelten „pattern variables"[192] stellten ein theoretisches Typisierungsschema zur Analyse der Interaktionssituation und des jeweiligen sozialen Handelns dar. Dabei konnte sich das Individuum in Abhängigkeit vom vorhandenen Wertesystem und von der jeweiligen sozialen Situation (bewusst oder unbewusst) auf jeweils eine der folgenden Mustervariablen ausrichten: Affektivität oder affektive Neutralität, Kollektivorientierung oder Selbstorientierung, Partikularismus oder Universalismus, Diffusität oder Spezifität, Anerkennung durch traditionelle Zuschreibung oder durch tatsächliches Leis-

---

188   Reinhart Kößler, Tilman Schiel: Auf dem Weg zu einer kritischen Theorie der Modernisierung. Frankfurt am Main 1996. S. 17 f.

189   Walt Whitman Rostow: Stadien wirtschaftlichen Wachstums. Eine Alternative zur marxistischen Entwicklungstheorie. Göttingen 1960. S. 18.

190   Hadi Resasade: Zur Kritik der Modernisierungstheorien. Ein Versuch zur Beleuchtung ihres methodologischen Basissyndroms. Leverkusen 1984. S. 14.

191   Für weitere Informationen siehe Julius Morel, Eva Bauer, Tamas Meleghy, Heinz-Jürgen Niedenzu, Max Preglau, Helmut Staubmann: Soziologische Theorie. Abriss der Ansätze ihrer Hauptvertreter. München 2001. S. 149-157.

192   Talcott Parsons: The Social System. Glencoe 1951.

tungsverhalten.[193] Parsons versuchte anhand dieser Variablen die Rollenorientierung in verschiedenen Gesellschaften zu unterscheiden, wobei er drei Formen der Sozialstruktur ausmachte – und zwar von den partikular-deskriptiven bis zu den universalistisch-leistungsorientierenden Gesellschaften[194] –, die letztlich auch als „eine Vorstufe der Modernisierungs- und Evolutionstheorien"[195] betrachtet werden können.

So rezipierten verschiedene Modernisierungstheoretiker Parsons *pattern variables* mit der Zuversicht, die kulturellen Wertemuster verändern zu können, um somit die notwendigen Voraussetzungen für den Übergang von der traditionellen hin zur modernen industrialisierten Gesellschaft zu schaffen. Der Strukturfunktionalismus sollte im Endeffekt zu einer Analyse der Voraussetzungen und prozessualen Etablierung einer modernen Gesellschaft verhelfen, wobei die einzelnen Dimensionen von Modernisierung in eine funktional wechselseitige Abhängigkeit gebracht wurden.[196] Jedoch schloss diese Betrachtungsweise jegliche Diskrepanz zwischen der theoretischen Vorstellung und der jeweiligen Umsetzung aus. Auch wurden Aspekte wie Kolonialherrschaft, Kriege bzw. Revolution und internationale Beziehungen außer Acht gelassen.

Der negativ konnotierte Begriff des Evolutionismus fasste die klassischen Evolutionstheorien zusammen, wonach

„Entwicklung als quantitative und qualitative Veränderung der materiellen Daseinsform [...], als ein Prozess des kontinuierlichen Hervorgehens komplizierterer aus einfacheren Formen, als zeitlich geordnete Genese von im Keime von Anfang an vorhandenen Erscheinungen gedeutet wurde"[197].

Evolution erschien somit als präformiert und als zwangsläufig ablaufender Prozess, nach den klassischen Evolutionstheorien gleichsam als „unumkehrbar, unlinear und

---

193   Ebenda. S. 67.

194   Ebenda. S. 180 ff.

195   Peter Wehling: Die Moderne als Sozialmythos. Zur Kritik sozialwissenschaftlicher Modernisierungstheorien. Frankfurt am Main 1992. S. 121.

196   Ebenda. S. 123 f.

197   Karl-Heinz Hillmann: Wörterbuch der Soziologie. Stuttgart 2007. S. 206.

kontinuierlich"[198] klassifiziert und argumentativ unterstützt vom sozialdarwinistischen Ansatz. So ging Comte von einem geistigen und gesellschaftlichen Fortschritt der Menschheit aus, eingeteilt in das „Dreistadiengesetz"[199], das bis zu einem positiven bzw. wissenschaftlichen Stadium reichte.[200] Spencer hingegen benutzte den Evolutionsbegriff im Zusammenhang mit dem kosmischen Differenzierungsprozess, das bedeutet, dass „jede reale Entwicklung gesetzmäßig von der unzusammenhängenden Gleichartigkeit der Teile zur zusammenhängenden Ungleichartigkeit, vom Aggregat zum System verlaufe."[201] Insbesondere Parsons beschäftigte sich mit dem Phänomen der evolutionären Aspekte der Gesellschaft. Zu den zentralen Kategorien Differenzierung, Anpassung, Integration fügte Parsons den Begriff der Wertverallgemeinerung hinzu, gliederte diese vier Komponenten in seine Theorie des sozialen System ein, um letztlich die langfristigen Wandlungsprozesse deuten zu können:[202] In den entwickelten Gesellschaften entstehen immer mehr spezialisierte und ausdifferenzierte Teileinheiten, die letztlich wieder in das gesellschaftliche System integriert werden müssen, was dazu führt, dass das gesellschaftliche System an sich anpassungsfähiger wird und „schließlich werden diese Vorgänge von der Verallgemeinerung und Generalisierung von Kulturwelten begleitet"[203]. Die Idee des Endpunkts eines idealtypischen Zustandes wurde insbesondere von Luhmann verworfen, im Fokus stand fortan der Aspekt der Weiterentwicklung der evolutionären Dynamik[204]. Obgleich die Vertreter des Neoevolutionismus[205] eine differenziertere Vorgehensweise in der Beschreibung universaler Entwicklungsgesetze vorzeigten, indem sie das dichotomische Evoluti-

---

198 Werner Fuchs-Heinritz, Rüdiger Lautmann, Otthein Rammstedt, Hans Wienold (Hrsg.): Lexikon zur Soziologie. Opladen 1994. S. 189.

199 Siehe dazu Heinz Abels: Einführung in die Soziologie 1. Der Blick auf die Gesellschaft. Wiesbaden 2009. S. 333.

200 Ebenda. S. 334 f.

201 Werner Fuchs-Heinritz, Rüdiger Lautmann, Otthein Rammstedt, Hans Wienold (Hrsg.): Lexikon zur Soziologie. Opladen 1994. S. 189.

202 Talcott Parsons: Das System moderner Gesellschaften. München 1972. S. 40 ff.

203 Hadi Resasade: Zur Kritik der Modernisierungstheorien. Ein Versuch zur Beleuchtung ihres methodologischen Basissyndroms. Leverkusen 1984. S. 17.

204 Niklas Luhmann: Soziologische Aufklärung 2. Opladen 1975. S. 163.

205 Zu den bekanntesten Vertretern gehören Ferdinand Tönnies (1855-1936), Leslie White (1855-1936), Shmuel Noah Eisenstadt (1923-2010) und Norbert Elias (1897-1990).

onsmodell erweiterten[206], wurde vom Evolutionismus der Anspruch der Universalität des westlichen Modells neu begründet und „durch ein nochmals erhöhtes Abstraktionsniveau quasi ungreifbar"[207] gemacht.

Die Modernisierungstheorien sind als Versuche aufzufassen, den gesamtgesellschaftlichen Wandel konzeptionell zu festzuhalten und „die nicht-ökonomischen Bedingungen der industriellen Entwicklung systematisch zu erfassen und wie diese selbst zu begreifen als interdependente Momente eines gerichteten Prozesses, der traditionelle Gesellschaften über sich selbst hinaus in die Moderne führt"[208]. Seit den 50er Jahren verbreitete sich die Erkenntnis, dass eine rein ökonomische Wachstumstheorie nicht ausreichend sei, um die Länder der „Dritten Welt" aus ihrer „Rückständigkeit" in moderne Industriegesellschaften zu überführen. Aus diesem Grund entstanden Modernisierungskonzepte, die Aspekte der politischen Entwicklung, der sozialen und psychischen Mobilisierung, berücksichtigten. Rostows Modell[209] der Stadien wirtschaftlichen Wachstums versuchte die industrielle Entwicklung zu veranschaulichen: Die traditionale Agrargesellschaft, gekennzeichnet von Krisen und Prosperitätsphasen, war der Ausgangspunkt, Wachstum war allerdings nicht Bestandteil dieser Phase. Im Vorbereitungsstadium kam es zu einer Akkumulation von technischen Erfindungen, Kapitalanlagen und unternehmerischen Talenten. In der so genannten Take-off-Phase[210] wurden diese einzelnen Bestandteile von Unternehmerinnen und Unternehmern zusammengebracht, und die Durchbruchphase setzte sich durch, die anschließend in das Stadium des sich erhaltenden Wachstums überging. Diese Phase mündete dann in das Stadium des Massenkonsums ein und ermöglichte es breiten Bevölkerungsschichten, am wirtschaftlichen Wachstum teilzuhaben. Der so genannte Sätti-

---

206 Siehe dazu Eugen Buß, Martina Schöps: Die gesellschaftliche Entdifferenzierung. In: Zeitschrift für Soziologie 8/1979. S. 315 ff.

207 Peter Wehling: Die Moderne als Sozialmythos. Zur Kritik sozialwissenschaftlicher Modernisierungstheorien. Frankfurt am Main 1992. S. 148.

208 Gerhard Brandt: Industrialisierung, Modernisierung, gesellschaftliche Entwicklung. In Frank Baier, Franz-Xaver Kaufmann, Rolf Klima (Hrsg.): Zeitschrift für Soziologie. Jahrgang 1, Heft 1. Stuttgart 1972. S. 5.

209 Walt Whitman Rostow: Stadien wirtschaftlichen Wachstums. Eine Alternative zur marxistischen Entwicklungstheorie. Göttingen 1960.

210 Für nähere Ausführungen siehe Walt Whitman Rostow: Die Phase des Take-off. In: Wolfgang Zapf (Hrsg.): Theorien des sozialen Wandels. Köln, Berlin 1969. S. 286-308.

gungspunkt könne, so postulierte Rostow ab den 1970er Jahren, durch ein neues Stadium überwunden werden, „die Suche nach neuen Qualitäten, in dem ein hohes Niveau wirtschaftlichen Wohlstands das Wachstumsziel zurücktreten lässt und Energien für andere, persönliche Ziele und für einen besseren Schutz der natürlichen Umwelt freisetzt"[211].

Die Konzepte zur politischen Entwicklung gelten innerhalb der Modernisierungstheorien als „am weitesten"[212] ausgearbeitet. Auch hier werden die (politischen) Wandlungsprozesse in unterschiedliche Stadien eingeteilt.[213] Den in jedem neu erreichten Stadium auftretenden neuen Problemen stehen jedoch auch die notwendigen Kapazitäten für ihre Lösungen gegenüber. Der erste Schritt ist die Bildung eines Staates bzw. einer Nation, die durch Etablierung einer nationalen Identität stabilisiert werden sollte. Das Stadium der Konsolidierung wiederum beinhaltet die Partizipation der Bürgerinnen und Bürger am politischen Geschehen in Form der parlamentarischen, sozialen und rechtsstaatlichen Demokratie, um die Probleme auf politischer Ebene zu lösen. Diese Perspektivierung von politischer Modernisierung wurde auch als eine Abfolge der bürgerlichen, sozialen und politischen Grundrechte beschrieben.[214]

Innerhalb der Modernisierungsforschung kam der sozialen Mobilisierung große Bedeutung zu. In diesem „umfassende[n] Wandlungsprozess"[215] sei „eine ganze Anzahl engerer Teilprozesse wie zum Beispiel Wohnsitzwechsel, Berufswechsel, Änderung der sozialen Umgebung und der Sphäre des Nachbarlichen, von Institutionen, Rollen und Handlungsweisen"[216] involviert. Außerdem schließe er „Wandlungen der Erfahrungen und Erwartungen und damit der persönlichen Erinnerungen, Gewohnheiten und Be-

---

211 Wolfgang Zapf: Entwicklung und Sozialstruktur moderner Gesellschaften. In: Hermann Korte, Bernhard Schäfers (Hrsg.): Einführung in die Hauptbegriffe der Soziologie. Wiesbaden 2006. S. 254.

212 Peter Wehling: Die Moderne als Sozialmythos. Zur Kritik sozialwissenschaftlicher Modernisierungstheorien. Frankfurt am Main 1992. S. 110.

213 Siehe dazu Stein Rokkan: Die vergleichende Analyse der Staaten- und Nationenbildung: Modelle und Methoden. In: Wolfgang Zapf (Hrsg.): Theorien des sozialen Wandels. Köln, Berlin 1969. S. 231-244.

214 Siehe dazu Peter Wehling: Die Moderne als Sozialmythos. Zur Kritik sozialwissenschaftlicher Modernisierungstheorien. Frankfurt am Main 1992. S. 112 f.

215 Hadi Resasade: Zur Kritik der Modernisierungstheorien. Ein Versuch zur Beleuchtung ihres methodologischen Basissyndroms. Leverkusen 1984. S. 55.

216 Karl Deutsch: Soziale Mobilisierung und politische Entwicklung. In: Wolfgang Zapf (Hrsg.): Theorien des sozialen Wandels. Köln, Berlin 1969. S. 328.

dürfnisse, einschließlich dem Verlangen nach neuen Vorbildern der Gruppenbildung und neuen Bildern des Selbstverständnisses"[217], ein. Wie diese umfangreiche Definition aufzeigt, beeinflusste die soziale Mobilisierung das politische Verhalten nicht wesentlich, sondern formte es tiefgreifend um.

2.3 Kritik und Weiterentwicklung

Bereits Mitte der 60er Jahre kamen die ersten grundlegenden Kritiken hinsichtlich der Grundkonzeption der Modernisierungstheorien auf, die insbesondere von den Vertretern der „Dependencia-Theorie"[218] geübt wurden. Angesichts der kolonialen Ausbeutung, der imperialistischen Beherrschung und der Abhängigkeit von der kapitalistischen Weltmarktstruktur versuchten diese Theorien, den Rückstand der unterentwickelten Länder näher zu beleuchten, und führten deren Zustand auf die internationalen Verhältnisse zurück, die von den kapitalistischen Bestrebungen der Industrieländer geprägt waren, denn „Entwicklung und Unterentwicklung bilden die zwei Seiten eines einzigen historischen Vorgangs, als gleichzeitige und ursächlich aufeinander bezogene Aspekte des gleichen Prozesses, der seinerseits eine Auswirkung des kapitalistischen Weltsystems ist."[219] Der normative Ethnozentrismus und das Versäumnis, die Ursachen für den Entwicklungsrückstand in den Strukturen der kapitalistisch dominierten Weltwirtschaft gesucht zu haben, waren die Hauptkritikpunkte von Seiten der Anhänger der Dependenz-Theorie, die sich insbesondere von den konkreten Folgen in der gesellschaftlich-politischen Lebenswirklichkeit in den „Dritte-Welt"-Ländern motivieren ließen.[220]

---

217 Ebenda.

218 Siehe dazu Hugo Celso Felipe Mansilla: Entwicklung als Nachahmung. Zu einer kritischen Theorie der Modernisierung. Meisenheim 1978. Dieter Senghaas (Hrsg.): Imperialismus und strukturelle Gewalt. Frankfurt am Main 1972. Michael Bohnet (Hrsg.): Das Nord-Süd-Problem. München 1971. Eine Zusammenfassung der Dependencia-Theorie liefert Andreas Boeckh: Dependencia und kapitalistisches Weltsystem, oder: Die Grenzen globaler Entwicklungstheorie. In: Franz Nuscheler (Hrsg.): Dritte-Welt-Forschung. Entwicklungstheorie und Entwicklungspolitik. Opladen 1985. S. 56-74.

219 Wolfgang Geiger, Hugo Celso Felipe Mansilla: Unterentwicklung. Frankfurt am Main, Berlin, München 1983. S. 98.

220 Peter Wehling: Die Moderne als Sozialmythos. Zur Kritik sozialwissenschaftlicher Modernisierungstheorien.

Bereits Mitte der 60er Jahre geriet das modernisierungstheoretische Argumentationsmuster ins Wanken, da auf der einen Seite das Konzept der Modernisierung in den Entwicklungsländern nicht praktikabel war. Auf der anderen Seite wurde das westliche Selbstbild aufs Neue hinterfragt, denn vor allem das dichotomische Verhältnis zwischen Tradition und Moderne erwies sich als äußerst problematisch. Der Ansatz, traditionelle Kulturen als modernisierungshemmend abzustempeln, und der daraus resultierende Versuch, die Traditionen zu beseitigen, erwiesen sich als unhaltbar. Vielmehr setzte sich die Erkenntnis durch, „dass die bloße Zerstörung traditioneller Formen die Entwicklung einer neuen Gesellschaft noch nicht gewährleistete, im Gegenteil, oft führte das Zerbrechen der traditionellen Umwelt nur zu Desorganisation, Delinquenz und Chaos"[221]. Dies war auch der Grund dafür, dass die Sozialwissenschaften das dichotomische Verhältnis von Tradition und Moderne neu bewerteten und diskutierten. Verstärkt wurde diese Umorientierung innerhalb der Modernisierungstheorie durch die ökologische Krise in den 70er Jahren, wobei die Forderung nach einem „selbsttragenden Wachstum", das theoretisch in der Lage gewesen wäre, sowohl Produktion als auch Konsum regelmäßig zu erhöhen[222], aufgrund der global-ökologischen Situation nicht realisierbar war, so dass die Theoretiker selbstkritisch begannen, ihre Grundannahmen zu korrigieren. Drei wesentliche Kritikpunkte sind hervorzuheben[223]: erstens die ethnozentrische Vorstellung von Modernität, die ja letztlich auch als statischer und ahistorischer Ziel- und Endzustand sozialer Entwicklung propagiert wurde; zweitens die Dichotomie von Tradition und Moderne, denn diese Perspektivierung ließ Diversifikationen innerhalb einer Übergangsgesellschaft nicht zu, drittens die Immunisierung der Modernisierungstheorien gegenüber politischen Einflüssen und ihre historische Abweichung vom idealtypischen Modernisierungsverlauf, da in vielen Theorien „eine allgemeine Evolutionsmechanik im Vordergrund stand, wurden

---

Frankfurt am Main 1992. S. 135.

221 Shmuel Noah Eisenstadt: Sozialer Wandel, Differenzierung und Evolution. In: Wolfgang Zapf (Hrsg.): Theorien des sozialen Wandels. Köln-Berlin 1969. S. 128.

222 Vgl. dazu Daniel Lerner: The Passing of Traditional Society. New York, London 1958. S. 387.

223 Siehe dazu Hans-Ulrich Wehler: Modernisierungstheorie und Geschichte. Göttingen 1975. S. 18-30.

Krieg und Kolonialherrschaft, Imperialismus und internationale Politik darin fast völlig ausgeblendet"[224].

Bereits seit Anfang der 80er Jahre begann die Modernisierungsforschung, ihren Untersuchungsgegenstand zu wechseln. Das Hauptinteresse galt nicht mehr den Entwicklungsländern in der „Dritten Welt", sondern fortan wurde von der „Modernisierung moderner Gesellschaften"[225] gesprochen. Als Folge der ökologischen Krise der 70er Jahre wurde erkannt, dass „die Lage der modernen Gesellschaften als ebenso blockiert, mit Mythen, Rigiditäten und Entwicklungsschranken behaftet erscheint, wie dies die Modernisierungstheorie an ‚vormodernen' Gesellschaften diagnostiziert hatte"[226]. Der Schwerpunkt lag fortan darauf, die Innovationsblockaden zu beseitigen, dabei entwickelten sich in der deutschen Forschungslandschaft nach Wehling drei Hauptmodelle[227]: die Theorie einer technokratischen Modernisierung (Zapf, Bühl), die Theorie einer ökologischen Modernisierung (Jänicke) und die Theorie einer reflexiven Modernisierung (Beck, Berger, Offe).

Die Modernisierungstheoreme veränderten auch ihre Einstellung bezüglich der essentialistischen Ansicht älterer Kulturverständnisse und nahmen eine konstruktivistische Position ein. Nicht das traditionale Handeln im klassischen Sinne stand im Fokus, vielmehr galt Tradition als ritualisierte Form eines „kollektiven Gedächtnisses", wobei die Vergangenheit im Verhältnis zur Gegenwart organisiert werden müsse, so dass Tradition wiederum ein Produkt der Modernisierung werde.[228] Das Konvergenztheorem musste nicht mehr zurückgewiesen werden, sondern stellte „lediglich eine Art residualer normativer Textur"[229] im Zusammenhang mit der Diskussion um die Weiterentwicklung der ehemals sozialistischen Gesellschaften dar.

---

224 Ebenda. S. 18.

225 Eine gute Zusammenfassung sind die Beiträge in Wolfgang Zapf (Hrsg.): Die Modernisierung moderner Gesellschaften. Verhandlungen des 25. Deutschen Soziologentages in Frankfurt am Main 1990. Frankfurt am Main, New York 1991.

226 Claus Offe: Die Utopie der Null-Option. Modernität und Modernisierung als politische Gütekriterien. In: Johannes Berger (Hrsg.): Die Moderne – Kontinuitäten und Zäsuren. Göttingen 1986. S. 98.

227 Peter Wehling: Die Moderne als Sozialmythos. Zur Kritik sozialwissenschaftlicher Modernisierungstheorien. Frankfurt am Main 1992. S. 26.

228 Anthony Giddens: Die Konstitution der Gesellschaft. Frankfurt am Main 1988. S. 255.

229 Andreas Langenohl: Tradition und Gesellschaftskritik. Eine Rekonstruktion der Modernisierungstheorie. Frankfurt am Main 2007. S. 11.

Die theoretische Beschäftigung mit der so genannten industriellen Moderne, mit ihren Folgeproblemen und Krisenprozessen trieben insbesondere die Vertreter der „reflexiven Modernisierung" voran. Das entscheidende Moment für den gesellschaftlichen Wandel war nicht mehr die Zweckrationalität, sondern die „Nebenfolge[n]"[230] wie Risiken, Gefahren, die Individualisierung oder auch die Globalisierung forcierten die Umgestaltung. Für Beck bedeutet „reflexive Modernisierung" dementsprechend

> „eine Veränderung der Industriegesellschaft, die sich im Zuge normaler, verselbständigter Modernisierungen ungeplant und schleichend vollzieht und die bei konstanter, intakter politischer und wirtschaftlicher Ordnung auf dreierlei zielt: eine Radikalisierung der Moderne, die die Prämissen und Konturen der Industriegesellschaft auflöst und Wege in andere Modernen – oder Gegenmodernen – öffnet [...]. Reflexive Modernisierung meint also – schlichter gesagt – eine potenzierte Modernisierung mit gesellschaftsveränderter Reichweite."[231]

Becks Theorie wies darauf hin, dass reflexive Modernisierung fundamentale Erschütterungen erzeugen kann und dass sowohl eine Weiterentwicklung als auch eine „Gegenmoderne" als Folge möglich wären. Der Autor charakterisierte außerdem die industriellen Gesellschaften als halbmodern und gemischtmodern, d.h. moderne Elemente seien mit Elementen der Gegenmoderne kombiniert und verschmolzen[232]. Deren dialektisches Verhältnis beziehe sich eben nicht nur auf die Vergangenheit, sondern auch auf die Gegenwart und die Zukunft.[233] So setzte sich Becks Theorie der reflexiven Modernisierung in folgenden Punkten von den klassischen Modernisierungstheorien ab: in der Linearität des Fortschrittsmodells und der Irreversibilität der Moderne, dem Zweckrationalismus als treibender Kraft, dem Selbstverständnis der Industriegesellschaft als einer modernen Gesellschaft, der Sozialstruktur und der damit verbundenen Gruppenstrukturierung, der

---

230 Peter Imbusch: Moderne und Gewalt. Zivilisationstheoretische Perspektiven auf das 20. Jahrhundert. Wiesbaden 2005. S. 77.

231 Ulrich Beck: Die Erfindung des Politischen. Frankfurt am Main 1993. S. 67 f.

232 Ebenda. S. 92.

233 Ebenda. S. 94.

funktionalen Ausdifferenzierung von Handlungssphären und der ideologischen Metaphorik des Rechts-links-Schemas.[234]

Die Theoretiker[235] der „technokratischen" Modernisierung vertraten in Zeiten der ökonomischen, ökologischen, politischen und kulturellen Krisentendenzen in modernen Gesellschaften die Auffassung, dass sich auch die modernen Gesellschaften einer Modernisierung unterziehen müssten. Vorhandene Krisen seien zum einen als Chance zu begreifen, die Mechanismen struktureller Erneuerung und die reinigende Beseitigung veralteter Strukturen walten zu lassen.[236] Zum anderen herrschte die Vorstellung vor, dass sich der Veränderungsdruck infolge der Krisen erhöhe und dadurch die Innovationsbereitschaft gesteigert werde, so dass zyklische Krisen „strenggenommen keine Krisen"[237] darstellen.

Mit dem Begriff der Globalisierung[238] wurde fortan versucht, die ökonomische, politische und auch kulturelle Integration nach dem Ende des Kalten Krieges zusammenzufassen.[239] Dabei stand als Hauptdiskussionspunkt die Frage zur Debatte, ob die Globalisierung als Bezugspunkt der Moderne zu verankern sei[240] und demzufolge „die radikalisierte Konsequenz der Industriemoderne"[241] impliziere oder ob mit dem Einhergehen der Globalisierung das „Projekt der Moderne" insgesamt verabschiedet werden müsse.[242]

---

234 Ebenda.

235 Zu den Hauptvertretern der „technokratischen Modernisierung" gehört Wolfgang Zapf.

236 Wolfgang Zapf: Zur Diskussion um Krise und Innovationschancen in westlichen Demokratien. In: Max Kaase (Hrsg.): Politische Wissenschaft und politische Ordnung. Opladen 1986. S. 57 f.

237 Walter Ludwig Bühl: Krisentheorien. Darmstadt 1984. S. 59.

238 Dass dieser Begriff sich zu einem schillernden Schlagwort entwickelt hat, ist unverkennbar. Nichtsdestotrotz kann er aufgrund des thematischen Schwerpunktes der vorliegenden Arbeit nicht näher beleuchtet werden.

239 Vgl. dazu Ulrich Beck: Was ist Globalisierung? Irrtümer des Globalismus – Antworten auf Globalisierung. München 1997. Arjun Appardurai: Modernity at Large: Cultural Dimension of Globalization. Minneapolis 1996.

240 Vertreten insbesondere von den Theoretikern um die reflexive Modernisierung. Siehe dazu Ulrich Beck, Anthony Giddens, Scott Lash: Reflexive Modernisierung. Eine Kontroverse. Frankfurt am Main 1996.

241 Nina Degele, Christian Dries: Modernisierungstheorie. Eine Einführung. Paderborn 2005. S. 193.

242 Ebenda. S. 191 f.

2.4 Das Verhältnis von Islam und Moderne in der westlichen Bewertung

Bei der Einordnung des Verhältnisses von Islam und Moderne aus westlicher Sicht stellt bis heute der evolutionstheoretisch orientierte Ansatz den Ausgangspunkt dar, da trotz einer allgemeinen kritischen Haltung gegenüber den klassischen Modernisierungsmodellen, die diese sowohl revidieren als auch neu bewerten, die Angleichung der nichtwestlichen Gesellschaften an den Westen im Fokus steht und Modernisierung aus dieser Perspektive heraus verstanden wird. Es wurde auch darauf hingewiesen, dass die üblichen Erklärungsansätze der Modernisierungstheorien die Phänomene in den muslimisch geprägten Ländern kaum erfassen konnten und somit ein Paradigmenwechsel bei dieser Vorgehensweise vonnöten sei.[243]

Als Erklärungsmuster für die Unterentwicklung der muslimischen Länder wird immer noch das Ausbleiben der Säkularisierung[244] herangezogen: Fortschritt und Entwicklung nach westlichem Vorbild könne nur mit einer Säkularisierung eingeleitet werden.[245] Die Ursache für ihr Ausbleiben wurde immer wieder auf die dogmatische Beschaffenheit des Islam und die Resistenz der islamischen Kultur gegenüber demokratischen Entwicklungen reduziert.[246] Die kulturalistische These, nach der sowohl das Festhalten an Traditionen als auch die Religiosität Hemmnisse der Innovationsfähigkeit darstellten, fand in

---

243 Siehe dazu Navid Kermani: Die Zukunft der Islamwissenschaft. In: Abbas Poya (Hrsg.): Das Unbehagen in der Islamwissenschaft: ein klassisches Fach im Scheinwerferlicht der Politik und Medien. Bielefeld 2008. S. 301-309.

244 Die Säkularisierungsthese wirft auch in der westlichen Forschungslandschaft viele unterschiedlich gelagerte Diskurse auf: Nicht nur in der Politikwissenschaft, sondern auch in der Soziologie wird der Frage nachgegangen, ob eine klare Trennung zwischen Politik und Religion stattgefunden hat bzw. in welchem Beziehungsgeflecht diese stehen. Vgl. dazu José Casanova: Public Religions in the Modern World. Chicago 1994. S. 11-75. Außerdem Detlef Pollack: Studien zum religiösen Wandel in Deutschland. 1. Säkularisierung – ein moderner Mythos? Tübingen 2003.

245 Siehe dazu Gerhard Hauck: Evolution, Entwicklung, Unterentwicklung: Gesellschaftstheoretische Abhandlungen. Frankfurt am Main 1996. S. 128-139. Hermann Lübbe: Modernisierung und Folgelasten. Trends kultureller und politischer Evolution. Berlin, Heidelberg, New York 1997. S. 201-210.

246 Siehe dazu Semiramis Akbari: Religiöse Wissensgenerierung und Modernisierung. Wandel religiös-politischer Deutungsmuster im politischen Diskurs der Schia und Verschiebungen der inneren Machtbalance im postrevolutionären Iran. Frankfurt am Main 2010.

diesem Kontext seinen argumentativen Höhepunkt in der Aussage, dass der so genannte islamische Fundamentalismus[247] einen „Aufstand gegen die Moderne"[248] impliziere.

Der makroperspektivische Ansatz, wonach Islam und Politik eng miteinander verflochten seien, führte nicht nur zu einer Generalisierung, sondern auch zu einer Eindimensionalität bzw. zu unzutreffenden Annahmen, zu einer Perzeption des Islam „als eine[r] sich gewaltsam artikulierende[n] politische[n] Kraft"[249].

Obwohl in der Wissenschaftslandschaft die Forderung kursierte, über „multiple Modernen"[250] zu diskutieren, blieb die westliche Moderne mit ihren konstitutiven Phänomenen der Aufklärung und der Säkularisierung der entscheidende Bezugsrahmen.[251] Dennoch stellen jüngere Untersuchungen aus einer kritischen Analyse heraus folgende Postulate für die Behandlung und Bewertung der Thematik Islam und Moderne auf:

Grundsätzlich wird – trotz der längst etablierten Wissenschaftsmeinung – immer wieder betont, dass der Monopolanspruch des Westens auf die Moderne nicht gerechtfertigt sei, zumal eine Beurteilung der muslimischen Gesellschaft auf Grundlage der westlichen Ansichten von Moderne nicht nur erschwert würde, sondern zu Ausgrenzung und falschen Schlüssen führen könne.[252] In diesen Zusammenhang gehört auch die Kritik, dass eine solche Perspektivierung stets auf einer binären Weltsicht basiere[253], die im Grunde genommen durch ihre Urteile die immer noch bestehende koloniale Anspruchshaltung ausdrücke[254].

---

247   Heinrich Wilhelm Schäfer: Kampf der Fundamentalisten. Radikales Christentum, radikaler Islam und Europas Moderne. Leipzig 2008. Martin Riesebrodt: Die Rückkehr der Religionen. Fundamentalismus und der „Kampf der Kulturen". München 2000.

248   Vgl. dazu: Thomas Meyer: Fundamentalismus. Aufstand gegen die Moderne. Hamburg 1989.

249   Semiramis Akbari: Religiöse Wissensgenerierung und Modernisierung. Wandel religiös-politischer Deutungsmuster im politischen Diskurs der Schia und Verschiebungen der inneren Machtbalance im postrevolutionären Iran. Frankfurt am Main 2010. S. 38.

250   Siehe dazu Thomas Schwinn (Hrsg.): Die Vielfalt und Einheit der Moderne. Wiesbaden 2006.

251   Siehe dazu Jörn Thielmann: Zum Verhältnis von Islam und Moderne – einige geschichtliche Betrachtungen und das Beispiel Deutschland. In: Bernd Schröder (Hrsg.): Religion in der modernen Gesellschaft. Überholte Tradition oder wegweisende Orientierung. Leipzig 2009. S. 139.

252   Johannes Reissner: Islam in der Weltgesellschaft. Wege in eine eigene Moderne. Berlin 2007. S. 32.

253   Siehe dazu Georges Corm: Missverständnis Orient. Die islamische Kultur und Europa. Zürich 2004. S. 29.

254   Martin Albrow: Das globale Zeitalter. Frankfurt am Main 2007. S. 319-324.

Des Weiteren müsse in der westlichen Perzeption klar zwischen den muslimischen Gesellschaften und „dem Islamischen" getrennt werden, da in diesen Gesellschaften der Islam nicht als alleiniges Identitätsmerkmal fungiere. Auch seien „weder der Islam noch Islamismus [...] als Akteure zu behandeln"[255]. Die vormoderne Vorstellungswelt in der westlichen Beurteilung der einzelnen muslimischen Gesellschaften, so ein weiteres Postulat, sei überholt und die modernisierungstheoretischen Annahmen würden nicht ausreichen, um die Wandlungsprozesse in diesen Gesellschaften zu beschreiben.[256] In diesem Kontext wurde hervorgehoben, dass es notwendig sei, sich von der dichotomischen Behandlung des Themenfeldes Moderne versus Tradition zu lösen.[257] Dabei sei eine differenzierte Analyse anzustreben;[258] und um dies realisieren zu können, müssten in der konzeptionellen Beschreibung die gesamtgesellschaftlichen Phänomene wie Wirtschaft, Demographie, Religion und soziale Strukturen, aber auch die politischen Entwicklungen in ihrem spezifischen Betrachtungsrahmen analysiert und eine Vermischung bzw. Vereinheitlichung vermieden werden. An dieser Stelle soll noch einmal auf die Säkularisierungsthese Bezug genommen werden: Oft wurde sie für die Untersuchung des komplexen Verhältnisses von Religion und Politik als Bezugsrahmen benutzt, jedoch griff sie zu kurz. Aus ihrer spezifischen historischen Entwicklung heraus, die die institutionelle Stellung der Kirche in Europa beinhaltete, konnte sie unreflektiert nicht auf die muslimische Welt übertragen werden.[259] In diesem Kontext wurde außerdem die Annahme in Frage gestellt, gesellschaftliche Entwicklungen seien steuerbar, denn zum einen sind die muslimischen Gesellschaften durch die Globalisierung längst in die Weltgesellschaft eingebunden und zum anderen stehen einer solchen Annahme die unzureichenden Kapazitäten und die

---

255 Johannes Reissner: Islam in der Weltgesellschaft. Wege in eine eigene Moderne. Berlin 2007. S. 32.

256 Siehe dazu Youssef Courbage, Emmanuel Todd: Die unaufhaltsame Revolution. Wie die Werte der Moderne die islamische Welt verändern. München 2008. S. 7 f.

257 Semiramis Akbari: Religiöse Wissensgenerierung und Modernisierung. Wandel religiös-politischer Deutungsmuster im politischen Diskurs der Schia und Verschiebungen der inneren Machtbalance im postrevolutionären Iran. Frankfurt am Main 2010. S. 47.

258 Gerdien Jonker, Pierre Hecker, Cornelia Schnoy (Hrsg.): Muslimische Gesellschaften in der Moderne. Ideen, Geschichten, Materialien. Wien 2007.

259 Peter Norman Waage: Islam und die moderne Welt. Versuch eines Dialogs. Dornach 2004. S. 102-116.

zunehmende Komplexität der Realität entgegen.[260] Die Propagierung des Projektes der Moderne als Allheilmittel für alle Gesellschaften widerstanden bereits viele Muslime, so dass der Westen sich vergegenwärtigen musste, dass die Moderne nicht mehr als alleingültiges Modell für Entwicklung steht, sondern sich multiple Vorstellungen über Moderne und Modernisierung entwickelt haben.[261]

Eine diskursanalytische Vorgehensweise in der Betrachtung und Bewertung des Verhältnisses von Islam und Moderne sei wichtig, da sie eine differenziertere Analyse gewährleisten könne.[262] Aus dieser Kontextualisierung heraus beleuchtet das folgende Kapitel den innermuslimischen Diskurs über das Verhältnis von Islam und Moderne näher. Dabei liefert es nicht nur einen kurzen Abriss über das muslimische Denken im Allgemeinen, sondern zeichnet auch die spezifische Konfrontation mit der kolonialen Übermacht und ihre unmittelbaren Folgen auf das muslimische Denken nach.

---

260 Johannes Reissner: Islam in der Weltgesellschaft. Wege in eine eigene Moderne. Berlin 2007. S. 32.

261 Masoud Kamali: Multiple modernities. Civil society and Islam: the case of Iran and Turkey. Liverpool 2006.

262 Semiramis Akbari: Religiöse Wissensgenerierung und Modernisierung. Wandel religiös-politischer Deutungsmuster im politischen Diskurs der Schia und Verschiebungen der inneren Machtbalance im postrevolutionären Iran. Frankfurt am Main 2010. S. 48.

3 Das Verhältnis von Islam und Moderne aus muslimischer Sicht

3.1 Bewertung der Situation der Muslime

Grundsätzlich ist zu betonen, dass in den meisten wissenschaftlichen Bewertungen[263] zur Thematik das Verhältnis von Islam und Moderne als Erstes auf die Grundproblematik der Heterogenität der muslimischen Gesellschaften innerhalb der sich immer stärker globalisierenden Welt hingewiesen wurde, die sich als fester Bestandteil in der muslimischen Welt etabliert hat, wobei in diesem Zusammenhang auch die Abwehr des westlichen Wahrnehmungsprozesses, wonach die muslimische Welt zunehmend als monolithischer Block aufgefasst wurde, im Fokus stand.

Allerdings wurde in diesem Kontext auch darauf hingewiesen, dass es trotz dieser Zerrissenheit und Unstimmigkeiten ein „Zivilisationszugehörigkeitsbewusstsein"[264] in der muslimischen Bevölkerung gebe, das auch vom Westen mit Nachdruck beobachtet wurde und wird.[265]

Die Muslime wiederum betrachten die Globalisierung aus zwei unterschiedlichen Blickwinkeln: Auf der einen Seite steht die Verwestlichung *(westernisation)*, die systematisch alle Lebensbereiche ergreift, was eine komplette Zurückdrängung des Islam aus

---

263 Dieses Kapitel stellt eine Zusammenfassung des wissenschaftlichen Diskurses in der türkischsprachigen Literatur dar, da es sich in der Regel um verbreitete Annahmen handelt, wird im Einzelnen auf exemplarische Belegstellen verwiesen.

264 Bülent Şenay: Küreselleşme sürecinde dinlerin yeri ve çağdaş Islam dünyası'na bir bakış [Der Stellenwert der Religionen während des Globalisierungsprozesses und die Sichtweise auf den zeitgenössischen Islam]. In: Cağfer Karadaş (Hrsg.): Çağdaş Islam düşünürleri [Zeitgenössische islamische Denker]. Istanbul 2007. S. 62.

265 Muhammad Zohair Hussain: Global Islamic Politics. New York 1995. S. XI.

der Öffentlichkeit notwendig macht[266], so dass der Islam von einer Lebensweise zu einem deistischen, individualen Glauben transformiert wird.[267] Auf der anderen Seite wurde betont, dass der Islam aufgrund seiner Ganzheitlichkeit nicht auf die gottesdienstlich-rituelle Ebene reduziert werden dürfe, sondern auch Prinzipien für das gesellschaftliche Zusammenleben beinhalte. Mit den aus der Geschichte gewonnenen Erfahrungen sollten Ideale wie humanistische Gerechtigkeit, Frieden und Respekt in den Mittelpunkt gestellt werden, um somit die Überzeugung zu unterfüttern, die das diesseitige Leben mit der jenseitigen Rettung bzw. Erlösung verband. An dieser Stelle sollte betont werden, dass die genannten beiden Haltungen Grundtendenzen der verschiedenen Denkrichtungen bilden, jedoch waren Nuancen zwischen diesen vorhanden.[268] In diesem Kontext wurde auch darauf hingewiesen, dass nicht nur der Islam in dem Prozess der Globalisierung in seinen Grundstrukturen zu verteidigen sei, um seinen Platz in dieser globalen Welt zu legitimieren, sondern dass diese Problematik auch andere Weltreligionen betrifft.[269]

Ein Blick auf die Bewertung der unmittelbaren Konsequenzen der Globalisierung für die muslimische Welt zeigt trotz unterschiedlicher Schwerpunkte bei den verschiedenen Autoren[270] drei grundsätzliche „Krisen"[271]: die Frage nach der Identität, die Verteilung des Einkommens und die Beteiligung am demokratischen Prozess. Die Komponenten Modernisierung, Säkularisierung und Urbanisierung erscheinen hierbei als „dreifache

---

266 Nilüfer Göle: Modernleşme bağlamında Islami kimlik arayışı [Islamische Identitätssuche im Kontext der Modernisierung]. In: Sibel Bozdoğan, Reşat Kasaba (Hrsg.): Türkiye'de modernleşme ve ulusal kimlik [Modernisierung in der Türkei und nationale Identität]. Istanbul 2010. S. 85.

267 Bülent Şenay: Küreselleşme sürecinde dinlerin yeri ve cağdaş Islam dünyasi'na bir bakış. In: Cağfer Karadaş (Hrsg.): Çağdaş Islam düşünürleri. Istanbul 2007. S. 62.

268 Ebenda.

269 Grace Davie: Din ve modernite. Batılı bir bakış [Religion und Modernisierung. Aus westlicher Sicht]. In: Islâmî Ilimler Araştırma Vakfı [Stiftung für die Untersuchung islamischer Wissenschaften] (Hrsg.): Modernleşme, Islâm dünyası ve Türkiye [Modernisierung, islamische Welt und Türkei]. Istanbul 2001. S. 91 f.

270 Um hier nur eine kleine Auswahl zu erwähnen: Seyit Ali Tüz (Hrsg.): Küreselleşme, Islam dünyası ve Türkiye [Globalisierung, islamische Welt und Türkei]. Istanbul 2002. Ali Yaşar Sarıbay, Fuad Keyman (Hrsg.): Küreselleşme, sivil toplum ve Islam [Globalisierung, Zivilgesellschaft und Islam]. Ankara 1998. Fikret Başkaya: Sömürgecilik, emperyalizm, küreselleşme [Ausbeutung, Imperialismus, Globalisierung]. Istanbul 2010. Yasin Aktay, Abdullah Topçoğlu (Hrsg.): Postmodernizm ve Islam, küreselleşme ve oryantalizm [Postmodernismus und Islam, Globalisierung und Orientalismus]. Ankara 1996.

271 Bülent Şenay: Küreselleşme sürecinde dinlerin yeri ve cağdaş Islam dünyasi'na bir bakış. In: Cağfer Karadaş (Hrsg.): Çağdaş Islam düşünürleri. Istanbul 2007. S. 73.

Umzingelung"[272], und die getrennte Familie, die verwirrte Jugend, finanzielle Nöte und ähnliche Probleme stehen im Mittelpunkt.

Um allerdings den Diskurs über die Identitätskrise verstehen zu können, ist zunächst zu klären, was unter muslimischer Identität verstanden wird und nach welchen Kriterien sich diese Zugehörigkeit richtet. Der kleinste gemeinsame Nenner und eine wichtige Voraussetzung dieser Zugehörigkeit ist das islamische Glaubensbekenntnis *(schahada)* des Einzelnen. Die Gegenwart eines Schöpfers anzuerkennen beinhaltet zugleich eine umfassende Konzeption der Schöpfung, wodurch die Zugehörigkeit zum Islam wiederum eine bestimmte individuelle Lebensweise sowie die Einhaltung bestimmter Regeln für das gesellschaftliche Zusammenleben erfordert. Nach dem monotheistischen Bekenntnis, welches als vertikale Grunddimension betrachtet werden kann, „eröffnet sich ein erster horizontaler Raum in Bezug auf die menschlichen Beziehungen"[273], so dass in diesem Kontext insbesondere die soziale Bedeutung des Islam von der Familie über die Gemeinschaft und Gesellschaft bis zur gesamten Menschheit verdeutlicht werden muss: „Jeder Muslim trägt die gemeinsame Verantwortung, Zeugnis von der Botschaft vor der ganzen Menschheit abzulegen."[274] Zwar begründet die Familie als wichtigste Instanz den Kern der Gesellschaft, weshalb ihrer Erhaltung und ihrer Stabilität eine besondere Stellung zukommt[275], jedoch gestaltet sich die Beziehung des Individuums zu seinem Schöpfer durch ein aktives und positives Engagement auf sozialer Ebene. Die soziale Zugehörigkeit gründet auf der *umma*, die die Gemeinschaft der Muslime zusammenfasst, und auf den islamischen Prinzipien, wobei insbesondere auf die Aspekte Gerechtigkeit und Gottesbewusstsein betont werden[276]. In diesem Zusammenhang gilt die Gemeinschaft in Medina im 7. Jahrhundert als ideales Gesellschaftsmodell, da unter der Führung des Propheten Muhammad die Leh-

---

272 Ebenda.

273 Tariq Ramadan: Muslimsein in Europa. Untersuchung der islamischen Quellen im europäischen Kontext. Köln 2001. S. 188.

274 Ebenda. S. 194.

275 Tarık Ramazan: Islam medeniyetlerin yüzleşmesi. Hangi modernite için hangi proje? [Die Konfrontation der islamischen Zivilisationen. Welche Modernisierung für welches Projekt?]. Istanbul 2003. S. 66 f.

276 Hamza Türkmen: Türkiye'de İslâmcılığın kökleri [Die Wurzeln des Islamismus in der Türkei]. Istanbul 2008. S. 89.

re des Islam in reiner Form praktiziert wurde und theoretische Auslegung sowie praktische Ausführung im Einklang miteinander standen.[277]

Im weiteren Verlauf der muslimischen Geschichte wurde diese Einheit zerstört, zu
den Ursachen gehören beispielsweise unterschiedliche religiöse Bekenntnisse, widerstrei-
tende territoriale Machtansprüche, die wiederum zu Aufstieg und Fall unterschiedlicher
Machtzentren und Großreiche führten.[278]

Im letzten muslimischen Großreich, dem der Osmanen, strukturierte die Religionszugehörigkeit die Bevölkerung. Die unterschiedlichen religiösen Gruppierungen durften
weitgehend selbstbezogen und autonom ihr Gemeinschaftsleben organisieren. Dieses
Prinzip wurde als *millet* bezeichnet, was sich mit Volk oder auch Religionsgemeinschaft
übersetzen lässt und die Organisationsstruktur des Osmanischen Reiches auf der Basis
von Religion darstellte. Dabei bildete der Islam als Staatsreligion das Verbindungsstück,
das in alle Lebensbereiche eingriff und das öffentliche Leben bestimmte, da der Islam,
wie erwähnt, die Regelung und den Zusammenhalt des öffentlichen muslimischen Zu-
sammenlebens, aufbauend auf die religiöse Zugehörigkeit des Individuums zur islamischen Lehre, als wichtigstes und oberstes Gebot ansieht. Aus diesem Grund erwies sich
der Zusammenhalt der muslimischen Gemeinschaft als überaus stark, und Faktoren wie
Rasse, Herkunft, Schichtzugehörigkeit und auch Nationalität waren für die Existenz der
muslimischen Gemeinschaft, der *umma*, nicht ausschlaggebend. Genau dieses islamische
Prinzip ermöglichte auch den jahrhundertlangen Bestand des Osmanischen Reiches,
denn der Islam sorgte als die maßgebende Instanz trotz mannigfaltiger Volks- bzw. Stam-
meszugehörigkeiten für die Einheit und Verbundenheit des Vielvölkerstaates. Der Osma-
nenstaat mit seinem *Millet*-Prinzip erlaubte den nichtmuslimischen Minderheiten zwar,
ihre Religion weiterhin ausüben, aber sie genossen nicht denselben rechtlichen Status und
mussten regelmäßig eine besondere Steuer *(dschija)* entrichten. Jüdische und christliche

---

277   Mücteba Uğur: Asr-ı saadet'te sosyal hayat [Das soziale Leben im „Zeitalter der Glückseligkeit"]. In: Vecdi Akyüz
(Hrsg.): Bütün yönleriyle asr-ı saadet'te İslâm. 1. cilt [Alle Perspektiven des Islam im Zeitalter der Glückseligkeit.
Band 1]. Istanbul 2006. S. 117-149.
278   Hamza Türkmen: Türkiye'de İslâmcılığın kökleri. Istanbul 2008. S. 87-108.

Minderheiten genossen einen Sonderstatus, genannt *ahl-ul kitab*[279] – ein islamisches Prinzip –, da diese beiden monotheistischen Religionen göttliche Schriften erhalten haben.[280] Mit der zunehmenden kolonialen Präsenz der Europäer im 17. und 18. Jahrhundert setzte nicht nur der Niedergang des Großreiches ein, sondern es wurden auch unterschiedlich konnotierte Diskurse eröffnet, um Lösungsansätze für die als problematisch wahrgenommenen Aspekte der Verwestlichung im Allgemeinen und der Nationalisierung zu finden. Die Besonderheit in diesem Kontext lag darin, dass sowohl von Seiten der so genannten Traditionalisten als auch von Seiten der den Verwestlichungsgedanken Befürwortenden im Laufe der Zeit die in Europa entstandene Idee der Nationalisierung propagiert wurde, die zur Ersetzung des Prinzips der *umma* in der muslimischen Welt durch das der Nation in den einzelnen muslimischen Ländern führte.[281] Zwar kam es im Laufe der letzten zwei Jahrhunderte im Zusammenhang mit der Erweckungs- bzw. Wiederbelebungsdebatte der muslimischen Zivilisation immer wieder zur Forderung, eine einheitliche muslimischen (Welt-)Gemeinschaft zu errichten, jedoch konnte die nationale Realität nicht überwunden werden.[282] Aus dieser neuen Perspektivierung der soziopolitischen Ordnung wurde die Problematik um die Werteverschiebung bzw. den Werteverlust innerhalb der muslimischen Gesellschaft als unmittelbare Folge dieser Entwicklung beschrieben, die letztlich auch die Frage nach der Identität aufwarf.[283]

Insbesondere das Verhältnis zur europäischen Moderne, die als universalistisches Modell propagiert wurde, prägte das Selbstbild der Muslime insoweit, als sich durch den unausweichlichen Weg der Verwestlichung ein Unterlegenheitsgefühl entwickelte, das seinen Höhepunkt in einer empfundenen Minderwertigkeit fand.[284] Zwar lief der

---

279 Unter dem Begriff *ahl-ul-kitab* (Leute der Schrift) werden im Koran Menschen zusammengefasst, die vor der Offenbarung des Koran göttliche Offenbarung in schriftlicher Form durch Gesandte erhalten hatten, so dass ihnen eine besondere Stellung und bestimmte Rechte zugeschrieben wurde.

280 Halil Inalcık: Essays in Ottoman history. Istanbul 1998. S. 229-239. Ziya Kazıcı: Osmanlı'da toplum yapısı [Die Gesellschaftsstruktur im Osmanenreich]. Istanbul 2003.

281 Hamza Türkmen: Türkiye'de İslâmcılığın kökleri. Istanbul 2008. S. 69 ff.

282 Metin Hülagü: Islam birliği ve Mustafa Kemal [Islamische Einheit und Mustafa Kemal]. Istanbul 2008. S. 62-104. Siehe dazu Reinhard Schulze: Islamischer Internationalismus im 20. Jahrhundert. Leiden 1990.

283 Kemal Karpat: Osmanlı'dan günümüze kimlik ve ideoloji [Identität und Ideologie von den Osmanen bis heute]. Istanbul 2009. S. 94 f.

284 Abdullah Ahsen: Çağdaş müslümanın kimlik krizi [Die Identitätskrise des zeitgenössischen Muslims]. Istanbul

Transformationsprozess innerhalb der einzelnen Gesellschaften unterschiedlich ab[285], doch übertrug sich dieser Anpassungsmodus auf alle gesellschaftlichen Bereiche, was nicht nur die Hoffnung auf Veränderung weckte, sondern auch kritische Stimmen hören ließ, die von der Einleitung eines gesamtgesellschaftlichen Prozesses der „Entfremdung und Degeneration"[286] sprachen. Identitätsstiftende Faktoren wie die eigene Geschichte, Kultur und Psychologie, aber auch die Soziologie betreffende Aspekte wurden durch den Effekt der blinden Nachahmung des westlichen Wertekanons ausgetauscht, so dass Orientierungslosigkeit und somit auch eine Krise hinsichtlich der eigenen Identität und Zugehörigkeit die Folge war.[287] Dabei spielten der Bezug auf die eigene Vergangenheit und deren Bewältigung eine wichtige Rolle, da sie weder verändert noch verdrängt werden kann[288], so wie die muslimische Identität nicht komplett verdrängt werden konnte.[289] Die Diskrepanz zwischen dem Eigenen und dem Fremden wuchs insbesondere durch die prekäre Kluft zwischen dem Wunsch nach Bewahrung der eigenen nationalen Identität bzw. nach Schutz vor den ausbeuterischen Angriffen der kolonialen Mächte auf der einen und der Tatsache, dass insbesondere das Wissen um das Eigene entweder bis zu diesem Zeitpunkt bereits stark abgewertet worden war oder schlichtweg nicht mehr existierte, auf der anderen Seite. So bezog sich die Kritik vor allem auf das Bildungs- und Erziehungssystem in muslimischen Gesellschaften, das in dem gesamtgesellschaftlichen Transformationsprozess mit umgestaltet wurde, denn die Art und Weise der Bildung und Erziehung galt als Hauptursache für das Aufkommen der Identitätskrise innerhalb der muslimischen Welt.[290]

In der Forschung wurde als einer der wichtigsten Faktoren für die Krise die Entwicklung einer neuen Schicht von Intellektuellen genannt, die durch ihre intensive Beschäfti-

---

1985. S. 61.

285 Nilüfer Göle: Modernleşme bağlamında İslami kimlik arayışı. In Sibel Bozdoğan, Reşat Kasaba (Hrsg.): Türkiye'de modernleşme ve ulusal kimlik. Istanbul 2010. S. 85 f.

286 Yümni Sezen: Çağdaşlaşma, yabancılaşma ve kimlik [Modernisierung, Entfremdung und Identität]. Istanbul 2002. S. 93.

287 Ebenda.

288 Abdullah Ahsen: Çağdaş müslümanın kimlik krizi. Istanbul 1985. S. 61.

289 Gustave Edmund von Grunebaum: Modern Islam. The search for cultural identity. Berkley 1962. S. 249 ff.

290 Abdullah Ahsen: Çağdaş müslümanın kimlik krizi. Istanbul 1985. S. 62.

gung mit dem westlichen Wissens- und Kulturbestand zwar eine neue Perspektivierung entwickeln konnte, die jedoch auch viele Nebeneffekte mit sich brachte:

Die Ablösung der alten Gelehrtenschicht durch die neuen Intellektuellen wurde dadurch ausgelöst, dass die klassische islamische Ausbildung den neuen Herausforderungen nicht mehr gewachsen war, da Themen wie moderne Wissenschaft und technische Innovationen bis dahin unbehandelt geblieben waren.[291] Eine unmittelbare Folge dieses Wechsels war die wachsende Kluft zwischen der neuen Schicht der Intellektuellen und dem einfachen Volk[292]. Weil sie sich zunehmend in eine in sich geschlossene elitäre Schicht verwandelten, blieben die Erwartungen, die in die Intellektuellen gesetzt worden waren, zum großen Teil unerfüllt.[293] An dieser Stelle muss auch erwähnt werden, dass diese neu entstandene Schicht eine keineswegs homogene Gruppe darstellte und dass unterschiedlichste Ansichten und Denkschulen aus ihr hervorgegangen sind.[294] Die politische Neuordnung und die daraus neu entstandenen Städte und Dörfer, der Umgang mit den neu eingeführten technischen Innovationen und die importierten westlichen Wert- und Normvorstellungen führten zu verschiedenen Problemen, für deren Lösungsansätze wiederum die Intellektuellen verantwortlich gemacht wurden. Zwar wurde auf die moralischen Verluste, die Gottlosigkeit, den Werteverlust der Familie und auch im Allgemeinen auf die Sinnfrage der Existenz des Menschen hingewiesen, doch entweder fehlten umfassende Konzepte oder die Vorschläge konnten nicht umgesetzt und die den notwendigen Veränderungen entgegenstehenden Regime nicht bekämpft werden.[295]

Die Frage nach der Identität und Zugehörigkeit löste verschiedene Bewegungen innerhalb der muslimischen Gesellschaften aus. Damit zusammenhängend nahm auch der Islam unterschiedliche Rollen ein: Für die einen verkörperte er hinsichtlich der Identität und Zugehörigkeit eine moralische Instanz, für die anderen beinhaltete er eine umfassen-

---

291 Ebenda.

292 Fazlur Rahman Malik: Islam and Modernity: Transformation of an intellectual tradition. Chicago 1982. S. 48 f.

293 Kemal Karpat: Osmanlı'dan günümüze kimlik ve ideoloji. Istanbul 2009. S. 53.

294 Vgl. dazu Çetin Yetkin: Türk edebiyatında batılılaşma ve kimlik sorunu [Verwestlichung und die Identitätsproblematik in der türkischen Literatur]. Istanbul 2008.

295 Siehe dazu Syed Ali Ashraf: The Predicament of the Muslim Intelligentsia. In: Islamic Cultural Centre (Hrsg.): Islamic Quarterly 23. London 1979. S. 161-172.

de Lebensweise und religiöse Orientierung, wogegen eine dritte Gruppe den Islam mit radikalen Zügen als Ideologie instrumentalisierte.

Um diese Krisen überwinden zu können, versuchten viele muslimische Denker, die islamischen Grundsätze, die das soziale Leben betrafen, neu zu bewerten, indem sie diese in veränderbare und unveränderbare aufteilten. Hierbei sollte betont werden, dass der Versuch zur Veränderung innerhalb der erlaubten Grenzen des Islam unternommen und die Bewertung im Rahmen der epistemologischen Methode vollzogen wurde. Zwar gab es einzelne Meinungsverschiedenheiten, dennoch stimmte die systematische Einbettung mit dem vorhandenen Denken überein. Die klassisch hermeneutische Vorgehensweise in den islamischen Wissenschaften wurde weiterhin auf der Grundlage des *idschtihad*[296] beibehalten, die sich im traditionalistischen Sinne auf den Fortschritts- und Erneuerungsgedanken stützte. Um diese Grundlage erläutern zu können, folgt nun eine kurze Einführung in das islamische Recht.

3.2 Das islamische Recht

Grundsätzlich muss festgehalten werden, dass das islamische Recht *(scharia)* ein integraler Bestandteil des Islam ist. Die muslimische Gemeinschaft *(umma)* betreffend ist das Recht ein konstituierendes Element, denn es enthält die von Gott gesetzte Ordnung und regelt nicht nur die zwischenmenschlichen Beziehungen, sondern auch das praktische Verhältnis zwischen Gott und dem Individuum. So werden dann in der islamischen Rechtsprechung die Handlungen eben als geboten, verboten oder erlaubt gewertet, wobei die Wertung in den Rechtsquellen verankert ist. Die meisten Juristen pflegen die Quellen des islamischen Rechts in zwei wesentliche Kategorien[297] zu unterteilen, nämlich in die Hauptquellen und in die ergänzenden Quellen. Erste Priorität haben die Hauptquellen, zu denen der Koran (das Heilige Buch des Islam), die *sunna* (die authentische Überlie-

---

296   Siehe dazu Kapitel 3.2.

297   Der Rahmen dieser Arbeit erlaubt lediglich, die primären Hauptquellen näher zu erläutern. Siehe dazu Said Ramadan: Das islamische Recht. Theorie und Praxis. Marburg 1996.

ferung dessen, was der Prophet Muhammad gesagt, getan und gebilligt hat), *idschma* (Meinungs-Konsensus der Rechtsgelehrten) und *qijas* (Urteil aufgrund des juristischen Analogieschlusses) gehören. Doch wurden zu Lebzeiten des Propheten lediglich die ersten beiden Hauptquellen als rechtsverbindlich anerkannt, wobei die *sunna* ihre Gültigkeit aus klaren Weisungen im Koran ableitete. Zwar konnten persönliche Meinungen entwickelt werden, doch war dies nur zulässig, wenn sich weder im Koran noch in der *sunna* anwendbare Textstellen fanden und wenn kein Widerspruch zum Geist der beiden Hauptquellen vorlag.[298] Dieses Prinzip des selbständigen Bemühens der Rechtsgelehrten bei einem Rechtsproblem, das weder durch Koran und *sunna* noch durch *qijas* gelöst werden kann, wird als *idschtihad* bezeichnet, das vor allem die Gelehrten der unterschiedlichen Rechtsschulen[299] praktizierten. Das Rechtsprinzip *idschtihad* brachte allerdings im Laufe der Geschichte auch massive Probleme mit sich, da nach der Zerstörung der beiden Zentren der islamischen Geisteskultur Córdoba und Bagdad im 13. Jahrhundert ein „Stadium der Erstarrung"[300] einsetzte. Der Historiker Ibn Athir beschrieb die Folgen dieser institutionellen Zerstörung folgendermaßen:

„Es war ein Desaster ohne Parallelen in der Geschichte. Es betraf die gesamte Menschheit im Allgemeinen und die Muslime im Besonderen. Wenn irgendjemand behauptet, dass es ein ähnliches Ereignis von der Zeit Adams bis zum heutigen Tag gab, dann ist dies unwahr, denn in der Geschichte gibt es nicht einen einzigen Vorfall, der damit zu vergleichen wäre, möglicherweise wird so etwas nie wieder bis zum Jüngsten Tag geschehen."[301]

Diese Aussage wirkt vielleicht im ersten Moment übertrieben, jedoch führte die Auflösung der kulturellen Zentren zu verheerenden Konsequenzen in der islamischen Gelehr-

---

298 Ebenda. S. 34.

299 Die Rechtsschulen entstanden ab Mitte des 8. Jahrhunderts und zeichnen sich durch eine bestimmte Lehrmeinung und Haltung zu praktischen Fragen aus. Vgl. dazu Ahmad Abdurrahman Reidegeld: Handbuch Islam. Die Glaubens- und Rechtslehre der Muslime. Kandern im Schwarzwald 2008. S. 114-120.

300 Said Ramadan: Das islamische Recht. Theorie und Praxis. Marburg 1996. S. 85.

301 Zitiert nach Muhammad Sameer Murtaza: Die Salafiya. Die Reformer des Islam. Norderstedt 2005. S. 10.

samkeit und für die Praktizierung des Glaubens, denn im 14. Jahrhundert beschlossen die Gelehrten, das „Tor zum idschtihad"[302] zu schließen, da sie davon ausgingen, dass alles Erfahrbare und Wissenswerte bereits von früheren Gelehrten, die zeitlich näher am Propheten gewirkt hatten, besser gewusst worden sei. Eine mögliche Erklärung für dieses Verhalten ist in dem Wunsch der Gelehrten zu sehen, nach der Zerstörung von Bagdad eine weitere Spaltung der muslimischen Gemeinschaft zu verhindern.[303]

Konsequenterweise betrieben die Gelehrten nach diesem Beschluss den Grundsatz des *taqlid*, wonach die Lehrmeinungen anderer, ohne nach ihrer Begründung zu fragen, anerkannt wurden, was im Grunde genommen das Gegenteil des *idschtihad* war. Dieses Verhalten übertrug sich auf die gesamte muslimische Gesellschaft und führte ein Jahrhundert später zu einer „Wissensabstinenz"[304]. Dass damit auch die oben angesprochene Rückständigkeit der muslimischen Welt zusammenhängt, ist eindeutig und zweifellos. Auch war dieser Zustand mitverantwortlich für die Kolonialisierung der muslimisch geprägten Regionen.[305] Die Bewertung dieser Situation unter den muslimischen Denkern führte zu Meinungsverschiedenheiten und wurde auch in den unterschiedlichen Regionen der muslimischen Welt kontrovers diskutiert.

3.3 Muslimisches Denken in der Moderne

Historischer Abriss über das muslimische Denken

Die ersten Krisen in der muslimischen Welt begannen bereits kurz nach dem Tod des Propheten Muhammad (571-632). Es war nicht nur die gemeinschaftliche Einheit der Muslime gefährdet, vielmehr stand auch das beseitigte Prinzip der Stammeszugehörigkeit als Einheitsverbund wieder im Mittelpunkt der Öffentlichkeit. Das äußerte sich in den

---

302 Pierre Rondot: Der Islam und die Mohammedaner von heute. Die islamische Geschichte: gestern – heute – morgen. Stuttgart 1963. S. 278.

303 Siehe dazu Said Ramadan: Das islamische Recht. Theorie und Praxis. Marburg 1996. S. 11.

304 Murad Wilfried Hofmann: Der Islam als Alternative. München 1999. S. 56.

305 Ebenda. S. 20.

Vorschlägen der Kalifenkandidatur[306] der jeweiligen Stämme.[307] Diese politischen Auseinandersetzungen fanden ihren ersten Höhepunkt nach der Ermordung des dritten Kalifen Uthman ibn Affan (579-656), denn sie lösten sowohl auf gesellschaftlicher als auch politischer Ebene eine tiefe Spaltung innerhalb der muslimischen Gesellschaft aus, die auch das islamische Denken beeinflussen sollte.[308] Obgleich sein Nachfolger Ali ibn Abu Talib (596-661) versuchte, diese Zerwürfnisse beizulegen, um die gesamtgesellschaftliche Einheit wieder herzustellen, vollzog sich mit der so genannten Kamelschlacht[309] der erste Bruch, die zugunsten Alis endete, die ihn allerdings auch zwang, Arabien in Richtung Kufa zu verlassen, da sich seine Person als „Kristallisationspunkt der Spannungen"[310] entpuppte. Die zweite bürgerkriegsähnliche Auseinandersetzung in der Schlacht von Siffin[311] (657) war schwerwiegender, und ihr Ausgang führte zur Institutionalisierung der makrosozialen Krise und stellte im Grunde genommen den Ausgangspunkt für die weiteren politischen und geistigen Entwicklungen in der muslimischen Welt dar.[312] Das Kriegsgeschehen spielte sich zwischen den Truppen des Kalifen Ali und des Statthalters von Syrien Muawiya (602-680) ab, der die Unterwerfung unter den Kalifen verweigerte und ihn zum Mitverantwortlichen an der Ermordung des dritten Kalifen deklarierte. Der Kampf wurde mit einem Schiedsspruch auf der Basis des Koran über die Herrschaft im Kalifat

---

306 Im Allgemeinen wird unter einem Kalifat die Statthalterschaft des Menschen auf Erden verstanden. Nach dem Tod des Propheten umfasste dieser Begriff die Führungsaspekte der muslimischen Gemeinschaft.

307 Grundsätzlich sollte erwähnt werden, dass dieser Abschnitt keine komplette Zusammenfassung darstellen, sondern nur die Grundlinien für das Verständnis innerhalb der Diskussion um das islamische Denken ziehen kann. Grundlageninformationen liefern folgende Standardwerke: Claude Cahen (Hrsg.): Der Islam I. Vom Ursprung bis zu den Anfängen des Osmanenreiches. Fischer Weltgeschichte. Band 14. Frankfurt am Main 2003. Alfred von Kremer: Geschichte der herrschenden Ideen des Islams. Darmstadt 1961. Peter Feldbauer, Gottfried Liedl: Die islamische Welt 1000-1517. Wirtschaft. Gesellschaft. Staat. Wien 2008. Josef van Ess: Theologie und Gesellschaft im 2. und 3. Jahrhundert Hidschra. Eine Geschichte des religiösen Denkens im frühen Islam. Band 2. Berlin, New York 1991.

308 Adem Apak: Hz. Osman dönemi devlet siyaseti [Staatspolitik in der Regierungszeit Uthmans]. Istanbul 2003. S. 132 f.

309 Gudrun Krämer: Die Geschichte des Islam. München 2005. S. 38 ff.

310 Tillmann Nagel: Die islamische Welt bis 1500. Oldenbourg Grundriss der Geschichte. Band 24. München 1998. S. 36.

311 Siehe dazu Julius Wellhausen: Die religiös-politischen Oppositionsparteien im alten Islam. Schwetzingen 2010. S. 1-56.

312 Cağfer Karadaş: Islam düşüncenin panoraması [Panorama über das islamische Denken]. In: Cağfer Karadaş (Hrsg.): Çağdaş Islam düşünürleri. Istanbul 2007. S. 14.

entschieden, was jedoch eine Spaltung innerhalb der Anhängerschaft Alis auslöste, da oppositionelle Stimmen diese Entscheidung als Verrat am Islam werteten. Letztlich endete dieser Konflikt erst mit der Ermordung des Kalifen Ali im Jahr 661.[313] Bereits dreißig Jahre nach dem Tod des Propheten konnten die Muslime in vier verschiedene Gruppierungen eingeteilt werden: die Anhänger Ali ibn Abu Talibs, die Anhänger Muawiyas und die Charigiten[314], die sich sowohl von Ali als auch von Muawiya abgrenzten und sich als neue politische Bewegung verstanden. Die vierte Gruppe bestand aus Muslimen, die sich ihrer Stimme enthielten.[315] Vereinen konnte die umayyadische Herrschaft[316] die in sich zerrissene muslimische Welt nicht, im Gegenteil: Als Ergebnisse waren die große Spaltung zwischen Schiiten und Sunniten und die Erhebungen der Haschimiden[317] zu verzeichnen.[318]

So verspürte die muslimische Bevölkerung das Bedürfnis, diese Ereignisse zu bewerten und eine gewisse Haltung hinsichtlich der weiteren politischen und geistigen Entwicklung einzunehmen, die den Anfang der unterschiedlichen Denkrichtungen und der Rechtsschulen bildete. Zu den ersten Denkrichtungen gehörten die Mu'taziliten, die sich um Hasan al-Basris[319] (gest. 728) formierte, und die *hanifitische* Rechtsschule, die nach ihrem Begründer Abu Hanifa[320] (gest. 767) benannt wurde. Trotz unterschiedlicher Herangehensweisen – al-Basri hatte einen eher theoretischen Schwerpunkt, insbesondere in der Positionierung des Islam, Abu Hanifa widmete sich hauptsächlich dem Thema der Ausübung bzw. Praktizierung der islamischen Lehre – war beiden aber die Grundannah-

---

313   Gudrun Krämer: Die Geschichte des Islam. München 2005. S. 38 ff.

314   Patricia Crone: Hagarism. The making of the Islamic world. Cambridge 1977.

315   Cağfer Karadaş: Islam düşüncenin panoraması. In: Cağfer Karadaş (Hrsg.): Çağdaş Islam düşünürleri. Istanbul 2007. S. 14.

316   Die Umayyaden sind eine Familie aus dem mekkanischen Clan des Stammes der Quraisch, dem auch der Prophet Muhammad entstammte, die von 661 bis 750 das Kalifat innehatte.

317   Die Haschimiden sind ein Stamm der Quraisch und später eine arabische Dynastie. Insbesondere als Scherifen in Mekka und Medina wurde ihnen eine wichtige Rolle zugeschrieben.

318   Cem Zorlu: Islam'da ilk iktidar mücadelesi [Der erste Machtkampf im Islam]. Konya 2002. 73 ff.

319   Osman Karadeniz: Hasan el-Basri ve kelami görüşleri [Hasan al-Basri und seine Ansichten zur *kalam*]. Izmir 1985. S. 135-156. Abdullah Aydınlı: Hasan Basri hayatı ve hadis ilimindeki yeri [Das Leben von Hasan al-Basri und seine Stellung innerhalb der *Hadith*-Wissenschaften]. Erzurum 1988. S. 94.

320   Muhammed ebu Zehra: Ebu Hanife [Abu Hanifa]. Istanbul 1981. S. 197-214.

me gemein, dass die am Verstand orientierte Entscheidungsfindung eine wesentliche Rolle einnehmen sollte.[321]

Die Gegenposition vertrat die Ansicht, dass nicht der Einzelne durch Abwägung kommentieren dürfe, sondern die Gebote nach ihrem äußeren Wortlaut vom Koran und von der *sunna* abgeleitet werden sollten. Aus diesem Grund nahmen sie auch eine eher ablehnende Haltung gegenüber den Prinzipien des *qijas* und *idschtihad* ein.[322]

Imam Schafi[323] (gest. 820) hingegen versuchte, eine Synthese beider Ansätze zu entwickeln, indem er die islamischen Quellen priorisierte: Die primäre Quelle stellte ohne Zweifel der Koran dar, die so genannten *ahadith*[324] wurden als sekundäre Quelle bezeichnet, wobei der Aspekt des *idschtihad* reduziert wurde. Dieser Ansatz, der die Verse des Koran und die *ahadith* ins Zentrum der Betrachtung stellte, wurde aus damaliger Perspektive als neue Methodologie aufgefasst.[325]

Erwähnt werden muss auch, dass zu diesem Zeitpunkt viele Übersetzungsarbeiten aus unterschiedlichen Sprachen vorgenommen wurden, in deren unmittelbarer Folge neue Gedanken und Theorien entstanden und entfalteten. Als wichtigste Konsequenz dieser Übersetzungsarbeit wurde allerdings das Entstehen der islamischen Philosophie bewertet, die sich nach al-Kindi (800-873) in zwei große Richtung einteilen lässt: Auf der einen Seite stehen die Anhänger Avicennas (980-1037), deren Gedankenwelt auf Platon zurückgeht, auf der andern Seite die Schüler Averroes (1126-1198), dessen Ausgangspunkt die Lehre von Aristoteles ist.[326] Doch nahm die Philosophie auch eine bedeutende Rol-

---

321 William Montgomery Watt: Politische Entwicklung und theologische Konzepte. Stuttgart 1985. S. 276 ff.

322 Sönmez Kultu: Islam düşüncesinde ilk gelenekciler [Die ersten Traditionalisten im islamischen Denken]. Ankara 2000. Siehe dazu Said Ramadan: Das islamische Recht. Theorie und Praxis. Marburg 1996.

323 Muhammed ebu Zehra: Imam Şafii [Imam Schafi]. Ankara 1996. S. 180 ff.

324 Unter *hadith* (pl. *ahadith*) werden alle Überlieferungen verstanden, die die Aussprüche, das Verhalten und die Haltung des Propheten Muhammads beinhalten. Siehe dazu Adel Theodor Khoury, Ludwig Hagemann, Peter Heine: Islam-Lexikon. Geschichte, Ideen, Gestalten. Band 2. Freiburg im Breisgau 1991. S. 325-329.

325 Hayrettin Karaman: Islam hukuk tarihi [Islamische Rechtsgeschichte]. Istanbul 1999. S. 82-86.

326 Macit Fahri: Islam felsefesi tarihi [Geschichte der islamischen Philosophie]. Istanbul 1967. S. 91-126.

le hinsichtlich der systematischen Gestaltung und Entwicklung sowohl der *kalam*[327] als auch des Sufismus ein.[328]

Die erste wirkliche „ideologische Auseinandersetzung"[329] wurde durch das so genannte *Mihna*-Ereignis[330] von Seiten der Anhängerschaft der Muʿtaziliten ausgelöst, die vom Kalifen in Bagdad unterstützt wurde, um somit die Autorität und den Machtapparat gegenüber den oppositionellen Gruppierungen etablieren und stabilisieren zu können. Sie versuchten mit einigen Zwangsmaßnahmen die muslimische Bevölkerung davon zu überzeugen, dass der Koran erschaffen und ihm somit das Attribut der Ewigkeit entzogen wurde. Viele Gelehrte wehrten sich gegen diese Indoktrination und wurden daraufhin nicht nur verfolgt, sondern auch verhaftet und gefoltert. Unter ihnen war auch der Gelehrte Ahmad ibn Hanbal (gest. 855), der sich zum geistigen Anführer der sunnitischen Opposition entwickelte. Ihnen gelang es zwar, über die muʿtazilitische Staatsmacht zu siegen, doch die ideologisch geprägte Auseinandersetzung hinterließ tiefe Spuren im muslimischen Bewusstsein, was wiederum dazu führte, dass neue Bewegungen entstanden und die vorhandenen Denkrichtungen sich im stärkeren Maße mit der aktuellen Situation auseinandersetzten. Zu diesem Zeitpunkt dominierten drei wichtige Richtungen: die *salafiyya*, die sich darum bemühte, an den traditionellen Denkstrukturen festzuhalten und durch die Lobpreisung der Vergangenheit sowohl deren Denkweise als auch deren Lebensweise zu übernehmen; der Sufismus versuchte, die vorhandene geistige Leere durch die Hervorhebung der Moral und des Gewissens zu beseitigen; die sunnitische *kalam* hingegen hob das Verständnis bzw. die Erklärung in das Zentrum ihrer Betrachtung, wobei die Heranziehung der Vernunft entscheidend war.[331]

---

327   *Kalam* ist eine theologische Richtung im Islam, die sich auf Scholastik stützt und dem Prinzip des Vernunftschlusses einen hohen Stellenwert beimisst.

328   Siehe dazu Geert Hendrich: Arabisch-islamische Philosophie. Geschichte und Gegenwart. Frankfurt am Main 2005.

329   Cağfer Karadaş: Islam düşüncenin panoraması. In: Cağfer Karadaş (Hrsg.): Çağdaş Islam düşünürleri. Istanbul 2007. S. 18.

330   Walter Melville Patton: Ahmed Ibn Hanbal and the Mihna. A contribution to a biography of the Imâm and to the history of the Mohammedan inquisition called the Mihna. Leiden 1897.

331   Cağfer Karadaş: Islam düşüncenin panoraması. In: Cağfer Karadaş (Hrsg.): Çağdaş Islam düşünürleri. Istanbul 2007. S. 18. *Muhittin Bağçeci: Kelam ilmine giriş* [Einführung in die *kalam*-Wissenschaft]. Kayseri 2000. S. 9 ff.

Die Etablierung der unterschiedlichen Denkrichtungen als Rechtsschulen suggerierte einerseits die Vielfältigkeit in der Auslegung der islamischen Lehre, andererseits führte diese Diversität zu einer tiefen Spaltung, insbesondere in der Beziehung zwischen den Sunniten und Schiiten.[332] Zwischen ihnen kam es im 11. Jahrhundert zu einer großen kriegerischen Auseinandersetzung, die tiefe Spuren im Bewusstsein beider Gruppen hinterließ, wobei der Ausgangspunkt der Streitigkeiten gewisse politische Machtkonstellationen waren.[333]

Auch innerhalb der sunnitischen Rechtsschulen gab es zu diesem Zeitpunkt Kontroversen, die auf dem Weg der Gewaltausübung geführt wurden und letztlich die Spannungen verstärkten.[334] Die muslimischen Gelehrten waren von diesen Ereignissen stark betroffen, was sich auch in der Wissenschaftslandschaft widerspiegelte. Betrachtet man die Einschätzungen von Al-Ghazali (gest. 1111) für diese Zeit, dann zeichnete sich ein Bild ab[335], in dem die Beschäftigung mit der islamischen Lehre im Zeichen der jeweiligen aktuellen politischen Ereignisse stand, so dass der Ansatz einer kritischen Analyse der Probleme fehlte und die politische Agitation im Vordergrund stand. Zu erwähnen wäre überdies Al-Ghazalis Stellungnahme zum weiteren Verlauf des muslimischen Denkens, denn er wollte zumindest die Ausschreitungen innerhalb der sunnitischen Rechtsschulen eindämmen, indem er die Auseinandersetzung um die offenkundigen und mystischen Elemente aufgriff und neu bewertete, wobei er zwischen den Anhängern beider Richtungen eine Annäherung erreichen wollte.[336]

Der mongolische Einfall in die muslimische Welt[337] und die Unruhen in Andalusien[338] bildeten wichtige Zäsuren in der Genese des muslimischen Denkens, denn die

---

332 Für eine kurze Zusammenfassung zur Geschichte der Schia siehe Kapitel 3.4.

333 Cağfer Karadaş: Islam düşüncenin panoraması. In: Cağfer Karadaş (Hrsg.): Çağdaş Islam düşünürleri. Istanbul 2007. S. 18.

334 William Montgomery Watt: Politische Entwicklung und theologische Konzepte. Stuttgart 1985. S. 276-297.

335 Imam Gazâlî: Ihyâu'ulûm'd-din. 1. cilt [Wiederbelebung der Religionswissenschaft. Band 1]. Istanbul 1973.

336 Yaşar Aydınlı: Gazzali: Muhafazakar ve modern [Al-Ghazali: Traditionalist und Modernisierer]. Bursa 2002. S. 163 ff.

337 Siehe dazu Claude Cahen (Hrsg.): Der Islam I. Vom Ursprung bis zu den Anfängen des Osmanenreiches. Fischer Weltgeschichte. Band 14. Frankfurt am Main 2003.

338 Gudrun Krämer: Die Geschichte des Islam. München 2005. S. 144-153.

politischen Ereignisse führten zu einer gewissen Stagnation, die wiederum die Ursache für neue Entwicklungen und Öffnungen waren. Stellung und Pracht der wissenschaftlichen Zentren gingen mit deren verheerender Verwüstung und Zerstörung naturgemäß verloren. Doch die Zentren wurden durch neue ersetzt. Eine wahre Migrationswelle im Bereich der Wissenschaft konnte nachgezeichnet werden. Wissenschaftler, die aus den östlichen Zentren wie Samarkand, Buchara oder Merw stammten, wanderten aus Gründen der Sicherheit nach Anatolien, Syrien und Ägypten aus, denen fortan ein neues Gewicht zukam. Um hier nur ein Beispiel zu erwähnen: Der Vater von Dschalal ad-Din Muhammad Rumi (Maulana) wanderte von Balch nach Konya aus. Auch in Andalusien konnte man eine ähnliche Entwicklung beobachten, viele Gelehrte verließen Spanien und ließen sich in Ägypten, Syrien und Irak nieder. Doch auch die mongolischen Herrscher bemühten sich darum, neue Erkenntnissen im wissenschaftlichen Bereich zu gewinnen, so dass beispielsweise eine Art von „Forschungshäusern" errichtet wurde, die einen beträchtlichen Bestand[339] an wissenschaftlichen Büchern aufweisen konnten.[340]Nach dem mongolischen Einfall konnten zwei Kategorien innerhalb der Wissenschaftslandschaft markiert werden, die sich auch geographisch unterteilen ließen: In den östlichen Gebieten, einschließlich Aserbaidschan und Chorasan, lag der Schwerpunkt auf den Bereichen Mathematik, Astronomie, *Kalam*-Wissenschaft und Philosophie. In den Gebieten um Syrien und Ägypten hingegen wurde der Fokus auf Religions- und Rechtswissenschaften, Koran- und *Hadith*-Wissenschaften, Geschichte, Literaturwissenschaft und Grammatik gelegt. In der ersten Zeit profitierten sowohl die Seldschuken als auch die Osmanen von ihnen. Jedoch entwickelte sich bereits unter Fatih Sultan Mehmet (1432-1481) Istanbul zum Wissenschaftszentrum, so dass sich auch in Edirne, Bursa, Rumeli und in einigen Städten in Anatolien *madrasa*[341] etablierten. Dort wurden nicht nur klassisch islamische Fächer unterrichtet, sondern auch die Naturwissenschaften, die Philosophie und die Medizin erforscht und gelehrt.[342]

---

339 Eine Bibliothek im westlichen Aserbaidschan hatte einen Bestand von 400.000 Büchern.

340 Cağfer Karadaş: Islam düşüncenin panoraması. In: Cağfer Karadaş (Hrsg.): Çağdaş Islam düşünürleri. Istanbul 2007. S. 26.

341 *Madrasa* wird als der Ort des Unterrichts übersetzt, wobei jede Form von Schulstätte gemeint sein kann.

342 Gazi Topdemir: Türk düşünce tarihi [Die türkische Wissenschaftsgeschichte]. Ankara 2000. Ismail Hakkı

Trotz einiger Fortschritte galt diese Zäsur hinsichtlich der Bewertung des islamischen Denkens als Phase der „Stagnation" und „Rückbesinnung"[343]. Damit war gemeint, dass durch Auswendiglernen zwar die wissenschaftlichen Erkenntnisse der Vergangenheit gesammelt und dementsprechend gewürdigt wurden, jedoch aufgrund der traditionalistischen Perspektivierung neue Ansätze im weitesten Sinne ausblieben.[344]

Der europäische Kolonialismus, der auch als Einfall in die muslimische Welt betrachtet wurde, galt hinsichtlich der muslimischen Denkweise nicht nur als eine wichtige Zäsur, sondern veränderte bzw. spaltete die geistige Haltung aufgrund seiner westlichen Dominanz und seiner universalistischen Weltsicht.

Die Ausbeutungspolitik, die Rücksichtslosigkeit gegenüber den einheimischen Interessen und die universalistisch-ideologische Ausrichtung der kolonialisierenden Staaten riefen unterschiedliche Reaktionen innerhalb der muslimischen Gesellschaften hervor, aus denen sich drei wesentliche Grundhaltungen innerhalb der muslimischen Denkrichtungen gegenüber den westlichen Kolonialmächten etablierten:

Die erste Gruppe vertrat die Ansicht, dass nur durch die Annahme der westlichen Werte das zivilisatorische Niveau der europäischen Ordnung erreicht werden könne, wobei im Wesentlichen der Fortschrittsgedanke im Vordergrund stand. Sie propagierte die absolute Loslösung von dem alten System und forderte die fortschreitende Modernisierung in allen Teilbereichen der Gesellschaft.

Die zweite Gruppe wollte an den eigenen Werten und Vorstellungen weiterhin festhalten, die erkannte jedoch, dass die unbedingte Notwendigkeit bestand, die wissenschaftlichen und technischen Entwicklungen in den europäischen Ländern zu übernehmen und die eigene Gesellschaftsordnung zu transformieren. Dabei analysierten die Vertreter dieser Ansicht das westliche System und versuchten den Sonderweg Europas nachzuvollziehen, erkannten den technischen und wissenschaftlichen Vorsprung und das

---

Uzunçarşılı: Osmanlı devletinin ilmiye teşkilatı [Die Wissenschaftsorganisation im Osmanischen Reich]. Ankara 1984. S. 19-34.

343   Cağfer Karadaş: Islam düşüncenin panoraması. In: Cağfer Karadaş (Hrsg.): Çağdaş Islam düşünürleri. Istanbul 2007. S. 28.

344   Mustafa Said Yazıcıoğlu: Islam düşüncesinin tarihsel gelişmesi [Die historische Entwicklung des islamischen Denkens]. Ankara 2001. S. 157-164.

damit zusammenhängende Potential, als Weltmacht zu fungieren. Allerdings wurde dieser Sonderweg Europas nicht nur als europäisches, sondern als gemeinschaftlich-menschliches Produkt aufgefasst, das sich insbesondere aus den Bereichen Kultur, Kunst, Recht und Tradition zusammensetzte.[345] Die Hauptzentren dieser Bewegung waren vor allem Istanbul, Ägypten und das südliche Indien, die bekannt für ihre geistige und kulturelle Vielfalt waren. Obgleich diese Denkschule die Grundhaltung beinhaltete, die westliche Technik zu übernehmen und gleichzeitig das eigene Wertesystem beizubehalten, konnte sie trotzdem unterschiedliche Grundhaltungen einnehmen, was wiederum eine Verallgemeinerung nicht zuließ.

Die dritte Gruppierung wurde in ihren Grundzügen als traditionalistisch charakterisiert. Sie wiederum versuchte, die neue gesamtgesellschaftliche Entwicklung mit den vorhandenen Denkmustern zu bewerten, wobei diese Sichtweise schnell an die eigenen Grenzen stieß, so dass eine zweiteilige Bewältigung[346] des alltäglichen Lebens auftrat. Auf der einen Seite war die technische Modernisierung nicht aufzuhalten und sich dem zu entziehen unmöglich, auf der anderen Seite wurden die religiösen Elemente noch stärker im traditionalistischen Sinne betrachtet und interpretiert.[347]

Den letzten wichtigen Einschnitt in der Formierung des muslimischen Denkens stellte die Globalisierung dar. Zum einen vernetzte sie die Welt zunehmend, zum anderen machte sie jedoch die Kluft zwischen den entwickelten und unterentwickelten Staaten nicht nur sichtbar, sondern eindringlich spürbar, was sich auch im muslimischen Denken nachweisen ließ, das sowohl im technisch-wissenschaftlichen als auch im sozialwissenschaftlichen Bereich stark von den westlichen Ländern abhing und -hängt.[348] Nach der Positionierung des Islam als Feindbild in der westlichen Öffentlichkeit, insbesondere nach den Ereignissen des 11. September, können die Haltungen der muslimischen Den-

---

345 Said Özervarlı: Kelamda yenilik arayışları [Die Suche nach Neuerungen in der *kalam*]. Istanbul 1998. S. 146 f.

346 Cağfer Karadaş: Islam düşüncenin panoraması. In: Cağfer Karadaş (Hrsg.): Çağdaş Islam düşünürleri. Istanbul 2007. S. 33.

347 Erol Güngör: Islam'in bugünkü meseleri [Die hiesigen Aufgaben des Islam]. Istanbul 1990. Şerif Mardin: Türk modernleşmesi [Die türkische Modernisierung]. Istanbul 1991.

348 Cağfer Karadaş: Islam düşüncenin panoraması. In: Cağfer Karadaş (Hrsg.): Çağdaş Islam düşünürleri. Istanbul 2007. S. 34.

ker hierzu in zwei Kategorien eingeteilt werden: in die einer im deistischen Sinne verstandenen Islaminterpretation, die vehement von den Traditionalisten kritisiert wurde, und eine, die eine Haltung zwischen diesen beiden einzunehmen versucht und krampfhaft die Globalisierungstendenzen mit den islamischen Prinzipien vereinbaren will.[349]

Grundzüge des muslimischen Denkens

Das so genannte muslimische Denken in der Moderne umfasst die Gedanken und Denkweisen einzelner Gelehrter, die Ansichten und Theorien einzelner Intellektueller und Denker, die sich mit den Themenkomplexen Religion, Gesellschaft, Zivilisation, Kultur und Philosophie auseinandersetzten, aber auch die Kunst und die Metaphysik in ihre Betrachtungsweise mit einschlossen. So wurden das Wissen, die Gedanken, die Einschätzungen, die Theorien, die Entdeckungen, die Technologien und die Künste der Vertreter der einzelnen Denkrichtungen und -schulen, wie beispielsweise der *salafiyya*, der Sunniten, Schiiten oder auch der Mu'taziliten, ab einer gewissen Zeit unter dem Begriff des muslimischen Denkens zusammengetragen.

Aufgrund dieser großen Vielfalt und auch der vorhandenen inhaltlichen Diskrepanz zwischen den einzelnen Denkrichtungen innerhalb des islamischen Denkens wurde dieses in zwei größere Kategorien eingeteilt, um eine gewisse Strukturierung gewährleisten zu können[350]: Die erste Kategorie stellen die klassischen Islamwissenschaften *(ulûm-i islamiyye)* dar, die sich aus den Hauptquellen des Islam legitimieren und die das Denken, Leben und auch die Kultur der Muslime im starken Maße beeinflusst und gestaltet haben. Die zweite Kategorie schließt im Grunde genommen alle anderen Wissenschaften mit ein, die in einem sozialen System vorhanden waren. Sie verfolgten die Tradition, sich mit den Belangen einer Gesellschaft zu beschäftigen, denn dies stellte einen wesentlichen Bestandteil der islamischen Lehre dar.

---

349 Recep Şentürk: Islam dünyasında modernleşme ve toplumbilim – Türkiye ve Mısır örneği [Modernisierung und Sozialwissenschaften in der muslimischen Welt am Bespiel der Türkei und Ägypten]. Istanbul 2006.

350 Süleyman Uludağ: Günümüzde Islam düşüncesinin problemi [Die aktuellen Probleme des islamischen Denkens]. In: Cağfer Karadaş (Hrsg.): Çağdaş Islam düşünürleri. Istanbul 2007. S. 37 ff.

Grundsätzlich muss erwähnt werden, dass sich auch das muslimische Denken der jeweiligen Zeit angepasst hatte und sich somit ständig in einem Veränderungsprozess befand. Jedoch gab es auch in der Geschichte des muslimischen Denkens konstante ideengeschichtliche Elemente und Ansichten, die sich nicht durchsetzen konnten bzw. nach einer gewissen Zeit innerhalb der reformistischen Strömungen als überholt galten. Insofern kann eine grobe Kontinuitätslinie im muslimischen Denken gezogen werden, das sich wie folgt epochal einteilen lässt: die Denkweise zur Zeit des Propheten Muhammad, der vier „rechtgeleiteten" Kalifen, der Omajjaden, der Abbasiden, der Seldschuken, der Osmanen etc.[351]

Hinsichtlich der geographischen Zentren sind insbesondere der Hedschas, Syrien, der Irak, Chorasan, Ägypten und Andalusien herauszustellen. Zwar hatte das muslimische Denken je nach Epoche und geographischer Lage thematisch und inhaltlich unterschiedliche Schwerpunkte, doch konnte stets eine Verbindung zwischen ihnen gezogen werden.

Zwei wichtige kulturelle und zivilisatorische Begegnungen, die mit der griechischen Philosophie und der hellenistischen Kultur auf der einen sowie mit der westlichen Zivilisation seit dem 18. Jahrhundert auf der anderen Seite, prägten das muslimische Denken und die Lebensweise im stärkeren Maße. Sie führten innerhalb der muslimischen Welt entweder zu einer ablehnenden Haltung gegenüber dem Neuen oder zu Bewunderung, mitunter lösten sie auch Verwirrung bzw. Irritationen aus. Vergleicht man den Umgang mit der Annäherung an diese beiden Kulturen bzw. Zivilisationen, so wurde die griechische und hellenistische aus sozialer und militärischer Perspektive mit den Attributen „überlegen und siegesreich"[352] bewertet, wogegen sich die Muslime nach dem Zusammentreffen mit den westlichen Kolonialmächten als Besiegte und Unterdrückte fühlten. Diese beiden Positionen spiegelten sich wiederum in den jeweiligen Denkweisen wider.

Dass es nicht statisch, sondern grundsätzlich dynamisch und beweglich war, charakterisierte die ausdifferenzierte Entwicklung des muslimischen Denkens. Bereits Imam

---

351 Siehe dazu Heribert Busse: Grundzüge der islamischen Theologie und der Geschichte des islamischen Raumes. In: Werner Ende, Udo Steinbach (Hrsg.): Der Islam in der Gegenwart. München 2005. S. 21-54.

352 Süleyman Uludağ: Günümüzde Islam düşüncesinin problerimi. In: Cağfer Karadaş (Hrsg.): Çağdaş Islam düşünürleri. Istanbul 2007. S. 40.

Aschari (874-935?) hatte sich in seinem Werk „Makalatu'l-Islamiyyin" zum einen mit philosophischen Fragen und der Physik beschäftigt, zum anderen widmete er sich auch klassischen islamischen Themen wie beispielsweise dem Kalifat, dem Schicksal, den Eigenschaften Gottes, der Beziehung zwischen der Verinnerlichung und der Ausübung bzw. den Taten. Zu seiner Zeit wurde der Frage nachgegangen, ob sich die Erde drehe oder unbeweglich sei. Imam Aschari versuchte die kontroverse Diskussion in seinem oben genannten Werk zusammenzufassen, das sowohl die Meinung der Mu'taziliten als auch der damaligen Atheisten heranzog.[353] Ein weiteres Beispiel war der osmanische Schreiber Dschelebi (gest. 1659), der in seinem Werk „Mizânu'l-hak"[354] die damaligen Angelegenheiten seiner Gesellschaft u. a. mit folgenden Stichworten kategorisierte: islamische Mystik, Musik, Tanz, Segensgruß, Tabak, Kaffee, Opium, der Glaube der Eltern des Propheten Muhammad, der Glaube von Pharao Muhyiddin Ibn Arabi, die Verwünschung Yazids, der befiehlt, den Enkel des Propheten ermorden zu lassen, der Besuch von Gräbern, das Prinzip „Gutes gebieten – Schlechtes verwehren", Korruption, das Verhältnis von Völkern, Gemeinschaft und Religion, besondere Gebete an islamischen Feiertagen. Dieser kleine Auszug von Themen beschäftigte das muslimische Denken in der Hauptstadt des Osmanischen Reiches im 17. Jahrhundert und ist von dem Denken im Iran, in Indien, in Turkestan, in den arabischen Ländern je nach aktuellem Geschehen zu unterscheiden.

Aufgrund der kolonialen Präsenz Europas änderten sich die thematischen Schwerpunkte im 19. Jahrhundert drastisch, Schlagwörter waren fortan Erneuerung, Gesetzlichkeit und politische Reformen, so dass sich stufenweise auch die Struktur des islamischen Denkens veränderte. Diese Tatsache wird bis heute in der muslimischen Welt aufgegriffen und betont.[355]

So ist deutlich erkennbar, dass die äußeren Einflüsse nicht nur die klassischen Fächer der islamischen Wissenschaften beeinflussten, sondern ebenso die Entstehung der philosophischen *Kalam*-Richtung und der Sufismusreaktionen auf diese Einflüsse bewirkten.

---

353   Ebu'l Hasen el-Eşari: Makalatu'l-Islamiyyin II [Das islamische Denken]. Istanbul 1928.

354   Katip Çelebi: Mizanu'l- Hak fi İhtiyari'l- Ehakk [Die Kritikausübung und Diskussionsform im Islam]. Istanbul 2001.

355   Süleyman Uludağ: Günümüzde Islam düşüncesinin problerimi. In: Cağfer Karadaş (Hrsg.): Çağdaş Islam düşünürleri. Istanbul 2007. S. 42.

Grundvoraussetzung des islamischen Denkens war das klar definierte Menschenbild, welches das vernunftorientierte Handeln des Einzelnen betont und seine Beeinflussbarkeit durch die vorhandenen Wissensbestände nicht nur als natürlich, sondern eben auch als zwingend und zwangsläufig betrachtet. Hintergrund dieser Annahme war, dass das Islamische sich als ein integrativer Teil der Menschheit verstand und sich als berechtigter Teilhaber des universellen Erbes sah. Insbesondere Gelehrte wie Imam al-Ghazali und Ibn Taymiyya bezogen sich in ihren politischen, wirtschaftlichen und soziokulturell strukturellen Ansätzen auf Wissensbestände, die sich auf vorherige prophetische Erfahrungen stützten.[356]

Der Perspektivenwechsel im muslimischen Denken bedeutete, dass sich auch die klassischen islamischen Fächer wie die Koraninterpretation, die *Hadith*-Wissenschaften, die Rechtsfragen und der Sufismus immer stärker von dem Wissen, den Ideen und Gedanken der „äußeren Quellen"[357] beeinflussen ließen und dass diese Tatsache entscheidend bei der Betrachtung und Bewertung der betroffenen Quellen war. Aus diesem Grund manifestierte sich ein Wissenschaftsverständnis, das sich aus den vernunftorientierten und sich auf Erfahrung stützenden Wissenschaften zusammensetzte, der absoluten Richtigkeit der Gesetze, dem Determinismus und der Beziehung zwischen Ursache und Folge.

Das muslimische Denken als Ideologie

Die Debatte um die Ideologisierung des Islam beschäftigte die muslimische Welt seit dem 19. Jahrhundert intensiver. Das Aufkommen unterschiedlicher politischer Ideologien führte zu der Debatte, ob auch der Islam eine Ideologie darstelle, denn seine implizierende Lebensweise und seine gesamtgesellschaftliche Struktur wiesen aus westlicher Sichtweise darauf hin. Die muslimische Seite dementierte diese Bewertung jedoch mehrheitlich, denn trotz struktureller Ähnlichkeiten lag der Fokus in der Betrachtung des Islam darauf, dass innerhalb der Glaubensangelegenheiten keine Zwänge bzw. Restriktionen existieren

---

356   Ebenda. S. 43.
357   Ebenda.

und sie aus diesem Grund keine politische Ideologie darstellen würden.[358] Allerdings wurde auch immer verdeutlicht, dass insbesondere Regierungen oder auch einzelne Regenten Zwangsmaßnahmen und Bestrafungen anwendeten, um die so genannte islamische Ordnung aufrechtzuerhalten. Doch diese Eingliederung des Islam in die Reihe der Ideologien des 20. Jahrhunderts hatte für das muslimische Denken verheerende Folgen: Zum einen sollte der Islam damit von der öffentlichen Bildfläche verschwinden, was auch wissenschaftlich bearbeitet und begründet wurde. Und zum anderen begann ein existentieller Kampf zwischen den unterschiedlichen Ideologien innerhalb der muslimischen Gesellschaften, der im Endeffekt auch dazu führte, dass der Islam ideologisiert wurde. Das aktuelle Problem des muslimischen Denkens liegt darin, dass sich in der muslimischen Welt Ideologien, die sich mit den grundlegenden Strukturen des Islam nicht vereinbaren ließen und ursprünglich dem westlichen Kulturraum entsprangen, wie der Fundamentalismus, der Radikalismus oder auch der Fanatismus etabliert hatten.

Im Ergebnis dieser Entwicklung beschäftigten sich die muslimischen Denker seit der kolonialen Präsenz der europäischen Mächte thematisch mit individueller Freiheit, politischer Unabhängigkeit, Menschenrechten (vor allem die Rechte der Frau), dem Umgang mit Minderheiten bzw. Nichtmuslimen, dem Diskurs über den Begriff *dschihad* und der damit zusammenhängenden Terrorismusdebatte.

Jedoch sollte abschließend erwähnt werden, dass die Situation der Muslime und die damit zusammenhängenden muslimische Denkweise nicht allein mit den äußeren Einflüssen erklärt werden kann. Vor allem auch die Konflikte, die im Laufe der muslimischen Geschichte entstanden und sich ausgeweitet hatten, dürfen weder außer Acht gelassen noch in ihrer Bedeutung reduziert werden. Dabei wurden folgende Konflikte hervorgehoben: Die Entstehung und Ausdifferenzierung von Rechtsschulen, ethnische Unterschiede, Stammeszugehörigkeit, fehlende Bildung, ungleichmäßige Verteilung von Kapital, Arbeitslosigkeit, Armut, innere soziale Zerrissenheit, Fanatismus und Traditionsverbundenheit waren oftmals Faktoren für Unstimmigkeiten, Streitigkeiten oder auch für Kriege. Der Begriff der Reform rückte deswegen immer stärker in den Mittelpunkt, und

---

358 Ebenda. S. 52.

im Zuge der Verwestlichungsdebatte wurde er zwar in den innermuslimischen Diskurs aufgenommen, jedoch insbesondere in den religiös konnotierten Reformdebatten waren verschiedene Kritikpunkte zu finden. Sie wurden nicht nur von muslimischen Gelehrten und Denkern geäußert, sondern auch in der muslimischen Öffentlichkeit stieß der Reformbegriff auf Ablehnung, da befürchtet wurde, der Islam verändere durch die Reformierung sein Grundwesen. Insbesondere durch die Übernahme der westlichen Herangehensweise wurde das Prinzip der Reform als etwas Fremdes betrachtet, und die Angst, dass der Islam die gleiche Entwicklung wie das Christentum durchlaufen könnte, wurde als Gefahr verlautbart. Auch wurde in diesem Zusammenhang darauf hingewiesen, dass der Islam eine universelle Botschaft darstelle und deswegen keiner Reformbestrebungen bedürfe.[359]

Der Begriff der „religiösen Reform" wurde auch innerhalb des staatlich gelenkten Transformationsprozesses gebraucht, so vertrat beispielsweise die türkische Regierung die These, dass der Islam als modernisierungshemmender Faktor für die Rückständigkeit in den muslimischen Ländern verantwortlich gewesen und deshalb aus der gesamtgesellschaftlichen Öffentlichkeit verdrängt worden sei, wodurch eine stufenweise Privatisierung des Islam vorangetrieben worden sei. Maßnahmen, die die Reformierung des Islam befördern sollten, wurden auch mit dem Nationalismusgedanken verbunden. Beispiel sind die Ausrufung des fünfmaligen Gebetsrufes in türkischer Sprache, die Aufhebung der Wallfahrtsreisepflicht nach Mekka und die Errichtung neuer Pilgerorte, die Gestaltung der Moschee nach dem Vorbild der Kirche oder auch die Einführung von Musikinstrumenten während gottesdienstlicher Handlungen.[360] Aus diesen Erfahrungen heraus entwickelte sich sowohl bei verschiedenen Gelehrten als auch in der Bevölkerung eine negative Haltung gegenüber der so genannten religiösen Reform.

Trotz dieser vorhandenen Angst vor der Entfremdung muss darauf hingewiesen, dass die Prinzipien wie Wiederbelebung *(ihya)*, Erneuerung *(tadschdid)* und Reform eine lange Tradition in den islamischen Wissenschaften aufweisen und die Debatte in den islami-

---

359   Tariq Ramadan: Radikale Reform. Die Botschaft des Islam für die moderne Gesellschaft. München 2009. S. 19.

360   Mehmet Sait Şimşek: Reform [Reform]. In: Ahmed Ağırakça (Hrsg.): Şâmil İslâm ansiklopedisi. 5. cilt [Umfassende Islam-Enzyklopädie. Band 5]. Istanbul 1992. S. 239.

schen Gesellschaften zu verschiedenen Zeiten prägten. Insbesondere al-Ghazali machte im 12. Jahrhundert auf die Notwendigkeit aufmerksam, die Wissenschaften wiederzubeleben. Ungefähr zwei Jahrhunderte später wies der Gelehrte Ibn Taymiyah (1263-1328) auf die Lage des islamischen Rechts und den damit zusammenhängenden Niedergang hin. Er forderte nicht nur die Ausübung des *idschtihad*, sondern stellte auch die beiden grundlegenden Verfahrensweisen *qijas* und *idschma* in Frage. Obwohl diese Ansicht auf großen Widerstand stieß, bildete diese Auflehnung einen „Wendepunkt in der Geschichte der islamischen Wiederbelebung"[361]. Sein Schüler Ibn al-Qayyim (1292-1350) nahm die Gedanken auf und arbeitete diese auf wissenschaftlicher Ebene weiter aus. Auch Muhammad Ibn Abdul Wahab (1703-1792) ließ sich um 1750 von diesen Reformgedanken beeinflussen und wurde zum Begründer der Wahhabiten, jener Form des Islam, unter der die Bevölkerung Saudi-Arabiens heute lebt. Abdul Wahab und seine Anhänger lehnten nicht nur kategorisch die Möglichkeit der *idschma* ab, sondern wandten sich kompromisslos gegen Neuerungen und Heiligenverehrung. Als Quellen erkannten sie nur die Hauptquellen Koran und *sunna* an. Sie folgten ausschließlich und wortgetreu den Texten aus den primären Quellen. Die Ausübung der Gesetzgebung wurde im engsten Sinn und ohne Milderungen ausgelegt. Die wahhabitische Bewegung wurde zum Ausgangspunkt einer Reihe von Bewegungen in aller Welt, die das Ziel der Emanzipation des Islam und der Muslime verfolgten. Nicht nur die *Mahdi*[362]-Bewegung im Sudan oder die libysche *sanusija*[363] ließen sich von dieser neuen Herangehensweise beeindrucken, sondern auch in so entlegenen Gegenden wie Nigeria und Sumatra trug der „Einfluss der Wahhabiten zum Aufstand militanter Bewegungen bei".[364]

Diese reformerischen Gedanken und der Kontakt bzw. die Konfrontation der muslimischen Welt mit westlichen Technologien und dem sie begleitenden Gedankengut rief seit den 60er Jahren des 19. Jahrhunderts neue Bewegungen hervor. Im Osmanischen Reich re-

---

361 Said Ramadan: Das islamische Recht. Theorie und Praxis. Marburg 1996. S. 87.

362 Dies war ein Aufstand gegen die britisch-ägyptische Fremdherrschaft der sudanesischen Bevölkerung.

363 Die *sanusija* ist eine nach dem Vorbild der Wahhabiten im Jahre 1833 von Muhammad Ibn Abi As-Sanussi gegründete islamische Bruderschaft in Nordafrika. Siehe dazu Kadir Özköse: Muhammed Senûsî. Hayatı, eserleri, hareketi [Muhammad As-Sanussi. Sein Leben, seine Werke, sein Wirken]. Istanbul 2000.

364 Said Ramadan: Das islamische Recht. Theorie und Praxis. Marburg 1996. S. 87.

agierte der Sultanhof mit Reformen, die fast alle gesellschaftlichen Bereiche betrafen. Dabei wurden westlich-europäische Elemente übernommen wie beispielsweise das Schweizer Rechtssystem. Gegen Ende des 19. Jahrhunderts entstand in Anlehnung an die wahhabitische Bewegung die *salafiya* in Ägypten mit ihrem politischen Führer Dschamal al-Din Al-Afgani (1838-1897) und seinem geistigen Exponenten Muhammad Abduh (1849-1905). So kann die *Salafiya*-Bewegung als eine Geisteshaltung von Individuen verstanden werden, die ähnliche Antworten für die Probleme ihrer Zeit fanden. So vertraten nicht nur Muhammad Ibn Abdul Wahab, der indische Schah Waliallah (1703-1762) oder der Österreicher Muhammad Asad (1900-1992) die Meinung, dass die Lage der muslimischen Welt nur veränderbar sei, wenn die Muslime den Islam auf die Reinheit seines Ursprungs zurückführen und somit den *taqlid* überwinden könnten, sondern genau diese einzige Option erkannten auch Al-Afgani und Abduh. Außerdem verlangten sie alle eine Rückkehr zu den ursprünglichen Quellen des Islam, da die islamische Frühzeit zum Ideal erhoben wurde. Doch unterschied sich das Verständnis in der praktischen Rückbesinnung. So können zwei Strömungen der *salafiya* ausgemacht werden: der *Salafiya*-Traditionalismus und der *Salafiya*-Reformismus. Die Traditionalisten, die vor allem von Abdul Wahab und den ihm Anhängenden vertreten wurde, hatten ein wortwörtliches Koranverständnis und lehnten jede Form der Interpretation ab, verzichteten also auf die Untersuchung des Zwecks eines Gebots in der Heiligen Schrift. Die *Salafiya*-Reformer hingegen interpretierten den Koran und fragten nach dem Zweck und dem Kontext eines Ge- bzw. Verbotes. Sie versuchten, den Koran bzw. die *sunna* mittels der Erkenntnisse der Moderne auszulegen, und waren auch bereit, Elemente aus anderen Kulturkreisen zu übernehmen, allerdings durften diese nicht den islamischen Prinzipien widersprechen. So war die *Salafiya*-Bewegung

„beseelt von der Hoffnung, einen eigenständigen kulturellen Ausdruck der Moderne zu finden. Nachdem ihnen die Teilhabe an der europäischen Moderne abgesprochen worden war, gingen die Theologen der Salafiya hart mit den realen Lebensbedingungen und den kulturellen Praktiken ihrer Landsleute ins Gericht"[365].

---

365   Reinhard Schulze: Geschichte der islamischen Welt im 20. Jahrhundert. München 1994. S. 33.

Vor diesem Hintergrund kann auch behauptet werden, dass die *salafiya* „eine islamische Variante des Klassizismus"[366] ist, da sie wie die europäische Klassik auf der Suche nach einem ästhetischen und intellektuellen zeitlosen Ideal war.

Neben diesem Wiederbelebungsgedanken standen zwei wichtig Konzepte im Mittelpunkt der Reformgedanken: die Erneuerung *(tadschdid)* und die Reinigung *(islah)*, wobei sie nicht nur ihn vermitteln, sondern sich auch ergänzen. *Tadschdid* bezog sich zum größten Teil auf die Beziehung zu Texten und deren Verständnis, Auslegung und Interpretation, *islah* hingegen auf die politischen, gesellschaftlichen, spirituellen und menschlichen Kontexte. Dieser kontinuierliche Reformansatz, bestehend aus der Kombination „Verstehen des Textes *(tadschdidiyya)* und Verstehen des Kontextes *(islâhiyya)*, ist ein wesentlicher Bestandteil der islamischen Tradition und ist es immer gewesen"[367]. Die muslimische Welt befand sich nicht nur innerhalb der globalen Zusammenhänge in einem rückständigen Zustand, sondern aufgrund der Streitigkeiten innerhalb der jeweiligen Gesellschaften und der daraus resultierenden inneren Zerrissenheit waren muslimische Denker vor allem damit beschäftigt, neue Denkansätze zu entwickeln, um konkrete Lösungsansätze für diese Probleme zu finden. Das spiegelte sich auch im muslimischen Denken wider und veränderte es tiefgreifend.

3.4 Islam und Moderne

Mittels Begriffen wie Rationalismus, Fortschritt, Evolution und sozialer Wandel wurde die muslimische Welt mit dem „Projekt der Moderne" konfrontiert, doch die verstärkte Begegnung mit der industrialisierten bzw. modernisierten Welt setzte einen plötzlichen Wandel bezüglich der Lebens- und Denkweise in Gang, von dem alle Lebensbereiche betroffen waren und der die alte Ordnung zunehmend zerrüttete. Die bis dahin verkrusteten und im Grunde genommen unantastbaren Sozialstrukturen wurden jetzt durch neue soziale Versuche nicht nur in Frage gestellt, sondern sollten den neuen Gegebenheiten

---

366 Ebenda.
367 Tariq Ramadan: Radikale Reform. Die Botschaft des Islam für die moderne Gesellschaft. München 2009. S. 22.

angepasst werden, wobei sozialer Wandel die Überwindung der Rückständigkeit bedeutete.[368] Diese neu entstandenen Ideen waren ein Ergebnis der kolonialen Erfahrungen. Wichtige Zäsuren hierfür waren der Vertrag von Kücük Kaynarca (1774), die Schlacht bei Plassey (1757), Napoleons Ägyptenexpedition (1798) und der Indische Aufstand (1857), da diese Ereignisse nicht nur die Rückständigkeit auf politischer und militärischer Ebene widerspiegelten, sondern die muslimische Welt als Verlierer tituliert wurde. Dieser Status wurde durch Reformen im militärischen, erzieherischen, wirtschaftlichen und juristischen Bereich zu überwinden versucht. Die damit verbundenen Erfahrungen waren nicht nur neuartig, sondern führten zu einem radikalen Bruch mit dem alten System. Die Tatsache, dass die grundlegenden Prinzipien der islamischen Ordnung von den kolonialen Mächten kritisiert wurden und diese Kritik mit aktionistischer Propaganda in der Öffentlichkeit verbreitet wurde, erschwerte den Umgang mit der neuen Situation. Die muslimischen Denker reagierten darauf, indem sie nicht nur den Islam gegenüber seinen Feinden verteidigen wollten, sondern dies zum Anlass nahmen, durch neue Reformen die Muslime zu erziehen. Erklärungsversuche für die gegenwärtige Situation führten zu den Maßgaben, die bisher praktizierte Art des *taqlid* zu überwinden und zu den ursprünglichen Quellen des Islam zurückzukehren, was vonnöten sei, da, wie bereits oben ausgeführt, die islamische Frühzeit das wahre Ideal darstelle. Trotz unterschiedlicher Perspektivierungen und Herangehensweisen hatten alle Reformer eines gemeinsam: dass sie nämlich die Notwendigkeit tiefgreifender Veränderungen innerhalb der muslimischen Welt sahen. Der Islam müsse als eine Einheit in Bezug auf die Verinnerlichung der Glaubensgrundsätze, die gottesdienstlichen Handlungen, die ethischen Prinzipien, die Philosophie, die Wirtschaft und die Erziehung von Neuem ins Leben gerufen werden, um auf rationale Weise nicht nur der westlichen Ausbeutung Einheit gebieten zu können, sondern die muslimische Welt von despotischen Regenten zu befreien, die blinde Nachahmung und die abergläubischen Vorstellungen zu beseitigen und somit die muslimische Welt zu vereinigen, zu entwickeln und im höheren Maße zu zivilisieren. Politische, wissenschaftliche und ideelle Konzepte wurden vor diesem Hintergrund entwickelt,

---

368 Mazharuddin Sıddıki: Islam dünyasında modernist düşünce [Modernistisches Denken in der islamischen Welt]. Istanbul 1982. S. 12.

neue Lösungsvorschläge für die Befreiung der muslimischen Welt formuliert. Diese Bewegung wurde dann als Panislamismus bezeichnet, die folgende Stichworte implizierte: Erneuerung, Fortschritt, Belehrung und die islamische Vereinigung *(ittihadi-islam)*. Das Schlagwort Erneuerung zielte auf die Rückbesinnung auf die primären Quellen ab und suggerierte die Erneuerung von innen heraus. Dieser Erneuerungsgedanke konnte sich auf eine lange Tradition (wie beispielsweise bei al-Ghazali) in den islamischen Wissenschaften berufen.[369] Allerdings wurde dieser Art der Erneuerungsbewegung kein wahrer Erfolg zuteil, da sie sich zum einen nicht weitreichend genug den aktuellen Problemfällen widmete, sondern nur schnelle bzw. kurzfristige Lösungsansätze konzipierte. Und zum anderen wurde der europäisch geprägte Evolutionsbegriff mit dem Fortschrittsbegriff gleichgesetzt, was gleichzeitig dazu führte, dass eine Loslösung von der Vergangenheit und von der Tradition im weitesten Sinne stattfand.[370] Diese Art der Bewältigung wurde mit den Niederlagen und der daraus resultierenden Abhängigkeit erklärt, aus der man sich so schnell wie möglich befreien wollte, indem die durch die westlichen Debatten hervorgerufenen orientalistischen Denkschablonen zum Einsatz kamen. Dadurch wiederum änderte sich die eigene Ideen- und Gedankenwelt, was sich mit dem Verzicht auf grundlegende Prinzipien verband. Die westliche Bewertung des Islam und der muslimischen Ordnung wurde als Angriff sowohl auf religiöser als auch auf wissenschaftlich-geistiger Ebene aufgefasst. In der Folge beschäftigten sich die einzelnen muslimischen Denker wissenschaftlich mit den Themenschwerpunkten, die ihnen die westliche Orientalistik quasi vorgab. Im Mittelpunkt des Diskurses fanden sich mithin die Erforschung der Gründe für die Rückständigkeit, die Einleitung des Fortschritts oder die Frage nach der Zusammenführung bzw. Einigung der muslimischen Gemeinschaft. Des Weiteren setzte sich die muslimische Geisteswelt mit den westlichen Werten (Freiheit, Gleichheit, Zivilisation, Wissenschaft, Meinungsfreiheit, Rechte der Frauen) auseinander, wobei hier auf der einen Seite die Frage nach dem „alten" Stellenwert dieser Werte zu beantworten war und auf

---

369 Hayreddin Karaman: Islamin ışığında günün meseleleri II [Die aktuellen Probleme unter der Berücksichtigung des Islam II]. Istanbul 1982. S. 263-279.

370 Ismail Kara: Türkiye'de Islamcılık düşüncesi. Metinler/kişiler [Der Islamismusgedanke in der Türkei. Texte/Personen]. Istanbul 1986. S. XVII.

der anderen Seite die Neuwertung oder die neue Einordnung diskutiert wurde. Im Fokus standen auch die Fragestellungen, ob ein Widerspruch zwischen dem Islam und der Ratio bestand und in welchem Verhältnis der Staat und die Religion zueinander stehen müssten. Im Grunde genommen ging es um folgendes Grundproblem: Welche Grundsätze des Islam dürfen unangetastet bleiben, und welche westlichen Elemente sollten übernommen werden?

In dem Versuch, diesen Fragekomplexen gerecht zu werden, trat bei den Denkern trotz unterschiedlicher Herkunft und verschiedener Nuancierung eine Grundtendenz der Verwestlichung ein: Während der Westen in einer ersten Reaktion als „ein unvermeidlich Schlechtes"[371] betrachtet wurde, transformierte sich die Bewertung bald in das „unverzichtbar Gute"[372]. Dieser Perspektivenwechsel verfolgte ein eklektisch-kompromissbereites Prinzip, wonach eine Synthese zwischen den fortschrittlichen Errungenschaften des Westens und den kulturellen und ethischen Prinzipien des Islam zu schaffen sei. Dabei lieferte der *hadith* „Die Weisheit ist für den Muslim ein verlorengegangenes Gut, das er an sich nimmt, wenn er es gefunden hat"[373] die Basis für solch ein Verständnis. Die Beziehung zum Westen wurde neu bewertet und historische Rückschlüsse auf die wichtigen Errungenschaften des Westens gezogen: Es wurde darauf hingewiesen, dass die westliche Ordnung u. a. auch im Islam ihre Wurzeln habe und die errungenen Werte des Westens im islamischen Grundverständnis bereits vorhanden gewesen, jedoch in Vergessenheit geraten seien. Doch die Grundannahme, dass diese Denkweise keinen Vorstoß oder gar Angriff bedeuteten, war bereits zu diesem Zeitpunkt offensichtlich, denn diese Vorgehensweise stellte sich als Agitation heraus, mit der der eigene Standpunkt verteidigt werden sollte. Diese defensive Positionierung hingegen wurde innermuslimisch im Nachhinein nicht kritisiert, sondern als Grund für die Erfolglosigkeit dieses Konzeptes angegeben.[374] Hinzu kam auch der Aspekt, dass bereits im Ansatz keine Einigung über die Frageerzielt werden konnte, wie die Veränderungen einzuleiten seien. Es gab natürlich auch Denker,

---

371 Ebenda. S. XXII.
372 Ebenda.
373 Zitiert nach ebenda.
374 Ebenda. S. XVIV.

die sich einer bereits vorhandenen Argumentationslinie anschlossen und diese auch bekräftigten, wie, um hier nur ein Beispiel zu erwähnen, Mehmet Akif Ersoy[375], der Muhammad Abduhs Ansatz vertrat. Abduh forderte ausgehend vom Freiheitsbegriff eine Neuordnung für die muslimische Welt und im ersten Schritt die Errichtung von Institutionen, die einen gewissen Bildungs- und Erziehungsauftrag übernehmen sollten, um dann durch die Erziehung des Individuums eine Revolution bzw. einen Umgestaltungsprozess in Gang setzen zu können.[376]

Doch trotz einiger Allianzen unter den Denkern und gegenseitiger Unterstützung war die Vielfalt in den Ansichten zu groß. Sie spiegelte im Grunde genommen die Heterogenität der muslimischen Welt und des Denkens wider, so dass die Frage nach dem Umgang mit der vorhandenen islamischen Kultur und Tradition unterschiedlich bewertet wurde und man ihr mit verschiedenen Schlüsselbegriffen wie Erneuerung, Fortschritt, Reinigung bzw. Läuterung oder auch Wiederbelebung begegnete. Vielleicht aufgrund der immer stärker werdenden politischen und gesellschaftlichen Rückständigkeit und der daraus resultierenden Ungewissheiten und Schwierigkeiten fühlten sich die muslimischen Denker gezwungen, Slogans zu formulieren, die ihre defensiv orientierte Perspektivierung hervorhob. Hier nur eine kleine Auswahl: „Der Islam ist kein Hinderungsgrund für den Fortschritt", „nicht der Islam ist schuld an der Situation, sondern die Muslime", „die Zivilisation wird durch den Islam beschützt", „die Weisheit ist das Verlorengegangene des Gläubigen".[377]

Um die Auseinandersetzung der Denker mit der Thematik des Islam und seines Verhältnisses zur Moderne besser nachvollziehen zu können, werden nun die einzelnen Themenfelder unter den Kategorien „intellektuelle Grundannahmen", „politische Aspekte" und „soziale Prinzipien" zusammenfassend erörtert.

---

375   Ebenda.

376   Siehe dazu Muhammad El-Bahay: Muhammad Abduh. Eine Untersuchung seiner Erziehungsmethode zum Nationalbewusstsein und zur nationalen Erhebung in Ägypten. Hamburg 1936. S. 90. Zaki Badawi: The Reformers of Egypt – A Critique of Al-Afgani, Abduh and Ridha. London 1976. S. 14 f.

377   Ismail Kara: Türkiye'de Islamcılık düşüncesi. Metinler/kişiler. Istanbul 1986. S. XXVI.

Intellektuelle Grundannahmen

Um die Lehren des Islam verstehen zu können, ist es unabdingbar, das Menschenbild im Islam näher zu beleuchten, da dadurch die Vorstellungen über den Sinn und Zweck des menschlichen Lebens deutlich werden, wobei im Folgenden nur die *qur'anischen* Aussagen betrachtet werden sollen:

Der erste Grundsatz besteht darin, dass Gott, der Schöpfer aller Geschöpfe und Dinge, den Menschen erschaffen hat, damit er ihm dienen soll, wie im folgenden Vers offenkundig beschrieben wird: „Gewiss, Ich bin Allah. Es gibt keinen Gott außer Mir. So diene Mir und verrichte das Gebet zu Meinem Gedenken."[378] Die Einzigartigkeit Gottes steht im Mittelpunkt der Betrachtung, denn die koranische Aussage impliziert beispielsweise folgende Charakterisierung Gottes: „Sag: Er ist Allah, Einer, Allah, der Überlegene. Er hat nicht gezeugt und ist nicht gezeugt worden, und niemand ist Ihm jemals gleich."[379] Nach islamischer Konzeption ist der Mensch also auf Gott angewiesen, und sein Leben und Wirken sollte darin bestehen, sich Gott hinzugeben. Sowohl Gott als auch der Mensch werden im Koran intensiv und vielfältig beschrieben; so ist eine Vielzahl von Aussagen über die Veranlagung des Menschen zu finden. Der Mensch als der „Ehrwürdigste unter den Geschöpfen"[380] nimmt eine besondere Rolle in der göttlichen Schöpfung ein, was damit zusammenhängt, dass seine Dienerschaft mit der Statthalterschaft gekoppelt betrachtet werden muss:

„Und als dein Herr zu den Engeln sagte: ‚Ich bin dabei, auf der Erde einen Statthalter einzusetzen', da sagten sie: ‚Willst Du auf ihr etwa jemanden einsetzen, der auf ihr Unheil stiftet und Blut vergießt, wo wir Dich doch lobpreisen und Deiner Heiligkeit lobsingen?' Er sagte: ‚Ich weiß, was ihr nicht wisst."[381]

---

378 Sure 20:14. Alle hier angegebenen Koranverse werden nach der deutschen Koranübersetzung von Frank Bubenheim und Nadeem Elyas zitiert.

379 Sure 112.

380 Mehmet Yaşar Soyalan: Kur'an ve İnsan. İnsanın „kim" liğine dair bir sorgulama [Koran und Mensch. Ein Hinterfragen der menschlichen Identität]. Ankara 1999. S. 21.

381 Sure 2:30.

Die Tatsache, dass dem Menschen diese Aufgabe als anvertrautes Gut[382] zugeschrieben wurde, weist im Grunde genommen auf seine besondere Beschaffenheit hin, denn in der Grundveranlagung des Menschen *(fitra)* ist das Bedürfnis[383] verankert, die Einzigartigkeit Gottes zu erkennen und sein Leben danach auszurichten. Dabei ist das Ziel dieser Beziehung, seine Überzeugungen und sein Handeln in Einklang zu bringen, wobei die erste Prämisse die Verantwortlichkeit für das eigene Handeln ist: „Jede Seele erwirbt nur gegen sich selbst. Und keine lasttragende (Seele) nimmt die Last einer anderen auf sich."[384]

Gott stattete den Menschen mit so vielen Fähigkeiten aus, dass er in der Lage sei, seinen Schöpfer zu erkennen und ihm zu dienen. Zwar verweist der Koran auch darauf, dass der Mensch „schwach"[385] und „voreilig"[386] sein könne, jedoch hebt er ebenso immer wieder hervor, dass der Mensch mit der Fähigkeit, zu differenzieren und nachzudenken, ausgestattet sei[387], um Gottes Allmacht zu erkennen. Obwohl der Koran auf die Unterschiede[388] unter den Menschen hinweist, können drei menschliche Grundeigenschaften festgehalten werden: Erstens trägt der Mensch Verantwortung, zweitens ist er in der Lage, durch die vernunftorientierte Betrachtungsweise zu differenzieren und zu interpretieren, und drittens tritt der Mensch gegenüber dem anvertrauten Gut loyal auf.[389]

Demnach befindet sich der Mensch in einem ständigen Entwicklungsprozess, der nicht nur das Aneignen von Wissen voraussetzt, sondern auch dessen Umsetzung im all-

---

382 „Wir haben das anvertraute Gut den Himmeln und der Erde und den Bergen angeboten, aber sie weigerten sich, es zu tragen, sie scheuten sich davor. Der Mensch trug es – gewiss, er ist sehr oft ungerecht und sehr oft töricht." Sure 33:72.

383 Der Begriff stammt aus dem Arabischen und bedeutet die „natürlich, angeborene Veranlagung", welche auch die Fähigkeit impliziert, zwischen Gut und Böse zu unterscheiden. Vgl. dazu Ali Bulaç: Islam ve Fundamentalizm [Islam und Fundamentalismus]. Istanbul 1997. S. 199 ff.

384 Sure 6:164.

385 „Allah will es euch leicht machen, denn der Mensch ist (ja) schwach erschaffen." Sure 4:28.

386 „Der Mensch ruft (zu Allah) um das Schlechte, wie er um das Gute ruft; der Mensch ist ja stets voreilig." Sure 17:11.

387 Hüseyin Atay: Kur'ân'a göre Islâm' ın temel kuralları [Die islamischen Grundsätze aus koranischer Perspektive]. Istanbul 1994. S. 3.

388 „Und zu Seinen Zeichen gehört die Erschaffung des Himmels und der Erde und (auch) die Verschiedenheit eurer Sprachen und Farben. Darin sind wahrlich Zeichen für die Wissenden." Sure 30:22.

389 Mehmet Yaşar Soyalan: Kur'an ve Insan. Insanin „kim" liğine dair bir sorgulama. Ankara 1999. S. 41.

täglichen Leben umfasst[390], denn nur so kann er seiner Aufgabe als Statthalter Gottes auf Erden gerecht werden.

Dieses Grundverständnis verhalf den Denkern dazu, sowohl ihre Aufgabe als auch die Aufgabe aller Muslime darin zu sehen, diesem Anspruch gerecht zu werden, so dass ihre Motivation und ihre Bewertungen, die die gesamten Anliegen der muslimischen Welt betrafen, auf diesem Grundgedanken basierten.

Bevor die unterschiedlichen Ansätze im Einzelnen vorgestellt werden, sollen die Vorbedingungen oder auch Zielsetzungen der jeweiligen Denker erwähnt werden, da diese Prinzipien formuliert hatten, deren Einhaltung für einige Intellektuelle lediglich eine gewisse Notwendigkeit in der Auseinandersetzung mit der Thematik bedeuteten, für anderen hingegen das zu erreichende Ziel darstellten. Die Maxime in der gesamten Beschäftigung war, dass die Muslime ein gereinigtes Verständnis vom Islam gewinnen und diesen auch verinnerlichen müssten. Um dies jedoch realisieren zu können, musste der *Tauhid*[391]-Gedanke erneuert und inhaltlich auf den Ursprung seiner Bedeutung gebracht werden – mit der Konsequenz, sich von allen abergläubischen Vorstellungen und Erzählungen loszulösen, denn die Bewertung des aktuellen Zustandes der Muslime hinsichtlich ihrer tradierten Alltagsformen und ihres Verhältnisses zum Islam ging so weit, dass die Bräuche und sozialen Gewohnheiten sich mit dem religiösen Verständnis so stark verflochten hatten, dass eine Trennung zwischen diesen anfangs nur durch soziale Reformen erfolgen konnte.

In diesem Kontext wurde auch das grundlegende Verhältnis zwischen Tradition und Islam neu diskutiert: Grundsätzlich fasste der Begriff Tradition das kulturelle und religiöse Erbe zusammen, wobei die islamische Lebensweise zur Zeit des Propheten Muhammad mit ihrer Beispielhaftigkeit den wichtigsten Bezugsrahmen darstellte, so dass im weiteren Verlauf der muslimischen Geschichte viele Gebräuche, Sitten, Denk- und Handlungsstrukturen, die sich zu dieser Zeit etabliert hatten, weitergetragen wurden. Da

---

390   „Und es soll aus euch eine Gemeinschaft werden, die zum Guten aufruft, das das Rechte gebietet und das Verwerfliche verbietet. Jene sind es, denen es wohl ergeht." Sure 3:104.

391   *Tauhid* stellt die Grundlage der islamischen Lehre dar und impliziert das Bezeugen der Einheit und Einzigartigkeit Gottes. Vgl dazu Ahmad Abdurrahman Reidegeld: Handbuch Islam. Die Glaubens- und Rechtslehre der Muslime. Kandern im Schwarzwald 2008. S. 32-39.

die göttliche Offenbarung als Richtlinie in der Etablierung der islamischen Lebensweise eine zentrale Rolle spielte[392], wurde aus dieser Perspektivierung heraus in der Bewertung von Tradition zwischen „echter Tradition und verfälschter Tradition"[393] unterschieden.

Während der zunehmenden Verbreitung des Islam wurde der Umgang mit den in den eroberten Gebieten vorhandenen Traditionen insofern verändert, als nur die unislamischen Aspekte durch die islamischen ausgewechselt wurden, wodurch das Alte mit dem Neuen verschmelzen konnte.[394] Allerdings wurde in diesem Zusammenhang darauf hingewiesen, dass es im Verlauf der Geschichte der muslimischen Welt zu einer Verschiebung dieses Verhältnisses gekommen sei, was zwar auf mehrschichtige Faktoren zurückzuführen war, jedoch als Hauptgrund für die Entfernung und damit für die Entfremdung von Prinzipien des Koran angeführt wurde.[395] Die Begegnung mit der Moderne stellte jedoch alle Phänomene, die sich auf die Traditionen bezogen, in Frage. So dominierte auch in der muslimischen Welt die Thematik um das Verhältnis zwischen Tradition und Reform im öffentlichen Diskurs, wobei der Fortschritts- und Entwicklungsgedanke als Motor für die Bemühungen um Veränderungen betrachtet werden kann.[396] Die Befürworter der bedingungslosen Verwestlichung forderten die komplette Loslösung von den Traditionen, da sie als modernisierungshemmende Faktoren betrachtet wurden. Die so genannten Traditionalisten appellierten, insbesondere hinsichtlich der Beibehaltung der moralischen und religiösen Grundvorstellungen das islamische Prinzip, „alles Gute zu bewahren"[397], zu praktizieren. Die Kritik der Reformer hingegen beinhaltete zwei wesentliche Gesichtspunkte: Der erstere bezog sich auf die Problematik um die blinde Nachahmung, die insbesondere durch die immer stärker zunehmende Distanz des Einzelnen zu den islamischen Hauptquellen ausgelöst wurde. Zweitens beanstandeten die Reformer die Verschmelzung

---

392 Yusuf Kerimoğlu: Kelimeler Kavramlar [Begriffe. Bedeutungen]. Istanbul 1983. S. 139.

393 Hamza Türkmen: Türkiye'de Islâmcılığın kökleri. Istanbul 2008. S. 89. S. 115.

394 Sami Şener: Gelenek [Tradition]. In: Ahmed Ağırakça (Hrsg.): Şamil Islam ansiklopedisi. 2. cilt [Umfassende Islam-Enzyklopädie. Band 2]. Istanbul 2000. S. 230 f.

395 Hamza Türkmen: Türkiye'de Islâmcılığın kökleri. Istanbul 2008. S. 89. S. 118.

396 Orhan Koloğlu: Islâm'da değişim [Veränderung im Islam]. In: Gönül Pultar (Hrsg.): Türk bilim adamlarının bakış açısından Islâm ve modernite [Das Verhältnis zwischen Islam und Modernisierung aus der Perspektive türkischer Wissenschaftler]. Istanbul 2007. S. 193-198.

397 Sami Şener: Gelenek. In: Ahmed Ağırakça (Hrsg.): Şamil Islam ansiklopedisi. 2. cilt. Istanbul 2000. S. 230 f.

von islamischen Prinzipien mit unislamischen Gebräuchen, Riten, Sitten und Handlungsstrukturen, forderten demnach eine Reinigung des islamischen Glaubens und wiesen auf die Lebensweise des Propheten Muhammad hin, die letztlich als die zu befolgende Tradition bezeichnet wurde.[398]

Dieses Postulat der Reinigung und Wiederbelebung des Islam implizierte auch den Aspekt, die Erziehungskonzeption und Weiterbildungsmöglichkeiten zu reformieren und neuzugestalten. Im Mittelpunkt der Diskussion stand insbesondere, den Zustandes der Ignoranz und der Unwissenheit zu überwinden. Die von Renan (1823-1892)[399] in der zweiten Hälfte des 19. Jahrhunderts entfachte Diskussion um das Verhältnis zwischen Moderne und Islam umfasste auch das Thema Islam und Wissenschaft, in der er die Ansicht vertrat, dass ein klarer Widerspruch zwischen diesen bestehe, wodurch auch in der muslimischen Welt zwei wesentliche divergierende Meinungen die Diskussionen prägten: Die erste Meinung bestätigte die These Renans, so dass vor allem im Zuge der Verwestlichung nicht nur eine definitorische Unterscheidung zwischen islamischem Wissen und Wissenschaft im Allgemeinen vorgenommen[400], sondern insbesondere in der Etablierung der modernen Erziehungs- und Bildungssysteme das europäische Vorbild nachgeahmt wurde.[401] Die zweite Meinung hob hingegen darauf ab, dass weder eine Diskrepanz zwischen Islam und Wissenschaft bestand noch der Islam ein Hindernis in den wissenschaftlichen Bestrebungen darstellte.[402] Im Gegenteil wurde immer wieder auf die besondere Stellung von Wissen im Islam hingewiesen, da die islamische Bildung als Erziehungsmaßnahme im Selbstentfaltungsprozess des Muslims eine entscheidende Funktion innehabe.[403] So wurde

---

398 Tarık Ramazan: Islâmî yenilenmenin kökenleri. Afgânî'den el-Bennâ'ya kadar Islâm ıslahâtçıları [Die Ursprünge der islamischen Erneuerung. Islamische Reformer von al-Afgani bis al-Benna]. Istanbul 2005. S. 28 f.

399 Ernest Renan: Der Islam und die Wissenschaft. Schutterwald 1997.

400 In diesem Zusammenhang wurde darauf hingewiesen, dass bereits während der Etablierung der islamischen Wissenschaften Gelehrte wie beispielsweise al-Farabi eine Einteilung in religiöse, gesellschaftliche und naturwissenschaftliche Fächer vorgenommen hatten, die unter dem Begriff des islamischen Wissens zusammengefasst wurden. Siehe dazu Mehmet Bayrakdar: Islâm'da bilim ve teknoloji tarihi [Geschichte der Wissenschaft und Technologie im Islam]. Ankara 2000. S. 13-20.

401 Ekmeleddin Ihsanoğlu: Osmanlılar ve bilim [Die Osmanen und Wissenschaft]. Istanbul 2007. S. 185-230.

402 Alparslan Açıkgenç: Islâm medeniyetinde bilgi ve bilim [Wissen und Wissenschaft in der islamischen Zivilisation]. Istanbul 2006. S. 7.

403 Ahmed Yüksel Özemre: Islâmiyet'te ilim [Wissen im Islam]. In: Ahmet Takakoğlu, Sadık Çelenk (Hrsg.): Bilgi, bilim ve Islam I-II [Wissen, Wissenschaft und Islam]. Istanbul 2005. S. 53-56.

hervorgehoben, dass in der muslimischen Welt insbesondere bis ins 15. Jahrhundert die Wissenschaften im besonderen Maße gefördert[404] wurden und die Erkenntnisse und Innovationen sowohl globale Auswirkungen hatten als auch die Entwicklung der westlichen Wissenschaften prägten.[405] Charakteristisch für die Diskussionen war die Fragestellung, wie und warum ein Niedergang der islamischen Wissenschaften eingeleitet wurde und welche Maßnahmen eingeleitet werden mussten, um zum einen die westlichen Innovationen und Wissensbestände in die eigenen Gesellschaften zu integrieren und zum anderen die eigene Wissens- und Wissenschaftskultur wieder aufleben zu lassen.[406] So wurden die klassischen *madrasa* stark kritisiert, da die Meinung dominierte, dass diese Einrichtungen Wissensinhalte vermittelten, welche entweder für die praktische Umsetzung ungeeignet oder veraltet bzw. nicht zeitgemäß genug waren. Aus diesem Grund wurde die Forderung gestellt, den Bedürfnissen und Ansprüchen entsprechend den Schwerpunkt auf die Naturwissenschaft und die Philosophie zu legen.[407] Bemerkenswert ist insbesondere, dass die Assoziation zwischen dem *Tauhid*-Verständnis, das im Grunde genommen den primären Grundsatz für das Verständnis und die Verinnerlichung der islamischen Lehre darstellte, und der Notwendigkeit einer zeitgemäßen Erziehung- und Bildungsstruktur stark betont wurde, da beide Komponenten als Grundvoraussetzung für den weiteren Fortgang der muslimischen Gesellschaften galten. Mehmet Akif Ersoy wies in einem seiner Gedichte nicht nur auf diesen Kontext hin, sondern betonte auch die Notwendigkeit von islamischen Persönlichkeiten in den jeweiligen Gesellschaften, die durch die Verinnerlichung des *tauhid* und ihres hohen Bildungsgrades ganze Generationen – teilweise bis heute – geprägt haben:

„Besitzt du *madrasas*, für mich sind sie schon längst verschwunden;
Zeig mir jetzt Averroes;

---

404   Mehmet Bayrakdar: Islâm'da bilim ve teknoloji tarihi. Ankara 2000.
405   Alparslan Açıkgenç: Islâm medeniyetinde bilgi ve bilim. Istanbul 2006. S. 114 ff.
406   Ebenda. S. 153.
407   Eine umfangreiche Monographie lieferte Hüseyin Atay: Osmanlılarda yüksek din eğitimi [Religiöse Hochschulausbildung bei den Osmanen]. Ankara 1983.

Fort ist Avicenna, zeig uns, wo ist al-Ghazali,

wo sind ein paar Gelehrte, wie Sayyid und ar-Razi."[408]

Die Verwestlichung des islamischen Wissens und der Wissenschaft war demnach auch ein Ergebnis der Auseinandersetzung mit dem „Projekt der Moderne" und implizierte eine Loslösung von den eigenen geistigen und geschichtlichen Erfahrungen durch die Annahme des „westlichen epistemologischen Status quo"[409], deren unmittelbare Folge die Erklärung der eigenen gesellschaftlichen Entwicklungen mit Hilfe des westlichen Wissensparadigmas war. Dieser Paradigmenwechsel fand im 19. Jahrhundert statt, da bis dahin die alten Institutionen und Bildungsstrukturen ihre Geltung bewahren konnten. Die „Perzeptionsverschiebung"[410] der muslimischen Mentalität ist seit der zweiten Hälfte des 18. Jahrhunderts zu beobachten, da sich insbesondere durch den Aufenthalt der osmanischen Gesandten in den europäischen Zentren die Wahrnehmung des anderen veränderte. Um hier nur ein Beispiel zu erwähnen: Mehmet Ağa bezeichnete während seiner Russlandreise eine zaristische Parade erst als eine „Schande" und nannte sie nach kurzer Zeit „Hofmusik".[411] Diese Bewunderung, die einen unmittelbaren Nachahmungsdrang auslöste, bezog sich zwar in diesem Bereich in erster Linie auf den Technologietransfer und den Bereich des Militärs, doch änderte sich dadurch auch die geistige Haltung, denn betrachtet wurde der „Westen als gut, der Osten als schlecht (‚verfallen')"[412]. Das wurde im Nachhinein als „epistemologischer Bruch"[413] eingeschätzt und als Erklärung für Kuhns Aussage zu Rate gezogen, um die neue Weltanschauung der Denker und Wissenschaftler nachvollziehen zu können:

> „Unter der Führung eines neuen Paradigmas verwenden die Wissenschaftler neue Apparate und sehen sich nach neuen Dingen um. Und was noch wichtiger ist,

---

408   Mehmet Akif Ersoy: Safahat [Wohlstand]. Ankara 1999. S. 381.

409   Ergün Yıldırım: Türkiye'nin modernleşmesi ve Islam [Die Modernisierung der Türkei und der Islam]. Istanbul 1995. S. 113.

410   Ebenda. S. 117.

411   Siehe dazu Ilber Ortaylı: Imparatorluğun en uzun yüzyıllı [Das längste Jahrhundert des Imperiums]. Istanbul 1983. S. 13.

412   Ergün Yıldırım: Türkiye'nin modernleşmesi ve Islam. Istanbul 1995. S. 121.

413   Ebenda. S. 120.

während der Revolutionen sehen die Wissenschaftler neue und andere Dinge, wenn sie mit bekannten Apparaten sich an Stellen umsehen, die sie vorher schon einmal untersucht hatten. Es ist fast, als wäre die Fachgemeinschaft plötzlich auf einen anderen Planeten versetzt worden, wo vertraute Gegenstände in einem neuen Licht erscheinen und auch unbekannte sich hinzugesellen. Natürlich geschieht in Wirklichkeit nicht ganz dies [...]. Und doch, Paradigmenwechsel veranlassen die Wissenschaftler tatsächlich, die Welt ihres Forschungsbereiches anders zu sehen."[414]

So assoziierten viele Intellektuelle den Fortschritt und die Weiterentwicklung der muslimischen Welt mit der Etablierung der positiven Wissenschaften bzw. Naturwissenschaften, statt der religiösen Ausrichtung trat die wissenschaftliche Perspektivierung in den Vordergrund, wobei sich unter den Denkern die Überzeugung verbreitete, dass die Wissenschaft Lösungen für Probleme jeglicher Art darbieten könne.[415]

Insbesondere die Jungtürken propagierten diese Sichtweise in starkem Maße, denn sie vertraten die Ansicht, dass der Islam bzw. das Festhalten an den islamischen Prinzipien für die Rückständigkeit der Muslime verantwortlich sei und dass dies auch den Fortschritt verhindere, weshalb die Situation nur überwunden werden könne, wenn die westliche Wissenschaftsstruktur übernommen würde.[416] Die islamisch orientierten Denker dementierten diese Ansicht und verfolgten folgende Argumentationsweise, um den „Konflikt zwischen Religion und Wissenschaft"[417] zu überwinden: Sie wiesen darauf hin, dass die islamische Lehre von Beginn an dem Wissen und der Wissenschaft einen besonderen Stellenwert eingeräumt habe; beispielsweise wurde die erste Offenbarung dargetan, die den Befehl „Lies im Namen deines Herrn, Der erschaffen hat, den Menschen erschaffen hat aus einem Anhängsel. Lies, und dein Herr ist der Edelste, der (das Schreiben) mit dem

414 Thomas S. Kuhn: Die Struktur wissenschaftlicher Revolutionen. Frankfurt am Main 1976. S. 123.

415 Zitiert nach Şükrü Hanioğlu: Osmanlı aydınındaki değişme ve bilim [Veränderung und Wissenschaft bei den osmanischen Intellektuellen]. In: Toplum ve Bilim [Gesellschaft und Wissenschaft] 27/1984. S. 183-190.

416 Siehe dazu Şükrü Hanioğlu: Osmanlı'dan cumhuriyet'e zihniyet, siyaset ve tarih [Mentalität, Politik und Geschichte von den Osmanen bis zur Republik]. Istanbul 2006. S. 15-19.

417 Ergün Yıldırım: Türkiye'nin modernleşmesi ve Islam. Istanbul 1995. S. 129.

Schreibrohr gelehrt hat, den Menschen gelehrt hat, was er nicht wusste"[418] erteilte. Sie betonten auch die Anzahl der Verse im Koran (750), die den Menschen auffordern, seine Vernunft auf die „beste Art und Weise"[419] zu benutzen.

Auch wurde in diesem Kontext der Philosophie[420] ein besonderer Platz zugeschrieben, wie diese Beispiele verdeutlichen: An der Universität Al-Azhar[421] in Kairo wurde sie mit in den Lehrplan aufgenommen, in der Türkei wurde die Diskussion um den Stellenwert der Philosophie in den diversen Zeitschriften geführt, und die Gründung der Daru'l-Hikmeti'l-Islamiyye[422] wurde als Ergebnis dieses Diskurses bewertet.[423] Viele Faktoren wurden für die neue Priorisierung der Philosophie in der muslimischen Geisteswelt aufgeführt[424], doch stechen in der historischen Betrachtung zwei Perspektivierungen besonders hervor: Zum einen erschienen Werke[425], die als Ausgangspunkt die westlichen Übersetzungen der klassischen philosophischen Abhandlungen wählten, Thesen formulierten, die den islamischen Grundgedanken widersprachen, sodass dies eine Gegenbewegung auslöste. So entstand eine Reihe von Monographien, die sich zwar dem Thema der Philosophie annahmen, jedoch bemüht waren, die Philosophie in einen islamischen Kontext einzubetten, deshalb wurden auch eine Reihe von Übersetzungsarbeiten vorgenommen, allerdings stand hier der Aspekt der „Nützlichkeit"[426] im Fokus der Bearbeitung. Zum anderen fand die Philosophie in der neuen Aufarbeitung der islamischen Angelegenheit, insbesondere in der Verwendung der Sprache bzw. der Begriffe, eine Anwendung, denn auch hier äußerte sich der westliche Einfluss. Dabei kamen Fragen auf wie beispielsweise:

---

418   Sure 96:1-5.

419   Ahmed Yüksel Özemre: Islamiyet'te ilim [Wissenschaft im Islam]. In: Ismet Özel, Şafak Ural, Ahmet Yüksel Özemre (Hrsg.): Bilgi, bilim ve Islam [Wissen, Wissenschaft und Islam]. Istanbul 1987. S. 39.

420   Vgl. dazu Ali Bulaç: Islam düşüncesinde din-felsefe/vahiy-akıl ilişkisi [Die Beziehung zwischen Religion und Philosophie/Offenbarung – Vernunft im islamischen Denken]. Istanbul 2003.

421   Einen historischer Abriss liefert die Monographie Bayard Dodge: Al-Azhar. A Millennium of Muslim Learning. Washington 1961.

422   Vgl. dazu Sadik Albayrak: Son devrin Islam akademisi – Daru'l-Hikmeti'l-Islamiyye [Die islamische Akademie der letzten Ära – Daru'l-Hikmeti'l-Islamiyye]. Istanbul 1973.

423   Ismail Kara: Türkiye'de Islamcılık düşüncesi. Metinler/kişiler. Istanbul 1986. S. LXV.

424   Seyyid Hüseyin Nasr: Modern dünyada gelenksel Islam [Der traditionelle Islam in der modernen Welt]. Istanbul 2004. S. 171 ff.

425   Zum Beispiel gehörten die Werke folgender Autoren dazu: Baha Tevfik, Celal Nuri, Abdullah Cevdet.

426   Ismail Kara: Türkiye'de Islamcılık düşüncesi. Metinler/kişiler. Istanbul 1986. S. LXVI.

Sollen die westlichen Begriffe übernommen, übersetzt oder eben im Falle des Vorhandensein eines islamischen Synonyms ausgetauscht werden? Die wichtigsten Arbeiten lieferten dazu Ismail Fenni Ertuğrul (1855-1946)[427] und Ahmed Naim (1872-1934).[428]

Der Schwerpunkt in der intellektuellen Beschäftigung mit dem Themenkomplex Islam und Moderne lag in der Forderung, sich wieder auf die wahren Quellen des Islam zu stützen, indem diese auf rationalistische Art und Weise untersucht und analysiert wurden, um sich an der ursprünglichen Lehre des Islam orientieren zu können, denn der „Islam hat seit Jahrhunderten viele Aspekte angenommen, die sich gegen seinen Ursprung richteten oder ihm feindlich gesonnen waren. Wir sind dazu gezwungen zu den Ursprüchen den religiösen Inhalte zurückzukehren."[429] Dieses Postulat hatte eine neue Art der Fragestellung und Perspektivierung zur Folge, gemäß denen der Aspekt der über Generationen hinweg in der muslimischen Welt praktizierten Nachahmung kritisiert und das eigene Erforschen und Nachfragen propagiert wurde. Um dies realisieren zu können, mussten die Reformer zwei wesentliche Hindernisse überwinden: Zum einen waren die Stellung der vorherigen Gelehrten und ihre etablierte Meinungen bzw. Ansichten neu zu bewerten und zum anderen musste versucht werden, Wunder mit einer deterministisch-rationalistischen Herangehensweise zu erklären.[430] Die Frage nach der Bewertung der Wunder, die in den *ahadith* behandelt wurden, wurde als schwach bzw. falsch deklariert, weshalb auch ihre Referenzialität abgeschrieben wurde. Die Koranverse wurden dagegen rationalisiert, d. h. Beschreibungen, die nicht mit dem bloßen Verstand zu begreifen sind, wurden mit einer rationalen Argumentationslinie zu erklären versucht.[431]

---

427   Ismail Fenni Ertuğrul: Lugatce-I felsefe [Wörterbuch der Philosophie]. Istanbul 1925.

428   Siehe dazu Ismail Kara: Babanzâde Ahmet Naim Bey'in modern felsefe terimlerine dair çalışmalar [Die Ausarbeitungen der philosophischen Begriffe von Babanzâde Ahmet Naim]. In: Islâm araştırmaları dergisi [Zeitschrift für islamische Forschungen] 2000. S. 189-279. http://www.isam.org.tr/documents_dosyalar_pdfler\islam_arastirmalari_dergisi\sayi04\189_279.pdf [Zugriff 29.08.2011].

429   Khalifa Abdul Hakim: Islamic ideology. The fundamental beliefs and principles of Islam and their application to practical life. Lahore 1993. S. 322.

430   Ismail Kara: Türkiye'de Islamcılık düşüncesi. Metinler/kişiler. Istanbul 1986. Istanbul 1986. S. LVIII.

431   Eine gute historische Zusammenfassung über die Bedeutungsveränderung des Begriffes liefert David Cook: Understandig Islam. London 2005.

Diese Vorgehensweise löste innerhalb der muslimischen intellektuellen und wissenschaftlichen Welt eine Vielzahl an Diskussionen aus. Bis heute überwiegt die Meinung,
dass Vernunft und Offenbarung grundlegend zu vereinbaren sei[432], denn im Grunde genommen strebe der Islam eine vernunftorientierte Verinnerlichung der Offenbarungslehre
an.[433] Allerdings muss auch darauf hingewiesen werden, dass nach dem islamischen Menschenbild nicht nur die Vernunft ausschlaggebend ist, sondern eben auch die Seele einen
wesentlichen Bestandteil in der muslimischen Anthropologie darstellt. Beide Elemente
schlössen sich nach dem islamischen Verständnis nicht aus, im Gegenteil, sie würden sich
in der Verinnerlichung der göttlichen Offenbarung ergänzen und für die Praktizierung
des Islam stelle ihre Vereinbarkeit eine Notwendigkeit dar.[434] Der Islam als ganzheitliche
Lebensweise erlege dem Menschen nicht nur Glaubensgrundsätze und gottesdienstliche
Handlungen auf, sondern liefere auch hinsichtlich bestimmter Themen wie der Charak-
terbildung bzw. den Charaktereigenschaften oder auch der Regelung des diesseitigen
Lebens grundlegende Orientierungspunkte als „Angebot"[435]. Um dieses Verhältnis noch
argumentativ zu stärken, wurde auch immer wieder auf das Prinzip des *idschtihad* Bezug
genommen, das eine besondere Rolle spiele, da es zum Verständnis und zur Interpretation
der Offenbarungen im Allgemeinen eingesetzt werde. Im Speziellen werden unerklärte
Verse mittels bereits erklärter Verse interpretiert, wobei hier die Anwendung eines objek-
tives Maßstabes betont wurde. Im Grunde genommen wurde eine zielgerichtete Interpretation des Verses verfolgt, so dass *idschtihad* „eine menschliche Tätigkeit darstellt, die die
Vernunft und die Offenbarung miteinander vereinbart".[436]

In diesem Kontext wurde hauptsächlich auf *qur'an*-Verse zurückgegriffen, welche die
enge Beziehung zwischen der Vernunft und der Offenbarung aufzeigen, wie beispielsweise
in folgenden Versen nachzuvollziehen ist:

432　Ebubekir Sifil: Islam ve modern cağ 1 [Islam und Modernes Zeitalter 1]. Istanbul 2004. S. 121-128.
433　Http://www.hayrettinkaraman.net/yazi/laikduzen/4/0009.htm [Zugriff 26.04.2010].
434　Vgl. dazu Muhammad Asad: Islam am Scheideweg. Mössingen 2007. S. 24- 39.
435　Http://www.hayrettinkaraman.net/yazi/laikduzen/4/0009.htm [Zugriff 26.04.2010].
436　Ebenda.

„Und Wir haben ihnen ja das Wort aufeinanderfolgend übermittelt, auf dass sie bedenken mögen."[437]

„Siehst du nicht, dass Gott vom Himmel Wasser herabkommen und es dann als Quellen die Erde durchziehen lässt? Hierauf bringt Er damit Pflanzen von unterschiedlichen Arten hervor. Hierauf lässt Er sie austrocknen, und da siehst du sie gelb werden. Hierauf macht Er sie zu zermalmtem Zeug. Darin ist wahrlich eine Ermahnung für diejenigen, die Verstand besitzen."[438]

„Dies ist eine Botschaft an die Menschen, damit sie dadurch gewarnt werden und damit sie wissen, dass Er nur ein Einziger Gott ist, und damit diejenigen bedenken, die Verstand besitzen."[439]

Im Laufe der Diskussionen hatten sich unterschiedlichste Einstellungen und Themenschwerpunkte zum Verhältnis Vernunft und Offenbarung entwickelt, jedoch kann zusammenfassend festgehalten werden, dass die Offenbarung grundsätzlich die Funktion der Vermittlung der göttlichen Botschaft darstellte. Die Vernunft hingegen bezog sich auf die menschliche Wissensaufnahme und -verwertung, so dass im Fokus dieses Verhältnisses die Verinnerlichung der göttlichen Botschaft stand, wodurch die Anwendung der Vernunft als „Pflicht"[440] betrachtet wurde.[441]

Die Frage nach dem *idschtihad* war in diesem Zusammenhang nicht nur „Ausgangspunkt"[442] für die Einordnung des Islam in das moderne Zeitalter, sondern bildete hierfür auch die methodische Grundlage. Die große Mehrheit der Gelehrten und Denker betrachtet nämlich das Prinzip des *idschtihad* als ihr vorhandenes Recht bzw. die Berechtigung, die Positionierung des Islam in seiner Existenz und vollen Gültigkeit gegenüber den veränderten Zeiten und Ereignissen bewahren zu können. Für die Überwindung der

---

437 Sure 28:51.
438 Sure 39:21.
439 Sure 14:52.
440 Http://www.ozemre.com/index.php?option=com_content&task=view&id=28&Itemid=57 [Zugriff 26.04. 2010].
441 Ebenda.
442 Ismail Kara: Türkiye'de Islamcılık düşüncesi. Metinler/kişiler. Istanbul 1986, S.LXI.

Rückständigkeit und für eine fortschrittliche Entwicklung der muslimischen Welt des 20. Jahrhunderts seien das Ablegen der Nachahmung und die praktische Anwendung des *idschtihad* eine zwingende Notwendigkeit. Das *idschtihad* anzuwenden wurde somit zur unausweichlichen Tatsache erklärt, die mit unterschiedlichen Erklärungsmustern begründet wurde:[443]

Der Islam könne der neuen Herausforderung – nämlich dem „Projekt der Moderne" – nicht ausweichen und müsse sich den Anforderungen stellen und zeitgemäße Antworten liefern. Auch stand die Einheit bzw. die Vereinigung der muslimischen Welt im Mittelpunkt des Interesses, da in diesem Kontext das Postulat aufgestellt wurde, die Uneinigkeiten und Streitigkeiten innerhalb der unterschiedlichen Rechtsschulen auf ein Minimum zu reduzieren, indem mit Hilfe des *idschtihad* sowohl die Verfassung als auch die Gesetzgebungen unter besonderer Berücksichtigung der vorhandenen Rechtsschulen zu reformieren seien. Ein weiteres wichtiges Argument stellte die Auseinandersetzung mit dem westlichen System dar, denn um sowohl von ihm zu profitieren als auch ihm kritisch gegenüberstehen zu können, sei es erforderlich, die „Tore des *idschtihad*" offenzuhalten. Ein erwähnenswertes Beispiel geht auf Seyyid Ahmed Han (1817-1898) zurück, der zwei Wege vorschlug, wie die modernen Wissenschaften weiterzuentwickeln seien. Er betonte, dass es notwendig sei, die *Kalam*-Wissenschaften wieder einzuführen, da so die Möglichkeit eröffnet werde, die moderne Wissensdoktrin zu hinterfragen und ggf. zurückzuweisen, oder, so der zweite Weg, durch sie ihre Integration in die islamische Lehre gefördert werden könne.[444]

Auch erhofften sich die Befürworter von der Öffnung der „Tore des *idschtihad*" die Erlangung von Kompetenzbereichen und Souveränität, allerdings verfolgten sie unterschiedliche Ansätze in der Durchführung des *idschtihad*. Insbesondere die individuelle Anwendung dieser Methodik wurde von einigen Denkern kritisiert, stattdessen forderten sie eine Institutionalisierung des *idschtihad*, wodurch dann die unterschiedlichen Rechtsschulen unter einem Dach vereinigt werden sollten.[445]

---

443 Für nähere Informationen siehe dazu: Hayreddin Karaman: Islam hukukunda ictihad [*Idschtihad* im islamischen Recht]. Ankara 1975.

444 Fazlur Rahman Malik: Islam and modernity: Transformation of an intellectual tradition. Chicago 1982. S. 273.

445 Ismail Kara: Türkiye'de Islamcılık düşüncesi. Metinler/kişiler. Istanbul 1986. S. LXIIf.

Der Sufismus[446] *(tasawwuf)* wurde von Seiten der Reformer einer starken Kritik unterzogen, wobei zu erwähnen ist, dass die Mehrheit der Denker zumindest einen Teil ihres Lebens mit sufistischen Orden in Kontakt standen. Einige lehnten die sufistische Richtung komplett ab und forderten ihre Abschaffung, andere wiederum kritisierten bestimmte Aspekte des Sufismus und insistierten auf einer inneren Reformierung.[447] Zwar stand auch im Sufismus die „Erreichung des wahren ‚*tauhid*', die Anerkennung, dass Gott EINER ist,"[448] im Mittelpunkt der Auseinandersetzung, jedoch vertraten die Reformer die Ansicht, dass gerade die abergläubischen Aspekte des Sufismus die Verinnerlichung des reinen *Tauhid*-Gedankens behindern würden, was auch als Erklärung für den Stillstand bzw. Rückstand in der sufistischen Gedankenwelt herangezogen wurde.[449] Doch insbesondere die Bemühungen der modernen Denker, die soziopolitische Perspektivierung des Islam zu etablieren, führte zu einer starken Skepsis gegenüber dem Grundverständnis des Sufismus, der darauf basiert, dass der Einzelne versucht, „einen höheren geistigen Rang zu erreichen"[450], um somit seinem Schöpfer näherzukommen[451]. Diese Auffassung wiederum implizierte eine starke jenseitige Ausrichtung und somit eine diesseitige Passivität, welche als Angriffspunkt seitens der Reformer betrachtet wurde, denn das sufistische Denken interessiere sich nicht für die sozialen und politischen Belange einer Gesellschaft[452] und bedeute somit ein Hindernis für die aktive Beteiligung des Individuums an der modernen Welt.[453]

Damit eng verbunden war auch die Diskussion um den moralischen bzw. sittlichen Zustand der muslimischen Bevölkerung, wobei der Begriff des *ahlaq* (islamische Moral-

---

446 Für einführende Informationen dazu vgl. Karl Jaros: Der Islam V. Die Mystik. Eine Annäherung. Ulm 1998. André Ahmed Al Habib: Sufismus. Das mystische Herz des Islam. Eine Einführung. Freiburg im Breisgau 2005. Titus Burckhardt: Vom Sufitum. Einführung in die Mystik des Islam. Rheinfelden 1989. Als Standardwerk siehe Annemarie Schimmel: Mystische Dimensionen des Islam. Die Geschichte des Sufismus. Köln 1985.

447 Mazharuddin Sıddıki: Islam dünyasında modernist düşünce. Istanbul 1982. S. 28 ff.

448 Karl Jaros: Der Islam V. Die Mystik. Eine Annäherung. Ulm 1998. S. 20.

449 Mustafa Kara: Tasavvuf ve tarikatlar tarihi [Geschichte des Sufismus und der Orden]. Istanbul 1985. S. 361 ff.

450 Annemarie Schimmel: Mystische Dimensionen des Islam. Die Geschichte des Sufismus. Köln 1985. S. 40.

451 Ismet Zeki Eyuboğlu: Günün ışığında tasavvuf, tarikatlar, mezphepler tarihi [Die Geschichte des Sufismus, der Orden, der Rechtsschulen aus zeitgenössischer Perspektive]. Istanbul 1987. S. 19 f.

452 Mazharuddin Sıddıki: Islam dünyasında modernist düşünce. Istanbul 1982 S. 29.

453 Ismail Kara: Türkiye'de Islamcılık düşüncesi. Metinler/kişiler. Istanbul 1986. S. LXVI.

lehre) im Zentrum der Analyse stand, denn das Prinzip des *ahlaq* beinhaltet im islamischen Kontext nicht nur das Verhalten des Einzelnen, sondern stellt ebenso ein gesamtes Werte- und Normensystem dar, welches davon ausgeht, dass der Mensch seine auf der eigenen Entscheidungsfreiheit beruhende konkrete Zielsetzung in seinem Leben verfolgt, sich dabei um ein gutes Verhalten bemüht und sich von allem Schlechten fernhält.[454] Insbesondere aus der Perspektive der modernen Denker wurde sowohl der moralischen Haltung als auch dem sittlichen Verhalten in der Debatte um die Stellung der Muslime in der Moderne eine entscheidende Bedeutung zugesprochen, denn die Grundeinstellung der muslimischen Bevölkerung müsse sich grundlegend verändern, indem eine inhaltliche Auseinandersetzung mit dem Bedeutungsgehalt der fundamentalen Werte des Islam stattfinde. So wurden die Bedeutungsverschiebung bzw. -aushöhlung der jeweiligen Haltungen vehement kritisiert. Zur Verdeutlichung soll an dieser Stelle ein Beispiel angeführt werden: Gottvertrauen *(tawwakul)* als Grundhaltung eines Muslims stellt für die Beziehung zwischen dem Einzelnen und seinem Schöpfer eine Notwendigkeit dar, die für die Bewältigung des diesseitigen Lebens ausschlaggebend ist. Allerdings vertraten die Intellektuellen die Ansicht, dass sich dieses Urvertrauen in Unachtsamkeit gewandelt habe, was wiederum jede weitere Eigenschaft im Wesentlichen beeinflusse: Demut habe sich zu Labilität und Gottesfurcht zu Ängstlichkeit gewandelt, so dass Attribute wie Mut, Tapferkeit, Ernsthaftigkeit und Strebsamkeit „in Vergessenheit"[455] geraten seien. Da diese Situation dem islamischen Moral- und Sittenverständnis widerspreche, müsse in diesem Bereich aufgeklärt und reformiert werden.[456]

Um dies bewerkstelligen zu können, sei es jedoch auch unausweichlich, den Begriff *dschihad*[457] auf seine weitgefasste, ursprüngliche Bedeutung zurückzuführen, was die „Anstrengung auf Gottes Weg"[458] beinhalte und für die Praktizierung der islamischen Lehre

---

454   Ahmet Ağırakça: Ahlaq (islamische Morallehre). In: Ahmed Ağırakça (Hrsg.): Şamil Islam ansiklopedisi. 1. cilt [Umfassende Islam-Enzyklopädie. Band 1]. Istanbul 2000. S. 111 f.

455   Ismail Kara: Türkiye'de Islamcılık düşüncesi. Metinler/kişiler. Istanbul 1986. S. LXVI.

456   Als Beispiel sei hier nur auf eine zeitgenössische Quelle verwiesen, die sich mit dieser Thematik auseinandersetzt, siehe Mehmet Akif Ersoy: Safahat. Ankara 1999. S. 344 ff.

457   Für eine kurze Erläuterung siehe http://www.bpb.de/popup/popup_quellentext.html?guid=RXZ9T6 [Zugriff 26.05.2010].

458   Eine gute historische Zusammenfassung über die Bedeutungsveränderung des Begriffes lieferte David Cook: Un-

notwendig sei. Ein anderer Grund für die intensivere Beschäftigung mit dem Thema war
der Versuch der Denker, die westliche These zu widerlegen, der Islam habe sich durch den
„Heiligen Krieg"[459] verbreitet, indem sie auf der einen Seite den Bedeutungsgehalt von
dschihad auf seinen Ursprung hin erweiterten und auf der anderen Seite indes auf diverse
Verse hinwiesen, die Gewalt und Krieg verabscheuten.[460] Einige argumentierten, dass Gewalt nur als Selbstverteidigung zu legitimieren sei.[461]

Politische Aspekte

Die gewaltsame Konfrontation mit den westlichen Kolonialmächten verdeutlichte nicht
nur die eigene Rückständigkeit, sondern die muslimische Welt wurde zudem mit einer
neuen politischen Ordnung konfrontiert, die auf dem Nationalstaatsgedanken basierte
und mit Schlüsselbegriffen wie Nationalismus und Demokratie argumentativ untermauert
wurde. Dieses neue Ordnungsprinzip löste wiederum eine neue Diskussionswelle innerhalb der muslimischen Gelehrtenwelt aus, da sie sich bis zu diesem Zeitpunkt mit dieser
Form der politischen Strukturen nicht befasst hatten. Zu Beginn der Auseinandersetzung
mit dem Gedanken des Nationalismus, der zweifellos mit Napoleons Ägyptenfeldzug ins
Blickfeld der muslimischen Welt geriet, bestand keine ablehnende Haltung gegenüber
diesem politischen Ordnungsprinzip, und die Denker nahmen diese Auseinandersetzung
zum Anlass, die herrschenden Strukturen und Machtverhältnisse zu kritisieren.[462]
    Allein der Begriff Nation war bis zur Kontaktaufnahme mit der europäischen Welt
in der islamischen Welt nicht gebräuchlich, da der Islam das Konzept des Nationalismus
gänzlich ablehnte. Im Gegenteil, der Islam versuchte die rassischen und stammesmäßi-
gen Unterschiede innerhalb der muslimischen Bevölkerung zu überwinden.[463] So richteten sich die Kategorien, nach denen Menschen unterschieden wurden, insbesondere

derstanding Jihad. London 2005.

459   Seyyid Hüseyin Nasr: Modern dünyada geleneksel Islam. Istanbul 2004. S. 27 ff.
460   Mazharuddin Sıddıki: Islam dünyasında modernist düşünce. Istanbul 1982. S. 187 f.
461   Muhammad Husain Haikal: Das Leben Muhammad. Siegen 1987. S. 203 f. S. 208 ff.
462   Mazharuddin Sıddıki: Islam dünyasında modernist düşünce. Istanbul 1982. S. 133.
463   Siehe dazu Ali Muhammad Nakavi: Islam ve milliyetçilik [Islam und Nationalismus]. Istanbul 1996. S. 77-85.

nach religiösen Prinzipien. Die Muslime lebten gemäß der *umma*, die die muslimische Gemeinschaft darstellte und nach dem Willen Gottes das Zusammenleben nach den islamischen Geboten ermöglichte, wie beispielsweise das Großreich der Osmanen dies geregelt hatte[464]. Dabei war der Rang bzw. die Position eines Einzelnen nicht abhängig von seiner Herkunft, seiner Familie oder seinem Reichtum: Vielmehr wiederholen die primären Quellen des Islam an mehreren Stelle, dass derjenige vor Gott den höchsten Rang einnehme, der seine religiösen Pflichten am besten erfülle und mit Frömmigkeit seinem Schöpfer begegne:

> „O ihr Menschen, Wir haben euch ja von einem männlichen und einem weibli-
> chen Wesen erschaffen, und Wir haben euch zu Völkern und Stämmen gemacht,
> damit ihr einander kennenlernt. Gewiss, der Geehrteste von euch bei Allah ist der
> Gottesfürchtigste von euch. Gewiss, Allah ist Allwissend und Allkundig."[465]

Auch die Regelung der nichtmuslimischen Minderheiten wurde unter dem Gesichtspunkt der islamischen Gesetzgebung geregelt. Sie erhielten einen Sonderstatus, der es ihnen ermöglichte, ihre Religion auszuüben. Doch waren sie verpflichtet, eine bestimmte Kopfsteuer zu zahlen, und konnten nicht in allen gesellschaftlichen Bereichen Tätigkeiten übernehmen.[466]

Aus dieser Perspektive ließ sich das Konzept der Nation im europäischen Sinn auch nicht mit dem Islam vereinbaren. So waren es vor allem die nichtmuslimischen Araber, die in Ägypten die Vorreiterrolle im Kampf um die nationale Freiheit einnahmen und den Entwurf eines arabischen Nationalismus schufen.[467] Sie erhofften sich von der nationalistischen und säkularen Entwicklung in ihrem Land den religiös bedingten Status als „Bürger zweiter Klasse"[468] aufzulösen und zu überwinden.

---

464   Siehe dazu Josef Matuz: Das Osmanische Reich. Darmstadt 1985. S. 84-105.
465   Sure 49:13.
466   Josef Matuz: Das Osmanische Reich. Darmstadt 1985. S. 106.
467   Albert Hourani: Die Geschichte der arabischen Völker. Frankfurt am Main 2001. S. 378 ff.
468   Peter Heine: Konflikt der Kulturen oder Feindbild Islam. Freiburg im Breisgau 1996. S. 115.

Die türkische Nationalbewegung hingegen wurde durch die Einmischung fremder Mächte in die Angelegenheiten des Osmanischen Reiches ausgelöst, da die herrschende Schicht des Landes sich die nationalistischen Gefühle und Gedanken aneignete und sie auch umsetzen wollte.[469] Insgesamt unterschieden sich weder der türkische und noch der arabische Nationalismus von den entsprechenden deutschen, französischen oder britischen Vorbildern. Hierbei war hauptsächlich das Bemühen kennzeichnend, eine möglichst weitreichende historische Tiefe nachzuweisen, die wiederum dazu dienen sollte, die aktuellen Bedürfnisse abzuleiten.[470]

An dieser Stelle muss allerdings die Grundhaltung der muslimischen Denker zu Beginn des 20. Jahrhunderts gegenüber dem aufkommenden und geforderten Nationalismus näher beleuchtet werden, da sie sich erst nach der Verabschiedung der zweiten türkischen Verfassung (1908) gegen dieses politische Konzept ausgesprochen hatten. Zwar standen die Denker dem Nationalismusgedanken kritisch gegenüber und hielten sich in ihren Bewertungen zurück. Jedoch mussten sie sich aufgrund der nationalistischen Bewegungen im ganzen Osmanischen Reich und der offenkundigen Bemühungen des „Komitees für Einheit und Fortschritt"[471] dieser Thematik annehmen, wobei sie sich ihm gegenüber negativ äußerten. Die Gründe für diese Zurückhaltung, insbesondere seitens der türkischen Denker, führte Kara darauf zurück, dass zum einen die Agitation der jungtürkischen Bewegung nicht ernst genommen wurde, und zum anderen befürchteten sie bis zu diesem Zeitpunkt, dass eine offene Negation zu Unruhen in der Öffentlichkeit führen werde.[472]

Argumente, die sich gegen die Annahme des Nationalismus bzw. seine Etablierung als politisches Konzept aussprachen, wurden aus den Hauptquellen des Islam gezogen. Entscheidend war dabei auch das vorherrschende Menschenbild im Islam: Gleich welcher Rasse, welchem Volk, welchem Stamm der Einzelne entspringt, das entscheidende Kriterium ist die Gleichheit vor Gott. Aus diesem Grund wurde das Nationalgefühl als etwas Unnatürliches betrachtet, das der menschlichen Veranlagung widerspreche und deswegen

---

469 Şerif Mardin: Türk modernleşmesi. Istanbul 2007. S. 94 ff.

470 Peter Heine: Konflikt der Kulturen oder Feindbild Islam. Freiburg im Breisgau 1996. S. 115.

471 Das Komitee für Einheit und Fortschritt war eine politische Organisation im Osmanischen Reich, die sich für die konstitutionelle Revolution von 1908 einsetze und die mächtigste Partei der jungtürkischen Bewegungen war.

472 Ismail Kara: Türkiye'de Islamcılık düşüncesi. Metinler/kişiler. Istanbul 1986. S. XLV.

abgelehnt werden müsse.[473] Um dies argumentativ zu unterfüttern, lieferte al-Afgani das Beispiel, in dem ein kleines Kind aus seiner eigentlichen Heimat herausgenommen und in einem anderen Land großgezogen werde. Jahrzehnte später werde dieser Mensch zu seinem Geburtsort zurückgebracht, doch ihm gelinge es nicht, sich anzupassen und sich in die gegebenen Strukturen zu integrieren. So kam al-Afgani zu dem Schluss, dass das Nationalgefühl nicht etwas Angeborenes sei, sondern ein Zugehörigkeitsgefühl, welches sich im Nachhinein und mit der Zeit entwickele.[474]

Nationalismus und „Vaterlandsliebe" bzw. „Stammeszugehörigkeit" galt es grundlegend zu unterscheiden, beiden wurden im Diskurs oft gleichgesetzt. Die muslimischen Denker kritisierten diese Vorgehensweise und stellten die Behauptung auf, dass Nationalismus und Vaterlandsliebe zwei divergierende Konzepte darstellten, da letztere ein natürliches menschliches Gefühl, der Nationalismus hingegen eine Ideologie sei, die in der westlichen Welt außerdem als „Religionsersatz"[475] fungiere. Der Nationalist bediene sich des Gefühls der Vaterlandsliebe, um seine Existenz begründen zu können.[476] Abduh vertrat sogar die Ansicht, dass alle Ägypter verpflichtet seien, ihr Vaterland zu lieben, weil sie in diesem Land mit ihrer Familie in Sicherheit leben könnten und sich dementsprechend zugehörig fühlen müssten.[477]

Einig waren sich alle muslimischen Denker in dem Punkt, dass der Islam als Ordnungsprinzip über allem anderen stehe müsse und die Übernahme westlicher Konzepte zu überdenken, zu überprüfen und in diesem konkreten Fall auch abzulehnen sei, weil es eben dem Grundgedanken des Islam widerspreche und demnach mit der anzustrebenden Ordnung nicht zu vereinbaren sei.

Das eigentliche Thema in der politischen Diskussion war die „islamische Vereinigung" (ittihad-i Islam), die nicht nur auf geistig-ideeller, sondern auch auf politisch-staatlicher Ebene stattfinden sollte. Um dies so schnell wie möglich erreichen zu können, wurde ver-

---

473   Ali Muhammad Nakavi: Islam ve milliyetçilik. Istanbul 1996. S. 51.

474   Zitiert nach Mazharuddin Sıddıki: Islam dünyasında modernist düşünce. Istanbul 1982. S. 162.

475   Ali Muhammad Nakavi: Islam ve milliyetçilik. Istanbul 1996. S. 51.

476   Ebenda.

477   Zitiert nach Mazharuddin Sıddıki: Islam dünyasında modernist düşünce. Istanbul 1982. S. 164.

sucht, alle Faktoren zu eliminieren, die dieser Einheitsbewegung schaden, sie verhindern bzw. verlangsamen könnten. Diese Reaktion konnte als das Ergebnis des zusammenbrechenden Osmanischen Reiches bewertet werden, denn mit aller Kraft wurde nun versucht, die zerrissene, muslimische Gemeinschaft „unter einem politischen Dach"[478] zu vereinen. Diese Idee der Vereinigung wurde zuerst von al-Afgani formuliert, der als „größter Vertreter"[479] dieser Bewegung in die Geschichte einging. Seiner Ansicht nach sollten die einzelnen Länder sich vereinen, nachdem sie ihre Unabhängigkeit erlangt hatten. Allerdings bezog diese Forderung nicht die Auflösung der Souveränität der einzelnen Länder mit ein, sondern im Mittelpunkt stand die geistige Vereinigung aller muslimischen Länder.[480] Diese Argumentationsweise veranlasste bzw. unterstützte auch die nationalistischen Bemühungen, insbesondere im Zusammenhang mit den Befreiungsbewegungen, und leitete somit nicht nur den so genannten Panislamismus ein, sondern die Debatte um den Nationalismus gewann eine neue Konnotation, so dass sich beispielsweise die indische muslimische Bevölkerung für den Nationalstaatsgedanken zu interessieren begann, was dann zur Forderung eines eigenen Staates und der Entstehung Pakistans führte.[481]

Der Bruch zwischen den osmanischen Sultan Abdulhamid II., der sich als klarer Befürworter dieser Bewegung erklärte, und al-Afgani erklärt sich aus genau diesem Grund, denn laut dem Sultan bestärke diese konzeptionelle Ausrichtung den lokalen Nationalismus und gefährde die Vereinigungsbewegung der Muslime.[482] Doch stellte die Haltung des Sultans keinen Hinderungsgrund dar, da sich auch in der Türkei viele von al-Afganis Modell beeinflussen ließen.[483]

Trotz der unterschiedlichen Gewichtung der Parameter Nationalismus, Islam und Modernisierung besannen sich die Denker auf das Prinzip der Vereinheitlichung der Gemeinschaft, da diese auf koranische Prinzipien zurückgeführt werden konnte, wie folgen-

---

478   Ismail Kara: Türkiye'de Islamcılık düşüncesi. Metinler/kişiler. Istanbul 1986. S. XLI.

479   Mazharuddin Sıddıki: Islam dünyasında modernist düşünce. Istanbul 1982. S. 174.

480   Ebenda.

481   Mehmet Akgül: Türk modernleşmesi ve din [Türkische Modernisierung und Religion]. Konya 1999. S. 221 ff.

482   Süleyman Kâni Irtem: Bilinmeyen Abdülhamid. Husûsî ve siyasî hayatı [Der unbekannte Abdulhamid. Sein privates und politisches Leben]. Istanbul 2003. S. 278 f.

483   Ismail Kara: Türkiye'de Islamcılık düşüncesi. Metinler/kişiler. Istanbul 1986, S. XLIIff.

des Beispiel aufzeigt: „Gewiss, diese ist eure Gemeinschaft, eine einzige Gemeinschaft, und Ich bin euer Herr; so dient Mir!"[484] Zwar wurde dieser Ansatz bereits 40 Jahre zuvor propagiert[485], doch erst nach den enttäuschenden Erfahrungen des Jahres 1908 wurde *ittihad-i Islam* zu einem politisch-religiösen Begriff stilisiert, ließ sich dann von den anderen aufkommenden Panbewegungen so beeinflussen, dass er das allgemeine Bedürfnis der muslimischen Bevölkerung ausdrückte, sich zu vereinen, und Ideen, Gefühle, Neigungen und politische Ansichten beinhaltete. Obwohl dieses Prinzip eine eindeutige Botschaft enthielt, entstanden in der praktischen Propagierung – abhängig von der Person und dem Land – unterschiedliche Konzepte und Ausführungen.[486]

Der Gedanke des *ittihad-i Islam* wurde das letzte Mal während des Ersten Weltkrieges als politischer Aufruf im Kampf um die Unabhängigkeit eingesetzt, jedoch blieb die erhoffte Resonanz aus, später wurde er „als Ideal, als ein kulturelles Element perzipiert"[487].

Eine weitere wichtige Frage war der Umgang bzw. die Bewertung der Stellung des Amtes des Kalifen. Die Absetzung des Kalifen am Ende des Osmanischen Reiches wurde von den muslimischen Denkern unterschiedlich wahrgenommen und bewertet. Die klassische Stellung des Kalifen in der islamischen Tradition reichte bis in die Frühphase des Islam zurück, so dass dieses Amt für die muslimische Bevölkerung eine alte und respektierte Institution darstellte. Deswegen propagierten die Befürworter dieses Amtes, die aufgrund seiner Aufhebung bekümmert waren, nach einer Wiederbelebung seine erneute Eingliederung in das gegenwärtige politische System.[488] Diese Wiederbelebung äußerte sich allerdings auf verschiedene Art und Weise:[489]

Einige forderten, dass das Amt des Kalifen nicht mehr als eine politische Instanz fungieren sollte, sondern eine geistig moralische Position einnehmen müsse. Andere wieder-

---

484   Sure 21:92.

485   Mümtaz'er Türköne: Siyasi ideologji olarak Islamcılığın doğuşu [Die Entstehung des Islamismus als politische Ideologie]. Istanbul 1991. S. 197 f.

486   Ismail Kara: Islamcıların siyasi görüşleri [Die politischen Ansichten der Islamisten]. Istanbul 1994. S. 94.

487   Ismail Kara: Türkiye'de Islamcılık düşüncesi. Metinler/kişiler. Istanbul 1986. S. XLV.

488   Mazharuddin Sıddıkı: Islam dünyasında modernist düşünce. Istanbul 1982. S. 178.

489   Hier werden in Anbetracht des begrenzten Rahmens dieser Arbeit nur einige Ansätze erwähnt.

um waren der Meinung, dass ein Kalif dem Stamm der Quraisch[490] angehören müsse, um der Bekleidung solch eines Amtes gerecht werden zu können. Dieser Punkt wurde kritisiert und die Forderung erhoben, dass jedes Land seinen eigenen Kalifen haben könne und seine Anweisungen für sein Land verbindlich seien. Ein Standpunkt beinhaltete sogar die Wertung, dass nur die ersten vier Kalifen nach dem Tod des Propheten Muhammad diese Benennung verdienen würden und die nachfolgenden aufgrund ihrer Persönlichkeiten und Politik dieser Bezeichnung nicht gerecht werden könnten.[491]

Wie der Diskurs um die Kalifatsfrage aufzeigt, divergierten die politischen Ansichten der muslimischen Denker so sehr, dass es im Grunde genommen nicht möglich war, diese in einem gemeinsamen Rahmen zusammenzutragen. Die Synthese bestand darin, dass (fast) allen muslimischen Denkern gemein war, die traditionell-klassischen Ansätze in das neue System zu integrieren, um die Grundidee des Islam weiterhin in den gesellschaftlichen Subsystemen zu erhalten.[492]

Diejenigen, die sich beispielsweise gegen eine Wiederherstellung eines Kalifen ausgesprochen hatten, verfolgten den Grundsatz, dass

„weder im *qur'an* noch in den *ahadith* eindeutige Hinweise zum Staat, zur Regierung und zur Leitung zu finden sind, lediglich die Grundprinzipien werden erwähnt, so dass jede Leitung, die diese verinnerlicht und umsetzt, den Prinzipien der Scharia entspricht".[493]

Diese Grundhaltung spiegelte sich auch in dem Umgang mit der Kalifatsfrage wider:[494] Gegen die Notwendigkeit eines Kalifenamtes wurde mit dem Hinweis argumentiert, dass

---

490   Die Quraisch sind der arabische Stamm, dem der Prophet Muhammad angehörte.

491   Mazharuddin Sıddıki: Islam dünyasında modernist düşünce. Istanbul 1982. S. 178-182.

492   Ismail Kara: Islamcıların siyasi görüşleri. Istanbul 1994. S. 145.

493   Ismail Kara: Türkiye'de Islamcılık düşüncesi. Metinler/kişiler. Istanbul 1986. S. LIV.

494   Für nähere Informationen dazu siehe S. Tufan Buzpınar: II. Abülhamit döneminde osmanlı hilafetine muhalefin ortaya çıkışı: 1877-1882 [Die Entstehung der Opposition gegenüber dem osmanischen Kalifat in der Amtszeit Abdulhamid II.: 1877-1882]. In: Ismail Kara (Hrsg.): Islam siyasi düşüncesinde değişme ve süreklilik. Hilafet Risaleleri. 1. Cilt. II. Abdülhamit devri. [Veränderungen und Kontinuitäten im politischen Denken des Islam. 1. Band. Die Periode Abdulhamids II.]. Istanbul 2002. S. 37-61.

diese Art des Regierens nicht die einzige Option darstelle und, wenn die Bedingung für solch eine Regierungsform nicht erfüllt sei, die Einsetzung eines Kalifen auch illegitim sei.[495]

Stark betonen die muslimischen Denker das Prinzip der Beratung *(schura)*, das sowohl im Koran als auch in der *sunna* ein Bestandteil dessen darstellte, wie die politischen und sozialen Strukturen zu regeln seien, wobei sich die konstitutionellen Verwaltungen auf diesen Grundsatz beriefen, denn der Regierende sollte sich in allen Regierungsfragen von einer beratenden Instanz, d. h. den Vertretern des Volkes oder auch das Volk an sich, unterstützen lassen.[496] Diese klare Hervorhebung des Prinzips der Beratung wurde auch in die Diskussion um das Verhältnis von Islam und Demokratie involviert, denn diese Beziehung wurde je nach Perspektive unterschiedlich bewertet und interpretiert.

Das Hauptargument für die Unvereinbarkeit zwischen dem Islam und der Demokratie war, dass der Islam nicht eine Religion darstelle, sondern als ein ganzheitliches System betrachtet werden müsse, welches auch für die diesseitigen Belange anwendbar sei, so dass die Frage nach der Staatshoheit im Zentrum der Debatte stand, dem folgender Standpunkt vorausging:

„Islam und Demokratie sind nicht zu vereinbaren, denn im ersten Fall stellt Gott, im zweiten das Volk die Grundlage der Herrschaft dar."[497] Diese strikte Ablehnung wird in der aktuellen Forschung aus der historischen Erfahrung heraus erklärt, da sie nach den Unabhängigkeitsbestrebungen einer neuen Auseinandersetzung gegenüberstanden, nämlich dem durch die neu etablierten Regime entfachten Konflikt mit dem Islam, durch den eine neue Form von auf die kulturelle und religiöse Ebene bezogener Konfrontation eingeleitet wurde.[498]

Obgleich diese Haltung in der muslimischen Welt bis heute Bestand hat, muss erwähnt werden, dass insbesondere durch die intensive Beschäftigung mit dieser Thematik

---

495 Ismail Kara: Islamcıların siyasi görüşleri. Istanbul 1994. S. 149-153.
496 Http://www.akademi.nl/sayi12/Reform.htm [Zugriff 01.04.2010].
497 Mehmet S. Aydın: Din, siyaset ve demokrasi [Religion, Politik und Demokratie]. In: Islami Ilimler Araştırma Vakfı [Stiftung für die Untersuchung der Islamischen Wissenschaften] (Hrsg.): Islam ve demokrasi [Islam und Demokratie]. Istanbul 2000. S. 43.
498 Sayed Khatab, Gary D. Bouma: Islam ve demokrasi [Islam und Demokratie]. Ankara 2010. S. 141.

eine bemerkenswerte Ähnlichkeit hinsichtlich der Grundsätze und des Wertekanons zu verzeichnen war. Bereits die ersten muslimischen Reformer des 19. Jahrhunderts, wie al-Tahtawi, al-Afgani oder auch Abduh, waren davon überzeugt, dass die demokratischen Prinzipien mit den islamischen Grundsätzen zu vereinbaren seien.[499] Dieser perspektivische Ansatz wurde im Laufe der Zeit weiterentwickelt und ausdifferenziert, so dass folgende Parallelen zwischen diesen beiden Systemen gezogen wurden[500]:

1. Das politische System des Islam beruht auf dem Prinzip der Beratung *(schura)*, wobei die staatliche Ordnung danach strukturiert und verfügt wird.

2. Die Religions- und Denkfreiheit sind wesentliche Bestandteile der islamischen Lehre.

3. Solange keinem anderen Schaden zugefügt wird, besteht im Islam das Recht auf Privateigentum.

4. Der Islam macht zwischen den Menschen keine Unterscheidung hinsichtlich der Sprache, der Religion, der Abstammung und der sozialen Schichtung, sondern die ethischen Qualitäten stehen im Vordergrund.

5. Als Grundprinzip fordert der Islam eine gerechte Verteilung des Einkommens.

6. Gerechtigkeit, Gleichheit und die Herrschaft des Rechts stellen das Fundament der islamischen Führung dar.

7. Letztlich zielt der Islam auf die Etablierung einer allgemeinen Moralvorstellung und den Schutz der Würde des Einzelnen ab, dabei sollen der Mensch und die Gesellschaft durch erzieherische Maßnahmen zum Guten angeleitet werden.

Die Auflistung zeigt auf, dass die Gemeinsamkeiten aus theoretischer Perspektive die idealistische Vorstellung von politischer Ordnung präsentierten, denn die Autoren betonten immer wieder, dass sowohl in der muslimischen als auch in der westlichen Welt diese Grundvorstellung zwar vorhanden sei, jedoch eine große Diskrepanz zwischen der

---

499 Ebenda. S. 67.

500 Eine gute Zusammenfassung liefert Ali Özek in seinem Vorwort „Neden Islam ve demokrasi" [„Warum Islam und Demokratie?"]. In: Islâmî Ilimler Araştırma Vakfı (Hrsg.): Islam ve demokrasi. Istanbul 2000. S. 18 ff. Und vgl. dazu Mesut Toplayıcı: Islam ve demokrasi [Islam und Demokratie]. Istanbul 2010. Siehe auch Malik Binnebi: Islam ve demokrasi [Islam und Demokratie]. Istanbul 1991.

theoretischen Darlegung und der praktischen Umsetzung existiere. Aus diesem Grund wurde darauf hingewiesen, dass insbesondere auf politischer Ebene das islamische Grundverständnis gegeben sein müsse, das auf den Menschen fokussiert ist. Als Beispiel wurde auf die Aussage des zweiten Kalifen Umar hingewiesen, der seinen Statthaltern und Gouverneuren folgende Anweisung gab:

> „Wo ihr euch auch aufhaltet, leitet das Volk in Eurem Namen, nicht im Namen Gottes, des Propheten und der Religion. Denn wenn Ihr im Namen Gottes, des Propheten und der Religion leitet und Euch Fehler unterlaufen, wird das Volk Eure Fehler auf die Religion beziehen und sich von ihr entfernen. Wenn Ihr in Eurem Namen regiert, dann sind es auch Eure Fehler."[501]

Insbesondere aufgrund der gemeinsamen Werte wie Freiheit, Gerechtigkeit und Menschenrechte wurde eine klare Vereinbarkeit der beiden Systeme propagiert, jedoch muss an dieser Stelle auch erwähnt werden, dass muslimische Autoren die westliche Beurteilung der Demokratie als einzig möglicher politischer Ordnung kritisierten. Dabei wurde der zwanghafte Wunsch beanstandet[502], das eigene westliche System auf andere Gesellschaften und Staaten zu übertragen, und in diesem Zusammenhang der Begriff der „Teo-Demokratie"[503] als Wortneuschöpfung in den Diskurs eingeführt.

Einen weiteren Themenkomplex stellte in der politischen Auseinandersetzung das Verhältnis von Islam und Laizismus dar. Zum einen war die Vorreiterrolle der Türkei ein Anlass, sich damit zu beschäftigen. Den Grundtenor bestimmte hierbei die Unvereinbarkeit von der islamischen Lehre mit dem laizistischem Konzept.[504]

---

501 Zitiert nach Ali Özek: „Neden Islam ve Demokrasi". In: Islâmî Ilimler Araştırma Vakfı (Hrsg.): Islam ve demokrasi. Istanbul 2000. S. 20.

502 Ali Bulaç: Islam ve demokrasi – teokrasi, totaliterizm [Islam und Demokratie – Theokratie, Totalitarismus]. Istanbul 1993. S. 9-13.

503 Hayreddin Karaman: Laik düzende dini yaşamak II [Das religiöse Leben in einem laizistischen System II]. Istanbul 2002. S. 90 ff.

504 Vgl. dazu Yusuf Kardavi: Tarihi hesaplaşma Islam ve laiklik [Geschichtliche Abrechnung. Islam und Laizismus]. Istanbul 1996. S. 125-148.

Zum anderen gab es auch unter den muslimischen Denkern und Reformern laizistische Tendenzen hinsichtlich der Debatte um das Konstrukt Islam und Moderne mit der Zielsetzung, das gesellschaftliche Leben der muslimischen Bevölkerung unter dem Stichwort der Freiheit den gegebenen Verhältnissen anzupassen[505], obgleich diese Haltung dem islamischen Grundverständnis widersprach und demnach mehrheitlich nicht gebilligt wurde. Zwei Beispiele sollen dies verdeutlichen. Sayyid Ahmad Khan[506] (1817-1898), ein indischer Intellektueller, Politiker und Reformer, vertrat die Ansicht, dass zur Zeit des Propheten die politischen und staatlichen Angelegenheiten nicht in konkreter Verbindung mit den göttlichen Offenbarungen gestanden hätten und die gängige Praxis der Entscheidungsfindung über das Prinzip der Beratung durchgeführt worden sei. Auch betonte er, dass in den Hauptquellen des Islam einige wenige Grundprinzipien verankert seien und im Grunde genommen die Regierenden bzw. Staatsmänner aus diesem grundlegenden Kanon heraus selbst entscheiden müssten.[507] Eine ähnlich positive Argumentationslinie hinsichtlich der Bewertung des Laizismus im islamischen Kontext verfolgte Ubeydullah Sindi (1872-1944). Er übte jedoch starke Kritik am westlichen Laizismuskonzept, da in Europa religiös konnotierte Streitigkeiten ausgelöst wurden, wobei als Ergebnis eine klare Trennung zwischen Staat und Religion festgehalten werden konnte. Folge dieser Entwicklung sei, dass der Machtbereich des Staates sich stufenweise ausgeweitet hat und die Einflusssphäre der Religion auf private Angelegenheiten reduziert wurde.[508]

Die Frage nach dem *idschtihad* entwickelte sich im Zusammenhang mit der Einordnung des Islam in das moderne Zeitalter nicht nur zur Kernfrage, sondern bildete hierfür auch die methodische Grundlage. Die große Mehrheit der Gelehrten und Denker betrachtet nämlich das Prinzip des *idschtihad* als ihr gegebenes Recht bzw. die Berechtigung, die Positionierung und Existenz des Islam in seiner vollen Gültigkeit gegenüber den veränderten Zeiten und Ereignissen bewahren zu können. Für die Überwindung der

---

505 Mazharuddin Sıddıki: Islam dünyasında modernist düşünce. Istanbul 1982. S. 189.

506 Für nähere Informationen siehe Johannes Marinus Simon Baljon: The reforms and religious ideas of Sir Sayyid Ahmad Khan. Leiden 1964. Eine gute Zusammenfassung über seine Person und sein Wirken ist zu finden in Mir Zohair Husain: Global Islamic Politics. New York 1995. S. 103 f.

507 Mazharuddin Sıddıki: Islam dünyasında modernist düşünce. Istanbul 1982. S. 189.

508 Ebenda. S. 190.

Rückständigkeit und für eine fortschrittliche Entwicklung der muslimischen Welt des 20. Jahrhunderts sei es zwingend notwendig, das Nachahmen sein zu lassen und das *idsch-tihad* praktisch anzuwenden, eben auch im politischen Bereich.

Soziale Prinzipien

Das Einwirken der Einflüsse der westlichen Zivilisation vollzog sich auch im sozialen Bereich, so dass unterschiedliche Probleme in diesem Zusammenhang auftraten. Das wohl Augenscheinlichste dabei war die Diskussion um die Stellung bzw. Rechte der muslimischen Frau und die Geschlechterbeziehung im Islam.[509]

Bereits in den letzten Phasen des Osmanischen Reiches wurde durch die Annahme des Verwestlichungsgedankens die eigene zwischengeschlechtliche Beziehung und die Positionierung der Frau in der muslimischen Gesellschaft hinterfragt, so dass ideologisch konnotierte Frauenbewegungen nach westlichem Vorbild entstanden, die die Ansicht vertraten, dass die „Zurückgebliebenheit der Frau" nur durch die Verwestlichungsbewegung aufgehoben werden könne.[510] Interessant ist auch, dass viele Anhänger der prowestlichen Bewegung die Ansicht vertraten, die allgemeine Situation der Rückständigkeit könne durch die Reformierung der Rechte der Frauen überwunden werden. Beispielsweise formulierte Abdullah Cevdet im Jahr 1904 das Motto „Öffne den Koran und öffne die Frau", das eben genau die inhaltliche Ausrichtung dieser Theorie aufzeigte.[511] Diese Perspektivierung wiederum forderte nicht nur die sichtbare Reformierung, nämlich die Anpassung

---

509 Dieses Thema hat bis heute nicht an Aktualität verloren, deswegen gibt es eine Vielzahl von Monographien, hier sollen nur einige wenige erwähnt werden: Salim el-Bahnassawi: Die Stellung der Frau zwischen Islam und weltlicher Gesetzgebung. München 1994. Valentine Moghadam (Hrsg.): Gender and national identity. Women and politics in Muslim society. Karatschi 1994. Saba Mahmood: Politics of piety: the Islamic revival and the feminist subject. Princeton 2005. Parto Teherani-Krönner (Hrsg.): Die Genderdebatte im Islam aus studentischer Sicht. Freiburg im Breisgau 2009. Leila Ahmed: Women and gender in Islam. Historical roots of modern debate. Yale 1992. Markus Gamper: Islamistischer Feminismus in Deutschland? Religiosität und Gender in muslimischen Frauenvereinen. Bielefeld 2011.
Außerdem ist im Folgenden keine detaillierte Ausführung dieser Thematik möglich, sondern es sollen nur kurz die Ansichten und Reaktion der Denker zusammengefasst werden, da sonst der Rahmen dieser Arbeit gesprengt werden würde.

510 Ergün Yıldırım: Türkiye'nin modernleşmesi ve Islam. Istanbul 1995. S. 103.

511 Zitiert nach Niyazi Berkes: Türkiye'de çağdaşlaşma [Modernisierung in der Türkei]. Ankara 1973. S. 406-436.

der Kleidung nach europäischem Vorbild, sondern bedeutete auch den radikalen Bruch mit dem eigenen Werte- und Normensystem insgesamt mit der Konsequenz, dass diese Ausrichtung sich zu einer stark ideologisch aufgeladenen Thematik entwickelte.[512]

Auch reagierten die muslimischen Denker auf diese Entwicklung, indem sie behaupteten, dass nicht der Islam für die rückständige Situation der Frau verantwortlich gemacht werden könne[513], sondern das Abweichen von der eigentlichen Lehre der tatsächliche Grund für die Misere sei. In der Folge beschäftigten sie sich intensiver mit diesem Thema, ihr Fokus war auf die Ausarbeitung der Rechte der Frau im Islam gerichtet und „diese Haltung stützt sich bis heute auf die gleichen psychologischen Grundlagen"[514].

Doch mussten sie sich auch mit der scharfen Kritik aus dem Westen auseinandersetzen, die sich hinsichtlich der Unterdrückung der muslimischen Frau auf zwei wesentliche Kritikpunkte konzentrierte[515]: die islamische Bekleidung der Frau und die Legitimierung der Polygamie. Die Äußerungen zur Bekleidung fielen unterschiedlich aus, denn nach Meinung einiger war das Tragen des Kopftuches eine Pflicht, die auf Koranverse zurückzuführen sei, und wiederum andere befürworteten dies. Hinsichtlich der Mehrehe jedoch bestand eine mehrheitliche Übereinstimmung darin, dass unter bestimmten Bedingungen und unter Berücksichtigung wichtiger Faktoren die Ehe mit mehreren Frauen nützlich und sinnvoll sein könne. Jedoch wurde auch betont, dass die Befolgung dieses Gebotes nicht erforderlich sei, sondern auf einer gewissen Freiwilligkeit basiere.[516]

Abschließend soll nicht unerwähnt bleiben, dass der Islam die Frau durch die Zuschreibung von Rechten in ihrer Stellung grundsätzlich aufgewertet hatte, dass nach vielen Forschern die Situation in der jeweiligen muslimischen Gesellschaft dies jedoch nicht

---

512   Ergün Yıldırım: Türkiye'nin modernleşmesi ve Islam. Istanbul 1995. S. 104.

513   Eine gute Zusammenfassung aus dieser Perspektive lieferte Nasr in seinem Kapitel: Islam perspektifinden kadın ve erkek [Frau und Mann aus islamischer Perspektive]. In: Seyyid Hüseyin Nasr: Modern dünyada gelenksel Islam. Istanbul 2004. S. 45-55.

514   Ergün Yıldırım: Türkiye'nin modernleşmesi ve Islam. Istanbul 1995. S. 103.

515   An dieser Stelle können aus Kapazitätsgründen keine weiteren Ausführungen erfolgen, es sei aber auf folgende Publikationen verwiesen: Moussa Afschar: Die Stellung der Frau im Islam. Lizenz zur Unterdrückung im Namen Allahs. Stuttgart 2002. Christina von Braun: Verschleierte Wirklichkeit: die Frau, der Islam und der Westen. Berlin 2007.

516   Zitiert nach Mazharuddin Sıddıki: Islam dünyasında modernist düşünce. Istanbul 1982. S. 215.

widerspiegele. Den Frauen würden diese Rechte nicht gewährt, so dass sie in unmittelbarer Folge unterdrückt würden. So riefen viele Denker dazu auf, die Regeln der islamischen Lehre zu befolgen, um somit eine gleichwertige Beziehung zwischen den Geschlechtern gewährleisten zu können.[517]

Um diese Argumentationslinie besser nachvollziehen können, soll die Betrachtungsweise von Abdul Hakim (1896-1959) als Exempel skizziert werden. Sein Ausgangspunkt war die Gleichwertigkeit von Mann und Frau, da seiner Ansicht nach beiden dieselben bürgerlichen Rechte zuzuschreiben und nach der Interpretation des Islam die unterschiedlichen moralischen Standards aufzuheben seien. Dies komme in dem Ausspruch des Propheten zum Ausdruck: „Der beste unter euch, ist derjenige, der seine Frau gut behandelt."[518] Doch er fügte auch hinzu, dass den Geschlechtern unterschiedliche Pflichten und Rechte zukämen und die Frau in erster Linie ihrer Rolle als Mutter gerecht werden müsse, ohne dass sie sich dadurch davon abhalten dürfe, ihren gesellschaftlichen Beitrag in irgendeiner Form zu leisten. Ausschlaggebend sei, so seine Forderung, der Frau wieder das aktive und passive Wahlrecht zu gewähren.[519]

Die Gelehrtenwelt thematisierte auch die Sklaverei. Der Islam habe diesen Status zwar beibehalten, allerdings sei die eigentliche Zielsetzung dessen gänzliche Aufhebung. So seien in den ersten Jahren des Islam auch viele Reformen durchgesetzt worden, allein ihre komplette Auflösung sei aufgrund des „starren ökonomischen Systems"[520] nicht möglich gewesen. Einige Denker wiesen allerdings darauf hin, dass durch den Islam keine neuen Sklaven entstanden seien, sondern Regeln aufgestellt worden seien, um die Unabhängigkeit der bereits vorhandenen Sklaven zumindest etappenweise realisieren zu können. Ameer Ali (1849-1928) sprach in diesem Zusammenhang von Vorrechten, durch die der Islam in die gesellschaftliche Ordnung etabliert werden konnte, wie beispielsweise, dass der Sklave mit seinem Herrn in einem Vertrag die Bedingungen der Erlangung seiner Freiheit regeln könne. Auch wurde ein Teil der Almosenabgaben für den Freikauf von Sklaven

---

517   Ebenda. S. 216 f.

518   Ahmad von Denffer (Hrsg.): Allahs Gesandter hat gesagt ... Nördlingen 1998. S. 220.

519   Khalifa Abdul Hakim: Fundamental human rights. Lahore 1952. S. 18 ff.

520   Mazharuddin Sıddıki: Islam dünyasında modernist düşünce. Istanbul 1982. S. 204.

bereitgestellt, was quasi der Bereitstellung von Lösegeld gleichkam.[521] Rashid Rida (1865-1935) vertrat zwar die Ansicht, dass der Islam weder die Sklaverei verbiete noch erlaube, doch widerspreche diese Art der gesellschaftlichen Ordnung dem Grundverständnis des Islam. Als Grund für das weitere Bestehen der Sklaverei führte er an, dass dies ein globales Phänomen der damaligen Zeit gewesen sei und ein über die arabische Halbinsel hinausgehendes System implizierte, das nicht einfach zu beseitigen gewesen sei. Jedoch habe der Islam wichtige Vorkehrungen für die Aufhebung der Sklaverei getroffen, was er im Kontext mit dem jeweiligen gesellschaftlich-politischen System hinsichtlich von Veränderungen der Staatsordnung (Abschaffung der autoritären Regierung) betrachtete.[522]

Taha Hussain (1889-1973) betonte, dass vor Gott alle Menschen gleich seien und dass in ihren Rechten und Pflichten zwischen dem Sklaven und dem freien Menschen islamisch betrachtet kein Unterschied existiere, so dass die Bestrebung, Sklaven zu befreien und die Sklaverei komplette abzuschaffen, als Einhaltung der religiösen Vorschriften bewertet werden könnte. Er erwähnte auch Zeiten, in denen Muslime um die Befreiung der Unfreien untereinander wetteiferten, diese Praxis jedoch nicht fortgeführt worden sei[523], denn sonst wäre die Sklaverei schon längst abgeschafft worden. Aber „in der islamischen Geschichte gab es einige, welche die Realisierung dieses Ideales verhinderten"[524].

Das Prinzip der „sozialen Gerechtigkeit" trat insbesondere aufgrund des Einflusses des Sozialismus und Kommunismus in den Vordergrund des Diskurses. Als Grundgedanke existierte diesen politischen Ideologien auch in der islamischen Lehre, trotzdem zeigten sich die meisten Denker aufgrund der atheistischen Grundausrichtung ihnen gegenüber ablehnend. Dennoch griffen sie in diesem Kontext die Thematik um die soziale Gerechtigkeit auf und führten viele Beispiele aus der Zeit des Propheten an, die betonen, dass sozialistische wie kommunistische Ideen einem Grundkonzept der islamischen Lehre ähneln. Im besonderen Maße wurde auf die Almosenpflicht *(zakat)* verwiesen, die zu den fünf Säulen des Islam gezählt wird.

---

521 Syed Ameer Ali: The spirit of Islam or the life and teachings of Mohammed. Kalkutta 1902. S. 374-376.

522 Zitiert nach Mazharuddin Sıddıki: Islam dünyasında modernist düşünce. Istanbul 1982. S. 208.

523 Siehe auch Khalifa Abdul Hakim: Islamic ideology. The fundamental beliefs and principles of Islam and their application to practical life. Lahore 1993. S. 276 f.

524 Mazharuddin Sıddıki: Islam dünyasında modernist düşünce. Istanbul 1982. S. 209.

Diese doch querschnittartige und auch kurze Zusammenfassung des muslimischen Denkens im 20. Jahrhundert hat aufgezeigt, dass trotz der Rückbesinnung auf die Hauptquellen des Islam unterschiedliche Auffassungen zu den aktuell diskutierten Themen bestanden. Als Gemeinsamkeit stellen die Wiederbelebungsbestrebungen des Islam im Kontext der kolonialen Erfahrungen eine verbindliche Größe im muslimischen Denken dar.

Um ein tieferes Verständnis für diesen Prozess entwickeln zu können, sollen im vierten Kapitel der vorliegenden Arbeit exemplarisch die Lebensläufe mit zumindest den wichtigsten biographischen Stadien und das Denken bzw. die Lehren der muslimischen Intellektuellen Ali Schariati und Necip Fazıl Kisakürek erörtert werden. In einem zweiten Schritt erfolgt dann mit Hilfe von bestimmten Begriffsbestimmungen eine Zusammenfassung ihrer Bewertungen des Verhältnisses von Islam und Moderne.

Vor der Beschreibung von Ali Schariatis Begegnung mit der Moderne sollte noch ein kurzer Abriss der Geschichte der Schia geliefert werden, da er sich als schiitischer Denker nicht nur zum Schiitentum bekannte, sondern die schiitischen Vorstellungen kritisierte und deren Reformierung forderte.

Die Geschichte der Schia

Die Schia fasst alle unterschiedlichen religiösen Gemeinschaften zusammen, die nach dem Tod des Propheten Muhammad die Ansicht vertraten, dass die Leitung der Gemeinschaft einem Familienmitglied des Propheten, nämlich seinem Cousin und zugleich Schwiegersohn Ali ibn Abu Talib anvertraut werden sollte. Der Begriff stammt aus dem Arabischen, nach seiner Wortwurzel kann es Gruppierung, Anhänger, Freund, Helfer oder „sich an jemanden richten bzw. sich anpassen"[525] bedeuten, wobei die gängigste Übersetzung „Partei im Sinne einer Gruppierung"[526] ist.

---

525 Mustafa Öz: Şia [Schia]. In: Ahmed Ağırakça: Şamil Islam Ansiklopedisi. 6. cilt [Umfassende Islam-Enzyklopädie. Band 6]. Istanbul 1994. S. 42.

526 Monika Gronke: Geschichte Irans. Von der Islamisierung bis zur Gegenwart. München 2003. S. 19.

In der Gegenwart gehören etwa zehn bis fünfzehn Prozent der muslimischen Weltbevölkerung zur schiitischen Konfessionsgemeinschaft, dabei stellen die „Zwölferschia" bzw. „Imamiten" die bedeutendste Gruppe dar. Deren Name bezieht sich auf eine Reihe von zwölf Imamen aus der Familie des Propheten Muhammad, die wiederum ihrer Ansicht gemäß durch Gott bestimmt worden sind.[527] Der zwölfte Imam lebt bis heute in Verborgenheit, seine Wiederkehr wird erwartet, um das göttliche Reich auf Erden zu errichten. Während seiner Abwesenheit übernahmen bzw. übernehmen qualifizierte Gelehrte die Führung der geistigen und weltlichen Angelegenheiten im Rahmen einer Stellvertretung. Zu den weiteren Gruppierungen innerhalb der Schia gehören u. a. die Ismailiten, die Zaiditen, die indischen Bohras, die Nusairî-Alawiten und die Drusen.[528]

Über den Zeitpunkt der Entstehung der Schia gibt es zwar unterschiedliche Ansichten[529], doch ihr Entstehungsgrund und ihre weitere Entwicklung sind eindeutig. In der frühislamischen Gemeinde entfachte sich nach dem Tod des Propheten Muhammad Streit um seine Nachfolge. Laut sunnitischer Auffassung gab es darüber keine eindeutige Verfügung, so folgte die Mehrheit der Muslime den gewählten Kalifen Abu Bakr, Umar und Uthman, die nacheinander die Aufgabe der Leitung der Gemeinschaft erhielten.[530] Die schiitischer Meinung ging hingegen davon aus, dass diese Frage bereits zu Lebzeiten des Propheten geklärt worden war. Sie griff insbesondere auf ein Ereignis im März des Jahres 632 zurück, in dem der Prophet folgenden Ausspruch an seine Gemeinde richtete: „Habe ich nicht mehr Anspruch darauf euch zu gebieten, als ihr selbst?", und als die Gemeinde freudig mit Ja antwortete, fuhr er fort: „Allen, denen ich gebiete, soll auch Ali gebieten!"[531] Da diese und ähnliche Textauszüge im Arabischen mehrdeutig sind, bewerteten die Sunniten ihren Bedeutungsinhalt als schwächer[532]. Ein schiitischer Kommentar interpretierte jedoch diesen Ausspruch folgendermaßen:

---

527 Werner Ende: Der schiitische Islam. In: Werner Ende, Udo Steinbach (Hrsg.): Der Islam in der Gegenwart. München 2005. S. 70.

528 Ebenda.

529 Mustafa Öz: Şîa. In: Ahmed Ağırakça (Hrsg.): Şamil Islam Ansiklopedisi. 6. cilt. Istanbul 1994. S. 43.

530 Siehe dazu Heinz Halm: Der schiitische Islam. Von der Religion zur Revolution. München 1994. S. 16 ff.

531 Siehe Ebenda. S. 15.

532 Yann Richard: Der verborgene Imam. Die Geschichte der Schia in Iran. Berlin 1983. S. 22.

„Indem der Prophet auf diese Weise Gehorsam gegenüber Ali verlangte und ihn zum Gebieter machte, forderte er für diesen dieselbe gebietende Stellung, die er selbst ihnen gegenüber eingenommen hatte; er befahl ihnen, dies anzuerkennen, und sie verweigerten ihre Anerkennung nicht. Dies ist eine eindeutige Designation Alis als Imâm und Kalif."[533]

Die Spannungen der muslimischen Gemeinde entluden sich erst 656 in einem Machtkampf, der in der Ermordung des dritten Kalifen Uthman und der Ernennung Alis zum Kalifen resultierte. Für die Schiiten kam damit „der einzig legitime Nachfolger des Propheten"[534] an die Macht. Sie anerkennen die Rechtmäßigkeit der ersten drei Kalifen nicht, wie auch ein schiitischer Kommentar dazu vermerkt: „Nach dem Tod des Propheten hatte er vierzig Jahre lang das Imamat inne, doch vierundzwanzig Jahre und sechs Monate davon war er gehindert, die Regierungsgeschäfte zu führen, und musste Verstellung (taqîya) üben und sich zurückhalten."[535] Die Zurückhaltung Alis wurde auch als gottgewollte Heilsplanung interpretiert, denn die Usurpation der anderen Kalifen wurde als Vorherbestimmung gewertet, um die muslimische Gemeinde zu prüfen.

Die Differenzen zwischen Sunniten und Schiiten „ist weniger wichtig als das, was sie miteinander verbindet"[536], denn beider Ausgangspunkt[537] stellt das islamische Glaubensbekenntnis, die *schahada*, dar, das neben der Verinnerlichung eines einzigen Gottes als Schöpfer jeglichen Lebens auch den Propheten Muhammad als Überbringer der Botschaft beinhaltet. Der Koran wird als erste Referenzquelle für die islamische Lehre herangezogen, so dass die grundlegenden Glaubensinhalte und Wertevorstellungen davon

---

533 Zitiert nach Heinz Halm: Der schiitische Islam. Von der Religion zur Revolution. München 1994. S. 15.

534 Heinz Halm: Die Schiiten. München 2005. S. 13.

535 Ebenda.

536 Yann Richard: Der verborgene Imam. Die Geschichte der Schia in Iran. Berlin 1983. S. 21.

537 An dieser Stelle muss jedoch erwähnt werden, dass auch bei diesen Grundprinzipien unterschiedliche Perspektivierungen und Interpretationen existieren, welche die Heterogenität innerhalb der jeweiligen Richtungen widerspiegeln. Siehe dazu insbesondere S. 189 ff. auf http://www.freidok.uni-freiburg.de/volltexte/3369/pdf/ Ende_Sunniten_und_Schiiten.pdf [Zugriff 23.07.2011].

abgeleitet werden.[538] Zentral ist auch der Grundsatz des Eintreffens des Jüngsten Tages, der sowohl die Auferstehung als auch das Jüngste Gericht beinhaltet.

Doch eine der wesentlichen Differenzen zwischen beiden Richtungen betrifft die Führung *(imamat)*, denn ausgehend vom Gerechtigkeitsprinzip Gottes wird nach schiitischer Auffassung die Führungsfrage der Menschheit dadurch beantwortet, dass der Schöpfer Gesandte schickte, um die Menschen auf den Weg der Gerechtigkeit und Wahrheit zu führen. Mit dem Tod des letzten Propheten wurde dieser Anspruch auf die nachfolgenden Anführer übertragen, d. h. der Imam müsse aus der Familie des Propheten stammen – traditionell auf der Erbfolge beruhendes System. Ausgangspunkt dieser Vorstellung ist, dass der Imam „seine Autorität von oben"[539] erhält, somit die Gemeinschaft mit der verborgenen Welt verbindet und demnach sündenfrei und unfehlbar ist.[540] Nach sunnitischer Meinung hingegen soll der Nachfolger durch Kooption bestimmt werden.

Auch wenn die Schia fast so alt ist wie der Islam selbst[541], so war sie dennoch oft in der Minderheit und nahm die Rolle der Opposition an. Ihre Geschichte wurde geprägt von Unterdrückung, Verachtung und Verfolgung, so dass diese historischen Erfahrungen „ihr Weltbild und ihre Haltung zu Politik und Gesellschaft nachhaltig geprägt"[542] haben.

Der heutige Irak spielte bei der Entstehung und Entwicklung der Schia eine entscheidende Rolle, stellt bis heute eines der Kernländer des schiitischen Islam dar und wurde auch als „Zentrum der Schia"[543] bezeichnet, denn dort hatten sich zum einen die einschneidenden Ereignisse der schiitischen Passionsgeschichte[544] ereignet, und zum ande-

---

538 Abülbâkiy Gölpınarlı: Tarih boyunca islâm mezhepleri ve şiîlik [Rechtschulen und Schiitentum im Verlauf der Geschichte]. Istanbul 1979. S. 13 f.

539 Yann Richard: Der verborgene Imam. Die Geschichte der Schia in Iran. Berlin 1983. S. 34.

540 Ebenda.

541 Mustafa Öz: Şia. In: Ahmed Ağırakça (Hrsg.): Şamil Islam Ansiklopedisi. 6. cilt. Istanbul 1994. S. 43.

542 Heinz Halm: Die Schiiten. München 2005. S. 8.

543 Muhammed ebu Zehra: Islam'da siyasî ve itikadî mezhepler tarihî [Die Geschichte der politischen und religiösen Rechtschulen im Islam]. Istanbul 1983. S. 41 ff.

544 Vieles wurde in der Rezeption der Leidensgeschichte der schiitischen Imame von anderen religiösen Gruppierungen übernommen. Das war sowohl in der Lehre als auch in der Praxis zu beobachten, teilweise widerspricht es der eigenen Lehre: so die Art ihrer Trauerfeiern anlässlich des Todes ihrer Imame Ali und Hasan, insbesondere aber auch Husain am 10. Muharram, ihr Verhalten bei den Wallfahrten zu den heiligen Grabstätten und die damit zusammenhängenden Überzeugungen. Siehe dazu Heinz Halm: Die Schiiten. München 2005. S. 39-54.

ren befinden sich dort die Grabheiligtümer von sechs der zwölf Imame. Doch gerade im Irak, der auf eine lange Tradition der Auseinandersetzung der unterschiedlichen Religionen und Denkrichtung zurückblicken konnte, wurde die Theologie der Schia im Mittelalter entwickelt und vorangetrieben.[545] Im Iran hingegen hatte sich die Schia bereits im 8. Jahrhundert festgesetzt, doch waren die Schiiten für eine längere Zeit in der Minderheit. Mit der Etablierung der Schahdynastie 1501 begann eine „systematische Politik der Schiitisierung"[546], die Ende des 17. Jahrhunderts als abgeschlossen galt. So stellen im Iran die Schiiten heute die übergroße Mehrheit dar, und Iran ist das einzige Land, wo die Schia Staatsreligion ist. Darüber hinaus verfügen die Schiiten als Bevölkerungsmehrheit über kein zusammenhängendes Territorium, sondern gehören verschiedenen ethnischen Gruppen an.

Obwohl der Ursprung der Schia in den innerislamischen Konflikten in Medina zu finden ist, zeichnet sich die Tendenz ab, „die Schia mit Iran gleichzusetzen"[547], da seit der Iranischen Revolution die Aufmerksamkeit der westlichen Öffentlichkeit stärker auf diese Problematik gelenkt wurde. So soll im Folgenden nicht näher auf die Ursachen und den Verlauf der Revolution eingegangen werden[548], sondern die aktive Rolle der schiitischen Gelehrten gegenüber der weltlichen Macht im Verlauf des 19. Jahrhunderts betrachtet werden. Folgende Gründe werden hierfür angebracht: die starke Einmischung der ausländischen Regierungen, der Kampf gegen die absolutistische Herrschaft der Qadscharen (1779-1924), der eine religiös-mystische Legitimation fehlte, und die Verteidigung des Islam gegen die immer stärker um sich greifende Verwestlichung.[549] Eine wichtige Zäsur war dabei die berühmte Fatwa gegen den Gebrauch von Tabak 1890 als Reaktion darauf, dass dem britischen Staatsbürger seitens Nasir ad-Din Schah das Monopol für den Aufbau, Vertrieb und Export von Tabak eingeräumt wurde. Infolge des daraus resultierenden Boykotts musste die Regierung die Konzession zurücknehmen. Der Protest wur-

---

545   Muhammed ebu Zehra: Islam'da siyasî ve itikadî mezhepler tarihi. Istanbul 1983. S. 41 ff.

546   Heinz Halm: Die Schiiten. München 2005. S. 9.

547   Monika Gronke: Geschichte Irans. Von der Islamisierung bis zur Gegenwart. München 2003. S. 19.

548   Siehe dazu Michael Fischer: Iran. From religious dispute to revolution. Cambridge, London 1980.

549   Udo Steinbach: Die Stellung des Islams und des islamischen Rechts in ausgewählten Staaten. Iran. In: Werner Ende, Udo Steinbach (Hrsg.): Der Islam in der Gegenwart. München 2005. S. 248 ff.

de von den Gelehrten „als ein wichtiger Schritt betrachtet"[550], der zur konstitutionellen Revolution von 1906/07 und zur Einführung der Verfassung geführt hatte. Bei diesen Prozessen wurde den Gelehrten eine aktive Teilnahme zugeschrieben[551]. Unter dem zweiten Herrscher der Pahlewidynastie Rida Schah, der von 1941 bis 1979 regierte, protestierten einige Gelehrte gegen den Sturz des Ministerpräsidenten Muhammad Musaddiq. Ein weiteres Mal formierten sie sich als politische Opposition gegen einige in den Jahren 1962/63 eingeführte Reformen, indem sie in den verschiedenen iranischen Städten Demonstrationen organisierten. Seit 1978 nahm dann der Anteil der Gelehrten an der politischen Opposition in entscheidendem Maße zu, und sie „haben die führende Rolle in der Revolution gespielt"[552]. Sie griffen hierbei auch auf religiöse Gedenktage, Symbole und die schiitische Passionsgeschichte zurück, wodurch sie einen persönlichen Einfluss auf die Gläubigen hatten.

550 Mahmod Rambod: Religion und Gesellschaft bei Ali Schariati. Ein Beitrag zur modernen Interpretation des schiitischen Islam in Iran. Nürnberg 1987. S. 41.

551 Monika Gronke: Geschichte Irans. Von der Islamisierung bis zur Gegenwart. München 2003. S. 95 ff.

552 Mahmod Rambod: Religion und Gesellschaft bei Ali Schariati. Ein Beitrag zur modernen Interpretation des schiitischen Islam in Iran. Nürnberg 1987. S. 42.

4 Ali Schariati, Necip Fazıl Kisakürek und ihre Begegnung mit der Moderne

4.1 Ali Schariati

Leben, Werk und Wirken

Ali Schariati wurde am 23. November 1933 im iranischen Mazinan, einem Vorort von Maschad, geboren. Diese dörfliche Gegend sollte ihn in seiner Persönlichkeitsentwicklung stark prägen, wie aus seinem autobiographischen Text „Kawir"[553] deutlich hervorgeht.[554]

Bereits in frühen Jahren wurde er von der Gedankenwelt seines Vaters Muhammad Taqi Schariati stark beeinflusst: „Mein Vater formte die ersten Dimensionen meines Geistes [...] er gab mir einen Geschmack von Freiheit, Edelsinn, Reinheit, Standfestigkeit, Glaube, Menschlichkeit der Seele und Unabhängigkeit des Herzens."[555] Muhammad Taqi Schariati war, wie seine Vorväter auch, islamischer Gelehrter und unterrichtete islamische Geschichte an Schulen. Gleichzeitig leitete er das „Zentrum der Verbreitung islamischer Wahrheiten" mit der Zielsetzung, das islamische Denken und die Lebensweise von Grund auf zu erneuern. Aus den Tätigkeiten des Zentrums gingen zum einen neue Ansätze in der Vermittlung der Inhalte hervor, zum anderen wurde das vorhandene traditionelle Ver-

---

553 Ali Şeriati: Kevir. Bir tarih olarak beliren coğrafya [Kawir. Eine historisch geprägte Landschaft]. Ankara 1992.

554 Mahmod Rambod: Religion und Gesellschaft bei Ali Schariati. Ein Beitrag zur modernen Interpretation des schiitischen Islam in Iran. Tübingen 1987. S. 47.

555 Zitiert nach Hamid Algar in seiner Einführung zu Ali Shariati: On the Sociology of Islam. Berkeley 1978. S. 17.

ständnis von Religiosität insoweit in Frage gestellt, als der Islam eben als Referenz den „diesseitigen gesellschaftlichen Herausforderungen gewachsen"[556] sei. Diese inhaltliche Umorientierung wurde mittels Vorträgen allgemeiner Art und durch Interpretationen des Koran regelmäßig weitergeben.[557]

Schon früh wurde Ali Schariati von seinem Vater angeleitet und erhielt somit nicht nur eine klassisch-islamische Ausbildung, sondern nahm in seiner frühen Jungend an Diskussionsrunden und Sitzungen teil. Auch war er ein begeisterter Leser. Bereits mit dreizehn Jahren setzte er sich mit der Philosophie und dem *irfan*[558] auseinander, las schon zu diesem Zeitpunkt Rumis Masnavi[559] und beschäftigte sich mit Themen wie Schöpfung, Kultur, Geschichte und Religion. Bücher prägten ihn in seinen jungen Jahren, sie waren „meine beständigen und vertrauten Gefährten seit den frühen Jahren meiner Schulzeit".[560]

Nachdem er die Elementarschule und das Gymnasium in Maschad besucht hatte, nahm er an einem Lehrerseminar teil. Zwei Jahre später begann er als Lehrer in Nordchorasan zu unterrichten und sah sich intensiv mit den Realitäten seiner Jugend konfrontiert. Er stammte nämlich aus der „unteren Schicht und [hatte] dort täglich unter Armut und Alltagshärte zu leiden"[561] gehabt. Bereits in dieser Phase nahm Schariati an politischen Aktivitäten teil und wurde zum ersten Mal festgenommen. Zwar dauerte die Festnahme nur einen halben Tag, doch diese Erfahrung eröffnete einen neuen Abschnitt in seinem Leben, denn er wechselte von der mystischen Zurückgezogenheit in die politische Welt[562]. Er entwickelte ein intellektuell ausgerichtetes Verantwortungsbewusstsein für die Belange und die Zukunft seines Volkes.

---

556   Silvia Kaweh: Ali Schariati interkulturell gelesen. Nordhausen 2005. S. 15.

557   Puran Şeriati: Gözetim altında özgürlük. Eşim Ali Şeriati [Freiheit unter Beobachtung. Mein Mann Ali Schariati]. Istanbul 2005. S. 21.

558   Eine äquivalente Übersetzung des Wortes *irfan* erweist sich als schwierig; im Grunde genommen zielt der Begriff auf die Verinnerlichung der islamischen Erkenntnistheorie.

559   Eine gute Biographie dieses Mannes lieferte Annemarie Schimmel: Rumi. Ich bin Wind und du bist Feuer. Leben und Werk des großen Mystikers. München 1995.

560   Zitiert nach Hamid Algar in seiner Einführung zu Ali Shariati: On the Sociology of Islam. Berkeley 1978. S. 17. Silvia Kaweh: Ali Schariati interkulturell gelesen. Nordhausen 2005. S. 15.

561   Hans-Peter Schreiner, Kurt Becker, Wolfgang Freund: Der Imam. Islamische Staatsidee und revolutionäre Wirklichkeit. St. Michael 1982. S. 56.

562   Puran Şeriati: Gözetim altında özgürlük. Eşim Ali Şeriati. Istanbul 2005. S. 21.

So fing er an, eigene Werke zu schreiben und Schriften ins Persische zu übersetzen, darunter das Buch „Abu Dharr"[563] von dem Ägypter Abdulhamid as-Sahar, der als „gott-verehrender Sozialist"[564] für Schariati zeitlebens ein Vorbild war. Auch wurde in dieser Zeit eines seiner Werke (Mektebi Vusta [Lehre des Mittleren Weges]) veröffentlicht, in welchem er die These vertritt, dass der Islam in Zeiten des Kalten Krieges eine dritte Al-ternative, nämlich der „Weg der Mitte"[565], in der Auseinandersetzung zwischen Marxis-mus und Kapitalismus sein könne. Während seiner Zeit als Lehrer schrieb er 1956 für die Grundschule ein Lehrbuch über die islamische Erziehung, das jahrelang im Unterricht verwendet wurde.

Parallel zu seiner Lehrertätigkeit trat er 1956 der literaturwissenschaftlichen Fakul-tät in Maschad bei, studierte die Fächer Geschichte und Geschichtsphilosophie. Seine sprachlichen Kenntnisse in Arabisch und Französisch versetzten ihn in die Lage, sich so-wohl mit dem westlichen als auch dem islamischen Denken auseinanderzusetzen. Außer-dem verfasste Artikel, die in lokalen Tageszeitungen veröffentlicht wurden. Währenddes-sen entwickelte sich sein tiefes Interesse für Religionsgeschichte, Religionssoziologie und die Geschichte des Islam. Er befasste sich insbesondere mit den Ansätzen des Historikers Arnold Toynbee und setzte sie einer tiefgreifenden Kritik aus.[566]

1957 saßen Ali Schariati, sein Vater und einige Freunde wegen politischer Aktivitä-ten in der „Nationalen Front" ein halbes Jahr in Haft. Ein Jahr später beendete er sein Studium als Jahrgangsbester und errang Anspruch auf ein Auslandsstipendium. An der Sorbonne in Paris studierte er dann Soziologie und Religionsgeschichte und begann „im Gegensatz zu oft aufgestellten Behauptungen, nicht in diesen Fächern, sondern in per-

---

563   Abu Dharr (gest. 652) war ein Gefährte des Propheten, der nach dessen Tod gegen das umayyadische Kalifat opponierte. Seine Hauptkritik bezog sich auf die während dieses Kalifats sich neu belebende Korruption und das unrechtgemäße Anhäufen von materiellen Gütern. Abu Dharr führte ein sehr schlichtes und einfaches Leben in der Wüste und wird als erster muslimischer Sozialist bezeichnet. Auch für Ali Schariati stellte er eine der größten Figuren der Geschichte dar. Siehe dazu Ali Şeriati: Bir daha Ebuzer [Noch einmal Abu Dharr]. Istanbul 2005. S. 15-23.

564   Silvia Kaweh: Ali Schariati interkulturell gelesen. Nordhausen 2005. S. 15.

565   Bülent Şahin Erdeğer: Ali Şeriati: Devirmci bir günce (1933-1977) [Ali Schariati: Tagebuch eines Revolutionärs (1933-1977)]. In: Mustafa Yılmaz (Hrsg.): Ali Şeriati Yıllığı. Sizi rahatsız etemeye geldim. [Ali Schariati Jahr-buch. Ich bin gekommen, um Euch zu stören.]. Kocaeli 2009. S. 18.

566   Ali Şeriati: Yarının Tarihine Bakış [Ein Blick auf die morgige Geschichte]. Istanbul 1998. S. 7.

sischer Philologie"[567] zu promovieren. Er belegte auch Kurse bei berühmten Soziologen und Orientalisten wie Louis Massignon und George Gorvicz, die ihn in seinem weiteren Werdegang im Besonderen prägen sollten. Bei Massignon arbeitete Schariati über die Tochter des Propheten Muhammad, Fatima, dem er sein späteres Buch „Fatima ist Fatima"[568] widmete.

Zur Zeit der Algerienkrise und Kubarevolution beschäftigte er sich nicht nur mit der Übersetzung von Werken von Sartre und Fanon, sondern trat auch der „Befreiungsbewegung" sowie der „Iranischen Studentenkonföderation" bei und organisierte zahlreiche Demonstrationen zur Unterstützung Algeriens.[569] Außerdem war er an der Gestaltung der algerischen Zeitung „Al-Mudschahid" beteiligt und publizierte die von der „Nationalen Front" im Ausland gesteuerte Zeitschrift „Freies Iran". Dabei beschäftigten ihn die Themen Kolonialismus und „Dritte Welt" und er ging der Frage nach, ob eine westliche Ideologie wie beispielsweise der Marxismus für die „Dritte Welt" brauchbar und anwendbar sei. Er betonte dabei, dass der Islam mit seinem revolutionären Potential eine Alternative für die „Dritte Welt" darstellen könne.[570]

Nach der erfolgreichen Beendigung seiner Promotion kehrte er 1964 mit seiner Familie in den Iran zurück, wobei er an der Grenze zur Türkei in Bazargan festgenommen, nach Teheran geschickt und für sechs Monate inhaftiert wurde. Nach seiner Freilassung bewarb er sich erfolglos an der Universität von Teheran, schließlich unterrichtete er als Lehrer in einem Dorf in Chorasan. Zwei Jahre später erhielt er einen zeitlich befristeten Lehrauftrag an der Universität von Maschad. Das später erschienene Buch „Islamkunde"[571] fasst die von ihm gehaltenen Vorlesungen zusammen. Inhaltlich versuchte Schariati, die Probleme der muslimischen Gesellschaft unter besonderer Perspektivierung der islamischen So-

---

567   Yann Richard: Der Verborgene Imam. Die Geschichte der Schia in Iran. Grundlagen einer Religion. Berlin 1983. S. 129.

568   Http://www.islam-pure.de/iw/buecher/Fatima_ist_Fatima.pdf [Zugriff 10.08.2011].

569   Mahmod Rambod: Religion und Gesellschaft bei Ali Schariati. Ein Beitrag zur modernen Interpretation des schiitischen Islam in Iran. Tübingen 1987. S. 45.

570   Bülent Şahin Erdeğer: Ali Şeriati: Devrimci bir günce (1933-1977). In: Mustafa Yılmaz (Hrsg.): Ali Şeriati Yıllığı. Sizi rahatsız etemeye geldim. Kocaeli 2009. S. 18.

571   Siehe dazu Ali Şeriati: Islam Bilim I-II [Islamkunde I-II]. Istanbul 2006.

ziologie zu verdeutlichen.[572] Innerhalb kurzer Zeit errang er eine hohe Popularität unter den Studenten, da er sowohl regimekritische als auch die Religion betreffende Aussagen machte. Eine andere Folge davon war, dass er von der Universitätsleitung entlassen wurde.[573] Die Werke „Islamkunde" und „Geschichte der Religionen"[574] entwickelten sich zu den wichtigsten Arbeiten des muslimischen Denkens im 20. Jahrhundert.[575]

Im Jahre 1967 ging Schariati nach Teheran und unterrichtete am Institut Hosseini-ye Erschad, das „fortschrittlich-religiös"[576] orientiert war und von Anhängern der Reformbewegung der 1960er finanziert wurde.[577] Das Regime ließ dies in der Hoffnung zu, dass Schariati in der „aufgeklärten Gesellschaft Teherans"[578] wenig Zuspruch finden würde. Das Gegenteil trat ein: Insbesondere in Teheran gewann er viele Anhänger, und die nächsten sechs Jahre entwickelten sich zu seiner „publizistisch produktivsten Periode"[579], denn zahlreiche Bücher und Tonaufnahmen, die zum Teil „außergewöhnlich"[580] hohe Auflagen erreichten, wurden unter dem Volk verteilt.

Seine „ironische und symbolische"[581], gleichwohl nichtpersonalisierte Art der Kritikausübung richtete sich nicht nur gegen das diktatorische und repressive Schahregime, sondern auch gegen das traditionelle, dogmatische Gelehrtentum. Diese Vorgehensweise ließ seine Popularität in den verschiedenen Schichten der iranischen Gesellschaft zwar weiter ansteigen, doch war ihm gleichzeitig bewusst, dass eine erneute Verhaftung oder

---

572　Mahmod Rambod: Religion und Gesellschaft bei Ali Schariati. Ein Beitrag zur modernen Interpretation des schiitischen Islam in Iran. Tübingen 1987. S. 46.

573　Bünyamin Doğruer: Ali Şeriati. Istanbul 1998. S. 22.

574　Ali Şeriati: Dinler tarihi [Geschichte der Religionen]. Istanbul 2004.

575　Bülent Şahin Erdeğer: Ali Şeriati: Devrimci bir günce (1933-1977). In: Mustafa Yılmaz (Hrsg.): Ali Şeriati Yıllığı. Sizi rahatsız etemeye geldim. Kocaeli 2009. S. 19.

576　Mahmod Rambod: Religion und Gesellschaft bei Ali Schariati. Ein Beitrag zur modernen Interpretation des schiitischen Islam in Iran. Tübingen 1987. S. 46.

577　Silvia Kaweh: Ali Schariati interkulturell gelesen. Nordhausen 2005. S. 19.

578　Hans-Peter Schreiner, Kurt Becker, Wolfgang Freund: Der Imam. Islamische Staatsidee und revolutionäre Wirklichkeit. St. Michael 1982. S. 56.

579　Silvia Kaweh: Ali Schariati interkulturell gelesen. Nordhausen 2005. S. 19.

580　Hans-Peter Schreiner, Kurt Becker, Wolfgang Freund: Der Imam. Islamische Staatsidee und revolutionäre Wirklichkeit. St. Michael 1982. S. 57.

581　Bülent Şahin Erdeğer: Ali Şeriati: Devrimci bir günce (1933-1977). In: Mustafa Yılmaz (Hrsg.): Ali Şeriati Yıllığı. Sizi rahatsız etemeye geldim. Kocaeli 2009. S. 20.

gar seine Liquidierung nur eine Frage der Zeit sei, und so „dauerten seine Vorlesungen oft ganze Tage, worauf Diskussionen bis tief in die Nacht folgten. Seine Freunde mussten ihn nicht selten für eine Ruhepause ‚entführen'."[582]

1973 wurde das Institut Hosseini-ye Erschad geschlossen und Schariati wurde erneut festgenommen, dieses Mal verbrachte er achtzehn Monate in Einzelhaft. Erst nach einer Petition der algerischen Regierung wurde er 1975 freigelassen, fortan stand er jedoch unter Hausarrest und erhielt striktes Redeverbot. Im Mai 1977 es gelang ihm, seine Heimat zu verlassen und nach London auszuwandern, wo er am 19. Juni 1977 starb. Die Ursache seines Todes ist bis heute ungeklärt. Zwar gaben die iranischen Zeitungen bekannt, dass Ali Schariati an einem Herzinfarkt gestorben sei[583], doch wird bis heute vielfach die Meinung vertreten, dass der iranische Geheimdienst SAVAK an seinem Tod beteiligt war.[584] Bestattet wurde Ali Schariati in Syrien.

Eine vollständige Bibliographie über seine Werke ist bis heute nicht möglich, jedoch wird die Zahl seiner Werke auf über 200 geschätzt. Sie enthalten zahlreiche Aufsätze und Reden, zum größten Teil wurden sie von verschiedenen Institutionen verschriftlicht.[585]

In der Zusammenfassung der „Genetik seines Geistes"[586] entwickelte Schariati mit der „Rückkehr zum wahren Sein"[587] seine grundlegende Forderung. Sie beinhaltet zwei wesentliche Aspekte: „Unsere Grundlage ist unsere islamische Kultur und diese kulturelle Rückkehr zum wahren Sein muss unser Erkennungszeichen/Leitwort darstellen."[588] In diesem Zusammenhang distanzierte er sich jedoch vom traditionellen Verständnis des Islam, appellierte, die tradierten Denkschablonen zu revidieren und dem „reformfreudigen"[589]

---

582 United Islamic Students Association (Hrsg.): Die Islamische Revolution. Aachen 1979. S. 79 f.

583 Mahmod Rambod: Religion und Gesellschaft bei Ali Schariati. Ein Beitrag zur modernen Interpretation des schiitischen Islam in Iran. Tübingen 1987. S. 46.

584 Edisyon (Hrsg.): Dünyada Ali Şeriati [Ali Schariati in der Welt]. Istanbul 1998. S. 37 f.

585 Siehe dazu http://www.shariati.com/translat.html [Zugriff 18.08.2011].

586 Ihsan Eliacık: Ali Şeriati: Düsünce dünyası, cağrısı ve misyonu [Ali Schariati: Seine Gedankenwelt, seine Aufforderung und sein Auftrag]. In: Mustafa Yılmaz (Hrsg.): Ali Şeriati Yıllığı. Sizi rahatsız etemeye geldim [Ali Schariati Jahrbuch. Ich bin gekommen, um Euch zu stören.]. Kocaeli 2009. S. 61.

587 Ali Şeriati: Öze dönüş [Die Rückkehr zum wahren Sein]. Istanbul 1999.

588 Ebenda. S. 41.

589 Ihsan Eliacık: Ali Şeriati. Düsünce dünyası, cağrısı ve misyonu. In: Mustafa Yılmaz (Hrsg.): Ali Şeriati Yıllığı. Sizi rahatsız etemeye geldim. Kocaeli 2009. S. 59.

Islam Platz zu machen.[590] Bevor Schariati sein Islamverständnis darlegte, verglich er die unterschiedlichen Religionsbegründer und Philosophen miteinander und beendete diese Gegenüberstellung mit einer Bewertung des Menschen in der modernen Welt. So postulierte er folgendes Islamverständnis[591]:

„In order to understand any religion, one must study its God, its Book, its Prophet, and the best individuals whom it has nurtured and raised. First, the God of Islam is two-dimensional God. He has the aspect of Yahwa, the god of the Jews, who interest himself in human society, in the affairs of this world, who is stern, severe in punishment, and tyrannical, and also the aspect of the god of Jesus, who is compassionate, merciful and forgiving. All of these divine attributes can be found in the Qur'an."[592]

Auf genaue diese Art und Weise bewertete er den Koran, den Propheten und auch die für ihn vorbildlichen Muslime, wie beispielsweise Ali, Abu Dharr und auch Salman al-Farisi (568-644), und fasste den Islam so zusammen:

„In Islam man is not humbled before God, for he is he partner of God, His friend, the bearer of His trust upon earth. He enjoys affinity with God, has been instructed by Him, and seen all of God's angels fall prostrate before him. Two-dimensional man, bearing the burden of such responsibility, needs a religion that transcends exclusive orientation to this world or the next, and permits him to maintain a state of equilibrium. It is only such a religion that enables man to fulfill his great responsibility."[593]

---

590   Ali Şeriati: Öze dönüş. Istanbul 1999. S. 42.
591   Siehe dazu Ali Shari'ati: On the Sociology of Islam. Berkeley 1979. S. 70-81.
592   Ebenda. S. 80.
593   Ebenda. S. 81.

Aus diesem Grundverständnis heraus entwickelte Ali Schariati eine Theorie der Rückkehr zum wahren Sein, die durch drei wesentliche Schritte realisiert werden sollte: Die erste Stufe bezog sich auf das Individuum, dem die Verantwortung auferlegt sei, sich selbst zu einem revolutionären Charakter zu erziehen.[594] Im zweiten Schritt sollte das vorhandene Islamverständnis auch auf gesellschaftlicher Ebene reformiert werden, da nach Schariati viele Fehlinterpretationen und Missstände vorhanden waren, und bei ihrer Revidierung hatte er sogar die Zuversicht, die Differenzen zwischen Sunniten und Schiiten aufheben zu können.[595] Schließlich sei es drittens notwendig, den universellen Charakter des Islam in den Vordergrund zu stellen und die vorhandenen hinderlichen Schranken zu beseitigen.[596]

Grundsätzlich basierte Schariatis Maxime auf seinem monotheistischen Weltbild, das entscheidende Leitmotiv bei seinem Handeln war der Islam selbst. Er betrachtete die gesamte Schöpfung als einen „Organismus"[597]:

> „But *tauhid* as a world-view in the sense I intend in my theory dividing it into this world and the hereafter, the natural ant the supernatural, substance and meaning, spirit and body. It means regarding the whole of existence as a single form, a single living and conscious organism, possessing will, intelligence, feeling and purpose."[598]

Somit distanzierte sich Schariati von der allgemeinen Betrachtungsweise des Begriffes *tauhid* als einer religionsphilosophischen Theorie der Einheit Gottes und fasste die universale Einheit der Existenz, die Einheit von Gott, der Natur und den Menschen unter dem Begriff *tauhid* zusammen. Demnach dulde diese Einheitslehre keinerlei Differen-

---

594   Ebenda. S. 81 f.

595   Ali Şeriati: Anne baba biz suçluyuz [Mutter, Vater wir sind schuldig]. Istanbul 2004.

596   Siehe dazu Ibrahim Düsuki Şita: Dr. Şeriati ve „Öze Dönüş" Teorisi [Dr. Schariati und die Theorie der „Rückkehr zum wahren Sein"]. In: Edisyon (Hrsg.): Dünyada Ali Şeriati. Istanbul 1998. S. 243 ff.

597   Ihsan Eliacık: Ali Şeriati: Düsünce dünyası, cağrısı ve misyonu. In: Mustafa Yılmaz (Hrsg.): Ali Şeriati Yıllığı. Sizi rahatsız etemeye geldim. Kocaeli 2009. S. 61.

598   Ali Shari'ati: On the Sociology of Islam. Berkeley 1979. S. 82.

zen. Sie könne zudem auch auf den Bereich von Mensch und Gesellschaft übertragen werden; so müssten sich „Klassen, territoriale, rassische, nationale oder ökonomische Widersprüchlichkeiten"[599] der Einheitlichkeit unterordnen.

Schariatis Ansätze über den *tauhid* bildeten auch die Grundlage für die drei wichtigen Gesellschaftswissenschaften, nämlich die Soziologie, die Anthropologie und die Geschichtsphilosophie, wobei sich seine monotheistische Weltanschauung daraus resultierend manifestierte.[600]

Seine soziologische Perspektivierung spiegelte sich in fast all seinen Werken wider. Aus diesem Grund können die meisten davon zur „zeitgenössischen islamisch-soziologischen Literatur"[601] gezählt werden, denn Schariatis Ziel war die Entwicklung einer von der islamischen Lehre ausgehenden Religionssoziologie. Um dies jedoch gewährleisten zu können, fing er damit an, die gängige Terminologie der Religionssoziologie durch islamische Begriffe zu ersetzen. Er war davon überzeugt, dass die einfache Übernahme und Wiederholung der westlichen Begrifflichkeiten aufgrund ihrer Kontextlosigkeit in den jeweiligen muslimischen Gesellschaften keine Nutzen mit sich brächten. So stellte er sich selbst die Aufgabe: „Since my field of study is the sociology of religion ant the project is connected with my work, I have to tried to codify a kind of sociology of religion based on Islam and drawing on the terminology of the Qur'an and Islamic literature."[602] Mit dieser Herangehensweise, indem er also die klassisch islamischen Termini neu bewertete, gelang es Ali Schariati, neue Themen und Begriffe bezogen auf die Geschichte, die Soziologie und die Humanwissenschaften aus dem Koran abzuleiten. Auch verfolgte er den vergleichenden Ansatz mit anderen Kulturen und Zivilisationen, um letztlich eine „universale Sprache"[603] zu etablieren. Um dies besser verdeutlichen zu können, soll der

---

599   Abdol Reza Navah: Der Gegensatz „islamisch–westlich" im Menschenbild zeitgenössischer schiitischer Beiträge im Iran, unter besonderer Berücksichtigung von Motahhari und Schariati. Kiel 1987. S. 117.

600   Hamid Algar: Bir ideoloji olarak Islam: Ali Şeriati'nin düsünceleri [Der Islam als Ideologie. Die Gedanken Ali Schariatis]. In: Edisyon (Hrsg.): Dünyada Ali Şeriati. Istanbul 1998. S. 104.

601   Kadir Canatan: Ali Şeriati: „Islam Sosyolojisi" ve „Islam Bilim" [Ali Schariati: „Islamische Soziologie" und „Islamische Wissenschaft"]. In: Mustafa Yılmaz (Hrsg.): Ali Şeriati Yıllığı. Sizi rahatsız etemeye geldim. Kocaeli 2009. S. 190.

602   Ali Shari'ati: On the Sociology of Islam. Berkeley 1979. S. 44.

603   Kadir Canatan: Ali Şeriati: „Islam Sosyolojisi" ve „Islam Bilim". In: Mustafa Yılmaz (Hrsg.): Ali Şeriati Yıllığı.

Begriff *hidschra* näher beleuchtet werden: *Hidschra* bedeutet im Grunde genommen Auswanderung und stellte für den Propheten und die damalige muslimische Bevölkerung die
Übersiedlung zum einen von Mekka nach Abessinien und zum anderen von Mekka nach
Medina dar, wobei diejenige nach Medina die kennzeichnendere war, denn fortan wurde
aus einer marginalen Gruppe eine Handelsstadt bzw. eine Weltreligion.[604] Schariati wollte
diese Ereignisse nicht nur auf ihre historische Dimension reduzieren:

> „But from the tone in which migration is discussed in the Qur'an, I came to
> perceive that migration is a profound philosophical and social principle. Then,
> turning my attention to history, I realized that migration is an infinitely glorious
> principle, and that it constitutes a totally fresh topic, one by no means as a simple
> as history and historians have made it out to be. Even the philosophers of history
> have not paid attention to the question of migration as it truly deserves, for migra-
> tion has been the primary factor in the rise of civilization throughout history."[605]

Diese kurze Passage zeigt Schariatis Blickwinkel: Zwar kann kein grundlegendes Schema
in seiner islamischen Soziologie gefunden werden[606], doch seine Betrachtungsweise war
eine soziologische, denn er definierte und systematisierte das muslimische Denken neu
und löste sich dadurch von der traditionellen Vorstellung ab, dass er versuchte, die religiösen Prinzipien in ihrer gesellschaftlichen Bedeutung darzustellen, um die Situation, in der
sich die gesamte muslimische Welt befand, zu ändern bzw. zu verbessern:

> „Up to now, we have not discussed our psychological and social problems at all
> correctly. Sometimes the false impression may arise that we have diagnosed our

---

Sizi rahatsız etemeye geldim. Kocaeli 2009. S. 190.

604   Şamil Ia: Hicret [Auswanderung]. In: Ahmed Ağırakça (Hrsg.): Şamil Islam ansiklopedisi. 2. cilt. Istanbul 1990.
      S. 417 f.

605   Ali Shari'ati: On the Sociology of Islam. Berkeley 1979. S. 44.

606   Bünyamin Doğruer: Ali Şeriati. Istanbul 1998. S. 59.

ills and must now set about curing them, but unfortunately it must be said that we
have not diagnosed our ills."[607]

Er postulierte eine genaue Analyse der eigenen Situation, wobei sein Fokus immer darauf
ausgerichtet war, zuerst die eigene Identität zu kennen, die wiederum auf den Islam zurückzuführen sei. Das vorhandene Islamverständnis müsse also mit einer neuen Herangehensweise bewertet werden. Deswegen entwickelte Schariati eine Methode nicht nur zur
Erschließung der islamischen Lehre, sondern:

„a method that can be applied to every religion. It consists of the identification of
five distinguishing aspects or characteristics of every religion, and then comparing
them with the corresponding features in other religions:
1) the god or gods of every religion; i.e., the entity worshipped by the followers
of the religion.
2) the prophet of each religion; i.e., the person who proclaims the message of the
religion.
3) the book of each religion, i.e., the foundation of the law proclaimed by the
religion, to which it invites men in faith and obedience.
4) the circumstances of the appearance of the prophet of each religion and the
audience to which he addresses himself; for each prophet proclaims his message in
a different fashion. One will address himself to people in general *(al-nas)*, another
to princes and the nobility, and still another to the learned, the philosophers and
the elect. One prophet will thus seek to draw near to established power, while
another sets himself up as an adversary and opponent to established power.
5) those choice individuals each religion nurtures and produces – the representa-
tive figures it has trained and then presented to society and history. In just the
same way that the best method for assessing a factory is to inspect the goods it
produces, and for assessing a plot of land is to examine the harvest it yields, so

---

607   Ali Shari'ati: On the Sociology of Islam. Berkeley 1979. S. 39.

too religion may be regarded as a factory for the production of men, and the men nurtured by each religion constitute the goods it produces."[608]

Aus dieser Vorgehensweise resultierend beschäftigte sich Schariati in seiner Anthropologie auch mit dem islamischen Menschenbild, weswegen er in vielen seiner Texte der grundsätzlichen Frage nachging, wer der Mensch und wie er beschaffen sei. Zwar sind Einflüsse Sartres und Pascals bei Schariati festzustellen, doch sein Menschenbild war ausdrücklich im Koran begründet. Von grundlegender Bedeutung ist die Tatsache, dass sich der Mensch nach Schariati ständig zwischen zwei Polen bzw. Gegensätzen bewege, wie beispielsweise zwischen Gut und Böse, zwischen Himmel und Hölle, zwischen göttlichem Geist und „Faulschlamm"[609]. Der Mensch sei frei in seiner Entscheidungsfindung und demnach selbst verantwortlich für seine Position zwischen diesen beiden Polen. Dementsprechend befinde er sich in einer ständigen Auseinandersetzung, mithin in einer wandelnden Erneuerung. In Konsequenz handele es sich beim Menschen um einen evolutionären Charakter, denn nach Schariatis Ansicht

„gehören in der Natur Tod und Leben zusammen – sie sind die zwei Seiten einer Medaille. Ein Baum, ein Tier, ein Mensch, ein soziales System, Liebe und mütterliche Zärtlichkeit haben schon während ihrer Entwicklung die Vergreisung und den Tod in sich. Ali sagte: Die Atemzüge eines Menschen sind auch Schritte, mit denen er dem Tod entgegengeht. Der Atem des Lebens schreitet zum Tod."[610]

Ausgangspunkt für Ali Schariatis Geschichtsbild war die Schöpfungsgeschichte des Menschen; ausgehend von seiner dialektischen Darstellung der menschlichen Beschaffenheit übertrug er diese Dialektik auch auf die weitere Entwicklungsgeschichte der Menschheit.[611]

---

608   Ebenda. S. 63 f.
609   So stehen diese Pole als Symbole: Sich im Faulschlamm befinden, bedeutet Erniedrigung, Stagnation und Passivität. Siehe dazu Ali Şeriati: Islam Bilim I-II. Istanbul 2006. S. 43 ff.
610   Ali Shari'ati: On the Sociology of Islam. Berkeley 1979. S. 89.
611   Siehe dazu Bünyamin Doğruer: Ali Şeriati. Istanbul 1998. S. 70 f.

Auf den koranischen Aussagen basierend nahm der Konflikt zwischen Kain und Abel in seiner Theorie des historischen Wandels eine Schlüsselrolle ein, da der Grund für die Ermordung Abels im sozialen Status der Brüder liege. In ihrer Entwicklung seien sie den gleichen Einflüssen und Gegebenheiten ausgesetzt gewesen, die einzige Ausnahme stelle ihre gesellschaftliche Stellung dar: Aus der Sicht Kains repräsentiere Abel als Viehhirte die klassenlose Gesellschaft, die Unabhängigkeit des Menschen vom Boden, des kommunen Lebens und des gesellschaftlichen Eigentums. Kain hingegen vertrete als Ackerbauer den Besitzer des privaten Eigentums, der sowohl vom Boden als auch von der Herrschaft von anderen abhing.[612] Schariati bewertete diese Ereignisse als einen „objektiven"[613] Konflikt, „der zum Vorbild für alle folgenden Kämpfe wurde, die ebenfalls objektiver Natur sind."[614] Schariati war der Meinung, dass die gängigen Koraninterpretationen in der Erläuterung der Mordmotive Kains zu kurz fassten, da sie seine Handlungsweise auf seine triebgesteuerten Bedürfnisse zurückführten, doch Schariati betrachtete dieses Ereignis als den „Ursprung"[615] für die Geschichtsphilosophie. Diese Auseinandersetzung zwischen zwei Individuen enthalte eine historische Dimension, eine historische Dialektik, denn sie symbolisiere einen fortlaufenden historischen Kampf nicht nur zwischen zwei Menschen und zwei Gesellschaften, sondern auch zwischen zwei Weltanschauungen.[616]

Als Grund für die Spaltung der Gesellschaft zwischen der beherrschten und der herrschenden Klasse gab er – stark beeinflusst von Marx – das Privateigentum an, denn „erst der Besitz machte die Brüder zu Feinden, die Gleichen zu Ungleichen"[617]. Den bestimmenden Faktor in ihrer Beziehung bildete die Frage nach der Macht, die im Laufe der Zeit in wirtschaftliche, rechtliche und erbschaftliche Macht umgeformt worden sei.[618]

---

612 Siehe dazu Ali Şeriati: Islam Bilim I-II. Istanbul 2006. S. 57.

613 Ebenda.

614 Mahmod Rambod: Religion und Gesellschaft bei Ali Schariati. Ein Beitrag zur modernen Interpretation des schiitischen Islam in Iran. Tübingen 1987. S. 144.

615 Bünyamin Doğruer: Ali Şeriati. Istanbul 1998. S. 71.

616 Vgl. dazu Hamid Algar: Bir ideoloji olarak Islam: Ali Şeriati'nin düşünceleri. In: Ediyson (Hrsg.): Dünyada Ali Şeriati. Istanbul 1998. S. 107.

617 Ali Şeriati: Hacc [Hadsch]. Istanbul 2006. S. 125.

618 Ali Şeriati: Öze dönüş. Istanbul 1999. S. 431 f.

Das Privateigentum als Basis des historischen Wandels blieb nach Schariati unverändert, gewandelt habe sich lediglich der Überbau einer Gesellschaft[619].

Die Grundlage für Schariatis Geschichtsbild bildete zum einen die klassenlose Gesellschaft der Gleichheit und des Friedens, in der Abel als Repräsentant fungierte, und zum anderen die Hervorhebung dieser goldenen Zeit der menschlichen Kultur, die letztlich aus dem *tauhid* hervorgehen konnte. Somit stand nach Schariati der *tauhid* auch am Anfang der Geschichte des Glaubens. Erst im Laufe der Zeit habe er sich in Polytheismus, Dualismus usw. umgewandelt.[620] Die Einheit von Gott, Natur und Mensch, zusammengefasst unter dem Begriff *tauhid*, ist die Grundlage der Geschichte und der gesellschaftlichen Wirklichkeit, mithin der Kern von Schariatis ontologischem Denken.[621] *Tauhid* als „endloses Thema"[622] bildete demnach auch das Fundament für seine Soziologie, Anthropologie und Geschichtsphilosophie mit der klar formulierten Zielsetzung, eine ideale Gesellschaft und parallel dazu den idealen Menschen zu schaffen. Die ideale Gesellschaft setzte er mit dem islamischen Fachausdruck *umma* gleich, denn nach einer etymologischen Analyse des Begriffes könnten weder Rasse noch Nation oder Klasse die Grundlagen einer *umma* darstellen. Vielmehr müssten die Formulierung einer gemeinsamen Zielsetzung und deren konkrete systematische Umsetzung im Fokus der Betrachtung stehen[623]:

„While other expressions denoting human agglomerations have taken unity of blood or soil and the sharing of material benefit as the criterion of society, Islam, by choosing the word *umma*, has made intellectual responsibility and shared movement toward a common goal the basis of its social philosophy."[624]

---

619   Siehe dazu Mahmod Rambod: Religion und Gesellschaft bei Ali Schariati. Ein Beitrag zur modernen Interpretation des schiitischen Islam in Iran. Tübingen 1987. S. 144 f.

620   Ali Şeriati: Islam Bilim I-II. Istanbul 2006. S. 71.

621   Ihsan Eliacık: Ali Şeriati; Düsünce dünyası, cağrısı ve misyonu. In: Mustafa Yılmaz (Hrsg.): Ali Şeriati Yıllığı. Sizi rahatsız etemeye. Kocaeli 2009. S. 61 ff.

622   Mahmod Rambod: Religion und Gesellschaft bei Ali Schariati. Ein Beitrag zur modernen Interpretation des schiitischen Islam in Iran. Tübingen 1987. S. 145.

623   Siehe dazu Ali Şeriati: Islam Bilim I-II. Istanbul 2006. S. 63 f.

624   Ali Shari'ati: On the Sociology of Islam. Berkeley 1978. S. 119.

In diesem Zusammenhang erwähnte Ali Schariati, dass die Frage des *imamat*, also der Führung, eine wesentliche Rolle einnehme, da sich die *umma* auf „die Reinheit des ‚Führungsprinzips'"[625] stütze, jedoch beschränkte Schariati dies nicht auf den Führer, denn dies münde in den Faschismus. Die wahre Bedeutung des *imamat* beziehe sich hingegen auf eine engagierte und revolutionäre Führung, die die Verantwortung für die Entwicklung der Gesellschaft auf der Grundlage der eigenen Weltanschauung tragen müsse. Ziel dabei wiederum sei es, auch die göttliche Bestimmung des Menschen in der Schöpfungsgeschichte zu realisieren.[626] Letztlich könne der ideale Mensch eben aus der Mitte dieser *umma* entspringen.[627] Mit dieser Ansicht brachte Schariati nicht nur eine neue Perspektive in die gängigen schiitischen Auffassungen, sondern distanzierte er sich gleichzeitig von diesen, denn sie schrieben zwar dem Imam heilige Attribute und eine halbgöttliche Existenz zu und praktizierten eine stark emotionalisierte Erinnerungskultur, doch hätten diese Vorstellungen keinerlei Auswirkungen auf die Tätigkeiten, auf das Verhalten oder auf die Lebensweise der Menschen. Deswegen interpretierte Ali Schariati auch das Warten auf den letzten Imam *(mahdi)* anders, da er diese Zeitspanne nicht mit Passivität oder dem emotionalisierten Leiden füllen wollte, sondern im Gegenteil währenddessen eine „gerecht-gläubige Gesellschaft"[628] aufgebaut werden sollte. Im Grunde genommen versuchte er, eine Synthese zwischen dem schiitischen Prinzip der Verfügung *(vesayet)* und dem sunnitischen Prinzip der Beratung *(schura)* herzustellen, da beide einerseits sinnvoll und logisch und andererseits auf die gesellschaftlichen Zustände zur Zeit des Propheten zurückzuführen seien.[629]

Schariatis Ausgangssituation war der Zustand der „Dritten Welt": Geprägt vom Imperialismus, von der kolonialen Ausbeutung, von der Rückständigkeit und von der kollektiven Unwissenheit wollte er Mittel und Wege finden, um diese Situation zu ver-

625 Ebenda.
626 Ebenda. S. 120.
627 Ebenda.
628 Hamid Algar: Bir ideoloji olarak Islam: Ali Şeriati'nin düsünceleri. In: Edisyon (Hrsg.): Dünyada Ali Şeriati. Istanbul 1998. S. 107.
629 Siehe dazu auch Fevzi Zülaloğlu: Geleneksel ulema ve laik aydınlar arasında Ali Şeriati [Zwischen traditionalen Gelehrten und laizistischen Intellektuellen Ali Schariati]. In: Ekin Yayınları (Hrsg.): Islam mücadelede öncü şahsiyetler [Führende Persönlichkeiten in der islamischen Auseinandersetzung]. Istanbul 2009. S. 364.

ändern. Nicht die westlichen Ideologien, sondern eine aus den ausgebeuteten Ländern hervorgegangene „Ideologie"[630] sollte die angestrebte Loslösung und Unabhängigkeit ermöglichen. Dabei verfolgte er – gegen den zeitgenössischen Trend der Verwestlichung – den Weg, die traditionalen Werte in Frage zu stellen, um nicht nur die blinde Übernahme der westlichen Werteordnung zu verhindern, sondern um auf die bestehenden Missstände in den eigenen Reihen aufmerksam zu machen. Seine Grundhaltung enthielt eine in sich schlüssige Kritik und hatte zum Ziel, eine Grundlage zu errichten, auf deren Basis ein gerechter Dialog geführt werden kann. So erwartete er von einem aufrichtigen Menschen, auch wenn er von einer bestimmten Weltanschauung überzeugt sei, dass er bei der Untersuchung und Vorstellung von anderen Religionen und Ansichten im Allgemeinen in der Lage sein müsse, eine „nichtoppositionelle"[631] Haltung einzunehmen. Von dieser methodischen Grundeinstellung ausgehend entwickelte Schariati sein Grundverständnis.[632]

Werden die unterschiedlichen Ansätze des Denkers verglichen, so ist augenscheinlich, dass er auf der „Suche nach Neuem"[633] war, denn er stellte aufgrund seiner Perspektivierung gängige Interpretationen in Frage, indem er alte Themen mit neuen Fragestellungen neu bewertete. So war es auch kein Zufall, dass er den Begriff „Islamische Renaissance"[634] prägte. Damit bezog er sich auf die Erneuerungsbewegungen, die sich während der 200-jährigen Untergangsgeschichte entwickelt hätten. Der Denker wies daraufhin, dass sowohl Al-Afgani als auch Abduh zwar eine Bewegung hinsichtlich der Befreiung und Erneuerung in die Wege geleitet hätten, jedoch müssten diese weiterentwickelt und -geführt werden, denn Ali Schariati war davon überzeugt, dass die Anfänge solch einer Bewegung beim Volk liegen müssten und dass die vorherigen Ansätze diese Tatsache zu wenig berücksichtigt hätten.[635]

---

630   Bülent Sahin Erdeğer: Ali Şeriati: Kazanımın ve gelişimin öğretmeni [Ali Schariati: Lehrer des Verdienstes und der Entwicklung]. In: Ekin Yayınları (Hrsg.): Islam mücadelede öncü şahsiyetler. Istanbul 2009. S. 340.

631   Ali Şeriati: Dinler Tarihi. Istanbul 2004. S. 9.

632   Ebenda.

633   Ihsan Eliaçık: Ali Şeriati: Düşünce dünyası, çağrısı ve misyonu. In: Mustafa Yılmaz (Hrsg.): Ali Şeriati Yıllığı. Sizi rahatsız etemeye geldim. Kocaeli 2009. S. 71.

634   Ali Şeriati: Tarihi sorgulamak [Die Hinterfragung der Geschichte]. Istanbul 2005. S. 23 ff.

635   Ali Şeriati: Yarının Tarihine Bakış [Die Sichtweise auf die zukünftige Geschichte]. Istanbul 1998. S. 152.

Aus dieser Sichtweise heraus versuchte er mit der einfachen Fragestellung „Wo fangen wir an?"[636] einen Weg zu finden, um die Probleme der kolonialisierten Länder anzugehen. Er betonte dabei, dass diese konkrete Formulierung keine ideologische Ausrichtung beinhalte, sondern es sich vielmehr um ein strategisches Vorgehen handele[637]. In einer Periode der gesellschaftlichen Veränderung versuche der Mensch, seine Situation zielgerichtet zu ändern, wobei hier der Aspekt des Widerstandes im Fokus aller sozialen, ökonomischen, menschlichen und auch gedanklichen Begebenheiten zu stehen habe.[638]

So bezog er seine Analysen sowohl auf die afrikanischen als auch auf die asiatischen Gebiete, da sie alle von dem Charakteristikum des aufgeklärten Zeitalters, nämlich von der „Universalisierung der Ausbeutung"[639,] betroffen seien. So bedeute dies nicht nur den Zusammenprall zwischen der neuen Zivilisation und der so genannten Dritten Welt, sondern führe gleichzeitig dazu, einen Prozess einzuleiten, der unter dem Stichwort Fortschritt in den traditionell strukturierten Ländern eine Zivilisation nach europäischen Vorbild entwickele[640]. In diesem Punkt appellierte der Soziologe, zwischen zwei Begriffen zu unterscheiden, nämlich zwischen rückständigen oder sich im Fortschritt befindlichen Ländern. Eine genauere Betrachtungsweise der Strukturen jedes einzelnen Landes steigere naturgemäß das Wissen über sie, und „sie kennen, bedeutet uns selbst zu kennen"[641]. So bestand seine Hauptkritik darin, dass die Fortschrittsbemühungen direkt nach der Kontaktaufnahme mit der europäischen Zivilisation dadurch eingeleitet worden seien, dass man die Organisationsformen der modernen Gesellschaften in blinder Nachahmung übernommen habe. Als Beispiel für solch eine Entwicklung nannte Ali Schariati die Türkei und betonte, dass zwar innerhalb von vier Jahren eine organisatorische Umstrukturierung nach dem westlichen Vorbild vollzogen worden sei, es aber innerhalb dieser Zeitspanne unmöglich gewesen sei, die Basis einer Gesellschaft zu verändern. Dies sei auch der Grund dafür, dass Widersprüchlichkeiten, Unstimmigkeiten und Zerwürfnissen

---

636 Ali Schariati: Wo fangen wir an? Bonn 1982.
637 Ebenda. S. 5.
638 Ali Şeriati: Öze dönüş. Istanbul 1999. S. 41 f.
639 Ali Şeriati: Medeniyet Tarihi II. Ankara 1998. S. 13.
640 Ebenda. S. 74.
641 Ebenda.

entsanden seien, die sich insbesondere in alltäglichen gesellschaftlichen Ereignissen widerspiegelten (wie beispielsweise bei den sozialen und familiären Beziehungen oder auch bei den Diskussionen um die Feiertage). In diesem Kontext stellte für ihn auf lange Sicht auch das Verhältnis zur Vergangenheit ein Problem dar, denn zum einen bedeute diese Nachahmung einen Bruch mit der eigenen Geschichte und zum anderen führe sie zu Veränderungen des Geistigen. Ambivalenzen entstünden auch dadurch, dass anders als im Westen für eine zeitgleiche Veränderung sowohl der Organisation als auch der Basis einer Gesellschaft entsprechende Entwicklungsstufen fehlen würden. Aus dieser Perspektive heraus vertrat er die Ansicht, dass Asien zwar eine Vergangenheit besitze, doch nicht im Besitz einer Gegenwart sei.[642]

Ali Schariatis Ausgangspunkt bei diesen Ausführungen war es, die kolonialisierten Länder von den imperialen Mächten zu befreien. Um dies jedoch realisieren zu können, müssten zwei weitere Fragen formuliert werden: „Wer soll etwas anfangen?" und „Wofür?"[643]. Bei der Beantwortung dieser Fragen sind für den Soziologen die Aufgeklärten Schlüsselfiguren, da sie in der Lage seien, sich den Herausforderungen der Zeit zu stellen und gleichzeitig eine Brücke zwischen den Intellektuellen und dem Volk zu bauen. An dieser Stelle muss erwähnt werden, dass Schariati zwischen Aufgeklärten, Intellektuellen sowie . Akademikern differenzierte und die Meinung vertrat, dass nur die Aufgeklärten in der Lage seien, durch den Aufbau eines Kommunikationskanals zum einfachen Volk die Massen zu mobilisieren, um somit eine gesamtgesellschaftliche Veränderung einleiten zu können. Er vermerkte auch, dass insbesondere seit den einsetzenden Modernisierungstendenzen ein Bruch zwischen den Gelehrten und dem Volk entstanden sei, mithin deren Auseinanderleben im sozialen Miteinander zu verzeichnen sei.[644]

Um die Wichtigkeit der Rolle der Aufgeklärten in Ali Schariatis Ansatz besser verstehen zu können, fasste er seine Vorstellungen über sie folgendermaßen zusammen:

---

642 Ebenda. S. 78.

643 Ali Schariati: Wo fangen wir an? Bonn 1982. S. 5.

644 Ali Şeriati: Öze dönüş. Istanbul 1999. S. 186.

„Der Aufgeklärte muss sich auf sein kulturelles Erbe besinnen, sich seiner gesellschaftlichen Verantwortung voll bewusst sein, dem Volk die realen Gegensätze
der Gesellschaft bewusst machen, bereit sein, wie die Propheten aufzuklären, zu
führen und den Bezug zwischen seinen Handlungen und den objektiven Gegebenheiten seiner Gesellschaft herstellen, er muss sich darüber im Klaren sein, dass
es den universellen Aufgeklärten mit allgemein anerkannten Fähigkeiten nicht
gibt. Er muss aus den bitteren Erfahrungen der Vergangenheit lernen, wohin die
Verwechselung der Ziele und Herstellung falscher Zusammenhänge führen kann,
und dass die Bekämpfung der Religion in Nachahmung der europäischen Aufgeklärten die Entfremdung und die Isolation der Aufgeklärten zur Folge hatte und
das Volk in die Arme der gefährlichen reaktionären und volksfeindlichen Kräfte
getrieben wurde."[645]

Ali Schariati forderte von dem oder der einzelnen Aufgeklärten, sich seiner oder ihrer
Aufgabe zu stellen, um letztlich mit Zuhilfenahme der Religion – was nicht nur konkrete
Vorstellungen über sie voraussetze, sondern auch den kulturellen Hintergrund einschlie-
ßen müsse – die Menschen zu befreien und zu führen. Das bedeutet, sowohl Überzeugungen und Ideale zu vermitteln als auch über die Gründe für die Rückständigkeit der
muslimischen Gesellschaften mit seinen moralischen Komponenten aufzuklären.

Schariati konkretisierte seine Gedanken, indem er dem Protestantismus, der im europäischen Mittelalter die erstarrten Denk- und Gesellschaftsstrukturen mittels der Religion erschüttern und zu einem neuen Denken bewegen konnte, einen von ihm geforderten so genannten islamischen Protestantismus[646] entgegensetzte, denn nur so könne eine
Wiederbelebung der muslimischen Gesellschaften eingeleitet werden.[647]

---

645   Ali Schariati: Wo fangen wir an? Bonn 1982. S. 32.
646   Ebenda. S. 34.
647   Schariati war der Ansicht, dass der (europäische) Protestantismus nicht in der Lage sei, seine gesamten Kapazitä-
        ten auszuschöpfen, und somit gezwungen sei, Christus auf einen Engagierten und Freiheitsliebenden zu reduzie-
        ren, der sich nur weltlicher Angelegenheiten annehme. Siehe dazu ebenda.

Die konkreten Vorstellungen über die wiederbelebte Gesellschaft fasste der Soziologe zusammen, indem er davon sprach, Fähigkeiten zu erlangen, die letztlich von den Aufgeklärten eingeführt und durchgesetzt werden müssten:

Im ersten Schritt sollten die geistigen Bestände gesichtet und neu bewertet werden, da sie die Grundlage für eine gesamtgesellschaftliche Bewegung darstellen würden. Als nächstes galt es, die Massen gezielt über die herrschenden Klassengegensätze aufzuklären. Der dritte Schritt sah vor, eine Brücke der Verständigung zwischen den Intellektuellen und den breiten Massen zu errichten, damit die Religion seinem Zweck, dem Leben zu dienen, wieder gerecht werden könne. Dadurch würden in der vierten Stufe die Kräfte geschwächt, welche die Religion zur eigenen Machtstabilisierung instrumentalisieren. Als fünftes sollte gemäß dem Denker eine religiöse Renaissance eingeleitet werden, die durch die Rückbesinnung auf die eigene Kultur mittels der Religion die gesellschaftlichen Zustände erneuern solle. Im letzten Schritt schließlich seien der Stillstand bzw. die Rückständigkeit durch eine offensive und kritische Protesthaltung zu überwinden und dadurch die vorhandenen ungenutzten Energien freizusetzen, deren Zielpunkt die Entfesselung der befreienden Bewegung sei. Doch um dies realisieren zu können, müssten „die Aufgeklärten zum geläuterten Glauben zurückfinden und die Volksmassen ein starkes und fortschrittliches Selbstbewusstsein entwickeln […] – denn diese brauchen das Selbstbewusstsein und jene den Glauben"[648].

Die Persönlichkeit Ali Schariatis hat bis heute in der muslimischen Welt ihren Platz, denn er zählt zu den wichtigsten muslimischen Denkern des 20. Jahrhunderts. Ihm wird nicht nur eine besondere Rolle als einer der entscheidenden Theoretiker der „islamischen Revolution" im Iran zugeschrieben[649], sondern er beeinflusste durch seine spezifische und innovative Perspektivierung bereits zu seinen Lebzeiten das Denken vieler Muslime und wirkte sowohl durch seine Theorien als auch durch seine praktischen Tätigkeiten[650] als Vorbild – insbesondere für die kritische junge Generation[651]:

---

648 Ebenda. S. 35.

649 Hamid Algar: Islâm devriminin kökleri [Die Wurzeln der islamischen Revolution]. Istanbul 1988. S. 99-113.

650 Abdulkerim Suruş: Dinî düşüncenin yeniden kurulsması ve Dr. Ali Şeriati [Die Neuerrichtung des religiösen Denkens und Dr. Ali Schariati]. Ankara 1989. S. 10 ff.

651 Siehe dazu Hans-Peter Schreiner, Kurt Becker, Wolfgang Freund: Der Imam. Islamische Staatsidee und revoluti-

„Er gehörte zu den Wissenschaftlern, die bereit waren, die Erkenntnisse ihrer Forschung in die praktische Tat umzusetzen. Nichts war ihm verhasster als theoreti-
sieren um der Theorie willen. Die kritische Distanz zur Wissenschaft verstand er
nicht als Passivität; die aus Wissenschaft und Forschung gewonnenen Erkenntnisse waren für ihn verpflichtend."[652]

An dieser Stelle muss jedoch auch erwähnt werden, dass Ali Schariati aufgrund seiner
Vorgehensweise und Interpretationen bereits von seinen Zeitgenossen, aber ebenso nach
seinem Tod durchaus stark kritisiert wurde. Nicht nur von der traditionell geprägten schiitischen Denkschule, sondern auch viele Sunniten lehnten ihn und seine Lehren grundsätzlich ab: „Ohne Zweifel wurde er in der sunnitischen Welt als Schiit, in der schiitischen
Welt als Sunnit, im Westen als Fundamentalist, im Osten als Modernist bezichtigt, wobei
es notwendig ist, Schariati nach dem koranischen Maßstab zu bewerten."[653]

Ali Schariatis Werk entfaltete seine Wirkung bei vielen anderen Denkern – ob diese
ihm nun zustimmten oder ablehnend gegenüberstanden. Der Soziologe hatte aber auch
seinerseits zahlreiche Vorbilder, von denen er sich inspirieren ließ. Zu diesen gehört Muhammad Iqbal, dessen Leben und die wichtigsten Aspekte seines Denkens nun zusammenfassend dargelegt werden sollen.

Muhammad Iqbal – ein großes Vorbild Ali Schariatis

Allama Muhammad Iqbal wurde in Sialkot im indischen Pandschab geboren. Seinen Geburtstag datierte er in seinen Frühwerken verschiedentlich; einer „zuverlässigsten Angabe
zufolge"[654] wurde er am 9. November 1877 als Sohn einer Familie aus einfachen Verhältnissen geboren. Aufgrund ihrer Frömmigkeit wurde seine geistige Entwicklung bereits

---

onäre Wirklichkeit. St. Michael 1982. S. 57.

652 Ali Schariati: Zivilisation und Modernismus. Bonn 1980. S. 5.

653 Bülent Şahin Erdeğer: Ali Şeriati: Kazanımın ve gelişimin öğretimeni. In: Ekin Yayınları (Hrsg.): Islam mücade-
     lede öncü şahsiyetler. Istanbul 2009. S. 350.

654 Annemarie Schimmel: Muhammad Iqbal. Prophetischer Poet und Philosoph. München 1989. S. 13.

früh geformt[655]. In seiner Heimatstadt besuchte er die schottische Missionsschule, außerhalb seiner Schulzeit erhielt er auch eine klassisch-islamische Ausbildung.[656] In Lahore nahm er dann das Studium der Philosophie auf und erhielt 1905 ein Stipendium in Cambridge, wo er Philosophie und Jura studierte. Nach der Beendigung seines Studiums reiste er 1908 nach Deutschland und promovierte in München über das Thema „Die Entwicklung der Metaphysik in Persien"[657]. Iqbals Dissertation stellt eine Zusammenfassung der gesamten iranischen Religionsgeschichte von Zarathustra bis zu den Bahais dar.[658] Bereits zu diesem Zeitpunkt wurde auf sein tiefgründiges Wissen, insbesondere in den Bereichen Rechtswissenschaft, Geschichte und Literatur hingewiesen, bezogen sowohl auf die östliche als auch auf die westliche Zivilisation.[659] Nach seiner Rückkehr nach Lahore unterrichtete Iqbal an der Universität Philosophie und englische Literatur und praktizierte bis 1934 „auf Befehl des Magens"[660] als Rechtsanwalt.[661] Auch beschäftige sich Muhammad Iqbal mit den aktuellen Belangen der muslimischen Bevölkerung und setzte sich gegen die Rückständigkeit ein, in der sich die muslimische Welt befand, indem er auf Konferenzen und Kongressen an die Zurückbesinnung auf den Islam und an die Einheit der Muslime appellierte.[662]

Bereits in seinen frühen Jahren verfasste Muhammad Iqbal Gedichte in Urdu und Persisch. Sein erster Gedichtband wurde 1915 veröffentlicht, 1922 wurde ihm für seine besonderen dichterischen Leistungen der Titel Sir verliehen.[663] In diesem Zusammenhang sollte auch erwähnt werden, dass Iqbal von der deutschen Literatur und insbesondere von

---

655 Siehe dazu Ali Nihat Tarlan: Ikbal'in terceme- i hali [Iqbals Übersetzungsfähigkeit]. In: Muhammed Ikbal: Şarktan Haber [Nachricht aus dem Osten]. Istanbul 2006. S. 11.

656 Selâhaddin Yaşar: Muhammed Ikbal. Hayatı, sanatı, mücadelesi [Sein Leben, seine Kunst, seine Auseinandersetzung]. Istanbul 2007. S. 26.

657 Sir Muhammad Iqbal: Die Entwicklung der Metaphysik in Persien. Bonn 1982.

658 Annemarie Schimmel: Muhammad Iqbal. Prophetischer Poet und Philosoph. München 1989. S. 19.

659 Muhammad Münevver: Ikbal ve kur'ânî hikmet [Iqbal und die koranische Weisheit]. Istanbul 1995. S. 32.

660 Annemarie Schimmel: Muhammad Iqbal. Prophetischer Poet und Philosoph. München 1989. S. 19.

661 Abdülkadir Karahan: Dr. Muhammed Ikbal ve eserlerinden seçmeler [Dr. Muhammad Ikbal und eine Auswahl aus seinen Werken]. Istanbul 1984. S. 21.

662 Selâhaddin Yaşar: Muhammed Ikbal. Hayatı, sanatı, mücadelesi. Istanbul 2007. S. 37.

663 Silvia Kaweh: Ali Schariati interkulturell gelesen. Nordhausen 2005. S. 26.

Goethe begeistert war: „Das Vaterland Goethes hat einen immerwährenden Platz in meiner Seele gefunden."[664]

Der Philosoph, Dichter und Jurist Iqbal war außerdem in der Politik aktiv. So übernahm er 1930 den Posten des Präsidenten der indischen „Muslim-Liga". Er setzte sich für Idee der Trennung von Indien und Pakistan ein[665], da er in einem selbständigen Pakistan die einzige Lösung für den muslimischen Teil der indischen Bevölkerung sah. Er könne sich dadurch auf seine eigene Religion zurückbesinnen, um dann seine eigene Zivilisation zu entwickeln. Iqbal traf in seiner Funktion als Präsident der Muslim-Liga die entscheidenden Vorbereitungen für die Gründung Pakistans[666] und wurde aus diesem Grund als „der geistige Vater Pakistans"[667] bezeichnet. Der Politiker Iqbal spielte eine wichtige Rolle für die indischen Muslime, da er zweimal (1931 und 1932) zur *Round Table Conference* in London eingeladen wurde, um die indische Frage zu klären. Er wurde zum Vizepräsident des „Islamischen Kongresses" in Jerusalem ernannt und besuchte in diesem Amt verschiedene Staaten, auch viele arabische Länder. Für den Schah von Afghanistan arbeitete er auch als politischer Berater. So errang Iqbal nicht nur durch seine politischen Aktivitäten, sondern auch durch seine dichterische Meisterschaft und seine visionäre Kraft schon zu Lebzeiten einen internationalen Wirkungsgrad.[668]

Von einer Atemwegserkrankung inklusive Lungenentzündung konnte er sich nicht wieder erholen[669]. Er starb am 21. April 1938, wurde in Lahore begraben, und seitdem ist sein Grab zu einer Pilgerstätte für Millionen Menschen geworden.[670]

Die Persönlichkeit Muhammad Iqbals beeindruckte auch Ali Schariati, der ihn zu seinen größten Vorbildern zählte, da Iqbal als „Symbol"[671] für die Überwindung der Prob-

---

664 Zitiert nach Annemarie Schimmel: Muhammad Iqbal. Prophetischer Poet und Philosoph. München 1989. S. 20.

665 Abdülkadir Karahan: Dr. Muhammed Ikbal ve eserlerinden seçmeler. Istanbul 1984. S. 21. S. 69.

666 Selâhaddin Yaşar: Muhammed Ikbal. Hayatı, sanatı, mücadelesi. Istanbul 2007. S. 128.

667 Fateh Muhammad Malik: Einführung. In: Muhammad Iqbal: Die Wiederbelebung des religiösen Denkens im Islam. Berlin 2010. S. 7.

668 Selâhaddin Yaşar: Muhammed Ikbal. Hayatı, sanatı, mücadelesi. Istanbul 2007. S. 69.

669 Celal Soydan: Ikbal'e dair [Über Iqbal]. In: Muhammed Ikbal: Aşk ve tutku. On uzun manzume [Liebe und Leidenschaft. Zehn lange Gedichte]. Ankara 2003. S. 10.

670 Annemarie Schimmel: Muhammad Iqbal. Prophetischer Poet und Philosoph. München 1989. S. 44.

671 Ali Şeriati: Biz ve Ikbâl [Wir und Iqbal]. Istanbul 2006. S. 13.

leme der muslimischen Welt im 20. Jahrhundert gesehen werden könne. Dadurch, dass er seine intensive Vertrautheit mit der westlichen und mit der östlichen Kultur für die eigene Entwicklung nutzbar machte, verkörperte Iqbal das ideale Beispiel des modernen Muslim. Er überzeugte nicht nur mit seinen Ansichten, sondern auch mit seiner Lebensweise.[672] Vor allem auf seine Persönlichkeit bezogen, betonte Ali Schariati, dass Muhammad Iqbal sich als „Östler und Muslim"[673] seiner Verantwortung bewusst gewesen sei und in diesem Sinne auf den verschiedensten Ebenen weiterentwickelt habe: „Er besitzt das Herz vom Osten und die Vernunft des Westens."[674]

Werden die Themenschwerpunkte im Schaffen von Schariati und Iqbal verglichen, sind viele Gemeinsamkeiten in der Auswahl der rezipierten Werke und in deren Auslegung zu finden. Für Iqbal wie für Schariati stellen der Koran und die *sunna* die Basis ihrer Quellen dar. Aufgrund seines hohen interdisziplinären Wissens gelang es Iqbal, neue Perspektiven aufzuzeigen sowie neue Modelle zu entwickeln, die sich auf staatstheoretische, philosophische und wirtschaftliche Bereiche bezogen.[675]

Im Fokus seiner Beschreibungen schrieb Iqbal dem Menschen einen besonderen Stellenwert zu. Mit seinem geistig-spirituellen Potential unterscheide er sich von allen anderen Geschöpfen, weswegen er als Stellvertreter Gottes auf Erden bezeichnet wurde. Aus dieser Einsicht heraus stand auch bei Muhammad Iqbal die Erziehung des Menschen im Mittelpunkt.[676] Iqbal beschäftigte sich in diesem Zusammenhang mit der Wiederbelebung der muslimischen Welt, so dass auch er auf dem islamischen Prinzip des „permanenten Wandels"[677] die muslimische Bevölkerung ihre frühere Dynamik wiedergewinnen lassen wollte.[678] Als Grund für den Untergang des Osmanischen Reiches und die Rückständigkeit in den muslimischen Gesellschaften gab Iqbal die Identitätsproblematik an,

---

672   Ebenda. S. 7.
673   Ebenda. S. 15.
674   Ebenda. S. 25 f.
675   Muhammad Münevver: Ikbal ve kur'ânî hikmet. Istanbul 1995. S. 33.
676   Ebenda. S. 27.
677   Fateh Muhammad Malik: Einführung von Fateh Muhammad Malik. In Muhammad Iqbal: Die Wiederbelebung des religiösen Denkens im Islam. Berlin 2010. S. 7.
678   Annemarie Schimmel: Sir Mohammad Ikbal. Leiden 1963. S. 112.

die aus der Existenz eines falschen Menschenbildes hervorgegangen sei. Der Muslim solle seine wahre Identität wiederfinden, um sich dann neuen Einsichten und Untersuchungen zu widmen.[679] Dabei stand der freie Wille des Menschen im Mittelpunkt seiner Betrachtungen, der Mensch habe die Aufgabe, sein eigenes Schicksal in die Hand zu nehmen und sein Leben aktiv zu gestalten, wobei die Hingabe zu Gott von zentraler Bedeutung sei:

„Und der Empfänger göttlicher Erleuchtung ist nicht ein lediglich passiver Empfänger. Jede Tat eines freien Ego schafft eine neue Situation und eröffnet so weitere Möglichkeiten schöpferischer Entfaltung."[680] Deshalb stelle das gesamte Leben einen dynamischen Prozess dar, der sich im Spannungsfeld zwischen dem Guten (Gott) und dem Bösen (Satan) abspiele, weshalb der Mensch seine Situation stets reflektieren muss[681].

In seinen politischen Ansichten lehnte er Ideologien wie den Nationalismus, den Kommunismus oder auch den Kapitalismus ab, da sie grundsätzlich das Religiöse verneinen. Iqbal war davon überzeugt, dass der Idealmensch nur im gemeinsamen Handeln mit Gott seine Persönlichkeit vollenden könne: „Gott schuf die Nacht: die Aufgabe des Menschen, als des zweiten Schöpfers, ist es, die Lampe zu formen."[682] Auch der Idee des Säkularismus widersprach der Philosoph, da der Islam als Lebensweise alle Lebensbereiche umfasse und Iqbals religiöses Grundverständnis mit seiner Gesellschaftsordnung untrennbar verbunden ist. Der islamische Staat solle dann die Aufgabe übernehmen, „das Spirituelle in einer menschlichen Organisation zu verwirklichen"[683]. Der Grundzweck des Islam bestehe außerdem darin, eine Gesellschaft zu etablieren, die alle Menschen unter den Aspekten „Gleichheit, Solidarität und Freiheit"[684] achte und respektiere. Daraus resultierend war Iqbal auch gegen die Theokratie. Vielmehr solle die politische Autorität von der gesamten Gesellschaft ausgeübt werden, die mittels des allgemeinen Wahlrechts die Verantwortung an ihrer gewählten Mitglieder delegiere. Die politischen Mechanis-

---

679   Siehe dazu Muhammad Iqbal: Die Wiederbelebung des religiösen Denkens im Islam. Berlin 2010. S. 122-151.

680   Ebenda. S. 151.

681   Siehe dazu Ahmet Albayrak: Muhammed Ikbâl sözlüğü [Muhammad Iqbals Wörterbuch]. Istanbul 2005. S. 98 ff.

682   Annemarie Schimmel: Buch der Ewigkeit von Muhammad Ikbal. München 1957. S. 15.

683   Siehe dazu Muhammad Iqbal: Die Wiederbelebung des religiösen Denkens im Islam. Berlin 2010. S. 183.

684   Fateh Muhammad Malik: Einführung. In: Muhammad Iqbal: Die Wiederbelebung des religiösen Denkens im Islam. Berlin 2010. S. 11.

men und Institutionen sollten den jeweiligen Bedürfnissen und Notwendigkeiten der Gesellschaft angepasst werden, wobei Iqbal immer wieder für die Unantastbarkeit der „freien Wahl" plädierte.[685] Nach seiner Ansicht müsse das kollektive System nicht nur die Unverletzlichkeit des Individuums gewährleisten, sondern ihm auch die Option der spirituellen Entwicklung bieten. Zwar wies der Denker den territorialen Nationalismus grundsätzlich zurück, jedoch stellte er das Konzept eines muslimischen Nationalismus auf, der auf die Einheit der Menschheit abzielte: „Die Weisheit des Westens bewirkt die Teilung von Nationen. Und die Weisheit des Islam trachtet nach nichts anderem als der Einheit der Menschheit."[686]

Hauptthema und Ausgangspunkt seiner Vorstellungen stellte das Thema der Liebe zu Gott dar: Wie auch bei Schariati, sollen ideale Muslime aufgrund ihrer Überzeugungen und ihrer Liebe zu Gott ihre Ideale und Grundwerte ausleben und somit in die Tat umsetzen. Nicht nur mit seiner dichterischen Kunst, sondern auch mit seiner gesamten Lebensweise versuchte Iqbal Veränderungen in der muslimischen Welt einzuleiten:

> „Die heutigen Muslime sollen ihre Lage zu schätzen wissen, ihr soziales Leben im Lichte der letzten neu zu gestalten und aus dem bisher erst teilweise offenbarten Zweck des Islam jene spirituelle Demokratie zu entwickeln, die das höchste Ziel des Islam ist."[687]

Anhand dieser kurzen Einführung zur Person Iqbals wird deutlich, dass ihn die Belange und vor allem die Zukunft der muslimischen Gesellschaften intensiv beschäftigten und er auch der Frage nachging, wie eine gesellschaftliche Ordnung im 20. Jahrhundert im Sinne der islamischen Lehre aussehen könnte.

So soll nun Ali Schariatis Bewertung des Themenkomplexes Islam und Moderne mit seinen wichtigsten Parametern näher beleuchtet werden:

---

685   Ebenda. S. 13.
686   Zitiert nach ebenda. S. 19.
687   Muhammad Iqbal: Die Wiederbelebung des religiösen Denkens im Islam. Berlin 2010. S. 208.

Zivilisation

Mit dem Zitat: „Zivilisation ist der geeignete Ort für die Entfaltung und Entwicklung jeder Begabung"[688] stellte Ali Schariati die Zivilisation als Fundament für die Weiterentwicklung und Vervollkommnung des Menschen dar. Ausgehend von dieser grundlegenden Verortung des Begriffes hänge der Zivilisierungsgrad eines Menschen von der Förderung und Entwicklung seiner Begabungen ab; sie müsse zum einen zu einer Veränderung des Menschen und zum anderen zu einer höheren Stufe seines Seins führen. So dürfe Zivilisation nicht als etwas Absolutes betrachtet werden, da sie weder etwas Materielles noch etwas Fassbares impliziere, sondern eine „geistige Angelegenheit"[689] sei, deren Zustand über die Denkweisen, die Art der Rezeption und über den Wissensstand ihrer Individuen Aufschluss gebe. Insofern könne „die indische Zivilisation nicht weniger Wert als die amerikanische Zivilisation"[690] haben.

Um eine genauere Bestimmung gewährleisten zu können, untersuchte er den arabischen Begriff für Zivilisation (madaniyat), dar den gleichen Wortstamm wie das arabische Wort für Stadt (madina) hat. So gelangte er zu der Frage, inwiefern ein Zusammenhang zwischen dem Phänomen Stadt und der Entwicklung einer Zivilisation bestehe. Zwar bedeute ein solcher Bezug nicht, dass die Stadtbevölkerung stets zivilisiert sein müsse oder dass allein die Existenz einer Stadt zwingend zu einer Zivilisation führe, doch sei Zivilisation zunächst in den Städten aufgekommen, da dort dem Mensch die Möglichkeit geboten werde, sich zu entfalten. Um eine Stadt errichten zu können, sei ein gewisser Grad an Zivilisierung notwendig, und durch die Verstädterung werde im Gegenzug die Zivilisierung vorangetrieben, so dass die Beziehung zwischen Stadt und Zivilisation wie die Entwicklung von einem Teilchen zum Ganzen zu sehen sei.[691]

Des Weiteren betonte Ali Schariati das prinzipielle Erfordernis, Zivilisation und Modernisierung begrifflich klar voneinander abzugrenzen. Die kolonial konnotierte Pro-

---

688 Ali Şeriat: Medeniyet ve modernizm [Zivilisation und Modernismus]. Istanbul 1998. S. 43.
689 Ebenda.
690 Ebenda.
691 Ali Şeriat: Medeniyet Tarihi I [Geschichte der Zivilisation I]. Ankara 1998. S. 15.

paganda wie auch die einheimischen Intellektuellen verwendeten die Begriffe synonym. Seine Hauptkritik in diesem Punkt bestand darin, dass diese Gleichsetzung die tiefere Bedeutungsebene des Begriffes Zivilisation aushöhlen würde, da als wichtigster Faktor während des Prozesses der Zivilisierung die Ansammlung materieller Güter markiert worden sei. Zwar betonte Schariati die Einrichtung von Hilfsmitteln, die im Wesentlichen das Alltagsleben erleichtern sollen und durchaus notwendig seien. Ebenso vertrat er die Ansicht, der Mensch müsse sich den neuen Gegebenheiten anpassen. Doch dürfe sich der Mensch an sich nicht verändern. Der fundamentale Unterschied zwischen dem Modernisierten und dem Zivilisierten bestehe eben gerade darin, dass im ersten Fall eine formale Modifikation vorliege und im zweiten Fall hingegen eine klare Umwandlung der Ansichten und Vorstellungen unabdingbar sei. Diese auf die Gesamtgesellschaft bezogenen Fehldeutungen könnten nur korrigiert werden, wenn die Intellektuellen sich der Aufgabe stellen würden, die richtige Bedeutung und den wahren Inhalt der Begriffe zu definieren. Bezogen auf die persische Sprache sah er seine Pflicht darin, sowohl die arabischen als auch die westlichen Wörter, die teilweise unverändert übernommen und in die persische Sprache integriert worden seien, neu zu bestimmen. Er beanstandete insbesondere die Haltung der Intellektuellen, die Begriffe im Alltag zu verwenden, ohne sie kritisch zu hinterfragen. Schariati beharrte deshalb so auf diesem Punkt, weil er davon ausging, dass die falsche Verwendung der Wörter langfristig nicht nur die Sprache negativ beeinflussen, sondern sich auch in den moralischen Aspekten widerspiegeln und so zu einem Teil der Lebensweise werde.[692] Aus makrosoziologischer Perspektive bewertete er die Verbreitung der Begriffe mit falschen Bedeutungsebenen als Wegbereiterin für das Verderben einer Gesellschaft, denn dafür, wie eine Gesellschaft entstehe und sich weiterentwickle, seien die Gedanken und das Verhalten ihrer Individuen maßgeblich.

Umso bedeutender sei die Pflicht eines jeden Intellektuellen, sich dieser aufklärerischen Aufgabe zu stellen. Allerdings erörterte er an dieser Stelle den Unterschied zwischen akademisch Gebildeten und Intellektuellen: Nicht die akademischen Grade seien entscheidend, sondern die selbst entwickelten Ideen und Denkmuster, da sie dazu füh-

---

692 Ali Şeriati: Medeniyet ve modernizm. Istanbul 1998. S. 45.

ren können, eine neue Kultur zu etablieren und in der Folge eine neue gesellschaftliche Ordnung sowie letztlich eine Zivilisation entstehen zu lassen. Um diesen Ansatz besser nachvollziehen zu können, muss Schariatis Charakterisierung der Intellektuellen näher beleuchtet werden, die immer in Abgrenzung von Akademikern behandelt wurde[693]. Die Funktion der akademisch Gebildeten bestehe darin, „das Gute für den Menschen"[694] zu gewährleisten bzw. sicherzustellen, der oder die Intellektuelle hingegen müsse dem Menschen das „eigentliche Wahre"[695] übermitteln, da er oder sie als „Wissenselement"[696] die Verantwortung für die Gesellschaft mit übernehmen solle.

Schariati zählte exemplarisch Persönlichkeiten aus der Geschichte auf, die durch ihre neue Geisteshaltung die jeweilige Gesellschaft entscheidend verändert hätten: Jesus für die christliche Kultur; Muhammad, Ali und Abu Dharr für die islamische Kultur und Bacon für die westlich-moderne Zivilisation. In Bezug auf die westliche Zivilisation sei es nicht ausreichend, innovative Köpfe wie zum Beispiel Einstein zu haben, vielmehr sei im Zivilisationsprozess die Vermittlung neuer Denkstrukturen ausschlaggebend, da er nur durch eine neue Glaubensüberzeugung eingeleitet und etabliert werden könne. In diesem Kontext spiele die Kunst eine entscheidende Rolle. Die verschiedenen Bereiche der Kunst seien das Produkt der Gesellschaft, die Gesellschaft hingegen das Produkt, der in ihr vorhandenen Überzeugungen.[697] In einer Umgebung, in der die Entstehung und Entwicklung von Fähigkeiten ungezwungen gefördert würden, würde auch der Raum für neue Kunstrichtungen und Innovationen geschaffen. Daher sei es einerseits die Pflicht der Intellektuellen, solche neuen Glaubensstrukturen in der Gesellschaft zu begründen andererseits müsse in ihr das Volk die eigenen Verantwortung kennen, was allerdings bedinge, sich selbst zu kennen. Wenn die oder der Einzelne nicht wisse, woher sie oder er stamme und warum sie oder er lebe, könne nicht von einer Zivilisierung gesprochen werden, auch wenn alle wichtigen Instanzen einer grundlegenden Veränderung unterworfen würden,

---

693   Siehe dazu Ali Şeriati: Öze dönüş. Istanbul 1999. S. 183-189.
694   Ebenda. S. 183.
695   Ebenda.
696   Ebenda.
697   Ali Şeriati: Medeniyet ve Modernizm. Istanbul 1998. S. 47.

denn „Zivilisation bedeutet nicht Technik, Mode, Wissenschaft, falscher Schein und ein besonderes Verhalten"[698]. Sein Augenmerk richtete Schariati auf die Rolle der Kultur: Sie stelle nämlich den Kern der Zivilisation dar und sei dementsprechend das wichtigste Merkmal hinsichtlich der Zivilisierung. Kultur sei etwas Spezielles und Zivilisation besitze einen eher allgemeinen Charakter. „Im Allgemeinen" definierte Schariati Kultur als die Summe aller geistigen und materiellen Werte, die im Verlauf der Geschichte in einer Gesellschaft entstünden. Wenn jedoch Kultur als etwas Dynamisches aufgefasst werde und im Fokus der Bewertung die Absichten und Ziele stünden, dann sei Kultur „jede Bemühung, die auf dem Weg der gesellschaftlichen Bereicherung und der Persönlichkeitswerdung aufgewendet wird"[699]. Der kulturelle Ausbau im Sinnes dieses doch weitgefassten Kulturbegriffes hänge dementsprechend von vielen verschiedenen Faktoren ab wie beispielsweise von traditionellen Denkstrukturen, Glaubensvorstellungen, Empfindungen, Wissensbeständen und dem vorhandenen Verständnis von Weisheit, wobei der Soziologe den Prozess der Zivilisierung als sozial geschaffen und als ein aus den gesellschaftlichen Kräften und Verhältnissen entstandenes Ergebnis betrachtete.

Eine Zivilisation werde insbesondere durch folgende Faktoren beeinflusst. Als Erstes erwähnte der Soziologe die gesellschaftlichen Zwänge, die aus dem sozialen Leben hervorgehen und ihrerseit die Gesellschaft dazu antreiben, sich weiterzuentwickeln. Als zweiten wichtigen Faktor nannte Ali Schariati den Gesellschaftsvertrag im Sinne Rousseaus, den er als „Quelle"[700] für das Entstehen einer Zivilisation bezeichnete. Weiterhin bildeten die materiellen und geistigen Bedürfnisse der Menschen, die bei der Formierung einer Zivilisation zu einer zweigleisigen Entwicklung führten. Viertens wies er schließlich Angriff und Verteidigung eine thetische Rolle im Zivilisationsprozess zu: Angriff verstand er als These, die Verteidigung als Antithese und die Zivilisation als Synthese beider.

So vertrat er die Ansicht, dass im Grunde genommen nur unter zwei (extremen) landschaftlich-gesellschaftlichen Konstellationen keine Zivilisation entstehen könne: zum einen in fruchtlosen, trockenen Gebieten, die von Menschenhand nicht urbar gemacht

---

698   Ebenda.
699   Ebenda. S. 48.
700   Ali Şeriati: Medeniyet Tarihi I. Ankara 1998. S. 20.

werden können, und zum anderen in Gebieten, die so fruchtbar und ertragreich sind, dass kein Eingreifen in die Natur (also die geographische Gegebenheiten) erfolgen müsse, bzw. in denen alle Menschen zu einem Stamm gehörten (Faktor der Abstammung bzw. der Stammeszugehörigkeit).[701]

Der Denker beschrieb auch die Folgen des Kolonialismus. Er bezog sich dabei auf Hegel, der die Ansicht vertrat, dass einem Volk, welches aufgrund des vorhandenen politischen und gesellschaftlichen Systems nicht über den weiteren Verlauf seines Schicksals entscheiden könne, auch die Möglichkeit einer schöpferischen Gestaltung entzogen sei. Durch die Ausbeutungspolitik seien nämlich nicht nur der Inhalt und alle Elemente der jeweiligen Kultur einer Gesellschaft, sondern auch alle Grundbausteine einer Regierung und einer politischen Ordnung, mithin die Voraussetzung für das Aufkommen und Etablieren einer Kultur, vernichtet worden. Exemplarisch erwähnte Schariati die Verdrängung der arabischen Sprache in dem von Frankreich kolonialisierten Algerien. In diesem Zusammenhang sollte verdeutlicht werden, dass Ali Schariati den Kolonialismus an sich als auf ökonomische Pfeiler gestützte Ausbeutungspolitik betrachtete. Aus diesem Grund sei es unmöglich, Ausbeutung in Gut und Böse einzuteilen. Der Soziologe fasste die Strategie der Kolonialmächte folgendermaßen zusammen: Sie hätten in den kolonialisierten Gesellschaften ein Bewusstsein von der eigenen Rückständigkeit implantiert, was die Rückkehr zu den eigenen Wurzeln nachdrücklich erschwert habe. Denn somit sei nicht nur ein entscheidender Bruch mit der eigenen Geschichte vollzogen, sondern diese sei zudem als „wild"[702] abgewertet worden. Schlussfolgernd verliere der Mensch durch die Ausbeutungsstrategie zum einen seine Selbstachtung, und zum anderen bestehe kein Raum für die Entfaltung des freien Denkens. Ausgehend von der Vorstellung, dass Zivilisation die Einheit aller gesellschaftlichen Zwecke und Gedanken sowie die Voraussetzung technischer Innovationen bilde, beende die Ausbeutung – gleich welcher Art sie ist – die Existenz der jeweiligen Zivilisation. Das koloniale Versprechen der Zivilisierung durch die Kolonialherren könne nicht eingehalten werden, da dem einheimischen Volk die Erschließung der westlichen Errungenschaften in den Bereichen Naturwissenschaften,

---

701   Ebenda. S. 21.
702   Ali Şeriati: Medeniyet ve modernizm. Istanbul 1998. S. 50.

Technik und Wissenschaften vorenthalten werde. Aus dieser Perspektivierung heraus beschäftigte sich Schariati mit der Frage, ob in dieser Situation die Etablierung einer Zivilisation möglich sei. Seine Antwort fiel negativ aus. Die eingeleiteten Transformationsprozesse könnten dies nicht ermöglichen, denn in den ausgebeuteten Gesellschaften existierten keine gemeinsamen Wertvorstellungen. Stattdessen seien „zahllose, kunterbunte"[703] Werte vorhanden, die durch fehlende gesellschaftliche Akzeptanz degenerierten und in einen Prozess der Unproduktivität fielen. Zur genaueren Beschreibune zog er das Phänomen Kultur heran. Sie bilde in erster Linie die Einheit der künstlerischen Formen, die die Charakteristika eines Volkes widerspiegelten. Externe Faktoren, die den eigenen Bedürfnissen und Interessen dienen sollten, könnten angepasst und verändert werden, jedoch sei dies innerhalb der Ausbeutungspolitik nicht praktizierbar, da darin ein Zustand der Blockade und der Widerstandslosigkeit vorherrsche.

Japan beispielsweise stünde unter dem Leitsatz „Der dialektische Ausgleich der Bedürfnisse"[704], allerdings betonte Schariati, dass Japan seine Freiheit innehatte und im Vordergrund das Handeln nach den eigenen Bedürfnissen stand.

Eine weitere Katastrophe, die mit kolonialer Besetzung einhergehe, sei der Perspektivenwechsel in den Denkweisen und -strukturen. So werde die Welt nicht nur neu bewertet, sondern darüber hinaus der Bezug zur eigenen Geschichte verzerrt. Im Resultat würde die eigene „historische Kühnheit"[705] zerstört und die Selbstachtung ginge verloren.

In seiner Beschäftigung mit der Frage, wie Zivilisationen entstünden und welche Faktoren bei diesem Prozess eine Rolle spielten, lieferte Ali Schariati einen historischen Abriss über die verschiedenen Thesen, wobei er zwischen alten und neuen unterschied. Bei den älteren Postulaten betonte er die geschichtsphilosophische Perspektivierung. Er ging auf die einzelnen Faktoren des Zivilisationsprozesses ein und bewertete sie bezogen auf die muslimische Welt.

Er beschrieb die verschiedenen Ansichten darüber, welche Faktoren für die Etablierung einer Zivilisation ausschlaggebend waren. Er kritisierte sie durchgehend für den Feh-

---

703   Ebenda. S. 52.
704   Ebenda. S. 52.
705   Ebenda. S. 53.

ler, in dem Bemühen, eine Erklärung für die Regelhaftigkeit des Fortschrittes zu finden, diese auf die Erscheinungsformen des Lebens jedes Einzelnen zu übertragen.[706]

Schariati hielt den aufgeklärten Menschen und die Zivilisation für Angelpunkte der neueren Theorien. Obwohl der evolutionistische Ansatz der westlichen Welt einer grundlegenden Kritik unterworfen werde, beruhe die Bewertung des Individuums gemäß den europäischen Denkern noch auf keinem wahren Gleichheitsansatz. Zwar gebe es Bemühungen, die Gleichheit der Menschen durch partizipatorische Elemente zu stärken, die insbesondere in den Bereichen Musik, Kunst und Sport zu finden seien, doch würden die Gesellschaften weiterhin in zivilisiert und unzivilisiert eingeteilt und es gelte das Postulat, dem westlich-europäischen Vorbild zu folgen und sich diesem unterzuordnen. Sartre zitierend sah Schariati die einzige Möglichkeit, wahre Gleichheit aller Menschen herbeizuführen, darin, dass sich die Gesellschaften auf ihre eigenen Ursprünge und Werte zurückbesinnen müssen, denn nur so könne ein Gleichgewicht etabliert werden:

„Deswegen muss jeder zu seiner eigenen Wurzel, zu seiner eigenen Gesellschaft zurückkehren. Und wir müssen ein Niveau erreichen, in dem sowohl ich denken kann als auch der Europäer; in dem sowohl ich produziere und verbrauche als auch der Europäer; in dem sowohl ich eine Religion besitze als auch der Europäer. Erst dann können wir als zwei Menschen (nicht als Herr und Diener) uns zusammentun und über die Etablierung der menschlichen Einheit gemeinsam nachdenken. Alles andere als diese Haltung bedeutet Verrat hinsichtlich des Einheits- und Gemeinschaftsdenken und ist deswegen verboten. Denn solange wir keine eigene Kultur und keine eigene Persönlichkeit besitzen, bedeutet das Ausbleiben des Zusammenschlusses mit den Europäern, dass der Europäer dadurch im Vorteil ist und andere einen Schaden davontragen."[707]

In diesem Kontext setzte er für die Umsetzung das Schlagwort Regionalismus in den Mittelpunkt seiner Erörterung. Den Fokus richtete er darauf, die Persönlichkeit zu konstitu-

706 Ebenda. S. 54 f.
707 Ebenda. S. 97.

ieren, wofür es eine essentielle Voraussetzung sei, sich zur eigenen Geschichte und somit auch zur eigenen Identität hinzuwenden.

Modernisierung

Ali Schariatis Einschätzungen des Themenkomplexes Modernisierung bezogen sich nicht nur auf das Verhältnis zwischen dem Westen und der „Dritten Welt", sondern er kritisierte in diesem Zusammenhang auch die vorhandenen Zustände in der muslimischen Welt. Seine Hauptkritik am Prozess der Modernisierung war jedoch, dass im Namen von Modernisierung, Zivilisation und Fortschritt die rückständigen Länder seitens des industrialisierten Westens vereinnahmt wurden. Und so stellte er die zentrale Frage, „in welchem Verhältnis Modernismus zur Zivilisation steht"[708]. Dabei wollte er mit seiner rhetorischen Fragestellung betonen, dass im Grunde genommen im Namen der Zivilisation der Modernismus präsentiert und in diesem Kontext die Zivilisierung der rückständigen Gesellschaften vorangetrieben worden sei. So hätten die europäischen Mächte die Begriffe Zivilisation und Modernismus gleichgesetzt, indem sie die letzten 100 bis 150 Jahre unter der Zielsetzung, „die ideale Zivilisation"[709] zu formieren, die Aufgabe der Modernisierung der nichteuropäischen Gesellschaften übernommen hätten. Ali Schariati beschäftigte insbesondere die Analyse, warum die Intellektuellen und Gebildeten der rückständigen Gesellschaften dieses Problem nicht erkannt hätten. Bevor er die Gründe für diese Situation erklärte, erachtete er es für notwendig, drei Begriffe zu erläutern.

Als Erstes versuchte er eine allgemeine Definition für das Wort Intellektueller zu formulieren:

„Ein Intellektueller ist derjenige, der sich über seine menschliche Situation in einem geschichtlichen und gesellschaftlichen Zeitabschnitt bewusst ist. Dieses Bewusstsein hat ihm das Verantwortungsgefühl verliehen; dieser selbstbewusste

---

708 Ali Schariati: Zivilisation und Modernismus. Bonn 1980. S. 11.
709 Ali Şeriati: Medeniyet ve modernizm. Istanbul 1998. S. 12.

Mensch ist ein Verantwortungsbewusster, der die Funktion wissenschaftlicher, sozialer und revolutionärer Führung seiner Gesellschaft übernimmt."[710]

Des Weiteren erläuterte er den Fachausdruck Assimilation, wobei er schon zu Beginn seiner Ausführungen erwähnte, dass dieser Begriff den Ausgangspunkt vieler Diskussionen und Probleme bei den Nichteuropäern bzw. auch Muslimen bilde, doch führte er den Punkt nicht weiter aus, sondern erklärte ihn auf einfachste Weise. Assimilation bedeute die beabsichtigte oder auch unbeabsichtigte Anpassung einer Person an die vorhandenen Strukturen. Schariati konnotierte Assimilation stark negativ. Er bezeichnete sie als Krankheit, die sich schrittweise bis zu dem Punkt verbreitet, wo der Einzelne weder seine Persönlichkeit bzw. Identität noch seine Eigenschaften kenne:

„Um sich von persönlichen, sozialen und nationalen Eigenschaften zu entfernen, passt er sich weitgehend und mit großer Akribie bedingungslos den anderen an, damit er sich von der Schande, die er verspürt, befreien und an jeglicher Würde und Erhabenheit, die er den anderen zuschreibt, teilhaben kann."[711]

Darauffolgend erläuterte er den Terminus Alienation, der nach Schariati als Selbstentfremdung übersetzt werden kann und den Verlust der eigenen Identität sowie die Übernahme von etwas anderem meine, wobei unterschiedliche Arten dieser Entfremdung existieren und verschiedene Faktoren diese Verunstaltung begünstigen würden. In jedem Fall gehöre zu den Ursachen das Werkzeug bzw. eine bestimmte Form der Arbeit, mit der der Mensch ständig beschäftigt sei. Als Exempel gibt er die Fließbandarbeit an einer Maschine an.

Die „Orientale[n] – Iraner, Inder, Afrikaner, Muslime"[712] – waren jedoch nicht von dieser Art der Selbstentfremdung betroffen, vielmehr bezog sich das Leiden, „welches

---

710 Ali Schariati: Zivilisation und Modernismus. Bonn 1980. S. 12.
711 Ebenda.
712 Ebenda. S. 17.

noch härter und gefährlicher"[713] war, auf die kulturelle Entfremdung, die durch die koloniale Beherrschung eingeleitet wurde und durch die blinde Transformation der westlichen Güter entstand. Dieses Entfremdung bezeichnete Schariati als „psychische Verirrung der Persönlichkeit der Nichteuropäer, die in Wirklichkeit etwas anderes sind als sie fühlen, denn sie fühlen in sich einen anderen"[714].

Erst nach diesen Ausführungen äußerte Schariati sich zur Modernisierung. Sie „ist: Die Veränderung der Traditionen, die Umstellung des materiellen Verbrauchs von alt auf neu, weil das Alte von den Verbrauchern selbst produziert wurde, und das Neue von den Maschinen des 18., 19. und 20. Jahrhunderts"[715]. Genau genommen bedeutete für ihn Modernisierung, den Konsum bzw. das Konsumverhalten zu modernisieren, und der sich modernisierende Mensch verbrauche demnach neue und moderne Produkte: „Modernisierung worin? Im Verbrauch – nicht im Denken; Tradition, worin? In der Form des Verbrauchs."[716] Diese Umgestaltung impliziere jedoch eine bestimmte Lebensweise, da durch den Import der Produkte aus Europa die Schaffung neuer Verbrauchermodelle notwendig geworden sei. Und um diese neue Lebensweise der modernen Konsumierenden realisieren zu können, wurde der Prozess der Modernisierung mit dem Prozess der Zivilisierung gleichgesetzt. Dadurch arbeiteten die Betroffenen freiwillig an ihrer Modernisierung mit, denn der Wunsch nach ihr wurde als eine neue Kultur unter dem Namen der Erneuerung aller Welt erweckt. Um Asien und Afrika als neue Absatzmärkte zu gewinnen, sei es für Europa unausweichlich gewesen, auch den Geist einer Nation und die Denkweise einer Gesellschaft zu verändern. Ganz gleich, welche Arten von Denkstrukturen vorhanden waren, der Modernismus sei zur *wirksamsten Waffe* geworden, um die nichteuropäischen Länder von ihrer eigenen ursprünglichen Religion, der eigenen ursprünglichen Denkweise und ihren Eigenheiten zu lösen. Europa habe sich den Prozess der Modernisierung im globalen Kontext als Pflicht auferlegt, das heiße im gleichen Moment, dass die identitätsstiftenden Elemente einer Gesellschaft abgeschafft

---

713 Ebenda.
714 Ebenda. S. 20.
715 Ebenda. S. 27.
716 Ebenda. S. 30.

bzw. ausgetauscht werden müssten: „Religion, Geschichte, Kultur als Summe der geistigen Werte der Gedanken und des künstlerischen und literarischen Schaffens geben einer
Gesellschaft ihre Identität. Sie müssen alle zerstört werden."[717] Die eigene Identität und
somit auch die eigene Persönlichkeit seien degradiert, automatisch die europäische er-
höht worden. Dabei spiele insbesondere die von Seiten Europas suggerierte Dreiteilung
der Weltbevölkerung eine Rolle:

> „Eine Rasse, die denken kann, das ist nur die europäische – von der Antike bis
> heute –, eine Rasse, die nur gefühlsbetont ist und Gedichte schreibt – das ist die
> orientalische –, sie hat lediglich mystische und übersinnliche Gefühle –, und die
> schwarze Rasse, die gut singen, tanzen und musizieren kann."[718]

Diese ideologische Grundlage der Modernisierung wurde auch von den gebildeten nichteuropäischen Bevölkerungsteilen übernommen, wodurch nach Schariati ein hundertjäh-
riger Kampf zwischen Modernisten und Traditionalisten entfacht worden sei, der von ihm
als einer der „einfältigsten Kämpfe, die die Menschheit je erlebt hat"[719], gewertet wurde.
So siegten die Modernisten und die Modernisierung und wurde von den Gebildeten der
betroffenen Länder fortgeführt. Doch dadurch, dass der Modernismus das Aufgeben der
eigenen sozialen Identität, der eigenen Moral und der geistigen Werte bedeute, bezeichnete Ali Schariati die Verwandlung dieser Menschen zu „durstenden Geschöpfen"[720]. Zwar
kam es zu Veränderungen in den Verbrauchsgewohnheiten, doch bemerkte er, dass die
Denkweisen keine wirkliche Veränderung erfahren hätten, denn durch das Einbüßen der
alten Denkstrukturen und Werte sei ein assimilierter Mensch entstanden, der im Grunde
genommen einen *Pseudodenker* darstelle. In den zu modernisierenden Ländern hätten die
eigentlichen Intellektuellen die Rolle der Vermittelnden zwischen dem Warenlieferanten
bzw. der -lieferantin und der Verbraucherin bzw. dem Verbraucher übernommen und die

---

717   Ebenda. S. 28.
718   Ebenda. S. 29.
719   Ebenda. S. 30.
720   Ebenda. S. 31.

Fähigkeit verloren, aus der eigenen Lage heraus Entscheidungen zu treffen, gar eine eigene Meinung zu besitzen und sie auch zu artikulieren.

Den wahren Grund für solch eine Entwicklung sah Schariati in der fehlenden Menschenwürde: Um blind nachzuahmen, sei es notwendig, die Ebenbürtigkeit abzuschreiben und die Herabwürdigung und Entfremdung anzunehmen. Laut Schariati seien Menschen herangewachsen, die zwar ihre eigene Identität, Kultur und Geschichte nicht kannten, sie aber trotzdem hassten.

Schariati fasste das Ergebnis der Modernisierung folgendermaßen zusammen: „Während der Nichteuropäer froh ist, dass er ein moderner Mensch geworden ist, lacht dem europäischen Kapitalisten und Bourgeois das Herz, dass er der Verbraucher seiner Waren geworden ist."[721]

Hinsichtlich der Auswirkungen der europäischen Industrialisierung und der damit zusammenhängenden technischen Innovationen beschäftigte sich Ali Schariati im besonderen Maße mit dem Verhältnis von Mensch und Maschine. Dabei wies er darauf hin, dass die Maschinen bereits seit dem 19. Jahrhundert nicht mehr als Arbeitshilfsmittel in den alltäglichen Abläufen eingesetzt würden, sondern den gesamten Machtbereich des Menschen angegriffen hätten. Ausgangspunkt seiner Ansichten stellte die Grundbeschaffenheit des Menschen dar, da diesen zwei wesentliche Eigenschaften auszeichneten: zur einen Hälfte besitze er „Arbeitsorgane"[722] (Füße, Hände, Augen, Ohren etc.) und zur anderen Hälfte bestehe er aus Emotionen, dem freien Willen und seiner Gedankenwelt, wobei in der Regel die Organe diesen unterstünden. Seit der industriellen Revolution und der zunehmenden Industrialisierung löste die Maschine nicht nur die Arbeitsorgane des Menschen ab, sondern beherrschte auch die anderen Bereiche der menschlichen Existenz. Zur Veranschaulichung erwähnte der Soziologe, dass der Stift von der Schreibmaschine abgelöst worden sei. Mit dem Stift konnte der Mensch seine künstlerischen Impulse ausdrücken und somit seine Empfindungen, Gedanken und Emotionen widerspiegeln. Mit dem Einsatz der Schreibmaschine trat der menschlich geschaffene Aspekt in den Hintergrund, was bis hin zur Nichtigkeit des Künstlerischen führte. Somit übernahm

---

721 Ebenda. S. 32.
722 Ali Şeriati: Medeniyet Tarihi II. Ankara 1998. S. 15.

der Mensch in seiner Existenz eine neue Funktion: Er ordnete sich dem Mechanismus der Maschine unter und verlor dadurch seinen eigentlichen Wert[723]. Mit der Dominanz der Maschine, den auf Wirtschaftlichkeit beruhenden Werten, den Produktionsmitteln und Arbeitsmitteln veränderten sich sowohl die Bedürfnisse des Menschen als auch seine Grundbeschaffenheit.[724] Dadurch wiederum sehe sich der Mensch in eine Widerstandshaltung hineingedrängt, was ungeordnete Strukturen und Verhältnisse zur Folge habe[725], die Ali Schariati als krisenhaften bzw. krankhaften Zustand der europäischen Gesellschaft zusammenfasste.[726]

Erziehung

Ali Schariati beschäftigte sich in seiner Anthropologie auch mit dem islamischen Menschenbild. Einflüsse Sartres und Pascals sind bei Schariati festzustellen, doch war sein Menschenbild ausdrücklich im Koran begründet. Von grundlegender Bedeutung ist die Tatsache, dass sich der Mensch nach Schariati ständig zwischen zwei Polen bzw. Gegensätzen bewegt, sich also in einer ständigen Auseinandersetzung befindet. Aus dieser wandelnden Erneuerung ergibt sich ein evolutionärer Charakter, denn Schariatis Ansicht ist folgendermaßen:

„Der Mensch ist Kampf, ständige Bewegung. Er ist auf Wanderung – immer ohne Endpunkt, es ist eine Auswanderung aus seinem Selbst, eine Auswanderung vom Faulschlamm zu Gott. Der Mensch ist ein Auswanderer in seiner eigenen Seele."[727]

Obwohl er sich intensiv mit der westlichen Anthropologie auseinandersetzte, betonte er, dass er sich in seiner Analyse auf die koranischen Aussagen stütze: Es müsse zwischen dem Sein *(baschar)* und dem Menschen *(insan)* unterschieden werden. *Baschar* bestimmt unabhängig von Rasse und Herkunft die menschliche Gattung, *insan* bezeichnet den

---

723 Ebenda. S. 16 f.
724 Ebenda. S. 19.
725 Ebenda. S. 26.
726 Ebenda. S. 94.
727 Ali Shari'ati: On the Sociology of Islam. Berkeley 1979. S. 93.

Umstand, dass der Mensch in bestimmten Entwicklungsprozessen Fähigkeiten entwickelt hat, durch die er sich von anderen Geschöpfen unterscheidet. Im Gegensatz zum Sein impliziert dieser Begriff das Werden und schließt drei Charakteristika mit ein[728]:

„Er ist selbstwählend, bewusst und schöpferisch. Alle anderen Eigenschaften des Menschen basieren darauf. Wenn wir die Entwicklungsstufe des Selbstbewusstseins erreichen, können wir selbst wählen. Nach dieser Entwicklung können wir Dinge erschaffen, die die Natur nicht geschaffen hat."[729]

In diesem Zusammenhang wies Schariati allerdings darauf hin, dass der Mensch in seiner Persönlichkeitsentwicklung verschiedenen Zwängen unterliege, von denen zu befreien er sich in seinem Leben bemühen müsse. Das erste Hindernis bezeichnete er als Historismus. Er suggeriere, dass die Entwicklung des Menschen maßgeblich von seiner Geschichte beeinflusst werde. Schariatis grundlegende Kritik bestand darin: „Schon wieder werden meine Eigenschaften ohne meinen Einfluss durch einen anderen Faktor, dieses Mal durch den Historismus, bestimmt. Habe ich eine Wahl? Nein, die Wahl hat schon die Geschichte für mich getroffen."[730]

Die zweite Fessel ist der Soziologismus, dessen Grundgedanke darin bestehe, dass der Mensch in seiner Entwicklung am stärksten von seiner sozialen Umwelt und Ordnung beeinflusst werde. So stellte Schariati fest, dass in dieser Perspektivierung keine Individuen existieren, denn „es gibt kein bestimmtes Ich, jeder ist so, wie er von der Gesellschaft geformt. Er ist kein Mensch, weil er keine eigene Wahl trifft. Mensch ist derjenige, der sagen kann: Ich habe diese aus diesem oder jenem Grund gewählt!"[731]

Der dritte Zwang ist der Biologismus, der zwar versuche, den Menschen aus den Strukturen des Materialismus zu befreien, doch nach diesem Ansatz bestehe der Mensch „aus der Summe der in einem komplexen und weiterentwickelten Gewebe verbunde-

---

728 Ali Schariati: Die vier Gefängnisse des Menschen. Bonn 1981. S. 7 f.

729 Ebenda. S. 10.

730 Ebenda. S. 19.

731 Ebenda. S. 19 f.

nen physiologischen und psychologischen Eigenschaften"[732]. Der Mensch existiert also gemäß den biologisch bestimmten Gesetzen, die im Gegensatz zum Naturalismus und Materialismus dem Menschen eine höhere Stellung zuschreiben, der Biologismus erhebe ihn über die gewöhnlichen Naturerscheinungen. Schariati kritisierte an dieser Stelle die Materie, weil diese dem Menschen sowohl die Freiheit als auch das Selbstbewusstsein abschreibe.

Der Soziologe, so ist zu betonen, stritt den Einfluss der sozialen, materiellen, geschichtlichen, aber auch natürlichen Umstände und Verhältnisse nicht ab, jedoch wies er darauf hin, dass der Mensch sich im Laufe seiner Entwicklung von diesen Abhängigkeiten loslösen könne, denn je weiter er sich entwickle, umso mehr könne er sich von diesen befreien. Auch hob er hervor, dass der Mensch im Laufe seiner Geschichte nicht immer in der Lage gewesen sei, selbst seine Wahl zu treffen.

Wie man sich von diesen Zwängen nun befreien könne, fasste Ali Schariati folgendermaßen zusammen:

„Der Mensch erlangt das Selbstbewusstsein, die Willensäußerung und die schöpferische Kraft durch das Erkennen der Natur, d. h. durch die Wissenschaft, und befreit sich aus dem ersten Gefängnis, dem Gefängnis der Natur. Aus dem zweiten Gefängnis, dem des Historismus, befreit er sich durch die Erkenntnisse, die er aus der Philosophie der Geschichte und den historischen Prozessen gewonnen hat. Aus dem dritten Gefängnis, dem Gefängnis der ihm aufgezwungenen Gesellschaftsordnung, befreit er sich ebenfalls durch die Wissenschaft und baut die Gesellschaftsordnung seiner Wahl auf."[733]

Der vierte und letzte Zwang, der „schlimmste von allen"[734], bestehe darin, dass Menschen zu Gefangenen des eigenen Ich werden. In diesem Fall sei das Individuum ohnmächtiger denn je. Sich von dieser Ohnmacht zu befreien falle dem zeitgenössischen Menschen

732 Ebenda. S. 20.
733 Ebenda. S. 26.
734 Ebenda.

schwerer, als die anderen drei Fesseln abzustreifen, weil er im Gegensatz zu den anderen Gefängnissen die Abhängigkeiten nicht erkenne. Wenn er aber die Erkenntnis erlangt, dann bestehe die Gefahr, dass er sich in einer gewissen Sinnlosigkeit verläuft. Für Schariati gab es nur eine einzige Möglichkeit:

> „In jedem von uns wohnen zwei Persönlichkeiten: die eine lässt sich von Gefühlen leiten und bewundert die moralische und geistige Größe, z. B. Nietzsche, der sein Leben auf's Spiel setzt, um einem Tier zu helfen, um ein Verbrechen nicht mit an-sehen müssen. Die andere lacht über einen solchen Menschen und den dummen Zufall, der dazu führte, dass ein genialer Mensch für ein Pferd geopfert wurde. Selbstverständlich ist es ein schlechter Tausch, einen Philosophen wie Nietzsche gegen ein Pferd einzuhandeln. Die Handlung an sich ist jedoch weder logisch noch unlogisch. Sie steht über logischen Schlussfolgerungen. Sie ist moralisch. Mit der Liebe verhält es sich genauso; wenn wir eine Wahl treffen, um ein Verlan-gen zu stillen, wenn wir jemanden lieben, um wiedergeliebt zu werden, wenn wir einem Menschen Liebe entgegenbringen, um ein Bedürfnis zu befriedigen, haben wir uns auf einen Handel eingelassen. Wahre Liebe bedeutet Bereitschaft, alles zu geben und nichts zu erwarten. Es ist eine unermessliche innere Bereitschaft, zu sterben, damit der andere leben kann. [...]
> Aus diesem vierten Gefängnis, das schrecklich und unüberwindlich zu sein scheint, kann der Mensch kraft der Liebe entkommen. Eine Liebe, die den Men-schen jenseits aller Vernunft und Logik dazu bewegt, sein Selbst zu verleugnen, gegen das eigene Ich zu rebellieren und das eigene Leben zum Wohle des anderen auf's Spiel zu setzen. In diesem Stadium wird der freie Mensch geboren."[735]

In Anlehnung an Descartes, Camus und Gide beschäftigt sich der Soziologe mit der Vor-rangstellung des Menschen gegenüber den Tieren, wobei hier die entscheidenden Aspek-te das menschliche Wissen und sein Wille seien, sich gegen seine Instinkte aufzulehnen

---

735 Ebenda. S. 31 f.

und sie zu überwinden. Denn der Mensch müsse im Gegensatz zu anderen Lebewesen Verantwortung für sein Leben übernehmen.[736] In seiner speziellen islamischen Betrachtungsweise stellt Schariati Gott, die Natur und den Menschen als eine Einheit dar, weil alle einen Ursprung hätten, und „alle bewegen sich und leben mit einem Willen und einem Geist"[737]. Schariati will an dieser Stelle aufzeigen, dass im islamischen System diese drei Elemente auf einer Stufe anzusiedeln und nicht voneinander zu trennen seien. Somit veranlasse die dualistische Veranlagung des Menschen ihn dazu, in seinem Inneren den Kampf zwischen Gott und dem Teufel auszutragen, wohlgemerkt dürfe der Teufel nicht als Gegenpol zu Gott verstanden werden, sondern zum Menschen.[738] Diesen Dualismus versteht der Soziologe als ein dynamisches Prinzip, da der Mensch in seinem Leben ständig in Bewegung und zwischen den beiden Polen auf der Suche nach Vollkommenheit sei. So konzipiert Schariati einen idealen Menschen, den er als Enkel Abels tituliert und der, von ein paar wenigen Ausnahmen abgesehen (Schariati nennt den Propheten Muhammad oder seinen Cousin Ali ibn Abu Talib), eben noch nicht existiert habe. Diese idealtypische Persönlichkeit habe sich von ihren Zwängen mit dem Ziel befreit, sich ihrem Schöpfer nähern zu können. Sie werde auf der Suche nach Gottesnähe nicht von ihrer Umgebung geprägt, sondern vielmehr präge sie jene. In diesem Kontext fasste Schariati seine Gedanken folgendermaßen zusammen: Der ideale Mensch „hat sich durch ‚Unterwerfung gegenüber Gott' von der Unterwerfung gegenüber allen Dingen und allen Menschen befreit"[739]. Aus dieser Perspektivierung heraus muss auch der Freiheitsbegriff verstanden werden: So stehe im Vordergrund nicht die Freiheit, alles tun zu können, was die individuellen Bedürfnisse und Begierden befriedigt, sondern sich von all seinen Zwängen zu befreien, insbesondere von dem eigenen Inneren, um sich somit dem eigentlichen Ziel, sich Gott hinzugeben, widmen zu können. Allerdings bedeute dies nicht, dass der ideale Mensch sich von dem diesseitigen Leben zurückziehen und ein asketisches Leben

---

736   Ali Şeriati: Hacc. Istanbul 2006. S. 215 ff.

737   Ali Şeriati: Islam Bilim I-II. Istanbul 2006. S. 49.

738   Ali Şeriati: Insan [Mensch]. Istanbul 2008. S. 13.

739   Zitiert nach Silvia Kaweh: Ali Schariati interkulturell gelesen. Nordhausen 2005. S. 65.

führen müsse, sondern es gelte, die „Religiosität mit selbstbewusster Kritikfähigkeit"[740] zu verbinden und selbstverantwortlich für sich und seine Umfeld zu handeln:

> „Doch in dieser Religion ist der Mensch ein irdisches Wesen, das zwar aus minder-
> wertigem Stoff geschaffen worden ist, sich jedoch durch die von Gott verliehene
> Kraft in Bewegung setzt, nachdem es die Realitäten der Welt erkannt, Einsicht
> in die objektiven Zusammenhänge genommen und menschliches Bewusstsein
> entwickelt hat. Ein Bewusstsein, das sich auf Erkenntnis stützt und Liebe hervor-
> bringt. [...] Von dort aus steigt der Mensch zum höchsten Gipfel, zur letzten Stufe
> der Vervollkommnung [...] Realismus, ja, nicht als Ziel, sondern als Prinzip, als
> Grundlage für den Aufstieg zu höheren Idealen."[741]

Um die Aufgabe des Menschen noch deutlicher hervorheben zu können, müsse die Aussage des Koran herangezogen werden, wodurch der Mensch als „Stellvertreter Gottes auf
Erden"[742] sich Gott gegenüber unterwerfe, was ihm nach seiner freien Entscheidungsfindung eine klare aktive Partizipation im gesellschaftlichen Leben zuteilwerden lässt.

Ali Schariatis Ansichten zum Thema Erziehung beruhten auf einem empirisch-theo-
retischen Vergleich zwischen traditionell-religiösen und westlich orientierten Erziehungs-
systemen. Grundsätzlich war er der Meinung, dass Erziehung ein untrennbarer Bestandteil der Kultur eines Volkes sei und deswegen auch als Instrument für den Fortbestand
einer Kultur fungiere. Aus diesem Grund bestehe das Erziehungssystem aus einer Reihe
von gesellschaftlichen Idealen, Normen und Wertvorstellungen, die wiederum auf einer
bestimmte Weltanschauung und Kultur basierten. Wäre die Weltanschauung bzw. Kultur von den Werten und Normen getrennt, würde der Zweck der Erziehung zunichte-
gemacht, was sich im Falle blinder Nachahmung selbstmörderisch auswirken werde. Für
Ali Schariati waren Religion und Erziehung eng miteinander verbunden. Insbesondere
die Erhaltung und Förderung der Religion mache nämlich den Zweck der Erziehung aus,

---

740 Ebenda.
741 Ali Şeriati: Hacc. Istanbul 2006. S. 58.
742 Siehe dazu Sure 2:30, vgl. auch Kapitel 3.4 in dieser Arbeit.

und für die Erforschung der menschlichen Entwicklung biete die Erziehung den methodischen Apparat.

In einem historischen Überblick wies der Soziologe auf eine große Krise in der Erziehung seit dem 18. Jahrhundert hin. Sie sei dadurch gekennzeichnet, dass die Vernunft von der Religion getrennt worden sei, dass ihre stützenden Elemente, die Moral und der Glaube, ins Wanken geraten waren. Es bestünde nur noch eine Verbindung zwischen der Wissenschaft und der Vernunft, die Moral wurde unabhängig von Gott bewertet. Und obwohl keine wirklichen innovativen Stützen entworfen wurden, wurde die Moral als Basis der Erziehung deklariert. Aus dieser Entwicklung heraus sei die zeitgenössische Krise eine menschliche:

„Die Krise des heutigen Menschen ist keine wirtschaftliche Krise. In keiner Epoche der menschlichen Geschichte war der Mensch – wie heute – als eine Frage so oft diskutabel wie in unserer Zeit und auch niemals war der Mensch – wie heute – so unfähig, diese Frage zu beantworten."[743]

Zwar sei der Mensch in der Lage, mit Hilfe der Wissenschaften die Natur unter Kontrolle zu bringen und viele Schwierigkeiten zu überwinden, und auch die Beschaffenheit des Menschen selbst könne physiologisch aufgegriffen und in den unterschiedlichen Disziplinen behandelt werden, jedoch seien nur die Philosophie und die Religion fähig zu erklären, welche Eigenschaften der Mensch besitze und wie seine Persönlichkeit zu charakterisieren sei.

Der Bedeutungsverlust dieser beiden berge ein unüberwindbares Dilemma in sich, von dem insbesondere die klassischen Gelehrten betroffen seien. Die Umformung ihrer Rolle habe ihnen Verantwortung entzogen: Mit der Institutionalisierung ihrer Positionen seien sie zum einen in eine ruhige Lage versetzt worden, und zum anderen sei eine Transformation der Religion zur Ideologie eingeleitet worden – mit der Konsequenz, dass sie ihre potentielle Position einbüßten, die insbesondere Bewegung in und zu der Gesellschaft

---

743 Abdol Reza Navah: Der Gegensatz „islamisch–westlich" im Menschenbild zeitgenössischer schiitischer Beiträge im Iran, unter besonderer Berücksichtigung von Motahhari und Schariati. Kiel 1987. S. 182.

bzw. zum öffentlichen Leben bedeutet habe. Obwohl Schariatis Meinung nach die Fragen der wichtigsten Themenbereiche, nämlich des Seins, des Lebens und des Menschen, nur von der Religion beantwortet werden könnten, nähmen sich die Wissenschaften wie die Kunst, die Literatur und auch die Soziologe dieser Themen an, ohne jedoch den religiösen Aspekt dabei zu berücksichtigen:

> „Der heutige Mensch – bezüglich seiner Zielsetzung – ist schwächer als der Mensch von ehedem. Er hat erfahren, dass die Religion ihn in das Mittelalter führte, dagegen die Wissenschaft zur heutigen Technologie. Im Mittelalter wurde der Verstand im Interesse des Papstes und des Kirchentums ausgenützt, und heute wird er im Interesse der Wirtschaft und deren Besitzer (Kaiser) genutzt. In der Vergangenheit war der Mensch Sklave der himmlischen Götter und sein Leben wurde zum Opfer des Paradieses im Jenseits, und in der Gegenwart ist er Sklave irdischer Götter und sein Leben wird zum Opfer eines diesseitigen Paradieses (Konsumleben). Im Mittelalter hatte die Religion keine Erklärung für das Leben und die Natur gehabt, und heute kann auch die Wissenschaft keine eindeutigere Antwort auf den Menschen und die Welt geben. In dieser (gegenwärtigen) Katastrophe hat sowohl der westliche Kapitalismus als auch der östliche Kommunismus das gleiche Schicksal. Mit Dostojewskis Worten: ‚Wenn wir den Gott aus der Welt wegnehmen, dann ist alles erlaubt.‘"[744]

Mit seinen Analysen kam Schariati zu dem Schluss, dass in der damaligen Zeit zwei gegensätzliche Richtungen oder spezifische Grundlagen in der Erziehung existierten, die wiederum aus Bedürfnissen entstanden seien und somit die Ziele der Erziehung charakterisierten. Alle anderen pädagogischen Schulen ordneten sich ideologisch einer dieser beiden unter.

Die erste Richtung bezeichnete er als (den bereits oben erwähnten) Soziologismus, der auf den Vorrang der Gesellschaft vor dem Einzelnen hindeute. Die Gesellschaft sei

---

744   Ebenda. S. 183.

nicht die Summe der in ihr lebenden Menschen, sondern sie stelle den Körper dar, und Menschen nahmen schließlich die Rolle der Zellen und Organe ein. Ali Schariati sprach in diesem Zusammenhang von der Opferung des Menschen, weil er nicht nur ungeformt werden würde, sondern auch nur als Mittel eingesetzt werde. Sein Wert würde nur an der Nützlichkeit festgemacht.

Die andere Richtung fasste Schariati unter dem Begriff Individualismus zusammen. Dabei stehe der Einzelne im Fokus, und die Gesellschaft sei nur eine Summierung der Menschen. Somit werde die Gesellschaft geopfert, und jeder lebe getrennt von den anderen in seiner eigenen Welt.

In seinen Ausführungen nahm der Soziologe auf Durkheims Theorie[745] Bezug und bewertete diese aus eigener Perspektive: Er sprach diesem Ansatz keine Allgemeingültigkeit zu, denn je mehr eine Gesellschaft sich von ihrer traditionellen, religiösen und geschlossenen Form in die moderne, wirtschaftsbezogene und offene Form umwandele, desto schwächer sei die Autonomie des Individuums – und im gleichen Moment würde das Bedürfnis des Einzelnen nach der Gesellschaft und ihren Institutionen stärker werden.

So kam Ali Schariati im seinem Vergleich zu dem Schluss, dass die westliche und die islamische Erziehung unterschiedliche Charakteristika besäßen, welche er durch eine Gegenüberstellung herausarbeitete:

„1. In der westlichen Erziehung ist die ‚Gesellschaft‘ das Hauptproblem, in der islamischen aber der Mensch.

2. Westliche Erziehung strebt nach der ‚Macht‘ (wie Francis Bacon meint), islamische Erziehung sucht aber die ‚Wahrheit‘ (was Bacon für unmöglich hielt).

3. Westliche Erziehung orientiert sich an der ‚Technologie‘ und lehnt sich an sie an, islamische Erziehung orientiert sich an der ‚Ideologie‘.

4. Westliche Erziehung orientiert sich am ‚Profit‘, islamische Erziehung orientiert sich an den ‚Werten‘.

---

745 Siehe dazu ebenda S. 187.

5. Westliche Erziehung orientiert sich am ‚Lernen‘, islamische Erziehung orientiert sich am ‚Erziehen‘ und ‚Entwickeln‘.

6. Westliche Erziehung orientiert sich am ‚gesellschaftlichen Verhalten‘, islamische Erziehung orientiert sich an der ‚menschlichen Moral‘.

7. In der westlichen Erziehung ist der Mensch ein ‚Werkzeug‘ für das gesellschaftliche Bedürfnis, in der islamischen Erziehung ist der Mensch das ‚Ziel‘ und das gesellschaftliche Bedürfnis dessen ‚Werkzeug‘.

8. In der westlichen Erziehung strebt man nach dem ‚Wohlstand‘ und nach der ‚Bequemlichkeit‘ (also Konsumleben), in der islamischen Erziehung strebt man nach der ‚Schönheit‘ und ‚Vollkommenheit‘.

9. In der westlichen Erziehung strebt man nach der ‚Würde‘ des Menschen, in der islamischen Erziehung nach seiner ‚Tugend‘.

10. In der westlichen Erziehung hat der Pragmatismus die Herrschaft über die Gesellschaft, in der islamischen Gesellschaft hat der Radikalismus die Herrschaft für die Gesellschaft.

11. In der westlichen Erziehung ist die ‚Orientierung‘, frei zu wählen, in der islamischen Erziehung ist sie gebunden an bestimmte Faktoren.

12. Die westliche Erziehung ist realistisch, die islamische Erziehung idealistisch.

13. Die Botschaft der westlichen Erziehung besteht darin, die Rolle des Menschen in der Gesellschaft zu erklären, die Botschaft der islamischen Erziehung besteht darin, die Rolle des Menschen in der Schöpfung (in der ganzen Natur) zu erklären.

14. Die westliche Erziehung orientiert sich am Modernismus, die islamische Erziehung orientiert sich an der Kultur.

15. Die westliche Erziehung bildet die Gesellschaft, die islamische Erziehung bildet die Umma.

16. Die westliche Erziehung baut sich auf das ‚Sein‘ des Menschen, die islamische Erziehung auf das ‚Werden‘ des Menschen.

17. Die westliche Erziehung ist die Basis der Wissenschaft, die islamische Erziehung ist die Basis der Philosophie.

18. Die westliche Erziehung entwickelt die ‚Weltkenntnis‘, die islamische Erziehung entwickelt das ‚Selbstbewusstsein‘.

19. Die westliche Erziehung produziert letzten Endes ‚starke Menschen‘, die islamische Erziehung aber ‚gute Menschen‘.

20. Die westliche Erziehung bildet eine ‚zivilisierte Gesellschaft‘, die islamische Erziehung bildet aber ‚kultivierte Menschen‘.

21. Die westliche Erziehung beherrscht die Natur, die islamische Erziehung beherrscht das ‚eigene Ich‘.

22. Die westliche Erziehung benutzt den Menschen für sich selbst im Interesse der Gesellschaft, die islamische Erziehung benutzt den Menschen für die Gesellschaft in seinem eigenen Interesse.

23. Die westliche Erziehung verstärkt und behält das ‚Seiende‘, wie es ist (wie die Wissenschaft es vorschreibt), die islamische Erziehung schafft und erzieht das, was ‚werden‘ soll (wie die Religion vorschreibt).“[746]

Seiner Meinung nach habe die liberale Erziehung immer stärker ihre zweckbetonte Ausrichtung verloren und eine neutrale Haltung gegenüber Idealen eingenommen. So habe der Individualismus in modernen Gesellschaften im Mittelpunkt gestanden, und unter dem Stichwort Freiheit, die auf Kosten aller anderen ausgetragen worden sei, stünden sich zwangsläufig die liberale und die islamische Erziehung gegenüber.

Soziopolitische Strukturen

Bevor Schariatis Ausführungen zu den soziopolitischen Strukturen zusammengefasst werden, soll der Hinweis erfolgen, dass Schariati weder staatstheoretische Ansätze noch politische Schriften verfasst hat, sondern die Wiederbelebung der Gesellschaft im Fokus seiner Betrachtung stand.[747] In seinem wichtigsten Beitrag zu diesem Thema, „Gemein-

---

746 Ebenda. S. 191 ff.

747 Vgl. dazu Yann Richard: Şeriati ve Islam hükümet [Schariati und islamische Regierung]. In: Edisyon (Hrsg.): Dünyada Ali Şeriati. S. 359.

schaft und Führung"[748], widmete er sich der Frage, nach welchen Kriterien sich eine islamische Gesellschaft formieren lasse. Grundsätzlich richteten sich seine Ausführungen gegen eine vom Westen importierte und montierte Gesellschaft. Nötig sei eine klare Differenzierung zwischen Führung und Verwaltung, wobei er in diesem Zusammenhang zwar Bezug auf den westlichen Politikbegriff nahm, ihn jedoch für die muslimische Gesellschaft ablehnte:

> „Wir benutzen aber in der islamischen Welt das Wort *,siyaset'*. Das ist ein Terminus, den man bei der Zähmung eines wilden Pferdes benutzt. Dies deutet auf die Tatsache hin, dass es hier um die Vervollkommnung und Erziehung der Individuen geht. Die Regierung hat die Aufgabe – bezüglich dieses Wortes –, die Individuen seelisch, ethisch und schließlich vernünftig zu ändern."[749]

Weiterhin führte Ali Schariati aus:

> „*Siyaset* ist die Philosophie jener Regierung, die die Verantwortung des Werdens der Gesellschaft im Gegensatz zu ihrem Sein trägt, sie ist die Philosophie der dynamischen Entwicklung, und die darauf aufgebaute Regierungsform hat die Aufgabe, die Basis, Institutionen, menschlichen Beziehungen und sogar die Ideen, Anschauungen und Gewohnheiten der Gesellschaft zu ändern."[750]

So soll *siyaset* zur Umstellung des Wertesystems in der jeweiligen Gesellschaft dienen. Ali Schariatis Zielsetzung hierbei war die Bildung bzw. Erziehung der Massen im Sinne einer revolutionären oder auch reformistischen Ideologie. Der Soziologe verstand unter dem Begriff Masse die ideale Gesellschaft, also die *umma*, womit sich die Wiederbelebung der islamischen Gemeinschaft verbindet. In diesem Kontext definierte er den Begriff *umma* und wies darauf hin, dass er aus der Wortwurzel „*amm*" entspringe und „Weg" oder auch

---

748   Ali Şeriati: Ümmet ve imamet [Gemeinschaft und Führung]. In: Ali Şeriati: Ali. Ankara 2008. S. 411-566.
749   Ebenda. S. 443.
750   Ebenda.

„Ziel" bedeute. Ebenso beinhalte er vier wichtige Komponenten: Wahl, Bewegung, Fort-schritt und Abschnitt. Somit fasste Schariati zusammen, dass sich eine Gemeinschaft auf der Basis einer gemeinsamen Überzeugung eben in eine gemeinsame Richtung und zu einem gemeinsamen Ziel hin bewege. Weiterhin betonte der Soziologe, dass sich der *Um-ma*-Begriff von Begriffen, wie Nation, Stamm, Volk, Rasse und Sippe insofern abhebe, als Aspekte wie die Niederlassung in einem bestimmten Gebiet oder die Bezugnahme auf die Organisationsform des materiellen Lebens nicht notwendig seien.

Die Grundprinzipien der *umma* fasste er folgendermaßen zusammen: Ein gerechtes Wirtschaftssystem, das auf den islamischen Prinzipien basiert, ist die gesellschaftliche Ba-sis, und die Gesellschaftsordnung gründet sich auf Gleichheit und Gerechtigkeit. Das darf jedoch nicht als Ziel bewertet, sondern sollte als Prinzip betrachtet werden: Die Grund-lage ist die Weltanschauung des *tauhid*, sie stellt den Ausgangspunkt dieser Ordnung dar. Demnach symbolisiert die *umma* die geistige Verantwortung für den gemeinsamen Weg und die Zielsetzung sowie die gemeinsame Partizipation daran.

Hinsichtlich der Führungskompetenzen in der *umma* nahm der Begriff *imamat* eine zentrale Rolle in Schariatis Konzept ein. Er untersuchte ihn aus der Wissenschaftspers-pektive und aus dem Blickwinkel der politischen Soziologie[751] und erklärte den notwen-digen Zusammenhang zwischen den Termini *umma* und *imamat*. *Imamat* komme vom Begriff *umma*, wobei diese wiederum nicht ohne ein *imamat* bestehen könne. Folgendes Prinzip regele das Verhältnis zwischen Individuum, *umma* und der Führung: Das Indi-viduum ordne sich freiwillig solch einer Führung unter, da es sich als ein Teil dieser Ge-meinschaft betrachte. Diese Unterordnung setze jedoch ein Verantwortungsbewusstsein voraus und gehe aus einer freiwillig getroffenen Entscheidung hervor, denn der Einzelne praktiziere in dieser Gemeinschaft eine religiös intendierte Lebensweise, die wiederum ein gesellschaftliches Bewusstsein miteinschließe.[752] Die Aufgabe der Führung bestehe darin, die Gemeinschaft auf ihrem Weg zu leiten und sie insbesondere in ihrer Weiter-entwicklung zu steuern. Voraussetzung dieser Zusammensetzung sei es, dass sowohl die Gemeinschaft als auch die Führung nicht nur die gleiche Überzeugung und die gleiche

---

751 Ali Şeriati: Ümmet ve imamet. In: Ali Şeriati: Ali. Ankara 2008. S. 411-566. Hier S. 433.
752 Ebenda. S. 441.

Zielsetzung aufweisen müssten, sondern dass sich diese auch in der Praxis und somit auch in den Lebensformen des alltäglichen Miteinanders widerspiegeln. Im Fokus stehe nicht, Glückseligkeit zu erreichen, sondern der „Weg zur Erreichung der Vollkommenheit"[753]. Ali Schariati resümiert sein Gesellschaftsbild folgendermaßen: „*Umma* ist eine Gesellschaft, die aus Menschen besteht mit der gleichen Idee, Religion, Richtung, Denkweise und sogar der gleichen praktischen Art. Darauf deutet die Führung eines Regimes hin, das die *Umma* auf diesem Weg zu ihrem Ziel führt."[754]

Auch setzte sich der Soziologie genauer mit den Eigenschaften und der Funktion des *imamat* auseinander. Zu Beginn lieferte er in Abgrenzung zu anderen Konzepten eine Einführung in das islamische Führungsverständnis:

> „Die politische Philosophie und Staatsform ist keine Demokratie der Häupter, auch kein Spielzeug in Händen der gesellschaftlich Mächtigen. Sie ist weder eine vermoderte Aristokratie, noch eine menschenfeindliche Diktatur und auch keine Herrschaft der Elite. Die politische Philosophie und Staatsform im Islam basiert vielmehr auf der Aufrichtigkeit der Führung (nicht nur der Führer, denn dies wäre Faschismus), d. h. auf einer engagierten und revolutionären Führung, die sich verantwortlich für die Entwicklung und das Werden der Gesellschaft auf der Grundlage dieser Lehre und Weltanschauung fühlt, um die göttliche Bestimmung des Menschen innerhalb der Philosophie der Schöpfung zu realisieren. Genau dies bedeutet Imamat und der Imam ist der ideale Mensch."[755]

Er wies darauf hin, dass das *imamat* in der Schia zwei wesentliche Bedeutungsebenen besitze: In der ersten wird der Imam weniger als Person, sondern mehr als Modell, Wegweiser und Idealtyp, auch als der sichtbare und fühlbare Islam übersetzt. In dieser Bedeutung besitzt er einen universalistischen Charakter und kann weder durch Wahlen noch durch

---

753   Ebenda. S. 464.
754   Ebenda. S. 438.
755   Ali Schariati: Das Menschenbild im Marxismus, in anderen abendländischen Denkschulen und im Islam. Bonn 1983. S. 82 f.

Vererbung zugeschrieben werden. In der zweiten Ebene wird auf die Führerschaft bzw. auf den Führer hingedeutet, das *imamat* verkörpert die Person, die als richtungsweisende Instanz die Gemeinschaft leitet und somit die Verantwortung für die Umsetzung der Botschaft übernimmt. Weitere führte Schariati aus, dass das Schiitentum beide Bedeutungsebenen zusammenfasse und die Unterscheidung zwischen Imamat und Kalifat erst durch den Einfluss des westlichen Denkens entstanden sei. Im Wesen des Islam existiere keine Trennung zwischen Religion und Politik. Demnach besteht die Aufgabe des *imamat* darin, die islamische Botschaft in der Gesellschaft voranzutreiben und die *umma* in diesem Sinne zu führen. Weder Selbstzweck noch gar Hedonismus oder das Versprechen auf ein glückliches Leben würden als Zielsetzung vorgegeben, sondern die Aufgabe des *imamat* aus politischer Perspektive bestehe darin, die Gesellschaft voran zu bringen. Aus dieser Entwicklung resultierend erwartete Ali Schariati eine rasche Umwälzung, wobei er in diesem Zusammenhang auch erwähnte, dass ein Teil der Gesellschaft mit dieser Zielsetzung nicht zufrieden sein werde, so dass die Führung ihre Aufgabe nur dann übernehmen könne, wenn die Mehrheit der Menschen die Inhalte dieser Denkschule akzeptieren würden.

Seine Vorstellungen von einer idealen Gesellschaft können folgendermaßen zusammengefasst werden: Das zu erreichende Ziel der Masse bestehe nicht aus dem Sein, sondern aus dem Werden. Dieser Prozess sei nicht willkürlich, sondern er solle auf richtige Art und Weise sowie schnell voranschreiten. Die Wirtschaft stelle dabei nicht das Ziel dar, sondern fungiere nur als Instrument. Die Freiheit diene nicht als Ideal, sondern als notwendiges Mittel für die Erreichung der Ideale. Hinsichtlich der Charakterisierung der *umma* lieferte der Soziologe folgende Definition:

„Die *umma* ist keine in irgendeinem bestimmten Land niedergelassene Gesellschaft. Sie hat keine Beziehung mit irgendeiner rassisch-nationalen Bindung. Sie ist eine Gesellschaft ohne jeglichen Bezug auf irgendeine Organisationsform des materiellen Lebens. Sie ist aber eine Gesellschaft, in der die Masse sich der Führung unterworfen hat, eine Gesellschaft, die sich auf ein ständiges Werden in Richtung Unendlichkeit befindet. Dieses Vorgehen ist eine Emigration vom Da und von Dem, was wir sind."[756]

Aus dieser Perspektivierung heraus wies der Denker auch auf den wichtigsten Unterschied zwischen den Schiiten und Sunniten hin: Die Prinzipien der Vormundschaft *(vesayet)* und des Treueeids *(biat)* führten zu Unstimmigkeiten innerhalb dieser Gruppierungen. So lehnten die Schiiten sowohl das Prinzip des *biat* als auch die Instanz der *schura* ab, im Umkehrschluss lehnen die Sunniten den Grundsatz der *vesayet* ab. Ali Schariati vertrat jedoch die Ansicht, dass diese beiden Ansätze nicht im Widerspruch stünden. Sie seien im Gegenteil beide im Islam verankert. Die einzig entscheidende Frage diesbezüglich konzentriere sich auf die Art und Weise, wie die beiden Ansätze *vesayet* und *biat* zum Einsatz kommen. Gemäß Schariati sollte zuerst die Gesellschaft im Sinne der islamischen Vorstellungsweise etabliert werden, also gestützt auf eine revolutionäre Führung und auf das Prinzip der *vesayet*, bevor die gesellschaftliche Ordnung nach den Prinzipien der *schura*, des *idschma*, des *biat* und der Demokratie gestaltet wird. An dieser Stelle kritisierte Schariati die herrschenden Verhältnisse in den muslimischen Gesellschaften: Anstatt wie beschrieben vorzugehen, habe sich „das islamische, auf dem Treueid basierende Kalifat in eine vormundschaftsgestützte, arabische Herrschaft verwandelt"[757].

Eine weitere wichtige Rolle spielte in den Vorstellungen Schariatis die permanente Revolution:

„In soziologischer Terminologie (Änderung der sozialen Struktur) und politischer Terminologie (die Umstellung der politischen Institutionen, der Macht des Systems und der dominanten Symbole) ist die Revolution ein Akt der Mehrheit einer Gesellschaft. Revolution ist die Erscheinung des Willens einer Gesellschaft, die das Recht auf ihr eigenes Schicksal besitzt und die Bestimmung der herrschenden Regierungsform für sich beansprucht, eine Person oder Gruppe, die sich im Interesse einer Minderheit darangemacht hat, mit Gewaltanwendung und be-

---

756   Ali Şeriati: Ümmet ve imamet. In: Ali Şeriati: Ali. Ankara 2008. S. 411-566. Hier S. 450.
757   Ebenda. S. 566.

waffnetem Aufstand die politische Macht zu beseitigen und selbst die Macht zu übernehmen."[758]

Ali Schariati legitimierte an dieser Stelle die Gewaltanwendung, da er sich gegen die herrschende Unterdrückung wendete und die Überzeugung vertrat, dass der Unterdrückte verpflichtet sei, für seine Gerechtigkeit zu kämpfen. Die Ausbeutung hat sich durch die kolonialen Mächte zu einem universellen Phänomen entwickelt und kann als Charakteristikum des aufgeklärten Zeitalters bezeichnet werden[759]. Die ausgebeuteten Länder sollen sich befreien, indem sie mittels einer Revolution in zwei wesentlichen Stufen ihre Souveränität erlangen. Im ersten Schritt gilt es, die Macht zu übernehmen, Gewaltanwendung sei dabei als Mittel zum Zweck zu betrachten. Im zweiten Schritt hingegen sei eine Person zu nominieren, der die Führung übertragen wird. Während einer Revolution, so der Soziologe weiter, seien drei Charaktere wichtig: der Ideologe dieser Revolution, die Politiker bzw. die Verantwortungsträger und der Führer der Revolution. Den Führer bezeichnete er auch als „Held"[760] im Weber'schen Sinn, da er mit seinem Charisma die Massen an sich binden könne und sie in ihm die Verwirklichung der ideologischen Ideen sähen. In diesem Zusammenhang postulierte Schariati, dass der Mensch grundsätzlich auf der Suche nach dem Absoluten sei, „und wenn er es nicht findet, formt er es in seiner Vorstellung"[761]. Auf die Rolle der Mythologie ging er auch ein. Der Mensch sei aufgrund seiner Schwächen und seiner Minderwertigkeitsgefühle in der Geschichte immer auf der Suche nach einem Helden gewesen, um ihn verehren zu können. Bezugnehmend auf seine eigene Epoche erwähnte der Denker, dass keine Helden mehr existieren würden. Zwar sei der Mensch in der Lage, sich zu formen und zu bilden, und habe an Stärke zugenommen wie nie zuvor, dennoch wisse er nicht, wie er diese gestalten solle. Schariatis Ausgangspunkt, das sei hier wiederholt, ist das Werden. Aus seiner göttlichen Weltanschauung heraus gehören sowohl die Moral als auch die Ethik zu den wichtigsten Grundpfeilern

---

758 Ebenda. S. 508.

759 Ali Şeriati: Medeniyet Tarihi II [Geschichte der Zivilisation II]. Ankara 1998. S. 13.

760 Ali Şeriati: Ümmet ve imamet. In: Ali Şeriati: Ali. Ankara 2008. S. 411-566. Hier S. 509.

761 Ebenda. S. 512.

einer Gesellschaft, die während und nach der Revolution von der Führung etabliert und weiterentwickelt werden müssten. Denn:

> „wenn die göttliche Weltanschauung vernichtet wird, wird mit ihr auch der Glaube seine Basis verlieren. Dieses ‚wie soll es sein‘ kann den starken Menschen von heute nicht von seinen Wehen befreien. Weswegen? Weil für ihn der *imam*, nämlich das Vorbild für das richtige Sein und das richtige Leben, nicht mehr vorhanden ist."[762]

Die Lösung sah der Soziologe darin, dass der *imam* nicht als ein metaphysisches Wesen auftreten dürfe, sondern seine Beschaffenheit als Mensch sich dadurch auszeichne, dass er sich nicht seiner Umwelt anpasse, sondern sie ganz im Gegenteil präge, denn „in der Welt ist er der Stellvertreter Gottes, ein engagierter Wille mit drei Dimensionen: Bewusstsein, Freiheit und Kreativität"[763].

Weiterhin beschäftigte ihn die Frage, wie ein friedliches Zusammenleben in einer Gesellschaft zu ermöglichen sei, wobei er von der Grundannahme ausging, dass Menschen ohne die Gesellschaft nicht lebensfähig seien und das Fiktive des gesellschaftslosen Menschen nur ein philosophisches Phänomen sei: Die Welt des Menschen sei die Welt, die er sich selbst erschaffen hat.[764] Ali Schariatis Zielsetzung war die Verwirklichung einer klassenlosen Gesellschaft, dabei bezog er sich auf Sure 2:30 im Koran[765]. Hiermit wies er nicht nur auf die besondere Stellung des Menschen innerhalb der gesamten Schöpfung hin, sondern er war davon überzeugt, dass ein friedliches Zusammenleben zu realisieren sei. Insbesondere Phänomene wie die Herrschaft einer Klasse oder die Ausbeutung der Schwachen durch die Machthabenden rührten von politischen Problemen her:

---

762 Ebenda. S. 466.
763 Ebenda.
764 Ali Şeriati: Islam Bilim I-II. Istanbul 2006. S. 199.
765 Vgl. auch Kapitel 3.4 in dieser Arbeit.

„Jedes aufteilende Element macht den Menschen zum ‚Alien‘ [gegenüber dem Eigenen verfremdet]. Ein auf Klassen gestütztes System teilt die Menschen in Ausbeuter und Ausgebeutete, in Herr und Sklave, und keiner von diesen ist ein ganzer und vollkommener Mensch.“[766]

Der Soziologe war der Meinung, dass die Einteilung in eine obere und eine untere Schicht dem islamischen Grundverständnis zufolge nicht existiere, auch die muslimischen Gelehrten stellten keine besondere Klasse oder Schicht dar. Ausgehend von den Aussagen des Koran würden nur drei wesentliche Faktoren zu einer klassenspezifischen Ausformung führen: Der Militarismus, der Klerikalismus und der Kapitalismus nähmen als Dreigespann in der Weltgeschichte eine wesentliche und führende Rolle ein.[767] Die einzige Möglichkeit, diese Machtverhältnisse zu überwinden und eine klassenlose und nivellierte Gesellschaft zu etablieren, sah Schariati darin, eine auf der gesellschaftlichen Gerechtigkeit basierende Gesellschaftsordnung zu begründen. Seiner Ansicht nach sei dabei weder der Idealismus noch der Materialismus Ausgangspunkt der Betrachtung, sondern die revolutionäre Praxis stelle den Mittelpunkt des menschlichen Handels dar. Da die Welt des Menschen das Produkt des eigenen Wirkens sei, sollten die Erzeugnisse des Menschen als Praxis bezeichnet werden und dürften nicht als etwas Materielles bzw. als geistiges Gut betrachtet werden.[768]

Seit der Auseinandersetzung zwischen Kain und Abel gebe es Klassenkämpfe, denn sie sei in Schariatis Interpretation eine klassenspezifische Auseinandersetzung gewesen. Aus dieser Sichtweise heraus muss seine Geschichtsphilosophie verstanden werden, die sich auch anhand seiner Bewertung der anderen Prophetengeschichten nachzeichnen lässt. Auseinandersetzungen spielten sich immer zwischen elitären Schichten und Unterdrückten bzw. zwischen Ausbeutern und Ausgebeuteten ab.[769]

---

766   Ali Şeriati: Kapitalizm [Kapitalismus]. Istanbul 1994. S. 115.
767   Ali Şeriati: Islam ekonomisi [Islamische Wirtschaft]. Istanbul 1996. S. 57.
768   Ali Şeriati: Islam Bilim I-II. Istanbul 2006. S. 261.
769   Ali Şeriati: Islam ekonomisi. Istanbul 1996. S. 39-65.

An dieser Stelle muss auch kurz auf seine Beziehung zum Marxismus hingewiesen werden: Zwar wird er oft als islamischer Marxist rezipiert, da er sich intensiv mit dieser Ideologie auseinandergesetzt hatte. Er selbst jedoch lehnte diese Bezeichnung für sich ab, und in der zeitgenössischen Rezeption wird er oft als einer der besten systematischen muslimischen Kritiker des Marxismus betrachtet.

Schariati analysierte die Person Karl Marx und teilte dessen Biographie ein in den jungen, den reifen und den alten Marx. Den jungen Marx bezeichnete er als Anhänger Hegels und als materialistischen Philosophen. Der reife Marx habe ein gesellschaftliches Bewusstsein entwickelt und seinen Schwerpunkt auf die Klassenkämpfe gelegt, auf die Bekämpfung der ausbeutenden Macht. Der alte Marx wiederum verkörpere zwar einen Vertreter der revolutionären Bewegung, jedoch kritisierte Schariati die vorhandenen Widersprüche zwischen seiner Theorie und seinen Aktivitäten und qualifizierte diese als schlichten Pragmatismus ab[770].

Auch Schariatis Rezeption des Marxismus lässt sich als durchweg negativ nachzeichnen,[771] wenngleich einige Einflüsse des marxistischen Ansatzes auch bei ihm zu erkennen. Ein Beispiel ist der Begriff der Entfremdung, der sich bei Schariati allerdings auf das Verhältnis zwischen der muslimischen Bevölkerung und ihrer religiös geprägten Kultur bezog. Auch die marxistische Kritik an der ausbeutenden Bourgeoise konnte der Denker nachvollziehen. Dennoch wendete er sich sowohl vom Marxismus als auch vom Kapitalismus ab. Beide Ansätze würden im Kern den hohen Stellenwert des Menschen missachten und den Menschen zu einem „wirtschaftlichen Tier"[772] herabwürdigen. Schariati übte darüber hinaus starke Kritik an der marxistischen Rezeption im Iran. Nicht nur überliefere sie die marxistische Botschaft nur bruchstückhaft, auch sei der Marxismus aufgrund des fehlenden historischen Hintergrunds im Iran nicht anwendbar.[773]

Die marxistische Bewegung verurteilte er am stärksten dafür, dass sie während der nationalen Befreiungsbewegungen der „Dritten Welt" gegen die imperialistischen Mächte

---

770   Ali Şeriati: Marksizm [Marxismus]. Istanbul 1994. S. 66.

771   Siehe dazu Ertuğrul Cesur: Ali Şeriati (1933-77): Allahperest – Sosyalist [Gottanbetender – Sozialist]. In: Mustafa Yılmaz (Hrsg.): Sizi rahatsız etmeye geldim. Kocaeli 2009. S. 220.

772   Ali Şeriati: Islâm Bilim I-II. Istanbul 2006. S. 60.

773   Ali Şeriati: Öze dönüş. Istanbul 1999. S. 47-50.

keine Hilfe gewährt hat. Aber auch generell kritisierte er, dass es keinen wirklichen Kampf zwischen Arbeitenden und Kapitalisten gegeben habe. So kam er zu folgendem Schluss: „Die Wege, die der westliche Kapitalismus und der Kommunismus gewiesen haben, haben zu menschlichen Tragödien geführt. Die menschliche Erlösung kann mit der Abkehr von diesen Wegen eingeleitet werden."[774]

In diesem Kontext bot für Ali Schariati der Islam, nicht nur als Religion, sondern eben auch als Weltanschauung, eine wirkliche Alternative. Aufgrund seines wirtschaftlichen Grundverständnisses besitze er einen starken Unterbau, und im Gegensatz zum westlichen System werde die Wirtschaft als Mittel und nicht als Ziel betrachtet. Das eigentliche Ziel des Islam bestehe darin, den Menschen zu seiner Vervollkommnung zu erziehen. Dabei gehe alles von Gott aus, und im Islam werde Gott in den materiellen und natürlichen Realitäten gesucht. Sittlichkeit, Reife und Vervollkommnung seien nur in Gesellschaften vorzufinden, die ein wirtschaftliches Vermögen vorzuweisen heben und dadurch auch Macht besitzen. „[D]eswegen sage ich, dass der Islam einen auf das Materielle gestützten Idealismus darstellt".[775]. Der Leitsatz des Soziologen war, dass jeder nach seiner Begabung und nach seinen Bedürfnissen gelenkt werden müsse. Sein Vorbild war hier die Persönlichkeit Abu Dharr[776], weil er sich die gegen die herrschende Schicht gewehrt habe, die durch die Anhäufung von Besitztümern die klassenlose Gesellschaft zur Zeit des Propheten zerstörten. Darauf wurde im Koran hingewiesen:

„O die ihr glaubt, viele von den Gelehrten und den Mönchen verschlingen fürwahr den Besitz der Menschen auf nichtige Weise und halten von Allahs Weg ab. Diejenigen, die Gold und Silber horten und es nicht auf Allahs Weg ausgeben, denen verkünde schmerzhafte Strafe."[777]

---

774 Ali Schariati: Das Menschenbild im Marxismus, in anderen abendländischen Denkschulen und im Islam. Bonn 1983. S. 83.

775 Ali Şeriati: Kapitalizm. Istanbul 1994. S. 70.

776 Ali Şeriati: Bir daha Ebu Zerr. Istanbul 2005. S. 18.

777 Sure 9:34.

An dieser Stelle soll nun kurz auf Ali Schariatis Vorstellungen vom islamischen Wirtschaftssystem eingegangen werden. Vorab muss noch erwähnt werden, dass Ali Schariati die Art und Weise kritisierte, wie in der muslimischen Welt diese Thematik behandelt wird. Es dominiere die Perspektive der Rechtsfragen bezüglich des Besitzes, die Gesetze der Rechtswissenschaft[778] stünden im Mittelpunkt und die heutige muslimische Bevölkerung nähme deshalb eine daraus resultierende Haltung ein.[779] Doch um dieses Wirtschaftssystem verstehen zu können, müssen die islamische Wirtschaftsphilosophie untersucht werden, was wiederum voraussetze, den Zusammenhang mit der islamischen Weltanschauung und dessen Anthropologie zu berücksichtigen. So müsse folgende Reihenfolge beim Bearbeiten des Themas Wirtschaft eingehalten werden: Den Grundbaustein bilde der *tauhid*, danach komme die islamische Anthropologie, und erst im Anschluss dürfe die islamische Wirtschaftsphilosophie näher analysiert werden.

Aus dieser Perspektivierung heraus entwickelte er fünf Grundpfeiler für das islamische Wirtschaftssystem:

1. Alle Produktionsmittel und alle verwendbaren natürlichen Rohstoffe sind von Gott gegebene Mittel, was als Segen für die gesamte Menschheit betrachtet wird.[780]
2. In der Gesellschaft müssen sowohl die Güter und die Wirtschaft als auch das Leben an sich eine besondere Rolle spielen, sie sollen gerühmt werden.
3. Das diesseitige Leben soll als Vorbereitung für das Leben nach dem Tod dienen.[781]
4. Sowohl der Einzelne als auch die Gesellschaft müssen sich für die Bewahrung des Eigentums vor Raub, Plünderung und widerrechtlicher Aneignung und für die Rechte um des Volkes willen einsetzen.

---

778   Ali Şeriati: Islam ekonomisi. Istanbul 1996. S. 131.

779   Ebenda. S. 7-11.

780   „Er ist es, Der vom Himmel Wasser herabkommen läßt; davon habt ihr zu trinken, und davon (wachsen) Bäume, unter denen ihr (euer Vieh) frei weiden laßt. Er läßt euch damit Getreide wachsen, und Ölbäume, Palmen, Rebstöcke und von allen Früchten. Darin ist wahrlich ein Zeichen für Leute, die nachdenken." Sure 16:10-11.

781   „Die Vermehrung lenkt euch ab, bis ihr die Friedhöfe besucht." Sure 102:1-2. Und: „Wehe jedem Stichler und Nörgler, der Besitz zusammenträgt und ihn zählt und immer wieder zählt" Sure 104:1-2.

5. Das private Eigentum[782] kann nur durch eigenes Schaffen erworben werden, denn jeglicher Besitz gehört Gott.[783] Das private Eigentum wurde durch das römische Gesetz
in die muslimische Gesellschaft übertragen und transformiert, der Mensch als Statthalter kann aus dieser Kenntnis heraus die von Gott erschaffenen Dinge benutzen
und sie zu seinem Gunsten verwenden.[784] Auch werden die Prinzipien des gerechten
Handelns *(kist)* und der Gerechtigkeit *(adalet)* in diesem Kontext erwähnt, weil diese
einen wichtigen Bestandteil des Wirtschaftssystems darstellen. So muss gegen Unterdrückung gerechtes Handeln eingesetzt werden, und dieses ist nicht nur der Grundbaustein der Klassensoziologie, sondern auch in der Wirtschaft und in der Regelung
des Besitzes.[785]

Auch untersuchte Ali Schariati die Beziehung zwischen Demokratie und Islam und wies
auf verschiedene Grundkonflikte zwischen diesen hin. Als Erstes erwähnte er die Grundhaltung des Islam, der eine universelle Botschaft repräsentiere, und somit verlören die
koranischen Gebote auch in der Gegenwart nicht an Aktualität. Er betonte immer wieder, dass die Zeit des Propheten einen revolutionären Charakter besitze, und aus diesem
Grund postulierte er, dass der Islam vor diesem Hintergrund neu zu bewerten sei. Zweitens mahnte der Soziologe, dass die Demokratie eine bedeutungslose Maske sei, unter
dem Einfluss des Kapitalismus die fortschrittlichen Minderheiten unterdrücke und den
kleinbürgerlichen Massen mehr Recht geben solle. Als dritten Punkt forderte der Denker
eine verantwortungsbewusste und gereinigte Demokratie, die als Ziel der permanenten
Revolution zu betrachten sei. Auch in Bezug auf die Demokratie lieferte Ali Schariati keine wirklichen staatstheoretischen oder politischen Ansätze, sondern er sah sich als Wider-
ständler, der sich für die Wahrheit, Gerechtigkeit und den Iman einsetzte. Sein Grundsatz
für das Regieren waren nicht Fortschritt und Führung, sondern Bewegung und Erziehung. Dabei waren für ihn Veränderungen und Fortschritte nicht revolutionär, sie sollen

---

782   Siehe dazu Ali Şeriati: Islam ve sınıfsal yapı [Islam und Klassenstruktur]. Ankara 2008. S. 119 f.
783   „Und dass es für den Menschen nichts anderes geben wird als das, worum er sich (selbst) bemüht" Sure 53:39.
784   Ali Şeriati: Islam ekonomisi. Istanbul 1996. S. 143 ff.
785   Ebenda. S. 168 f.

eher der Erhaltung und Festigung des Systems dienen. Hinsichtlich der neu befreiten Länder beschäftigte er sich mit der Fragestellung, welche Rolle der Demokratie zugeschrieben werden könne. Er kritisierte, dass für diese Länder die Demokratie zu schwach, zu gefährlich oder eine konterrevolutionäre Regierungsform sei. In diesem Kontext stellte der Denker auch die politische Wahlfreiheit infrage, denn Geld und Macht würden es möglich machen, alle zur Verfügung stehenden Propagandamittel in den Dienst des Stimmenfanges zu stellen: „Gewiss sie sind frei bei der Stimmabgabe, aber versklavt durch die Stimmungsmache."[786] Nicht nur Asien, Afrika und Lateinamerika seien Opfer der bürgerlichen Demokratie und des Liberalismus der europäischen Geschäftsleute, sondern auch die Masse der europäischen Völker falle in größerem Umfang der hinterhältigen Ausbeutung und Plünderung durch die Kapitalisten zum Opfer.[787]

4.2 Necip Fazıl Kisakürek

Leben, Werk und Wirken

Necip Fazıl (Ahmed) Kisakürek kam als Sohn von Mediha Hanım und Abdülbaki Fazıl Bey am 26. Mai 1904[788] in Istanbul zur Welt, seine Familie stammte ursprünglich aus der ostanatolischen Stadt Kahramanmaraş. Seine Kindheit verbrachte er „wohl behütet"[789] in dem Istanbuler Stadtteil Sultanahmet in der Villa seines Großvaters Mehmed Hilmi Efendi, der Richter am Strafgericht gewesen war. In den frühen Kindheitstagen spielte der Großvater eine große Rolle hinsichtlich Kisaküreks Bildung und Erziehung. Bereits mit fünf Jahren konnte er die Inhalte von Tageszeitungen wiedergeben, las Fuzûlîs[790] „Diwan" und beschäftigte sich mit den Biographien des Propheten Muhammad und von

---

786   Ali Schariati: Zur westlichen Demokratie. Bonn 1981. S. 16.

787   Ebenda. S. 19.

788   In seinen Biographien und Monographien werden unterschiedliche Jahresangaben zu seiner Geburt angegeben, wobei er in seiner Autobiographie „O ve ben" als Geburtsdatum den 26. Mai 1904 angab.

789   Orhan Okay: Necip Fazıl Kisakürek. Kendini sesinin yankısı [Das Echo seiner Stimme]. Istanbul 2007. S. 15.

790   Fuzûlî (1495-1665) gehörte zu den herausragendsten Dichter der klassischen türkischen Literatur.

Ali ibn Abu Talib. Das war auch der Grund, warum ihm sein Großvater den Beinamen „akl-i evvel"[791] gab. Auch seine Großmutter Zafer Hanım nahm starken Einfluss auf seine geistige Entwicklung. Da er ein lebhaftes und freches Kind war, beschäftigte sie ihn mit den Romanen von Michael Zévaco und Alexandre Dumas, die nicht nur seine Vorstellungswelt prägten, sondern auch eine inspirierende Wirkungen hatten. So schrieb Necip Fazıl Kisakürek, dass er bereits als junger Mensch mit den beiden Welten konfrontiert worden sei. Obwohl er in Zeiten von Reformen und Umbrüchen aufwuchs, nahm er dank seiner Großeltern sowohl an der osmanischen als auch an der westlichen Kultur teil.[792] Sein Großvater hatte trotz der umfassenden gesellschaftlichen Transformationsphase seine anatolischen Grundzüge nicht verloren; seine Großmutter hingegen ließ sich von den Modernisierungsprozessen so stark beeinflussen, dass Kisakürek sie als „Großstadtfrau"[793] bezeichnete.

Als Kisakürek zwölf Jahre alt war, starb sein Großvater, kurz zuvor war bereits seine Schwester Selma verstorben. Diese unmittelbaren Erfahrungen mit dem Tod prägten Kisaküreks persönliche Entwicklung, und sein ausgeprägtes Interesse an metaphysischen Themen wurde dadurch verstärkt. Diese Erfahrungen stellten eine wichtige Zäsur in seinem Leben dar. Hinzu kam, dass er als Kind oft krank war.[794] Seine Schulzeit war von vielen Einschnitten geprägt, da seine Familie oft den Wohnsitz wechselte. Auch kam er „mit den Einengungen seines seelischen Zustandes"[795] nicht zurecht. Er besuchte sowohl die amerikanische als auch die französische Schule, von 1916 bis 1922 wurde er in der Flottenakademie ausgebildet. Dort gehörten Yahya Kemal[796], Ahmad Hamdi[797], Ham-

---

791 Http://www.n-f-k.com/hatiralar-ve-hayatindaki-diger-kisiler/mehmed-hilmi-efendi [Zugriff 15.06.2011].

792 Orhan Okay: Necip Fazil Kisakürek. Istanbul 2006. S. 29.

793 Http://www.n-f-k.com/hatiralar-ve-hayatindaki-diger-kisiler/zafer-hanim [Zugriff 15.06.2011].

794 Auch in seinen Gedichten wurde der Tod oft thematisiert und spielte in ihnen eine wichtige Rolle. Siehe dazu Ekrem Sağıroğlu: Necip Fazıl şiirinde ölüm senfonisi [Die Todessinfonie in Necip Fazıls Gedichten]. Ankara 1997.

795 Ahmet Yıldırım: Biografi: Necip Fazıl Kimdir? [Biographie: Wer ist Necip Fazıl?]. Zitiert nach http://www.n-f-k.com/necip-fazil-kimdir [Zugriff 15.06.2011].

796 Yahya Kemal Beyatlı (1884-1958) war ein bekannter türkischer Dichter, Politiker, Diplomat und Schriftsteller.

797 Ahmet Hamdi Tanpınar (1901-1962) war ein türkischer Schriftsteller und Hochschullehrer. Bekannt wurde er vor allem mit seinem Werk „Huzur", welches auch ins Deutsche übersetzt wurde [Ahmet Hamdi Tanpinar: Seelenfrieden. Zürich 2008].

dullah Suphi[798] zu seinen Lehrern, doch ganz besonders beeinflusste ihn sein Lehrer Ibrahim Aşkî (Tanık) Bey (1874-1977), der ihm das sufistische Denken nahebrachte, das sich
auch in seinen ersten Gedichten widerspiegelte. Dies war der Beginn einer 60 Jahre wäh-
renden Periode des Schreibens und Publizierens. Neben Gedichten verfasste Kisakürek
auch Erzählungen, Romane, Witze, Kolumnen, Aufsätze, Erinnerungen, wissenschaftliche Analysen, Untersuchungen und Theaterstücke. Im Allgemeinen wurde er von seinen
Lehrern stark gelobt und bereits als „Dichter" bezeichnet. Auch war er während seiner
Schulzeit als Herausgeber einer Zeitschrift tätig.

Im Jahre 1924 begann Necip Fazıl Kisakürek an der Dar'ul fünun[799] Philosophie zu
studieren. Ohne dieses jedoch zu beenden, wechselte er nach dem Erhalt eines staatlichen
Stipendiums nach Paris an die Sorbonne und nahm das Studium an der philosophischen
Fakultät auf, wo er u. a. von Henri-Louis Bergson[800] unterrichtet wurde. Obwohl er sich
bis dahin bereits mit der westlichen Kultur auseinandergesetzt hatte, gewann Kisakürek
während seines Aufenthalts in Frankreich tiefe Einsichten in das Denken des 20. Jahrhunderts. In den biographischen Werken wird dieser Abschnitt seines Lebens mit dem Begriff
Boheme verbunden, da er zum einen auf der Suche nach sich selbst einen Tiefpunkt er-
reichte und zum anderen die Spielsucht sein Leben dominierte.[801] Als Kisakürek 1926 in
die Türkei zurückkehrte, veröffentlichte er seinen ersten Gedichtband „Örümcek ağı"[802].
Darin beschäftigte sich der Dichter mit der tragischen Existenz des Menschen und erntete
dafür großes Lob. Zwei Jahre später erschien sein zweiter Gedichtband, „Kaldırımlar"[803],

---

798 Hamdullah Suphi Tanrıöver, (1885-1966) war türkischer Literaturwissenschaftler, Schriftsteller, Lehrer, Abge-
     ordneter und Diplomat.

799 Das Dar-ül fünun (Haus der Wissenschaften) war die erste Universität im Osmanischen Reich, die nach europä-
     ischem Muster errichtet wurde. Im Jahre 1900 im Auftrag des osmanischen Sultans Abdulhamid II. gegründet
     wurde sie nach Gründung der türkischen Republik 1933 wieder geschlossen.

800 Henri-Louis Bergson (1859-1941) war Philosoph und Nobelpreisträger für Literatur (1927), außerdem zählt er
     neben Nietzsche und Dilthey zu den bedeutendsten Vertretern der Lebensphilosophie.

801 Siehe dazu Ali Haydar Haksal: Necip Fazıl Kisakürek. Büyük Doğu Irmağı [Quelle des Großen Ostens]. Istanbul
     2007. S. 10-13.

802 Necip Fazıl Kisakürek: Örümcek ağı [Spinnennetz]. Istanbul 1999.

803 Necip Fazıl Kisakürek: Kaldırımlar [Straßenpflaster]. In: Necip Fazıl Kisakürek: Çile [Entbehrung]. Istanbul
     1985. S. 154 ff.

und kurz danach bezeichnete ihn Miyasoğlu als „den größten Dichter aller Zeiten"[804]. Seinen Lebensunterhalt verdiente sich Kisakürek in den nächsten elf Jahren als Angestellter in einer Reihe von Banken, nebenberuflich war er als Zeitungskorrespondent tätig. Sein nächstes Werk, „Ben ve ötesi"[805], erschien 1932. In dieser Gedichtsammlung verstärkte er seine metaphysischen Auseinandersetzungen mit dem irdischen Dasein deutlich, und seine Sinnkrisen führten ihn noch tiefer in die Lebensweise des Bohemien.

Ein wichtiger Wendepunkt in seinem Leben, den er selbst als „zweiten Geburtstag"[806] bezeichnete, war das Treffen mit dem Gelehrten Abdülhakîm Arvâsî[807]. Der Mystiker brachte ihm die islamische Lehre und somit auch die Lebensweise näher. Das half Necip Fazıl Kisakürek, seine dauerhafte Identitätskrise zu überwinden, er hatte den wahren Sinn seines Lebens gefunden.[808]

Ab Mitte der dreißiger Jahre wurden auch erste Theaterstücke Kisaküreks wie „Tohum"[809] aufgeführt. Nach der Premiere des Stückes „Bir Adam Yaratmak"[810] erhielt Kisakürek einen weiteren Beinamen: der „türkische Shakespeare"[811]. 1936 gründete er die Zeitschrift „Ağaç"[812]. Gemeinsam mit vielen jungen Intellektuellen versuchte er unter dem Motto „Kunst – Idee – Aktion"[813] der immer stärker zunehmenden Verwestlichungstendenz entgegenzuwirken, auch antisozialistische Aspekte waren mit eingeschlossen.[814]

---

804 Mustafa Miyasoğlu: Necip Fazıl Kisakürek. Ankara 1999. S. 9.

805 Necip Fazıl Kisakürek: Ben ve ötesi [Ich und das Übrige]. Istanbul 1932.

806 Ahmet Yıldırım: Biografi: Necip Fazıl Kimdir? Zitiert nach http://www.n-f-k.com/necip-fazil-kimdir [Zugriff 15.06.2011].

807 Abdülhakîm Arvâsî (1860-1943) war ein sunnitischer Gelehrter und Mystiker, der aufgrund seines tiefgreifenden Islamverständnisses, seiner beispielhaften Lebensweise und seiner kritischen Haltung gegenüber den politischen Entwicklungen in der muslimischen Welt einen großen Kreis von Anhängern und Schülern besaß. Siehe dazu Necip Fazıl Kisakürek: Esseyid Abdülhakîm Arvasî. In: Necip Fazıl Kisakürek: Son devrin din mazlumları [Die religiösen Unterdrückten des letzten Jahrhunderts]. Istanbul 2007. S. 309-325.

808 Toker Yayınları Edebi Heyeti (Hrsg.): Necip Fazıl Kisakürek. Istanbul 2002. S. 14 f.

809 Necip Fazıl Kisakürek: Tohum [Samen]. Istanbul 2008.

810 Necip Fazıl Kisakürek: Bir adam Yaratmak [Einen Menschen erschaffen]. Istanbul 2008.

811 Ahmet Yıldırım: Biografi: Necip Fazıl Kimdir? Zitiert nach http://www.n-f-k.com/necip-fazil-kimdir [Zugriff 15.06.2011].

812 Orhan Okay: Necip Fazıl Kisakürek. Istanbul 2006. S. S. 19.

813 Ahmet Yıldırım: Biografi: Necip Fazıl Kimdir? Zitiert nach http://www.n-f-k.com/necip-fazil-kimdir [Zugriff 15.06.2011].

814 Ali Haydar Haksal: Necip Fazıl Kisakürek: Büyük Doğu ırmağı [Quelle des Großen Ostens]. Istanbul 2007.

Aus der 1941 mit Fatma Neslihan Hanım geschlossenen Ehe gingen sechs Kinder hervor. Im Jahr 1943 begann er seine Lehrtätigkeit an der Mimar Sinan Universität in Istanbul, weitere Lehraufträge erhielt er von der Staatlichen Musikhochschule Ankara. Außerdem unterrichtete Kisakürek die Fachbereiche Sprachwissenschaft, Geschichte und Geographie an der Universität Ankara und gab am Staatlichen Konservatorium Unterricht. Seine politische Agitation nahm er mit seinen „Çerçeve"[815]-Schriften auf. In ihnen offenbarte er nicht nur seine Weltanschauung, sondern versuchte auch, die Probleme der türkischen Politik aus verschiedenen Perspektiven zu beleuchten. Er erörterte die innenpolitischen Zustände wie beispielsweise das Einparteiensystem und behandelte sie auf ästhetischer, ökonomischer, regierungsspezifischer, moralischer, aber auch ideengeschichtlicher Ebene.[816] Seine außenpolitischen Stellungnahmen bezogen sich zu diesem Zeitpunkt insbesondere auf den Zweiten Weltkrieg und die ideologisch konnotierte Auseinandersetzung der westlichen Welt.[817] Sein weltanschaulicher Wandel, seine neu entwickelten Ansichten und der damit verbundene Aktionismus wurden in der Öffentlichkeit entweder kritisiert oder auch schlichtweg „ignoriert"[818].

Im September 1943 gründete er die Zeitschrift „Büyük Doğu". Obwohl sie mehrmals verboten wurde, erschien sie meist wöchentlich, mitunter monatlich, teilweise sogar täglich als Tageszeitung über 35 Jahre lang. Das Themenfeld war breit gefächert, es reichte von politischen über literaturwissenschaftliche, künstlerische und religiöse bis zu wissenschaftlichen und ideenorientierten Bereichen. Die Zeitschrift wurde stark rezipiert und entfaltete eine große Wirkung[819], zumal in einer Zeit, in der die islamisch konnotierten Veröffentlichungen eine wahre Rarität darstellten. So wies sie den religiös-kulturellen

S. 113-120.

815 Suat Ak: Necip Fazıl Kisakürek ve Büyük Doğu. Siystem karşısında gerçek muhalefet [Necip Fazıl Kisakürek und Büyük Doğu. Ein wahre Opposition gegenüber dem System]. Istanbul 2009. S. 21-30.

816 Ebenda.

817 Necmettin Türinay: Necip Fazıl ve politika [Necip Fazıl und Politik]. In: Türkiye Yazarlar Birliği Yayınları [Verlag der vereinigten türkischen Schriftsteller] (Hrsg.): Bütün yönleriyle Necip Fazıl [Necip Fazıl aus allen Perspektiven]. Ankara 1994. S. 140.

818 Suat Ak: Necip Fazıl Kisakürek ve Büyük Doğu. Siystem karşısında gerçek muhalefet. Istanbul 2009. S. 21-30. S. 31.

819 Orhan Okay: Necip Fazıl Kisakürek. Istanbul 2006. S. 26.

Orientierungen einer ganzen Generation den Weg.[820] Kisakürek erweiterte seinen Arbeitsbereich, indem er 1949 den Verein „Büyük Doğu" gründete. Dadurch konnte er seine publizistischen Tätigkeiten ausweiten und in den sechziger Jahren seinen Verlag „Büyük Doğu" etablieren.

Der von ihm geprägte Ausdruck „Büyük Doğu" („Großer Osten") fasste seine Grundthese zusammen: die Wiederbelebung bzw. Errettung der türkisch-islamischen Welt, indem der Islam als wahre Quelle die entscheidende, zentrale Rolle einnehme. Der „Große Osten" spielte auf das Aufwachen bzw. das Heraustreten aus der Rückständigkeit in die wahre Befreiung an und konnte seiner Meinung nach nur großflächig angegangen werden: Diese große „Wiedergeburt"[821] sollte im Osten stattfinden, da dort der Islam entstanden war und sich entwickelt hatte. Für Necip Fazıl Kisakürek war „Büyük Doğu der Name eines Ideals"[822], und an dieser Grundhaltung richtete der Denker sein gesamtes Leben aus, so dass all seine Aktionen und Schriften die Ausführung und die Verbreitung dieser Grundthese implizierten. Aus dieser Sichtweise heraus analysierte Necip Fazıl Kisakürek nicht nur die Geschichte des Ostens und seine Beziehung zum Westen, indem er auch immer wieder auf die besondere Rolle des Islam in der östlichen Identität hinwies, sondern übte auch Kritik an der gegenwärtigen Situation, bezog also auch zu den aktuellen politischen Ereignissen und etablierten politischen Strukturen Stellung.[823] Seine Kritik am Einparteiensystem der Türkei beispielsweise und sein politisches Agieren dagegen stellten für die damalige Regierung eine ernstzunehmende Herausforderung dar.[824]

Mit seinen Ansichten, die er immer wieder in seinen Reden, Vorträgen und schriftlichen Veröffentlichungen propagierte, beschwor er Verhaftungen und gerichtliche Untersuchungen, Verurteilungen und Freisprüche herauf. Doch diese Erfahrungen hielten Necip Fazıl Kisakürek nicht auf, und er publizierte weiter und führte seine Aktionen fort. Schon zu Lebzeiten wurde er mit Preisen und Titeln für seine vielseitigen Leistun-

---

820 Orhan Okay: Necip Fazıl Kisakürek. Kendini sesinin yankısı. Istanbul 2007. S. 16.

821 Toker Yayınları Edebi Heyeti (Hrsg.): Necip Fazıl Kisakürek. Istanbul 2002. S. 89.

822 Zitiert nach Ali Haydar Haksal: Necip Fazıl Kisakürek: Büyük Doğu ırmağı. Istanbul 2007. S. 121.

823 Suat Ak: Necip Fazıl Kisakürek ve Büyük Doğu. Siystem karşısında gerçek muhalefet. Istanbul 2009. S. 13 f.

824 Mustafa Miyasoğlu: Necip Fazıl Kisakürek. Ankara 1999. S. 16 f.

gen überhäuft. Zum Beispiel erhielt er 1980 von der türkisch-literaturwissenschaftlichen Stiftung als einziger Dichter in der Türkei den Beinamen „sultan'uş-şuara"[825] („der König der Dichter"), und zwei Jahre später wurde er für sein Werk „Batı tefekürrü ve Islam tassavvufu"[826] zum Denker des Jahres gekürt. Nach langwieriger Krankheit starb Kisakürek am 25. Mai 1983 in Istanbul. Er wurde nach einer spektakulären Beerdigungszeremonie in dem Istanbuler Stadtteil Eyyüp begraben.

Necip Fazıl Kisakürek wurde und wird als einer der bedeutendsten Künstler und Schriftsteller nicht nur der türkischen Geschichte bezeichnet, sondern er zählt zu den bedeutendsten Denkern im 20. Jahrhundert in der muslimischen Welt. Er bereicherte insbesondere die türkische Ideenwelt. Mit seiner analytischen Vorgehensweise zeigte er neue Perspektiven für die Bewältigung der Vergangenheit auf, die sowohl für die Gegenwart als auch für die Zukunft neue Orientierungspunkte lieferten.

Bevor nun seine Lehren näher beleuchtet werden, sei darauf hingewiesen, dass die vorliegende Arbeit sein literarisches Schaffen weitgehend unberücksichtigt lässt und den Fokus auf Kisaküreks Behandlung der Thematik „Islam und Moderne" und daraus abzuleitender Thesen ausrichtet. Dessen ungeachtet ist jedoch festzuhalten, dass sich schon zu Lebzeiten des Dichters und darüber hinaus bis in die Gegenwart die türkische Wissenschaft[827] mit den literarischen Meisterwerken Kisaküreks beschäftigt hat, und vor allem seine weltanschaulichen Ausführungen fanden viel Zuspruch.

Fazıl Kisakürek war es nicht nur gelungen, die türkische Literatur über Jahrzehnte hinweg zu beeinflussen, sondern durch sein Projekt „Büyük Doğu" gilt er als Begründer der so genannten „Büyük Doğu Schule"[828]. Der entscheidende Aspekt dieser Schule war

---

825 Siehe dazu: Ahmet Kabaklı: Sultanü'ş- şuara Necip Fazıl [Der König der Dichter Necip Fazıl]. Istanbul 1995.

826 Necip Fazıl Kisakürek: Batı tefekürrü ve Islam tassavvufu [Das westliche Denken und der islamische Sufismus]. Istanbul 2008.

827 Hierzu einige Beispiele: Arif Bülendoğlu: Necip Fazıl Kisakürek şiiri, sanatı, aksiyonu [Necip Fazıl Kisaküreks Gedicht, Kunst und Aktion]. Istanbul 1968. Salih Mirzabeyoğlu: Necip Fazıl'la başbaşa [Unter vier Augen mit Necip Fazıl]. Istanbul 1982. Yasemin Şar: Necip Fazıl Kisakürek'in tiyatrolarının tahlili [Untersuchung der Theaterstücke Necip Fazıl Kisaküreks]. Ankara 1971.

828 Medmuh Arslanoğlu: Büyük Doğu Ekolü [Büyük Doğu Schule]. In: Osman Selim Kocahanoğlu (Hrsg.): Türk Edebiyatında Necip Fazıl Kisakürek. Hayatı-sanatı-çilesi. Hakkındaki tüm yazıları 1 [Necip Fazıl Kisakürek in der türkischen Literaturwissenschaft. Sein Leben – seine Kunst – seine Entbehrungen. Alle über ihn verfassten Schriften 1]. Istanbul 1983. S. 455-458.

die zentrale Rolle des Islam, der zu diesem Zeitpunkt in der türkischen Öffentlichkeit verdrängt worden war und dem er mit den Stichworten „Persönlichkeit, Ehre und geistig-moralische Überlegenheit"[829] einen neuen Platz zuzuweisen versuchte. Neben seinem Status als bedeutender türkischer Literat hatte sich Kisakürek fast ein halbes Jahrhundert in den Dienst des Islam gestellt und somit auch seine publizistischen Tätigkeiten auf diesen Schwerpunkt verlagert. In Zeiten der konsequenten Durchsetzung des Laizismus in fast allen Lebensbereichen, lud Necip Fazıl Kisakürek mit seinen Veröffentlichungen und Konferenzen zum Islam ein und rief zur Berücksichtigung und Einhaltung der islamischen Prinzipien auf. An dieser Stelle sei noch einmal darauf hingewiesen, dass der islamische Schwerpunkt erst nach seinem „zweiten Geburtstag"[830] in seine Werke einfloss. Im Zentrum stand die türkisch-islamische Identität. Eingebunden in den historischen Kontext bewertete er die soziopolitischen Ereignisse und bezog Stellung, indem er immer wieder bedeutende muslimische Persönlichkeiten rezipierte, wie beispielsweise den Propheten Muhammad, dessen Leben er in seinem Werk „Çöle inen nur"[831] behandelte, oder auch seinen Cousin, Schwiegersohn und den vierten Kalifen Ali ibn Abu Talib[832], den er als eines der wichtigsten Vorbilder für die Muslime des 20. Jahrhunderts beschrieb. Auch politische bzw. historisch bedeutende türkische Persönlichkeiten wie Sultan Abdulhamid II.[833] oder den Dichter und Mystiker Yunus Emre[834] bezog er als identitätsstiftende Elemente in seine Schriften ein, um das ehemals existierende islamische Bewusstsein wieder zu stärken.[835]

---

829 Ebenda S. 456.

830 Ahmet Yıldırım: Biografi: Necip Fazıl Kimdir? Zitiert nach http://www.n-f-k.com/necip-fazil-kimdir [Zugriff 15.06.2011].

831 Necip Fazıl Kisakürek: Çöle inen nur [Das herabgesandte Licht der Wüste]. Istanbul 1994.

832 Necip Fazıl Kisakürek: İlim beldesinin kapısı: Hz. Ali [Das Tor zur Wissenslandschaft]. Istanbul 1994.

833 Necip Fazıl Kisakürek: Ulu Hakan Ikinci Abdülhamid Han [Der große Herrscher Abdulhamid II.]. Istanbul 2003.

834 Yunus Emre (gest. um 1320) war ein anatolischer Dichter und Mystiker. Er gilt als einer der ersten mystischen Volksdichter in der türkischen Tradition. Siehe dazu Halil Güvenis: Der Weg der Liebe: Essays und Gedichte zur Lebensgeschichte von Yunus Emre, Werther, Faust und Swedenborg. Freiburg im Breisgau 2007. Annemarie Schimmel: Wanderungen mit Yunus Emre. Köln 1989.

835 Siehe dazu Necip Fazıl Kisakürek: Çile. Istanbul 1985. S. 380-393.

So betrachtete er „Büyük Doğu" als eine Bewegung, die die Eigenschaft besitzen müsse, die islamischen Begriffe neu aufzugreifen und zu bewerten. Diese Aufgabe stand im Zentrum seiner Arbeit und spielte eine wichtige Rolle in der geistes- und literaturwissenschaftlichen, auch in der politischen Auseinandersetzung. Der Denker sah zwei entscheidende Wege für die Etablierung eines islamischen Verständnisses in der türkischen Öffentlichkeit vor: Erstens sollte eine öffentliche Plattform geschaffen werden, die die Einladung zum Islam gewährleisten konnte. Dies realisierte er durch die Gründung des Verlages „Büyük Doğu", in dem er Zeitschriften, Aufsätze und Bücher veröffentlichte. Im zweiten Schritt versuchte er auf politischer Ebene zu agieren und durch politischen Widerstand nicht nur auf die Situation aufmerksam zu machen, sondern auch die bestehenden Strukturen zu verändern.

Wird nun versucht, sein Islamverständnis zusammenzufassen, muss darauf hingewiesen werden, dass dabei sein Lehrer Abdülhakîm als klassisch-sunnitischer Gelehrter starken Einfluss auf ihn ausübte. Kisakürek wurde persönlich von ihm unterrichtet, und der Dichter war stark von der Persönlichkeit und vom Lebenswandel des Gelehrten beeindruckt und betrachtete ihn als Vorbild.[836] Daraus resultierend bewertete Kisakürek den Islam nicht nur als Lebensweise, sondern eben auch als System. Er verfocht ein ganzheitliches Verständnis des Islam und lehnte eine gestückelte oder partielle Betrachtungsweise vehement ab, d. h. er richtete alle Bereiche des irdischen Lebens auf die islamische Perspektive aus und leitete aus diesem Blickwinkel heraus Lösungsvorschläge für die Probleme der muslimischen Welt ab, die er in seinem Projekt „Büyük Doğu" zusammenfasste.[837] So wird in seinen Ausführungen deutlich, dass er als Referenzsystem für gesellschaftliche Belange nur den Islam in Betracht ziehen wollte. Der Islam stellte für den Dichter den Ursprung aller Dinge dar. Im Gegensatz zu politischen Weltanschauungen wie Kommunismus, Sozialismus oder auch Faschismus beinhalte der Islam alle Aspekte des Daseins. Außerdem wies er auch immer wieder darauf hin, dass im Islam die moralisch-geistigen Aspekte einen hohen Stellenwert besäßen, was sich im Leben des Propheten Muhammad

---

836 Necip Fazıl Kisakürek: Son devrin din mazlumları [Die religiösen Unterdrückten des letzten Jahrhunderts]. Istanbul 2007.

837 Necip Fazıl Kisakürek: Ideoloyca örgüsü [Ideologische Verstrickung]. Istanbul 2007.S. 104.

widergespiegelt habe, der demnach als Vorbild für die gesamte Menschheit gelte. In seinen Werken behandelte er aus vielen Perspektiven heraus den Islam: In seinem Buch „Iman ve Islâm atlası"[838], welches auch als eine Art Handbuch über den Islam bezeichnet werden kann, führte er im Grunde genommen alle wichtigen Gesichtspunkte der islamischen Glaubensgrundlage auf, darüber hinaus ging er auf zwischenmenschliche Aspekte ein und brachte den inneren Glauben mit den einzelnen Taten in eine enge Verbindung.[839] Sein Hauptanliegen bestand darin, die Glückseligkeit des Menschen zu ermöglichen. Aus diesem Grund stand zwar als Grundvoraussetzung die Beziehung zu Gott im Mittelpunkt der Betrachtung, jedoch betonte er in diesem Zusammenhang auch, dass das Verhältnis zwischen Individuum und Gesellschaft im Gleichgewicht gehalten werden müsse, so dass keine Seite wirklich über die andere dominieren könne. Um dies realisieren können, war die Befolgung des islamischen Gerechtigkeitsbegriffes von zentraler Bedeutung. Die Scharia definierte er als das äußere Merkmal des Islam, dessen Erlernung nur durch die intensive Beschäftigung mit dem Leben des Propheten Muhammad möglich sei. Der Sufismus hingegen stelle ein inneres Merkmal dar, wobei eine klare Verbindung zwischen beiden notwendig und ihre Trennung nicht zu dulden sei.[840]

Die lange Suche nach dem wahren Sein und die damit verbundenen immer wieder eintretenden Krisen[841] in Kisaküreks Leben fanden nach seiner völligen Hingabe zu Gott ein Ende. Diese Hingabe umfasste wiederum all seine Schaffensbereiche – seine Gedichte, seine Gedanken, sein Geschichtsverständnis und seine künstlerischen Tätigkeiten: „Habe die Tatsache verstanden, die Kunst besteht darin, Gott zu suchen. Dies ist die Erkenntnis, alles andere sind Schlagstöcke."[842]

Diese Hingabe veranlasste den Denker auch dazu, die damaligen gesellschaftlichen Strukturen und Entwicklungen zu analysieren, und er zog in seinen Betrachtungen eine

---

838 Necip Fazıl Kisakürek: Iman ve Islâm altlası. Şekil, ruh – Amel, hikmet [Atlas zum Glauben und Islam. Gestalt, Seele – Taten, Weisheit]. Istanbul 2006.

839 Ebenda.

840 Mustafa Miyasoğlu: Necip Fazıl Armağanı [Das Geschenk Necip Fazıl]. Istanbul 2004. S. 50-57.

841 Siehe dazu Erdem Bayezit: Bir Medeniyyetin dirilişi [Die Wiederentstehung einer Zivilisation]. In: Osman Selim Kocahanoğlu (Hrsg.): Türk Edebiyatında Necip Fazıl Kisakürek. Hayatı-sanatı-çilesi. Hakkındaki tüm yazıları 1. Istanbul 1983. S. 463 f.

842 Necip Fazıl Kisakürek: Sanat [Kunst]. In: Necip Fazıl Kisakürek: Çile. Istanbul 1985. S. 39.

lange Kontinuitätslinie von dem ersten Menschen und Propheten Adam bis zur Gegenwart. Dabei bestand sein Interesse darin, die Auseinandersetzung zwischen Glaube *(iman)* und Unglaube *(kufur)* näher zu untersuchen. Eine wichtige Rolle spielte hierbei seine Neigung zum Sufismus. Zwar interessierte er sich schon als junger Mensch dafür, nach der Heranführung an den Islam durch seinen Lehrer erlebte seine Seele jedoch ein „großes Erdbeben"[843], und er gewann die Erkenntnis, dass der Sufismus ein Grundelement des Islam war.[844]

Necip Fazıl Kisaküreks stärkste Kritik am damaligen Zustand der muslimischen Bevölkerung fasste er in seinem berühmt gewordenen Motto folgendermaßen zusammen: „unreife Fanatiker, oberflächliche Kleriker"[845]. Diesen Ausdruck verwendete der Dichter oft. Zwar bezog er sich damit im Allgemeinen auf die Muslime, die er vor allem für ihre Unwissenheit, ihre blinde Nachahmung und ihren Fanatismus kritisierte, doch richtete er ihn auch an die Menschen nichtmuslimischen Glaubens, da diese sich hauptsächlich von dem „Vernunftsanarchismus"[846] verleiten ließen, der in der westlichen Gesellschaft immer stärker Fuß fasse. Diese westlich orientierte Entwicklung wurde seiner Meinung auch in der muslimischen Welt angenommen und spiegele sich in der Behandlung des Islam aus einer naturwissenschaftlichen Perspektivierung heraus wider. Diesen Punkt beanstandete er zutiefst, könne sich doch so kein umfassendes Verständnis entwickeln. Die einzige Möglichkeit dafür sah Kisakürek darin, die Scharia mit dem Sufismus in Einklang zu bringen[847]. Auch wies er den Gefährten *(sahabi)* des Propheten Muhammad eine besondere Stellung zu und betonte, dass niemand das Recht habe, die Eigenschaften der Gefährten in Frage zu stellen oder sie in irgendeiner Form zu denunzieren, denn diese hätten sich die Weitergabe der Lebensweise des Propheten, das islamische Gemeinwesen und die Botschaft des Islam zur Aufgabe gemacht, was sie in ihrer Stellung im besonderen

---

843   Necip Fazıl Kisakürek: Tanrı kulundan dilediklerim [Herr, was ich mir von Deinem Diener wünsche]. Istanbul 1999. S. 8.

844   Necip Fazıl Kisakürek: Batı tefekürrü ve Islam tassavvufu. Istanbul 2008. S. 10.

845   Necip Fazıl Kisakürek: Ideoloyca örgüsü. Istanbul 2007. S. 177.

846   Ebenda. S. 182.

847   Necip Fazıl Kisakürek: Tanrı kulundan dilediklerim. Istanbul 1999. S. 61.

Maße auszeichne.[848] Jedoch vermerkte er, dass während der Amtszeit des dritten Kalifen Uthman die Liebe und Hinwendung zum Vermögen und zum Diesseits zugenommen habe und die Muslime bis heute an dieser diesseitigen Orientierung festgehalten hätten. Abu Dharr war das beste Beispiel für die muslimische Bevölkerung im 20. Jahrhundert, da er als „Symbol der Empfindsamkeit"[849] folgendermaßen charakterisiert wurde: Er stellte die „eifrigste und aktivste Persönlichkeit"[850] in Zeiten des reinen Islam dar.

In diesem Kontext sprach Kisakürek von der Zeit der Omajjaden, die seiner Meinung nach viele Neuerungen und Verfälschungen des Islam eingeführt hätten.[851] Schon während der Regierungszeit Uthmans sei jedoch das Tor zur Zwietracht unter den Muslimen geöffnet worden, das bis zur Gegenwart die muslimische Welt präge.[852] So fand eine wahre Abspaltung innerhalb der muslimischen Bevölkerung unter den Mu'taziliten statt, denn anstelle eines tiefgründigen Nachdenkens hatte ein blinder Eifer der philosophischen Oberflächlichkeit eingesetzt, in dessen unmittelbarer Folge viele Gelehrte verfolgt und gefoltert wurden. Necip Fazıl Kisakürek verglich diesen Zustand mit der Verfolgung der christlichen Minderheit im Römischen Reich.

Kisaküreks Hauptanliegen bestand grundsätzlich darin, die Menschen muslimischen Glaubens zum einen hinsichtlich dieser Situation aufzuklären, zum anderen wollte er das Verständnis vom Islam erneuern.[853] So müsse der Islam nicht reformiert werden, sondern die Muslime müssten ihre Perspektivierung verändern, um ihn richtig verstehen zu können. Er sprach sich gegen die reformistischen Tendenzen innerhalb der muslimischen Gelehrten- und Denkerwelt aus und warf ihr eine Art „der Anarchie der Vernunft"[854] vor. In diesem Zusammenhang kritisierte er al-Afgani, Abduh, Hamidullah, Maududi und auch Kutub.

---

848 Ebenda. S. 53.
849 Necip Fazıl Kisakürek: Doğu yolun sapık kolları [Die verirrten Richtungen des östlichen Weges]. Istanbul 1978. S. 10-13.
850 Ebenda. S. 20-24.
851 Ebenda.
852 Ebenda. S. 40.
853 Necip Fazıl Kisakürek: Ideoloyca örgüsü. Istanbul 2007. S. 565.
854 Necip Fazıl Kisakürek: Doğu yolun sapık kolları. Istanbul 1978. S. 82-87.

Obwohl Necip Fazıl Kisakürek kein Historiker war, nahm er in seinen Werken stets eine historische Perspektivierung vor allem für die Bewertung der Gegenwart vor, da er seine eigene Weltanschauung in einer historisch langwährenden Kontinuitätslinie verortete und in seinen Werken eine Art historischer Abrechnung darbot. Insbesondere ist auch auffällig, dass er die zeitgenössische Geschichtsschreibung in Frage stellte und dies auch öffentlich vertrat: „Ich glaube nicht an die Geschichte, die mir vermittelt wurde."[855] So versuchte er, die vergangenen Ereignisse analytisch zu rekonstruieren, wobei der Aspekt des Gegenwartsverständnisses im Fokus seiner Bestrebungen stand.

Fazıl Kisakürek prägten nicht nur seine unmittelbaren Lehrer, sondern er war auch von vielen muslimischen Persönlichkeiten beeindruckt und ließ sich von vielen muslimischen Gelehrten beeinflussen. Einer davon war Said Nursi.

Said Nursi – ein großes Vorbild Necip Fazıl Kisaküreks

Said Nursi wurde im Jahr 1876 in dem Dorf Nurs in der südöstlichen Provinz Bitlis als viertes Kind der kurdischen Familie Mirsa geboren.[856] Mit neun Jahren begann er seine religiöse Ausbildung in verschiedenen *madrasas*, und nach einem dreimonatigen Studium erhielt er den Titel des Mullah[857]. Bereits als Jugendlicher wurde er als großer Gelehrter bezeichnet, der sich mit den Belangen und Problemen seiner Gesellschaft früh auseinandersetzte.[858] Im Selbststudium beschäftigte er sich mit den modernen Wissenschaften. Das brachte ihn auf die Idee, eine Universität zu errichten, in der die klassischen islamischen Fächer mit den modernen Wissenschaften verzahnt werden sollten. Da Sultan Abdulhamid II. 1907 dieses Konzept nicht unterstützte, wurde es nicht realisiert.

---

855 Zitiert nach Mustafa Miyasoğlu: Necip Fazıl Kisakürek. Ankara 1999. S. 93.

856 Nevzat Kösoğlu: Bediüzzaman Said Nursî. Hayatı-yolu-eseri [Sein Leben, sein Weg, sein Werk]. Istanbul 2004. S. 29.

857 Mullah ist ein Oberbegriff für jede Form von Theologen im Islam. Es kann sich um einen Gelehrten, Prediger oder Theologiestudenten handeln.

858 Yavuz Bahadıroğlu: Bediüzzaman Said Nursî. Hayatı-tefekkürü-mücadelesi [Sein Leben, sein Denken, sein Kampf]. Istanbul 2005. S. 23.

In Zeiten des Umbruchs war der junge Gelehrte auch politisch aktiv[859], und sein erstes Gerichtsverfahren endete mit einem Freispruch. 1908 veröffentlichte er sein erstes Buch[860]. Nach einer berühmt gewordenen Rede, die er in 1911 in Damaskus hielt, erweiterte sich sein Bekanntheitsgrad rasant.[861] Während des Ersten Weltkrieges wurde er 1916 in der Nähe von Moskau interniert, während der Oktoberrevolution gelang ihm jedoch zu Flucht. Nach seiner Rückkehr nach Istanbul lehrte er an der Dar'ul Hikmet al-Islamiyye[862], publizierte und gehörte zu den Gelehrten, die zum Widerstand gegen die anatolische Besetzung aufriefen.[863] Nursi wurde eingeladen, bei der Gestaltung der Neugründungsphase der modernen Türkei mitzuwirken, und seine Rede vor der provisorischen Nationalversammlung wurde mit großer Zustimmung aufgenommen. Jedoch überwarf sich Said Nursi mit Mustafa Kemal, so dass er sich 1923 nach Van zurückzog. Die folgenden Jahre waren von Verbannung gekennzeichnet. Er ließ sich in dem Dorf Barla in der Provinz Isparta nieder, wo er die nächsten Jahre – oft in völliger Isolation in der Natur – seine Schriften[864] zum Koran verfasste, die durch die Mitschriften seiner Schüler in ganz Anatolien verbreitet wurden. 1935 wurde er in Eskişehir zu elf Monaten Haft wegen der Förderung der Religion verurteilt. Auch in der Folge kam es immer wieder zu Verhaftungen, Freisprüchen und Verbannung, wobei der Gelehrte in dieser Zeit einen großen Kreis von Schülern und Anhängern aufbauen konnte.[865]

Erst im Jahre 1948 standen er und seine Schüler zum letzten Mal wegen Gründung einer politischen Vereinigung und Verbreitung von regimefeindlichen Gedanken vor

---

859   Ismail Kara: Türkiye'de islamcılık düşüncesi II. Metinler/Kişiler [Der Islamismusgedanke in der Türkei II. Texte/Personen]. Istanbul 1997. S. 459.

860   Said Nursî: Nutuk [Rede]. Istanbul 1908.

861   Yavuz Bahadıroğlu: Bediüzzaman Said Nursî. Hayatı-tefekkürü-mücadelesi. Istanbul 2005. S. 124 f.

862   Die Dâr-ul Hikmet-el Islamiyye ist eine Hochschule und wurde am 25. August 1918 von Mehmet Reşat Paşa und dem Scheichülislam Musa Kazım Efendi gegründet, um die Belange der muslimischen Bevölkerung zu erörtern. Siehe dazu Stanford J. Shaw, Ezel Kural Shaw: History of the Ottoman Empire and modern Turkey. Reform Revolution and Republic. The Rise of Modern Turkey 1908-1975. Cambridge 1977. S. 307. Siehe auch Fußnote 916 unten.

863   Ismail Kara: Türkiye'de islamcılık düşüncesi II. Metinler/Kişiler [Der Islamismusgedanke in der Türkei II. Texte/Personen]. Istanbul 1997. S. 460.

864   Yavuz Bahadıroğlu: Bediüzzaman Said Nursî. Hayatı-tefekkürü-mücadelesi. Istanbul 2005. S. 189.

865   Nevzat Kösoğlu: Bediüzzaman Said Nursî. Hayatı-yolu-eseri [Sein Leben, sein Weg, sein Werk]. Istanbul 2004. S. 187 ff.

Gericht, allerdings wurde dieses Verfahren ausgesetzt und endete 1956 mit einem Freispruch.[866]

In der Nachkriegszeit unterstütze Said Nursi die Demokratische Partei, durch die er den Übergang zum Mehrparteiensystem in der Türkei gewährleistet sah.[867] Nursi wollte zum einen die Etablierung einer freiheitlich-demokratischen Ordnung in der Türkei fördern und erachtete zum anderen die Integration der Türkei in das westliche Bündnissystem als notwendig.[868] Nach 1956 wurden seine Schriften erlaubt und in lateinischer Schrift gedruckt. Während seines Aufenthalts in Urfa verstarb Said Nursi am 23. Mai 1960 und wurde dort beigesetzt. Nach dem Sturz des damaligen Ministerpräsidenten Menderes (1899-1961) wurde sein Leichnam an einen unbekannten Ort in der Provinz Isparta verlegt.[869]

Bereits mit 15 Jahren erhielt Nursi den Beinahmen „Bediüzzaman"[870] (türk. „der Einzigartige seiner Zeit"). Er zählte zu den wichtigsten muslimischen Denkern des 20. Jahrhunderts und gilt als Begründer der Nurculuk-Bewegung[871] in der Türkei. Seine Werke wurden in zahlreiche Sprachen übersetzt, und in diversen internationalen Konferenzen und Studien haben seine Lehren bis heute nicht an Aktualität verloren.[872] Auch Necip Fazıl Kisakürek war beeindruckt von der Persönlichkeit Said Nursis, seiner Lehre, aber auch von seiner Lebensweise. In seinem „Büyük Doğu"-Verlag publizierte er einzelne

---

866   Ibrahim Canan: Bediüzzaman'ın fikrî program. Üzerine bir analiz [Die Gedankenwelt Bediüzzamans. Eine Analyse]. Istanbul 2008. S. 50 f.

867   Ismail Kara: Türkiye'de islamcılık düşüncesi II. Metinler/Kişiler. Istanbul 1997. S. 461.

868   Ibrahim M. Abu-Rabi': Impressionen zum Leben und Werk des Said Nursi. In: Stuttgarter Stiftung für Wissenschaft und Religion (Hrsg.): Islamische Theologie des 21. Jahrhunderts. Der aufgeklärte Islam. Aufkommen, Ideen, Niederschlag. Das Paradigma des Said Nursi. Stuttgart 2007. S. 93 ff.

869   Nevzat Kösoğlu: Bediüzzaman Said Nursî. Hayatı-yolu-eseri. Istanbul 2004. S. 242.

870   Abdülkadir Badıllı: Bediüzzaman Said Nursi. Mufassal Tarihçe-i Hayatı. 1. cilt [Ausführliche historische Biographie. Band 1]. Istanbul 1990. S. 76.

871   Cemil Şahinöz: Die Nurculuk-Bewegung. Entstehung, Organisation und Vernetzung. Die erste soziologische und wissenschaftliche Analyse der Bewegung. Istanbul 2009.

872   Um hier nur einige Beispiele zu erwähnen: Ian S. Markham, Suendam Birinci Pirim: An introduction to Said Nursi: life, thought and writings. Farnham 2011. Wolf D. Aries, Rüstem Ülker (Hrsg.): Dietrich Bonhoeffer, Alfred Delp und Said Nursi: Christentum und Islam im Gegenüber zu den Totalitarismen. Erträge aus dem II. Said-Nursi-Symposium. Berlin, Münster 2009. Şükran Vahide: Islam in der modernen Türkei. Die intellektuelle Biographie des Bediüzzaman Said Nursi. Berlin 2009. The Islamic Foundation for Science and culture (Hrsg.): International symposium. The reconstruction of Islamic thought in the twentieth century and Bediuzzaman Said Nursi. Istanbul 1992.

übersetzte Abschnitte aus den Schriften Nursis, denn er vertrat die Ansicht, dass die Kenntnis und die Verbreitung von Nursis Abhandlungen notwendig seien, um die Probleme in der muslimischen Welt zu bewältigen.[873] Hinsichtlich der Bewertung der *Risale Nur*[874] wies Kisakürek darauf hin, dass sie sich von den klassischen Koraninterpretationen insofern unterscheide, als Nursi keine chronologische Abhandlung abgeliefert habe, sondern die Verse gezielt zur Verinnerlichung der Glaubensinhalte interpretiere[875]. Aus dieser Sichtweise heraus wählte Kisakürek für seine Publikationen beispielsweise Themen wie Aufrichtigkeit[876], Nachahmung[877] oder das Menschenbild[878] aus. In seinen beiden kurzen biographischen Abhandlungen[879] über Said Nursi wies Kisakürek immer wieder darauf hin, dass Nursi ein Vorbild für die Muslime des 20. Jahrhunderts sei und vor allem durch seine Lebensweise den Status des „Heldentums"[880] erreicht habe.

Nursi selbst teilte sein Leben in drei wichtige Phasen ein. Der „frühe Said" versuchte bis zu seinem 45. Lebensjahr insbesondere auf der politischen Ebene, sich für den Erhalt des Islam im öffentlichen Leben einzusetzen. Zwar wird seiner kurdischen Abstammung wenig Bedeutung zugesprochen, doch er betrachtete sich selbst an erster Stelle als Muslim und verweigerte die Hinwendung zum kurdischen Nationalismus.[881] Die politischen Entwicklungen in der Türkei, welche die Religion zunehmend zurückdrängten, veranlassten ihn dazu, sich von der politischen Bühne zurückzuziehen[882]. Der „späte Said" widmete sich ganz der Ausarbeitung seiner Risale Nur. Der „dritte Said" hingegen, auf die Zeit nach

---

873 Necip Fazıl Kisakürek: Bediüzzaman Said Nursî. Istanbul 2009. S. 7 f.

874 Die Risale Nur (türk. „Botschaft des Lichts") ist eine von Nursi verfasste Koraninterpretation, die sich aus ursprünglich 130 Schriften zusammensetzt und 14 Bände mit über 6000 Seiten umfasst.

875 Ebenda. S. 35.

876 Ebenda. S. 37.

877 Ebenda. S. 79.

878 Ebenda. S. 65.

879 Ebenda. S. 9-32. Necip Fazıl Kisakürek: Son devrin din mazlumları [Die religiösen Unterdrückten des letzten Jahrhunderts]. Istanbul 2007. S. 175-260.

880 Ebenda. S. 259.

881 Hekimoğlu Ismail: 100 soruda Bediüzzaman Said Nursi, Risale-i nur külliyatı ve Risale-i nur talebeleri [100 Fragen zu Bediüzzaman Said Nursi, der Risale-Nur-Bibliothek und den Risale-Nur-Schülern]. Istanbul 2005. S. 16 f.

882 Siehe dazu http://www.risaleara.com/oku.asp?id=2064 [Zugriff 01.09.2011].

1948 datiert[883], trat wieder stärker in die Öffentlichkeit. Da sich die politische Landschaft verändert hatte, wurde die internationale Verbreitung seiner Schriften vorangetrieben.[884]

Da Said Nursi und sein Lebenswerk bereits aus vielen Perspektiven erörtert wurde, soll hier die Frage im Mittelpunkt stehen, welche Stellung er zum „Projekt der Moderne" bezog. Wie viele Denker seiner Zeit erforschte auch er die Ursachen für den Niedergang der muslimischen Welt. Dabei kam er zu folgendem Schluss: „a) die Tatsache, dass die Muslime die persönlichen Gebote der Scharia nicht beachten; b) die eifernde Borniertheit der unwissenden Ulama[885], und c) das Aufgeben der in der europäischen Zivilisation inhärenten Tugenden zugunsten ihrer Laster"[886].

Aus dieser Bewertung heraus forderte Nursi einen kritischen Umgang mit der historischen Entwicklung des Islam, wobei auch bei ihm die Entwicklung einer islamischen Identität in dem unaufhaltsamen Transformationsprozess im Fokus stand. So postulierte der Gelehrte eine Neuwertung der Beziehung zwischen dem Islam und den modernen Wissenschaften und setzte eine Verschränkung dieser beiden voraus, um mit gezielten Bildungsmaßnahmen die Lage der Bevölkerung zu verbessern. Auch er vertrat die Ansicht, dass die Hauptursache des Niedergangs in der gesamtgesellschaftlichen Unwissenheit lag, so dass er in einer umfassenden Bildungsreform das beste Mittel zur Problemlösung sah.[887]

Seine Einschätzungen des modernen Europa fielen ambivalent aus: Auf der einen Seite schätzte Nursi die Errungenschaften der modernen Technologie und die Entstehung der modernen Wissenschaft im Allgemeinen, wenngleich er auch darauf hinwies, dass diese Fortschritte von der Ausbeutungspolitik der europäischen Mächte gegenüber anderen Völkern getragen und gefördert worden war. Auf der anderen Seite kritisierte der Denker vor allem den zunehmenden Werteverlust, der in den europäischen Gesellschaften

---

883 Nevzat Kösoğlu: Bediüzzaman Said Nursî. Hayatı-yolu-eseri [Sein Leben, sein Weg, sein Werk]. Istanbul 2004. S. 233.

884 Siehe dazu http://www.risaleara.com/oku.asp?id=4609 [Zugriff 01.09.2011].

885 Mit dem Begriff Ulama sind muslimische Rechtsgelehrte gemeint.

886 Ibrahim M. Abu-Rabi': Impressionen zum Leben und Werk des Said Nursi. In: Stuttgarter Stiftung für Wissenschaft und Religion (Hrsg.): Islamische Theologie des 21. Jahrhunderts. Der aufgeklärte Islam. Aufkommen, Ideen, Niederschlag. Das Paradigma des Said Nursi. Stuttgart 2007. S. 115.

887 Ibrahim Canan: Bediüzzaman'ın fikrî program. Üzerine bir analiz [Die Gedankenwelt Bediüzzamans. Eine Analyse]. Istanbul 2008. S. 111-133.

zu verzeichnen sei, den er wiederum auf die Zurückdrängung der Religionen aus der Öffentlichkeit und damit zusammenhängend auf eine spirituelle Verarmung der Menschheit zurückführte. Aus diesem Grund warnte Nursi die Muslime davor, „blind dem Beispiel einer solchen materialistischen und egoistischen Kultur zu folgen"[888].

Insbesondere der „frühe Said" setzte sich, was seine politischen Stellungnahmen betrifft, dafür ein, den Islam in den politischen Strukturen zu bewahren. Seine Agitationen sind vor diesem Hintergrund zu betrachten.[889] Die zunehmende Verwestlichung und die laizistische Entwicklung in der Türkei veranlassten Nursi dazu, sich zurückzuziehen und sich verstärkt mit der Erziehung des Individuums zu beschäftigen, da er davon überzeugt war, dass eine umfassende gesellschaftliche Veränderung nur eingeleitet werden könne, wenn der Einzelne beginne, sich zu verändern.[890] Um dies realisieren zu können, bearbeitete der Gelehrte aus seiner koranischen Sichtweise heraus die unterschiedlichsten Fragestellungen. Dabei standen die Stellung und die Aufgaben des Menschen in der göttlichen Ordnung im Mittelpunkt seiner Betrachtungen. Seine sufistische Ausrichtung half ihm nicht nur sein Leben in Isolation und Zurückgezogenheit zu bewältigen, sondern er beschäftigte sich auch intensiv mit der Notwendigkeit der Spiritualität im Leben eines Menschen, wobei er die Liebe ins Zentrum seiner Betrachtungen rückte:

„O meine den Egoismus verherrlichende Seele!
O mein die Welt verherrlichender Freund!
Liebe ist die Ursache der Existenz des Universums.
Liebe ist der Kitt des Universums.
[...]

---

888 Ibrahim M. Abu-Rabi': Impressionen zum Leben und Werk des Said Nursi. In: Stuttgarter Stiftung für Wissenschaft und Religion (Hrsg.): Islamische Theologie des 21. Jahrhunderts. Der aufgeklärte Islam. Aufkommen, Ideen, Niederschlag. Das Paradigma des Said Nursi. Stuttgart 2007. S. 122.

889 Mehmet Erdoğan: Bediüzzaman ve siyaset [Bediüzzaman und Politik]. Istanbul 2008. S. 51 ff.

890 Ibrahim Canan: Bediüzzaman'ın fikrî program. Üzerine bir analiz. Istanbul 2008. S. 47. John Obert Voll: Yirminci yüzyılın ortasında tecdit ve ıslahat: 1950 yıllarda Bediüzzaman ve Din [Erneuerung und Reform in der Mitte des 20. Jahrhunderts: Bediüzzaman und die Religion in den 1950er Jahren]. In: Ian Markham, Ibrahim Özdemir (Hrsg.): Bediüzzaman'ın gözüyle küreselleşme ve ahlâk [Globalisierung und Moral aus der Sicht Bediüzzamans]. Istanbul 2007. S. 37-58.

Da der Mensch die umfassende Frucht des Universums ist, wurde in sein Herz der Samen einer Liebe gelegt, die das Universum zu erfüllen vermag.

Doch solch eine unendliche Liebe kann sich nur auf jemand richten, der unendliche Vollkommenheit besitzt."[891]

Sowohl durch seine Lebensweise als auch durch seine Schriften versuchte Nursi ein „koranisches Islambild"[892] zu vermitteln, das den Anforderungen des 20. Jahrhunderts gerecht werden müsse. Trotzdem legte er den Schwerpunkt auf Glauben, Gebet und Ethik, so dass sein Ansatz bis heute zukunftsweisende Perspektiven aufweist.[893]

Nach dieser kurzen Einführung zur Person und zur Denkweise Nursis soll nun die Bewertung Necip Fazıl Kisaküreks zum Themenkomplex Islam und Moderne näher beleuchtet werden. Um diese strukturierter aufarbeiten zu können, sollen die wichtigsten Parameter beleuchtet werden.

Zivilisation

Der Zivilisationsbegriff spielte im Denken Necip Fazıl Kisaküreks eine entscheidende Rolle, da er im Vergleich der westlichen mit der östlichen Zivilisation den Ausgangspunkt darstellte. Insbesondere in Bezug auf die Frage nach der Identität war Kisakürek davon überzeugt, dass das muslimische Bewusstsein für die eigene vergangene Zivilisation geschärft werden müsse, um im Anschluss durch die analytische Betrachtung sowohl für die Gegenwart und als auch für die Zukunft wegweisende Aspekte herausarbeiten zu können.

Hinsichtlich der westlichen und der östlichen Zivilisation kritisierte er die institutionellen Einrichtungen und machte im Besonderen darauf aufmerksam, dass die Werte seiner östlichen Zivilisation als schlecht bezeichnet und für nichtig erklärt wurden und ihre

---

891 Bediüzzaman Said Nursi: Ein Auszug über die Liebe. In: Stuttgarter Stiftung für Wissenschaft und Religion (Hrsg.): Islamische Theologie des 21. Jahrhunderts. Der aufgeklärte Islam. Aufkommen, Ideen, Niederschlag. Das Paradigma des Said Nursi. Stuttgart 2007. S. 449.

892 Cäcilia Schmitt: Der aufgeklärte Islam: Das Paradigma des Said Nursi. In: Stuttgarter Stiftung für Wissenschaft und Religion (Hrsg.): Islamische Theologie des 21. Jahrhunderts. Der aufgeklärte Islam. Aufkommen, Ideen, Niederschlag. Das Paradigma des Said Nursi. Stuttgart 2007. S. 37.

893 Ebenda.

Verdrängung aus der Öffentlichkeit angestrebt wurde. Für ihn stellte hierbei die Regierungszeit Abdulhamid II. eine wichtige Zäsur dar, da der Herrscher die imperialistischen Ziele und Taktiken der europäischen Mächten erkannte. Abdulhamid II. versuchte mit einem Aufruf zur Einheit zu verhindern, dass die Ziel erreicht und die Taktiken umgesetzt wurden. Seinen Appell richtete er an die Menschen in einem großen geographischen Raum – das gesamte Osmanische Reich, Indien und auch Afrika –, um nach der erfolgreichen Beendigung der Widerstandskriege das Gleichgewicht zwischen West und Ost wiederherstellen zu können.

Vor diesem Hintergrund bestand Necip Fazil Kisaküreks besonderes Anliegen darin, die Werte und die Errungenschaften der östlichen Zivilisation wieder hervorzuheben und wiederzubeleben, denn nur so sei eine Revitalisierung des Ostens realisierbar. Weiter sei es notwendig, sich von der blinden Nachahmung der westlichen Werte zu lösen. In seinem Werk „Ideolcyo Örgüsü" definierte, charakterisierte und verglich er die beiden Zivilisationen und entwickelte sein eigenes Zivilisationsprojekt „Büyük Doğu". So verfolgte der Dichter ein Konzept, das die östliche Zivilisation als ein eigenständiges und durchaus konkurrenzfähiges Gefüge betrachtete, das auf eine lange historische Tradition zurückblicken könne. Diese beziehe nicht nur das alte Griechenland mit ein, sondern auch die prophetischen Überlieferungen, eine jahrtausendealte Zivilisation und viele Hochkulturen. Kisakürek war davon überzeugt, dass der Osten mit seinen historischen Errungenschaften durchaus in der Lage sei, eine eigenständige vom Westen losgelöste Zivilisation hervorzubringen.[894]

Seine klaren Vorstellungen über das Projekt „Büyük Doğu" bezogen sich nicht nur auf die Wiederherstellung der östlichen Einheit beruhend auf einer sowohl auf die Gegenwart als auch auf die Zukunft bezogenen seelischen und qualitativen Ordnung[895], sondern dieses Projekt war gleichzeitig auch eine Weltanschauung, die sich auf den Islam stützte und alle vergangenen, gegenwärtigen und zukünftigen Aspekte umfasste.[896]

---

894   Necip Fazıl Kisakürek: Çerçeve 1 [Fassung 1]. Istanbul 1982. S. 260.
895   Necip Fazıl Kisakürek: Ideoloyca örgüsü. Istanbul 2007. S. 8 ff.
896   Ebenda. S. 11.

Der Denker setzte sich mit der westlichen Zivilisation intensiv auseinander: Vor allem in seinen politischen Schriften, die er kurz vor dem Zweiten Weltkrieg zu verfassen begann, bewertete er die Geschichte des Westens. Dabei wies Kisakürek auf die seelische Krise des Westens hin: Damit verbunden sprach er auch den Stolz der Europäer und ihr evolutionistisches Selbstbild an und räumte ihm die Vorherrschaft über die positiven Wissenschaften ein, doch bezüglich ihres Wertesystems erhob er sehr starke Kritik, denn anstelle von Tugenden wie Glaube, Verwaltung, Moral, Ordnung, Zufriedenheit und Liebe mussten sich die westlichen Gesellschaften mit den Plagen Zweifel, Betrug, Altersschwäche, Unzufriedenheit, Unordnung und innere Unruhe auseinandersetzen.

Indem er auf seine Erfahrungen in Paris verwies, sprach Kisakürek seine Bewunderung der Fortschritte in den positiven Wissenschaften aus, betonte jedoch, dass sich die kulturelle Entwicklung des Westens in einem Verfallsprozess befinde. Das alleinige Ziel sei auf die materiellen Bedürfnisse des diesseitigen Lebens ausgerichtet, was den metaphysischen Bedürfnissen des Einzelnen nicht gerecht werde. So sei der Westen „überlegen im materiellen Vorhaben und verurteilt im seelischen Zustand"[897].

Der Denker war davon überzeugt, dass der Westen zwei Gesichter habe: Auf der einen Seite befinde er sich auf der seelischen Ebene in einer wahren Krise, die mit einem klaren Verfall verbunden sei. Mit der Renaissance hätte sich der Westen vom Druck der Kirche und des Feudalismus befreien können, aber seit der Mitte des 19. Jahrhunderts überwiege die Krise, die sich auf alle gesellschaftlichen Bereiche wie die Wirtschaft, die Politik und die sozialen Beziehungen beziehe, und im Grunde genommen stehe die Suche nach der eigenen Seele im Fokus dieser Misere. Auf der anderen Seite verkaufe der Westen nach außen hin seine materiellen Errungenschaften als absoluten Erfolg, dessen letzte Stufe, nämlich die Herrschaft über das Materielle mit Hilfe der positiven Wissenschaften, die seelischen Orientierungspunkte des Menschen ausgelöscht habe, so dass es keinen Ausgleich zwischen diesen beiden gebe und dieser auch nicht wiederhergestellt werden könne. Für Necip Fazıl Kisakürek stellte diese gegenläufige Entwicklung den wahren Grund für die Krise der westlichen Zivilisation dar. Die beiden Weltkriege im 20. Jahrhundert zog er

---

897 Ebenda. S. 43.

als Belege für seine Argumentation heran, da die ideologischen Auseinandersetzungen zwischen Kommunismus und Faschismus bzw. Nationalsozialismus letztlich Versuche gewesen seien, diese Krise zu überwinden. Kisakürek war der Ansicht, dass die Krise mit diesen Ideologien nicht zu überwinden sei, weil sie weit davon entfernt seien, Lösungen anbieten zu können, solange eben dieses Ungleichgewicht vorherrsche.[898]

In Necip Fazıl Kisaküreks Definition des Westens ist Europa zentral und Amerika befindet sich eher am Rande. Darum partizipiere Amerika auch nicht an der europäischen Krise. In diesem Zusammenhang bewertete er den Kalten Krieg für die europäische Zivilisation und war der Meinung, dass sie ein Opfer beider Seiten geworden sei: Russland präsentiere sich nach außen hin materialistisch, sei im Kern jedoch zutiefst mystisch; Amerika hingegen vertrete in Glaubensfragen eine antimaterialistische Haltung, doch sei der Materialismus charakteristisch für seine Lebensweise. Des Weiteren stellte er fest, dass die unterschiedlichen westlichen Ideologien keine wahre Hilfestellung für die Überwindung der Krise böten, da sie damit beschäftigt seien, gegenseitige Fehler und Mängel aufzudecken. So sei es beispielsweise richtig und wichtig, dass der Kommunismus auf die krisenhafte Situation hingewiesen habe, jedoch sei es im gleichen Moment falsch, die gesamten seelischen Werte des Menschen als nichtig darzustellen. Aus dieser Perspektivierung heraus wies Necip Fazıl Kisakürek auch auf das westliche Selbstbild hin und zählte die Komponenten der griechisch-lateinischen Zivilisation auf: die griechische Vernunft, die römische Ordnung und die christliche Moral bzw. Sensibilität. Diese vom Westen selbst definierte Zivilisationsformel befand Necip Fazıl Kisakürek für klischeehaft, steif und mathematisch. Die Errungenschaften der griechischen Zivilisation seien auf die Errichtung einer geistigen Ordnung des Verhältnisses zwischen Mensch und Natur reduziert worden. Gestützt auf das römische Imperium sei das Machtbewusstsein als höchstes geistiges Gut propagiert worden. Und schlussendlich sei das Christentum als innerster Plan dieser Entwicklung betrachtet worden, da es nicht nur als Zentrum der Auslegung, sondern auch als eine moralische Instanz der Sittlichkeit fungieren sollte. Anhand dieser Selbstdefinition

---

898 Ebenda. S. 57-60.

habe sich das westliche Grundverständnis entwickelt, dass sich jedes Land, welches sich auf diese drei Fundamente stütze, mit Europa verbunden fühlen konnte.[899]

Außerdem richtete sich seine Kritik auch gegen den westlichen Blick auf den Osten. Zum ersten Mal wurde über eine Trennung zwischen Ost und West in den Herodots Historien über die Perserkriege gesprochen. Diese Aufteilung wurde bei den Griechen weitergeführt, sie unterschieden zwischen Menschen und Barbaren. Doch gleich, welche Veränderungen, Auseinandersetzungen oder auch neuen Entwicklungen in der östlichen Welt zu verzeichnen waren, der Osten wurde von den Griechen über die Römer, von der Renaissance bis zur Gegenwart auf die gleiche Art und Weise rezipiert: Er stelle eine maßlose und unbewusste Welt dar, ein wildes bzw. grausames Gebiet mit barbarischen und gewalttätigen Zügen. Tatsachen würden dort weit jenseits der Vernunft bewertet, denn es fehle grundsätzlich eine analytische Vorgehensweise. Werte wie Individualismus und Freiheit seien nicht bekannt, womit die blinde Unterwerfung gegenüber herrschsüchtigen Sultanen und Despoten zu erklären sei. Generell bestehe kein Interesse an der Außenwelt, die Perspektive für den Osten sei aussichtslos. Von einigen wenigen Ausnahmen abgesehen sei der östliche Mensch einfältig und hilflos, seine seelische Beschaffenheit illusionistisch. Zwar übte der Begriff Orientalismus im Westen nach der Renaissance eine gewisse Faszination am Osten aus, jedoch beinhaltete sie nach Kisakürek eher Phantasievorstellungen und bestärke demnach die vereinfachte Sichtweise.

Obwohl Necip Fazil Kisakürek den Osten als Ursprungsort der göttlichen Offenbarungen betrachtete und ihn als Quelle der inneren Werte stilisierte, kritisierte er den gegenwärtigen Zustand des gesamten Ostens, weil die Dominanz der Vernunft und des Materiellen grundlegend vernachlässigt werde. Daraus leitete er seine Grundthese ab, von deren Richtigkeit er überzeugt war, dass nicht die europäische Renaissance den Niedergang des Ostens herbeigeführt habe, sondern die eigene Nachlässigkeit.[900] In diesem Kontext lobte er die ideenorientierte Auseinandersetzung des Westens, in welcher der Schwerpunkt darauf liege, sie sachlich und an den Tatsachen orientiert sie zu führen. Kisakürek

---

899   Necip Fazil Kisakürek: Bati tefekkürü ve Islam tasavvufu [Das westliche Denken und der islamische Sufismus]. Istanbul 2008. S. 17.

900   Necip Fazil Kisakürek: Ideoloyca örgüsü. Istanbul 2007. S. 60.

betonte außerdem, dass diese Aspekte auch ein fester Bestandteil des Islam seien. So habe es seit der Regentschaft Fatih Sultan Mehmets auch eine östliche Renaissance gegeben, die ebenfalls Errungenschaften, Innovationen oder Entdeckungen wie die der Atome hervorbringen konnte. Er erwähnte auch, dass islamische Erkenntnisse eine Voraussetzung für die europäische Renaissance darstellten und sich von den islamischen Vorstellungen ableiten ließen, so dass westliche Ordnungsprinzipien und islamische Vorstellungen teilweise übereinstimmten.[901]

Und obwohl er die osmanischen Intellektuellen stark kritisierte, befürwortete er die systematische Erforschung der Erkenntnisse Europas. So setzte sich Kisakürek dafür ein, die europäischen Werke schnell zu übersetzen: „Eines der größten Privilegien der westlichen Wissenschaft und des zur Erlangung der Wahrheit nachdenkenden Mannes ist das Einräumen des Rechtes über die Idee. Leider ist dieses Recht in den Ländern, die den Westen nachahmen, nicht vorhanden."[902] Abschließend muss hinzugefügt werden, dass die Kritik Necip Fazıl Kisaküreks am Westen sehr hart ausfiel. So verurteilte er ihn zusammenfassend auf folgende Art und Weise: „Ohne jeglichen Einflüssen ausgesetzt zu sein, bin ich ein vehementer Gegner der Zivilisation, die sich Westen nennt."[903]

Der Denker analysierte auch die östliche Perzeption des Westens und sprach von drei Perioden der Wahrnehmung: erstens die vorislamische Zeitrechnung, zweitens die so genannte Blütezeit des Islam und drittens der Niedergang, der die östliche Zivilisation klar geschwächt habe. Diese drei unterschiedlichen Phasen setzte Necip Fazıl mit der Entstehung und Entwicklung des industrialisierten Europas ins Verhältnis.[904] Die dritte Periode spielte für Kisakürek eine entscheidende Rolle. Die Wahrnehmung sei deprimierend und zukunftslos und sie spiegele die Unterdrückung des Ostens wider, denn als der Westen – seit der Renaissance – begonnen habe, zur Weltmacht aufzusteigen, habe sich der Osten in einem schwachen Zustand befunden. Nicht nur sei die Erhöhung des Westens die Folge gewesen, sondern der Osten habe sich dabei dem Materialismus unterge-

---

901   Necip Fazıl Kisakürek: Dünya inkılâp bekliyor [Die Welt wartet auf eine Revolution]. Istanbul 2007. S. 26 f.
902   Zitiert nach http://www.darulkitap.com/oku/kulliyatlar/v2/nfk/AynadakiYalan.htm [Zugriff 22.06.2011].
903   Necip Fazıl Kisakürek: Konuşmalar [Reden]. Istanbul 1990. S. 266.
904   Necip Fazıl Kisakürek: Ideoloyca örgüsü. Istanbul 2007. S. 12.

ordnet und seine Vernunft ungenutzt gelassen. Ausschlaggebend für den Denker war, dass der Osten die so genannte Selbstabrechnung vernachlässigt habe.[905] Der Osten habe zwei wesentliche Probleme zu lösen: Auf der einen Seite sollte die Frage der Machtverteilung in Angriff genommen werden und auf der andere Seite die Problematik des gesellschaftlichen Umwälzungsprozesses. Hierbei komme dem Aspekt der Identitätszugehörigkeit eine wesentliche Bedeutung zu. Kisakürek analysierte auch die historische Entwicklung der türkischen Gesellschaft, allerdings unter dem Stichwort Abrechnung[906]. Bezüglich der Abstammung der Türken zog er eine sehr lange Linie bis zum Propheten Noah. Er war davon überzeugt, dass die Türken – wenn auch am Rande – dem Osten angehörten. Zwar hätten sie stets im Kontakt zum Westen gestanden, ob als Verlierer oder als Sieger, doch hätten sie der östlichen Zivilisation immer näher gestanden, sei es auf geistiger oder eben auch auf wirtschaftlicher und politischer Ebene. Dies sei wiederum auf die Übernahme des Islam zurückzuführen, der nicht richtungs- und ordnungsweisend wirke, sondern eine identitätsstiftende Funktion habe, denn nach der Konvertierung fand nach Ansicht Kisaküreks eine Synthese zwischen der Religion und dem Türkentum statt, die zu einer fortschrittlichen geschichtlichen Entwicklung bis zu Kara Mustafa Pascha[907] geführt habe. Das Türkentum hätte sich in zeitlichem Zusammenhang mit dem Islam herauskristallisiert und entwickelt, erst durch ihn hätten die unterschiedlichen Stämme zu einer Einheit zusammengeführt werden können. Den Denker beschäftigte insbesondere die Frage, warum nach dem rasanten Aufstieg der Osmanen der bittere Verfall und schlussendlich der Zusammenbrach eingetreten seien.

Als Grund gab Necip Fazıl Kisakürek das eigentliche Verhältnis zum Islam an: Das Auswendiglernen bzw. die Nachahmung der islamischen Grundlagen und Grundpfeiler seien präsent gewesen und auf ihre Weitergabe sei immer großer Wert gelegt worden,

---

905 Ebenda. S. 13.
906 Ebenda. S. 67.
907 Kara Mustafa Pascha (1634/35-1683) war Großwesir unter der Regentschaft Sultan Mehmed IV. und Oberbefehlshaber bei der Zweiten Belagerung Wiens. Nach der verlorenen Schlacht von Kahlenberg wurde er auf Befehl des Sultans erdrosselt. Die Historiographie sieht seine Persönlichkeit ambivalent. Neben seiner Gier, Prahlsucht, Trunksucht, seinem Jähzorn und seiner Unfähigkeit werden ihm auch Tugenden wie Fleiß oder Tapferkeit zugeschrieben. Siehe dazu Zygmunt Abrahamowicz: Kara Mustafa Pascha. In: Robert Waissenberger (Hrsg.): Die Türken vor Wien. Europa und die Entscheidung an der Donau 1683. Salzburg, Wien 1982. S. 241-250.

doch das Verständnis des Islam sie oberflächlich geblieben. Seiner Meinung nach habe eine Auseinandersetzung gefehlt, die sich auf tieferes, Vernunft und Seele klar verbindendes Nachdenken stützt. Daher habe sich kein umfassendes Islambewusstsein herausschälen können. In diesem Kontext lautete sein Grundsatz: „Die Aufgabe besteht darin, sich von der Vernunft, nachdem sie bis zum letzten Ausmaß genutzt wurde, loszulösen"[908]. Er führte diese Argumentationslinie weiter und postulierte, dass das Prinzip des tieferen Nachdenkens grundsätzlich nicht praktiziert werde und dies nicht nur den Verlust der islamischen Lebensweise zur Folge habe, sondern auch den der eigenen Identität. Aus diesem Blickwinkel heraus ließen sich auch der europäische Angriff und die Reaktionen darauf erklären, denn das Osmanische Reich sei nicht in der Lage gewesen, einen Gegenangriff zu starten. Vielmehr habe die Verteidigung der eigenen Existenz im Fokus gestanden. Weiterhin stellte er fest, dass im Gegensatz zum Westen, der seit der Renaissance zumindest auf der materiellen Ebene ein Selbstbewusstsein erlangt habe, das Osmanische Reich seines verloren und aufgrund der wirtschaftlichen Misere seit dem 17./18. Jahrhundert sich gezwungen gesehen habe, Reformen einzuführen, die eine Trennung von den eigenen seelischen Wurzeln zur Folge gehabt habe.

Die Befreiungskriege bezeichnete Kisakürek als geographische Siege. Danach hätten die Türken ihre Seelen dem Westen übergeben mit der unmittelbaren Konsequenz, dass alle alten Werte dafür geopfert worden seien. Während der Befreiungskriege waren diese Werte mobilisiert worden, um durch die Wiederherstellung der einstigen Einheit den Feind zu besiegen. Doch nach den Siegen seien sie nicht in der Lage gewesen, die eigene Geistlichkeit zu suchen, geschweige denn sie wiederzufinden. Von nun an habe das Europäischsein des Eigenen im Zentrum des Interesses gestanden[909]. Kisakürek interessierte in diesem Zusammenhang, was die muslimische Bevölkerung während ihres Nachahmungsdrangs von Europa erhalten und was sie im Gegenzug verloren hätten. Seine Antwort fiel ernüchternd aus. Zwar versuchten die Muslime sich durch die Übernahme des Lebensstils

---

908 Necip Fazıl Kisakürek: Ideoloyca örgüsü. Istanbul 2007. S. 183.
909 Ebenda. S. 81 f.

dem Europäischen anzupassen, doch sei diese Angleichung im Grunde genommen nur eine blinde Nachahmung, dessen Folge der Verlust des eigenen Seins bedeute.[910]

Eine der wichtigsten Intentionen Necip Fazıl Kisaküreks war es, das Verhältnis von Osten und Westen richtig zu verstehen. Dafür legte er zwei Bedingungen fest: Erstens sollte dieses Verständnis die Erkenntnis eines wahren Ostlers sein und dementsprechend müsse der wahre Wert des Ostens beigemessen werden; zweitens sei ein westlicher Standpunkt einzunehmen und die seelische Krise des Westens aus dem eigenen Blickwinkel heraus zu bewerten. Im ersten Fall sei es ausreichend, diese Tatsache zu bestätigen, im zweiten jedoch sei eine destruktive Vorgehensweise notwendig, da weder eine östliche noch eine westliche Zugehörigkeit vorhanden seien.

Daraufhin begann der Denker mit der Gegenwart abzurechnen. Er bewertete die westliche Zivilisation, die sich seiner Meinung nach in einer ernsthaften Krise befinde, weil auch sie die eigenen seelischen Wurzeln verloren habe. Auch spiegele sich der Versuch, diesen Verlust zu überwinden, nicht nur in den beiden Weltkriegen wider, sondern auch in einer fortdauernden Auseinandersetzung darüber, wie das seelische Gleichgewicht wiederzugewinnen sei.

Bezogen auf die eigene Gesellschaft sprach Kisakürek von der Selbstabrechnung. Zwar war er der Überzeugung, dass sie keine Stimme und auch keine Taktik in diesen Entwicklungen vorweisen könne, jedoch sei es unabdingbar, die äußeren und inneren Eigenschaften dieser Welt zu verstehen, da sonst die Gefahr bestehe, komplett von der globalen Bildfläche zu verschwinden.

In seine Gegenwartsanalyse bezog der Dichter die wichtigsten Denkschulen der westlichen Welt mit ein. In einem Vergleich kam er zu dem Schluss, dass sich nicht nur die türkische Bevölkerung in einer essentiellen Krise befände, sondern die gesamte Welt davon betroffen sei. Deswegen war er auch davon überzeugt, dass eine neue Welt entstehen werde, und der Schlüsselbegriff für die Überwindung der Rückständigkeit hieß innere Abrechnung. Die habe bis zur gegenwärtigen Situation gefehlt, wobei die eigentliche innere Abrechnung beim Einzelnen stattfinden müsse.[911]

---

910 Ebenda. S. 75 ff.
911 Ebenda. S. 91.

Den einzigen Weg, sich aus der gegenwärtigen Situation zu befreien, sah der Denker im Islam, denn auf der einen Seite besitze der Mensch den Koran, der als unverfälschter Wegweiser für das irdische Leben eingesetzt werden müsse, und auf der anderen Seite die gesammelten Wissensbestände der Menschheit, wodurch der Mensch im Selbstfindungsprozess seinen eigentlichen Erschaffungsgrund finden und sein Wesen und seine Lebensweise danach richten könne.[912]

Mit der islamischen Perspektivierung wurde auch der moralische Aspekt hinzugefügt, der nur dann in seiner ganzen Fülle umgesetzt werden könne, wenn eine völlige Hingabe zum Islam vollzogen worden sei, da sie die Quelle der Moral darstelle. Doch durch die blinde Nachahmung der westlichen Ordnung sei diese Verbindung zerstört und die westlichen Moralvorstellungen unhinterfragt übernommen worden; dies erkläre zugleich den gegenwärtigen moralischen Niedergang. Doch im Zusammenhang von Mensch und Gesellschaft stelle die Moral die wichtigste Instanz zwischen diesen beiden dar. Sie fungiere als Messlatte für sowohl die geistigen als auch die seelischen Fortschritte einer Gesellschaft. Aus diesem Grund sei es auch notwendig, eine moralische Abrechnung vorzunehmen. Dabei stieß Kisakürek auf drei große Verbrechen: Das erste Verbrechen sei der Zustand des „unreifen Fanatikers, des oberflächlicher Klerikers"[913], das zweite die unreflektierte Bewunderung des Westens und damit zusammenhängend der falsche Fortschrittsglaube und das dritte die Verschriftlichung und somit die Institutionalisierung des zweitens Verbrechens durch die republikanische Revolution. Deswegen stellte der Denker das Postulat auf, dass alle Türken verpflichtet seien, mit sich auf diese Art und Weise abzurechnen.[914]

Kisakürek suchte auch nach den Gründen für den Niedergang der östlichen Zivilisation. Zwar legte der Denker die Ursprünge für sein „Büyük Doğu"-Konzept im mittleren Asien fest, doch war er der festen Überzeugung, dass die wahre Identitätsfindung und der Aufstieg der östlichen Zivilisation mit der Annahme des Islam stattgefunden habe. Dieser Zustand habe bis ins 16. Jahrhundert angehalten.

---

912 Ebenda. S. 92.
913 Ebenda S. 177.
914 Ebenda. S. 97 ff.

Ab der Regierungszeit Kanunis begann der Niedergang des Osmanischen Reiches, und Necip Fazıl Kisakürek versuchte die Gründe für diese langwierige Verfallsgeschichte zu rekonstruieren:

Der erste Grund sei das Fehlen von nachdenkenden Menschen, die in der Lage wären, die gesamtgesellschaftlichen Entwicklungsprozesse zu verstehen und zukunftsweisende Ideen und Projekte zu entwickeln. Immer wieder fügte er hinzu, dass im globalen Kontext keine wirklichen Denker aus der türkischen Gesellschaft bzw. Kultur hervorgegangen seien. Allerdings stellte allein die Akzeptanz dieser Erkenntnis für ihn den ersten Ansatzpunkt für die Wiederbelebung dar, denn die Feststellung des ersten Grundes für den Niedergang symbolisiere die Grundvoraussetzung für den Aufstieg.

Die zweite Ursache war der innere Zerfall des Reiches, und der begann während der Regierungszeit Kanuni Sultan Süleymans (1495-1566). Auch die vielen Eroberungen und Siege Sultan Süleymans könnten nicht darüber hinwegtäuschen, dass die gesellschaftliche Zersetzung in seiner Regierungszeit eingesetzt habe. Hinsichtlich Kanunis Person gab er folgende Bewertung ab: „Sein ganzer Selbstwert besteht darin, ein großer Erbe vorheriger Epochen zu sein."[915] Nicht nur die zunehmende Einflusssphäre der Perser und Byzantiner, sondern auch die Veränderung der Stellung des Scheichülislam[916] hätten im großen Maße die Ordnung und insbesondere das Denken der osmanischen Herrschaft verändert. Nach einigen Kapitulationen sei noch ein immer wichtiger werdender Aspekt hinzugekommen: nämlich die Teilhabe bzw. Partizipation von Fremden am höfischen Leben.[917]

Der letzte Grund sei das weitere Bestehen bzw. das immer größere Verbreitung des Typus des unreifen Fanatikers und des oberflächlichen Klerikers, der sich durch den blinden Fanatismus verbreitet habe und auch nach der Republikgründung ein fester Bestandteil der türkischen Gesellschaft gewesen sei.[918]

---

915 Ebenda. S. 151.

916 Ein Scheichülislam war in seiner ursprünglichen Bedeutung ein Ehrentitel für Muslime, die auf verschiedene Art und Weise etwas Hervorragendes geleistet hatten. Allerdings entwickelte sich der Titel unter den Osmanen zu einem Posten, der den obersten Würdenträger jenes Teils der Verwaltung darstellte, der das Religions-, Rechts- und Erziehungswesen im Osmanischen Reich umfasste. Siehe dazu Martin Robbe, Gerhard Höpp: Welt des Islam – Geschichte und Alltag einer Religion. Leipzig 1988. S. 178.

917 Ebenda. S. 73 f.

918 Ebenda. S. 99.

Um diesen Niedergang überwinden und einen Neubeginn realisieren zu können, sei eine große Revolution notwendig, auf die seit der Übernahme der Regierung Sultan Selmis im Jahre 1566 gewartet werde.[919] Zwar wurden die Tanzimat-Zeit[920] und die Republikgründung als Revolutionen betrachtet, jedoch waren diese Stufen nicht ausreichend. Sie hatten im Gegenteil den türkischen Menschen und die Gesellschaft von ihren eigenen Wurzeln getrennt, um sie in die westlichen Strukturen zu drängen. Diese Revolutionen wurden durchgesetzt, ohne den Fokus auf die innere Beschaffenheit dieser Menschen zu richten. Vor diesem Hintergrund entwickelte Necip Fazıl Kisakürek sein Zivilisationsprojekt „Büyük Doğu" auch mit einer gewissen politischen Verantwortung. Er setzte die Aspekte Individuum, Gesellschaft und Staat in einen engen Zusammenhang und unterwarf sie einer temporären nach Stufen eingeteilten Systematik. So müsse die Revolution bei dem Individuum beginnen: „Die Islamische Revolution kann auf gedanklicher Ebene nur von wahren und tiefgründigen Muslimen vertreten werden"[921]; dabei müssten die Aspekte Scharia, Sufismus und die Persönlichkeit des Einzelnen mit eingeschlossen sein.[922]

Den Ausgangspunkt dieser Verflechtung der gesellschaftlichen Komponenten mit einer gewissen politischen Verantwortung stellte für den Denker die islamische Lebensweise dar, diee wiederum bei dem und der Einzelnen beginne. Indem die Menschen ihr Leben darauf ausrichten, sich Gott hinzugeben, verändert sich nicht nur die Weltanschauung, sondern werde auch die seelische Beschaffenheit starken Umwälzungen ausgesetzt.[923] Im Grunde genommen setzte der Denker mit seiner sufistischen Perspektivierung den Aspekt der Liebe in das Zentrum der Revolution und kritisierte die anderen zeitgenössischen muslimischen Denker, die diese Perspektive in ihren Theorien kaum berücksichtigen würden. Eine Ausnahme verkörperte für Kisakürek der Ägypter Hasan al-Banna[924],

---

919   Ebenda. S. 148.

920   Siehe Kapitel 1 der vorliegenden Arbeit, insbesondere Fußnote 50.

921   Ebenda. S. 163.

922   Ebenda. S. 164.

923   Ebenda. S. 103.

924   Hasan al-Banna (1906-1949) ist der Begründer der Organisation Muslimbruderschaft und zählt zu den wichtigsten muslimischen Persönlichkeiten des 20. Jahrhunderts. Siehe dazu Muhammad Sameer Murtaza: Die Salafiya. Die Reformer des Islam. Eine Darstellung der Biographien und des politischen Denkens von Gamal Al-Din Al-Afgani, Muhammad Abduh, Muhammad Rasid Rida und Hasan Al-Banna sowie der Muslimbruderschaft in

der die Ansicht vertrat, dass eine Veränderung nur möglich sei, wenn der Einzelne seine seelischen Wurzeln reinige, und dass Reformen alleine grundsätzlich keine wirkliche Erneuerung ermöglichen können. Necip Fazıl Kisakürek bestätigte diese Ansicht. Allerdings fügte er hinzu, dass der Sufismus nicht nur als Mittel für Veränderungen bewertet werden dürfe, sondern den Kern des Islam darstelle, der somit als Hauptziel zu betrachten sei.

Nicht nur in seinen sachlich orientierten Werken beschäftigte sich Kisakürek mit dem Phänomen des Zivilisationsvergleichs, sondern auch in seinen literarischen Schriften versuchte er, seine Gedanken über die und Perspektiven der Zivilisation zu verdeutlichen. In seinem ersten Theaterstück „Tohum"[925] zeigte er beispielsweise die dichotomische Auseinandersetzung zwischen dem Materialismus, der für ihn aus dem Rationalismus heraus entstanden war, und dem Spiritualismus. Grundsätzlich kann festgehalten werden, dass er in seinen Theaterstücken immer wieder seine kritische Sichtweise auf den Westen präsentierte und darüber hinaus auch die Tragik der Nachahmer thematisierte, die auf dem Weg der Verwestlichung sich selbst verloren hätten.[926]

Modernisierung

Necip Fazıl Kisakürek verwendete den Begriff Modernisierung selten, doch sowohl in seiner Kritik an der gesellschaftlichen Entwicklung im Westen und im Osten als auch in seinen Vorstellungen über sein Projekt „Büyük Doğu" analysierte er die Auswirkungen der technologischen Entwicklung und erörterte die Frage, auf welche Art und Weise sich diese in der muslimischen Welt manifestieren könnte.

„In der Mitte des 20. Jahrhundert", so Kisakürek, „hat die seelische Billigkeit ihre letzte Stufe erreicht. Sowohl im Osten als auch im Westen der gleiche Zustand"[927]. Damit verurteilte der Dichter die Dominanz des Materialismus. Während diese von der Modernisierung vorangetrieben werde, werde der seelische Bereich vernachlässigt, was bis zur gegen-

---

ihrer formativen Phase 1928-1932. Norderstedt 2005. S. 45-72.

925 Orhan Okay, Necip Fazıl Kısakürek. Istanbul 1998. S. 87 f.

926 Für weitere Informationen dazu siehe Hasan Çebi: Tiyatro eserlerinde madde ve manada Necip Fazıl [Necip Fazıls Anspruch und Bedeutung in seinen Theaterstücken]. Istanbul 1981. S. 96-104.

927 Necip Fazıl Kisakürek: Ideoloyca örgüsü. Istanbul 2007. S. 450.

wärtigen seelischen Krise geführt habe, die schließlich in einer Identitätskrise münde.[928] Anstatt eine klare Verbindung zwischen Wissen und Seele herzustellen, um somit auch das Materielle mit dem Geistigen zu vereinen, klammere der Westen die Seele und damit zusammenhängend die geistigen Bedürfnisse aus und stütze sich auf den Materialismus, der argumentativ mit dem Verstand unterfüttert und legitimiert werde.[929] Auch wenn der Westen sich aufgrund seines Rationalismus als eine Zivilisation wahrnehme, betrachtete Kisakürek den westlichen Aktionismus als bedeutungslos, da er inhaltlich ausgehöhlt und seelisch verlassen sei. Der Denker, das sollte bei der Bewertung seiner Aussagen bedacht werden, verfasste seine Schriften aus einer islamisch konnotierten Grundhaltung heraus. Er setzte den Schöpfungsgrund des Menschen in eine klare Assoziationskette von Gott, Mensch und Schöpfung, wie er in seinem Gedicht „Gott und Mensch" klar formulierte:

„Um Dich zu suchen, hast Du mich in die Ferne geschickt
die Welt für mich, mich jedoch für Dich erschaffen."[930]

Demnach sollte jede Tat, jede Handlung einen tieferen Sinn haben und mit einer bestimmten Absicht verfolgt werden: Aus seiner Perspektive bedeutete dies, Gott zu dienen, um sich dadurch „Ihm" nähern zu können.

Aus dieser Haltung heraus fällte Kisakürek seine Urteil über den Westen, den er als Maschine symbolisierte, dargestellt als ein Götzen darstellte, welcher der Mensch mit seelischer Nachlässigkeit begegne.[931] Hinzu kam noch der Aspekt der unendlichen und ungezügelten Gier nach mehr, die es in jeglicher Hinsicht verunmögliche, eine Grenze zu ziehen.[932] Letztlich repräsentierten den Westen in der Gegenwart nicht mehr die klassischen Helden, wie beispielsweise Platon, sondern die materialistische Welt werde von „technologischem Spielzeug"[933] vertreten.

---

928 Ebenda. S. 450 ff.
929 Necip Fazıl Kisakürek: Bâtı teffekkürü ve islâm tasavvufu. Istanbul 2008. S. 92 f.
930 Necip Fazıl Kisakürek: Allah ve Insan. In: Necip Fazıl Kisakürek: Çile. Istanbul 1985. S. 42.
931 Necip Fazıl Kisakürek: Çile. Istanbul 1985.
932 Necip Fazıl Kisakürek: Bâtı teffekkürü ve islâm tasavvufu. Istanbul 2008. S. 92 f.
933 Necip Fazıl Kisakürek: Ideoloyca örgüsü. Istanbul 2007. S. 452.

Die größte Schwäche der Modernisierungsbewegungen in den östlichen Gesellschaften sei, dass sie nur die eine positive Seite des Westens sähen, sich dabei jedoch gegen ihre
innere Beschaffenheit auflehnten.[934] Spätestens seit der Tanzimat habe sich der seelische
Verfall, den der Dichter als „Billigkeit"[935] bezeichnete, auf alle gesellschaftlichen Bereiche
ausgeweitet, seien alle östlichen Länder davon betroffen. Am meisten war der Dichter
vom Verlust der Macht und der Stellung des Ostens betroffen, und inzwischen pranger-
te er die Dienerschaft des östlichen Menschen gegenüber dem Westen an.[936] Die größte
Erfordernis des Ostens bestehe allerdings darin, wieder zu den eigenen Wurzeln zurück-
zufinden. Nur so könne der Osten mit einem Fortschrittsbewusstsein als Beispiel für die
unterentwickelten Gesellschaften fungieren.[937]

In den Ausführungen Necip Fazıl Kisaküreks waren auch einige Hinweise zum Einsatz und zur Verwendung technischer Geräten, zur Errichtung von Fabriken und über
die Funktion von Maschinen zu finden. Um aus der rückständigen Situation herauszu-
kommen, sei es notwendig, einen gewissen technologischen Standard zu etablieren.[938]
Die Loslösung von der andauernden Abhängigkeit könne nur dann gewährleistet werden,
wenn technologisches Wissen und Kenntnisse auf dem Gebiet des Maschinenbaus erworben und weiterentwickelt würden. Allerdings, und in diesem Punkt vertrat er seine
Meinung vehement, müssten dabei die eigenen Weltanschauung und des Wertesystems
berücksichtigt werden, denn andernfalls führe der Prozess der Modernisierung bzw. Industrialisierung in die Versklavung.[939] Mit Ausnahme von Japan befände sich der gesamte Osten in technologischer Abhängigkeit, die nicht nur die Übernahme des jeweiligen
technischen Artefakts, sondern auch das technische Wissen, die praktischen Anwendun-
gen, die Problemlösungen, aber auch die Beschaffung der Ersatzteile betreffe. Die Abhängigkeit stünde einer Emanzipation von den imperialen Mächten im Weg. Zu dieser fata-
len Situation komme noch der Aspekt hinzu, dass die jeweilige Nation nach der blinden

---

934   Necip Fazıl Kisakürek: Feza Pilotu. In: Necip Fazıl Kisakürek: Çile. Istanbul 1985. S. 41 f.
935   Necip Fazıl Kisakürek: Ideoloyca örgüsü. Istanbul 2007. S. 452.
936   Ebenda. S. 451.
937   Ebenda. S. 452.
938   Ebenda. S. 478.
939   Ebenda. S. 476.

Übernahme das hergestellte Produkt als ein eigenes abgestempelt habe.[940] Japan lobte er für sein taktisches Vorgehen, mit dem es trotz der Beherrschung westlichen Wissens und westlicher Errungenschaften seine eigene Kultur und Identität habe bewahren können. Deswegen bestehe für den Osten der einzige Weg in die materielle Unabhängigkeit darin, sich dem Wiederbelebungsprozess der geistigen Entwicklung unterzuordnen: „Um es auf den Punkt zu bringen: Dies bedeutet die Verinnerlichung des Islam."[941]

Um Maschinen richtig einsetzen zu können, sei es notwendig, sie richtig zu verstehen. Zu diesem Schluss kam Necip Fazıl Kisakürek, nachdem er den Stellenwert der Maschine in den industrialisierten Ländern analysiert hatte, und er hob im Besonderen die Diskussion über die Bedeutungserhöhung bis hin zur „Verehrung"[942] der Maschinen hervor. Kisakürek war durchaus davon überzeugt, dass Maschinen eine quantitative Bereicherung darstellen. Allerdings besäßen sie keinen qualitativen Wert, zumal sie immer von den Menschen abhängig seien und auch von ihnen kontrolliert würden.[943] Die Zuhilfenahme von Maschinen bedeute nicht nur eine Erleichterung, sondern eben auch eine Notwendigkeit.[944] Dieses Verständnis bildete für den Denker die Grundlage dafür, Fabriken zu errichten, wie er in seinen staatspolitischen Vorstellungen näher erläuterte. Grundsätzlich setzte er die Bedeutung von Fabriken mit der von Moscheen gleich und forderte eine gleichgewichtete Entwicklung von beiden: „Das ‚Büyük Doğu' sieht vor, dass Minarette und Fabrikkamine in einzelner und doppelter Planung in gleicher Reihenfolge und nebeneinander stehen."[945]

Gemäß den Vorstellungen des „Büyük Doğu" sollte die Fabrik die Beziehung zwischen dem Gegenstand und der Natur symbolisieren. Jeglicher Import von Ersatzteilen, Werkzeugen etc. aus dem Ausland sei untersagt, und vor dem Einsatz von Maschinen seien die notwendigen Strukturen zu errichten. So wendete er sich von der so genannten

---

940   Ebenda. S. 477.
941   Ebenda. S. 479.
942   Ebenda. S. 480.
943   Ebenda. S. 479.
944   Ebenda. S. 482 ff.
945   Ebenda. S. 381.

„Montageindustrie"[946] ab. Eine eigenständig funktionierende Industrie sei notwendig, um sich von den westlichen Industrien loszulösen. Außerdem werde somit das Grundbedürfnis einer Gesellschaft befriedigt, die Autonomie und Souveränität zu erhalten.[947]

In diesem Kontext ging der Denker näher auf die Frage des Wissenstransfers ein und hielt fest, dass es unvorstellbar sei, auf das westliche Wissen zu verzichten. Also ging er der Frage nach, ob und wie dieser Transfer stattfinden konnte. Die Weiterbildung von Studierenden in den westlichen Ländern betrachtete er als eine Option, für die er jedoch einige Bedingungen aufzählte. So gebe es zwar seit 137 Jahren diese Methode des Transfers, allerdings mit dem Ergebnis, dass die Studierenden, anstatt die erworbenen Erkenntnisse zu verwerten, sich von der westlichen Welt faszinieren ließen und den Prozess der blinden Nachahmung einleiteten und weiterführten. Um das zu ändern, müssten die Studierenden auf ihre Reise vorbereitet, d. h. systematisch ausgebildet werden, um dann die geforderte Haltung einzunehmen: Auf der einen Seite sollte mit Neugierde das westliche Wissen erschlossen werden, auf der anderen Seite jedoch sollten diese Studierenden mit einer gefestigten Persönlichkeit dem Neuen entgegentreten.[948] Ausländische Fachleute, die im Osten arbeiteten, lehnte der Dichter grundlegend ab.[949]

Hinsichtlich der modernen Kommunikationsmittel bezog sich Kisakürek auf die Presseapparate[950] und das Radio, die der Verbreitung und Weitervermittlung von Informationen dienen sollen. So sollte das Radio zwei wesentliche Funktionen übernehmen: zum einen die Vermittlung der erzieherischen Methode und zum anderen die Unterhaltung. Das Radio sei im großen Maße in der Lage, alle gesellschaftlichen Schichten zu erreichen.[951]

---

946   Ebenda. S. 382.
947   Ebenda. S. 383.
948   Ebenda. S. 356-359.
949   Ebenda. S. 360.
950   Ebenda. S. 342-348.
951   Ebenda. S. 348 ff.

Erziehung

Ein wesentliches Thema von Necip Fazıl Kisakürek war der Mensch. Er fokussierte seine Betrachtung auf die innere und äußere Beschaffenheit, den Sinn seines Daseins, seine Beziehung zu Gott und daraus resultierend seine Verantwortung. So stand der Mensch an sich in seinen Gedichten und Theaterstücken, aber auch in seinen sachlich orientierten Werken im Mittelpunkt. Bevor auf die einzelnen Ausführungen näher eingegangen wird, muss hinzugefügt werden, dass Kisakürek nach seinem „zweiten Geburtstag" seine Ansichten über das Menschenbild den Beschreibungen des Koran entnahm. In seinem großen Gedichtband „Çile"[952] waren die ersten beiden großen Themen „Gott"[953] und „Mensch"[954]. Obwohl er in seinem Gedicht „Sakarya Türküsü"[955] den Menschen folgendermaßen beschrieb: „Der Mensch bestehend aus ein paar Tropfen Blut, der Fluss bestehend aus ein paar Tropfen Wasser"[956], war er davon überzeugt, dass der Mensch das wertvollste Geschöpf Gottes sei.[957] Jedoch legte er Wert auf die Feststellung, dass der Mensch zwei gegensätzliche Seiten besitze. In seinem Gedicht „Çift Kanat"[958] sprach er von der Vollkommenheit und von der Unvollkommenheit des Menschen, was wiederum die dichotomische Einteilung in Gut und Böse widerspiegele. Der Mensch sei ein Geschöpf, das absolut abhängig und begrenzt und nur durch die völlige Hingabe zu Gott in der Lage sei, seine wahre Existenz zu erkennen. Der Ursprung dieses Ansatzes manifestiere sich im Sufismus, da dort die Meinung herrschte, dass die menschlichen Fehler nur durch die eigene Selbstreflexion hervorgehoben werden könnten und nur dadurch der Mensch in der Lage sei, seinen Schöpfer zu kennen. Und je mehr reflektiert werde, desto ausge-

---

952 Necip Fazıl Kisakürek: Çile. Istanbul 1985.
953 Ebenda. S. 16-59.
954 Ebenda. S. 62-109.
955 Zitiert nach Orhan Okay: Necip Fazıl Kisakürek. Istanbul 2006. S. 125 f.
956 Ebenda. S. 126.
957 Siehe dazu Ahmet Cuma: Rainer Maria Rilke ve Necip Fazıl Kısakürek'in Şiirlerinde imgesel anlatım biçimleri [Die fiktiven Beschreibungsformen in den Gedichten von Rainer Maria Rilke und Necip Fazıl Kısakürek]. Ankara 2002. S. 234.
958 Necip Fazıl Kisakürek: Çift Kanat [Doppelter Flügel]. In: Necip Fazıl Kisakürek: Çile. Istanbul 1985. S. 102.

prägter werde das Bewusstsein von der Allmacht und Einzigartigkeit Gottes[959], denn der Mensch sei sein Leben lang damit beschäftigt, sich selbst zu suchen, was wiederum im koranischen Sinne die völlige Hingabe zu Gott bedeute. In seinem Werk „Marifetnam"[960] wies Necip Fazıl Kisakürek darauf hin, dass Gott die Natur nur erschaffen habe, damit sie dem Menschen diene. Der Mensch habe deswegen die Aufgabe, sich ihrer zu bedienen in der Absicht, Gott zu dienen und somit auch sich selbst zu finden, da der Mensch die Verantwortung der Statthalterschaft Gottes gerecht werden müsse.[961] Besonders in seinen später verfassten Gedichten betrachtete der Poet den Menschen nicht mehr aus philosophischer Perspektive, sondern aus islamischer.[962] Der große Unterschied dabei war, dass er sich nicht mehr so intensiv mit der Frage nach der Charakterisierung der Seele befasste, sondern die Auseinandersetzung mit dem eigenen Ego im Mittelpunkt seiner Betrachtung stand. So beschrieb Kisakürek eindrücklich die Höhen und Tiefen des Menschen bei dem Bemühen, sich von seinen Trieben loszulösen, seinen Charakter gezielt zu schulen, um sich durch die Hingabe Gott nähern zu können. So griff er auf einen koranischen Verweis[963] zurück um auszudrücken, dass der Mensch nur zu sich selbst finden könne, wenn er sich von seinen niedersten Gefühlen und Trieben loslöse und mit Hilfe seiner Vernunft in die Lage versetze, die von Gott gegebenen Fähigkeiten zu nutzen.[964] Hinsichtlich der Vernunft des Menschen teilte er die Aussage von Abdülhak Hamit Tarhan[965]: „Es geht weder mit Dir noch ohne Dich"[966] und führte weiter aus, dass weder der Stellenwert der Vernunft überhöht noch ihre Verwendung komplett ausgeschaltet werden dürfe; dabei vermerkte Kisakürek auch, dass bereits al-Ghazali diese Problematik erkannt und den

---

959   Necip Fazıl Kisakürek: Anlamak [Verstehen]. In: Necip Fazıl Kisakürek: Çile. Istanbul 1985. S. 73.

960   Zitiert nach http://www.n-f-k.com/nfkforum/index.php?/topic/2585-marifetname/ [Zugriff 12.08.2011].

961   Necip Fazıl Kisakürek: Çepçevre sosyalizm, kömünizm ve insanlık. Istanbul 2007. S. 8.

962   Ahmet Cuma: Rainer Maria Rilke ve Necip Fazıl Kisakürek'in Şiirlerinde İmgesel Anlatım Biçimleri. Ankara 2002. S. 234.

963   „Oder meinst du, dass die meisten von ihnen hören oder begreifen? Sie sind doch nur wie das Vieh. Aber nein! Sie irren noch weiter vom Weg ab." Sure 25:44.

964   Necip Fazıl Kisakürek: Gençliğe hitabe [Rede an die Jugend]. Zitiert nach http://www.n-f-k.com/kategori/ustaddan/page/5 [Zugriff 15.07.2011].

965   Abdülhak Hamit Tarhan (1852-1937) war ein türkischer Diplomat, der für seine Gedichte und Theaterstücke berühmt wurde.

966   Necip Fazıl Kisakürek: Hesaplaşma [Abrechnung]. Istanbul 1991. S. 70.

richtigen Ansatz geliefert habe[967], denn im Islam sei ein klares Gleichgewicht von Seele und Vernunft verankert, so dass der Mensch in der Lage sei, den diesseitigen und jenseitigen Anforderungen gerecht zu werden.[968]

Im Zusammenhang mit der Charakterisierung des Menschen bewertete er auch das Leben und die Persönlichkeit des Propheten Muhammad, den er als Besten unter den Menschen bezeichnete[969], da er als „Gottes Liebling"[970] einen vorbildlichen Charakter und eine beispiellose Lebensweise hatte.[971] Der Mensch als höchstes aller Geschöpfe könne das von Gott gegebene Potential nur durch die Ausübung der Religion nutzen, denn nur dadurch sei er auch in der Lage, seinen wahren Wert zu erkennen. Jedoch müsse der Mensch auf diesem Weg die Existenz und die damit verbundenen Eigenschaften erkennen und sie verinnerlichen. Die Verrichtung der gottesdienstlichen Handlungen stelle in diesem Kontext die Grundvoraussetzung für solch eine Entwicklung dar, dabei betonte Kisakürek den besonderen Stellenwert des Gebetes im Islam, da es als die „Säule der Religion" fungiere.[972]

Zeit seiner publizistisch-literarischen Tätigkeiten war Kisakürek mit der metaphysischen Beschaffenheit des Menschen und den Gründen für seine Existenz beschäftigt, in seinem Hauptwerk „Ideolocya örgüsü" lüftete er das „Geheimnis"[973]: „Gott hat die Welt für den Menschen erschaffen, den Menschen hat Er zur Erreichung Seiner Erkenntnis erschaffen."[974]

Um der wahren Bestimmung gerecht werden zu können, müsse das Verständnis des wahren Muslimen diskutiert werden. So seien gemäß dem Dichter drei wesentliche Aspekte zu beachten: der Sufismus, die Scharia und die Umsetzung dieser beiden durch Handlungen, welche aus dem Einklang zwischen Seele und Vernunft hervorgehen wür-

---

967 Ebenda. S. 65 f.
968 Necip Fazıl Kisakürek: Ideoloyca örgüsü. Istanbul 2007. S. 112.
969 Hasan Çebi: Bütün Yönleriyle Necip Fazıl Kısakürek'in Şiiri. Ankara 1987. S. 308.
970 Necip Fazıl Kisakürek: Allahın sevgilisi [Gottes Liebling]. In: Necip Fazıl Kisakürek: Çile. Istanbul 1985. S. 76.
971 Necip Fazıl Kisakürek: Ölçü [Maßstab]. In: Necip Fazıl Kisakürek: Çile. Istanbul 1985. S. 76.
972 Necip Fazıl Kisakürek: Iman ve Islâm atlası. Şekil, ruh – Amel, hikmet. Istanbul 2006. S. 97.
973 Necip Fazıl Kisakürek: Ideoloyca örgüsü. Istanbul 2007. S. 113.
974 Ebenda.

den. Dieser Ansatz erfordere allerdings zum einen die Kenntnis der islamischen Glau-
bensartikel und Gesetzgebungen, zum anderen aber müsse sich das Grundverständnis von
der islamischen Lebensweise so manifestieren, dass dieses sowohl die spirituellen Aspekte
hinsichtlich der Beziehung zu Gott als auch die zwischenmenschlichen Belange mit ein-
schließe.[975]

Der Zustand des oberflächlichen Klerikalismus und des unreifen Fanatismus[976], der
in der muslimischen Welt im starken Maße verbreitet sei, sollte unter Zuhilfenahme der
oben genannten drei Aspekte überwunden werden, wobei nach Kisaküreks Ansichten
auch erzieherische Standpunkte zu finden waren. Insbesondere richtete er seinen Fokus
hierbei auf die Erziehung der Jugend. Beispielsweise veröffentlichte er ein Handbuch für
die Jugend, „Dininizi ögreniniz"[977], in dem er alle wesentlichen islamischen Glaubensinhalte zusammenfasste. Zu seinen berühmtesten Reden gehörte „Gençliğe hitabe"[978], die
als ein direkt an die Jugend gerichteter Appell verstanden werden konnte, aber auch die
Geschichte der Muslime und im Speziellen der Türkei zusammenfasste. Nach seinen Vorstellungen könne sich die Lage der muslimischen Bevölkerung nur ändern, wenn sich auch
das Bewusstsein verändere, und Kisakürek erwartete das Heranwachsen einer verantwor-
tungsbewussten Jugend, deren Grundeinstellung folgendes Charakteristikum beinhalten
sollte: „Über die Zeit verfüg ich, der Ort wurde mir anvertraut."[979] Diese Jugend sollte
als Verfechterin ihrer Religion, ihrer Sprache, ihres Geistes, ihres Wissens, ihrer Ehre,
ihrer Familie und ihres Herzens fungieren.[980] Das Wissen, dass die Souveränität einzig
und allein bei Gott liege, sollte die Basis dieser Haltung darstellen, und daraus sollte ein
Verantwortungsbewusstsein hervorgehen, das Eigenverantwortlichkeit und soziale Verantwortung mit einschloss, und als Modell für die gesamte Menschheit gelten kann. Er
verfolgte mit diesem Ansatz also die Idee, eine Jugend zu formieren, die nicht nur für den

---

975   Ebenda. S. 180-190.
976   Ebenda. S. 177 f.
977   Necip Fazıl Kisakürek: Dininizi ögreniniz. Gençler için [Lernen Sie ihre Religion. Für die Jugend]. Istanbul 2007.
978   Necip Fazıl Kisakürek: Gençliğe hitabe [Rede an die Jugend]. Zitiert nach http://www.n-f-k.com/kategori/
      ustaddan/page/5 [Zugriff 15.07.2011].
979   Ebenda.
980   Ebenda.

Islam als Modell dienen, sondern aufgrund ihrer Beispielhaftigkeit im globalen Kontext ein Vorbild darstellen sollte. Sein Erziehungsmodelle beinhaltete wichtige vier Pfeiler:

Der erste Pfeiler war die Liebe: In erster Linie war die wahre Liebe und die völlige Hingabe zu Gott gemeint. Diese selbstmotivierte Unterwerfung, diese Form der Zuneigung würde sich einerseits auf die gesamte Schöpfung auswirken, der Mensch würde dem gesamten Universum und der Menschheit positiv begegnen. Andererseits stellte die Liebe den Motor für den Einsatz seiner eigenen Überzeugungen und Ideale dar.[981]

Als zweiten Pfeiler bezog er sich auf die Problematik der Vernunft und betonte, dass es unmenschlich und unrealistisch sei, Einsicht in die Existenz vom Verborgenen zu bekommen, da nicht alle Aspekte der Existenz mit einer vernunftorientierten Betrachtungsweise zu klären seien. Jedoch war Kisakürek auch davon überzeugt, dass vernunftorientiertes Handeln ebenso die Hingabe zum Materiellen verhindern könne. Er formulierte, dass es zum einen notwendig sei, über die westliche Ordnung und deren gesamtgesellschaftliche Konsequenzen aufzuklären. Zum anderen musste auf den allgemeinen Zustand der Muslime aufmerksam gemacht werden, um gesamtgesellschaftliche Aspekte wie die blinde Nachahmung oder den Fanatismus grundlegend auszulöschen.[982]

Die dritte Grundlage beinhaltete den Aspekt der Selbstabrechnung; der junge Mensch solle sich regelmäßig zur Rechenschaft ziehen. Necip Fazıl Kisakürek betonte, dass dies ein klassisches islamisches Prinzip sei und vom Propheten und seinen Gefährten regelmäßig praktiziert worden sei. Das Wesentliche dabei sei, dass der junge Mensch sich charakterlich bewusst im Sinne des *ahlaq* weiter entwickeln könne.[983] Auch fügte der Dichter hinzu, dass dieser Aspekt der Selbstabrechnung in der modernen Erziehung komplett fehle, obwohl sie ein Grundelement der Entwicklungsphilosophie sei.[984]

Die vierte Säule beinhaltete die Formung der Jugend und Kisakürek sah darin, die Fähigkeit zu erlangen, über Ereignisse und Entwicklungen zu walten, indem der Mensch lerne, sie einzuschätzen und sie zu verwalten. Der Einzelne erlerne das, indem er eigene

---

981 Necip Fazıl Kisakürek: Ideoloyca örgüsü. Istanbul 2007. S. 391.
982 Ebenda. S. 182.
983 Ebenda. S. 396.
984 Siehe dazu Necmettin Tozlu: Necip Fazıl Kisakürek'te eğitim düşüncesi üzerine [Gedanken über die Erziehung bei Necip Fazıl Kisakürek]. In: Türkiye Yazarlar Birliği Yayınları (Hrsg.): Bütün Yönleriyle Necip Fazıl. S. 130.

Meinungen und Entscheidungen hinterfrage mit der Folge, sich nicht sofort den Gegebenheiten unterzuordnen und ggf. auch wehren zu können. In unmittelbarer Konsequenz dieser Entwicklung würde eine Persönlichkeit hervorgebracht, die fähig sei, ihre Lebenswelt zu erkennen, sie einzuordnen und ihre Überzeugungen in die Tat umzusetzen.

Ein weiterer entscheidender Punkt in dem Erziehungskonzept Kisaküreks war die Rolle der Vorbilder, denn sie stellten die wichtigste Instanz in der Erziehung dar. Nicht nur die Propheten oder auch andere islamische Persönlichkeiten sollten hierfür herangezogen werden, sondern auch die erwachsenen Bezugspersonen müssten in der Lage sein, die Rolle des Vorbildes zu übernehmen.

In der Erziehung wies er außerdem den Instanzen Familie, Schule und Staat eine große Verantwortung zu. Sie müssten im Einklang miteinander versuchen, dieser gerecht zu werden. Die Familie an sich beschrieb Kisakürek als wichtigste Instanz in der Gesellschaft, sie aufrechtzuerhalten sei ein wesentlicher Bestandteil der Erziehung. Weiterhin wies der Dichter darauf hin, dass in der Erziehung eines Menschen das Verhältnis zwischen den Lehrenden und den Schülern ausschlaggebend sei. Nicht ständige Wiederholungen, Zwang oder blindes Auswendiglernen dürften dominieren, sondern Zuspruch, Zuneigung und Liebe müssten im Fokus stehen. Nur so könnten die Herzen der Jugend erobert werden. Weiterhin unterstrich Necip Fazıl Kisakürek, dass die Jugend über die jahrelange blinde Nachahmung und die Ausbeutungspolitik der westlichen Mächte aufgeklärt werden müsse. Daraus resultierend forderte der Denker, sich von diesen Erfahrungen loszulösen und sich auf die eigene Identität zu besinnen Die Erziehung der Persönlichkeit dürfe sich nicht allein auf bestimmte Werte des Islam stützen. Vielmehr sei die islamische Lehre umfassend zu vermitteln, da somit gewährleistet werden könne, dass sich ein System etabliere, in dem ein ausgewogenes Verhältnis von Individuum und Gesellschaft vorherrsche. Aus diesem Grund dürften nach Kisakürek weder der Individualismus noch der Kollektivismus dominieren.[985] Um hierin ein Gleichgewicht etablieren und erhalten zu können, sollte das Erziehungssystem systematisiert, d. h. das Ordnungsprinzip der Seligkeit befolgt werden, in welchem vernunftorientierte Erkenntnisleitung und deren auf die

---

985   Necip Fazıl Kisakürek: Ideoloyca örgüsü. Istanbul 2007. S. 394 ff.

Seele bezogene Verinnerlichung klar verbunden seien.[986] Im Grunde genommen müsse die gesamte Herangehensweise der Erziehungsmethodik auf den Prinzipien des Propheten Muhammad beruhen.[987]

Kisakürek betrachtete die Erziehung als ein einheitliches richtungsweisendes System, wofür auch der Staat eine entscheidende Funktion habe, da er verpflichtet sei, die formulierten Prinzipien und die gezielte Vorgehensweise zu unterstützen und auch weiterzuwickeln. Necip Fazıl Kisakürek verfolgte kein geringeres Ziel, als eine fortgeschrittene und die wahre Freiheit erlangende Gesellschaft zu etablieren.[988]

Soziopolitische Strukturen

Seine staatspolitischen Vorstellungen legte Kisakürek in seinem Werk „Ideolocya Örgüsü" sehr detailliert und strukturiert dar. Im Folgenden wird nur kurz auf seine Grundgedanken Bezug genommen.

Ausgangspunkt der politischen Strukturen ist der Staat, angeführt von einem Vorsitzenden von geleitet einem Kongress. Der Kongress habe die Aufgabe, den Vorsitzenden alle fünf Jahre zu wählen. Necip Fazıl Kisakürek führte tiefgreifend aus, welche Eigenschaften der Vorsitzende und die Kongressmitglieder aufweisen müssten, um diesen Posten besetzen zu können. Seine einzelnen Vorstellungen leitete er von seinem grundlegenden Menschenbild und seiner Erziehungsmethodik ab.

Insbesondere dem Vorsitzenden schrieb er idealisierte Eigenschaften zu: Er müsse nicht nur als islamische Persönlichkeit herausragen, sondern sich mit Leib und Seele dem Willen des Staates unterordnen und die eigenen Bedürfnisse und Interessen in den Hintergrund stellen.[989] Sowohl der Kongress als auch sein Vorsitzender müssten unter dem Leitsatz „Die Souveränität liegt allein bei dem Gerechten"[990] regieren.

---

986 Ebenda. S. 389 ff.

987 Ebenda. S. 396 ff.

988 Siehe dazu: Necmettin Tozlu: Necip Fazil Kisakürekte eğitim düşüncesi üzerine. In: Türkiye Yazarlar Birligi Yayinlari (Hrsg.): Bütün Yönleriyle Necip Fazil. S. 129-134.

989 Necip Fazıl Kisakürek: Ideoloyca örgüsü. Istanbul 2007. S. 291.

990 Ebenda. S. 285.

Auch ging der Dichter der Frage nach, warum das Volk nicht direkt sein Staatsober-
haupt wählen dürfe, und war der Ansicht, dass dabei nicht das Prinzip der Mehrheit
entscheidend sei, sondern das Prinzip der Eignung, das auf der Überprüfung festgelegter
Kriterien beruhe.

Trotzdem legte Kisakürek besonderen Wert auf die Beziehung zwischen der Staatslei-
tung und dem Volk, so dass er den Maßstab zwischen Regierenden und Regierten folgendermaßen formulierte: „Das Volk dient dem Staat, der Staat wiederum betrachtet sich als
Diener des Volkes."[991] Nur wenn dieses Prinzips realisiert sei, könne gegenseitige Loyalität
gewährleistet werden.[992]

Gemäß Kisaküreks Sicht muss die Regierung elf wichtige Programmpunkte befolgen,
die sie nach islamischen Maßstäben und mit Verantwortungsbewusstsein zu bearbeiten
hätten. Zu ihnen gehören beispielsweise die außenpolitischen Belange oder auch Phänomene der Urbanisierung.[993] Institutionen wie das Ministerium für Religiöses, die öffentliche Ratssitzung oder die Akademie für Führungsfragen müssten sich mit Themen wie
Erziehung, Universität, Alkohol und Drogen, Zinsen, Radio, Fabrik, Strafmaßnahmen
etc. detailliert auseinandersetzen.[994]

Diese knapp zusammengefassten staatspolitischen Vorstellungen, die oft als Ideal
oder auch als die „Utopie" Kisaküreks bezeichnet wurden, stellen die letzte Stufe seines
Zivilisationsprojektes dar. Als dessen einzelne Phasen gälten die Selbst- und Fremdwahr-
nehmung, die Selbstabrechnung und die Durchführung der erwarteten Revolution, um
dann in der letzten Stufe eine Leitung hervorbringen zu können, die diesen Ansprüchen
gerecht werden könne.

Zusammenfassend kann festgehalten werden, dass im Fokus der Betrachtung weniger
die strukturellen Aspekte standen, sondern diese Bestrebungen vielmehr als Aufruf zu verstehen sind, eigene innere Werte hervorzubringen und zu entwickeln.

---

991   Ebenda. S. 301.
992   Ebenda. S. 301 f.
993   Ebenda. S. 297 ff.
994   Ebenda. S. 299-386.

Schlussbetrachtung

„Der Aufbau der Industrie ist einfach,
Die Errichtung von Schulen ist einfach,
Die Erbauung von Krankenhäusern ist einfach,
Die Erziehung der Menschen jedoch ist schwierig und hart"[995]

Dieses Zitat fasste die Grundintention vieler muslimischer Denker des 20. Jahrhunderts zusammen. Im Mittelpunkt ihrer Bewertungen und Analysen stand der Mensch, seine Beziehung zu seinem Schöpfer und seine Aufgabe im diesseitigen Leben. So begegneten sie der Moderne und ihren Folgen für das menschlichen Dasein aus einer bestimmten Perspektive, die sie aus dem koranischen Menschenbild ableiteten. Insbesondere setzten sie auf die „Erziehung des Gewissens"[996], so dass die makrogesellschaftlichen Veränderungen, die durch den Modernisierungsprozess eingeleitet wurden, unter allgemeingültigen Prinzipien wie Gerechtigkeit, Wahrung der Menschenwürde, Freiheit, Gleichheit und soziale Verantwortung bewertet werden sollten. Dabei stellte die *tauhidische* Weltanschauung den Ausgangspunkt ihrer Einschätzungen dar.[997]

---

995 Bilal Abdallah: Die Führung in der sozialistischen Gesellschaft. Zitiert nach Wolfgang Ule: Der arabische Sozialismus und der zeitgenössische Islam. Dargestellt am Beispiel Ägyptens und des Iraks. Opladen 1969. S. 1.

996 Mouhanad Khorchide: Die Beziehung zwischen islamischer Lehre und einer modernen Islamischen Religionspädagogik – Zur Notwendigkeit der Ausarbeitung humanistischer Ansätze in der islamischen Ideengeschichte. In: Mizrap Polat, Cemal Tosun (Hrsg.): Islamische Theologie und Religionspädagogik. Islamische Bildung als Erziehung zur Entfaltung des Selbst. Frankfurt am Main 2010. S. 157.

997 Fethi Osman: Islâm ve insan hakları [Islam und Menschenrechte]. In: Abdülvahap el-Efendi: Islâm ve modernliği yeniden düşünmek [Die Neubewertung zwischen Islam und Moderne]. Istanbul 2003. S. 62-68.

Diese Perspektive stellte sowohl bei Ali Schariati als auch bei Necip Fazıl Kisakürek den Ausgangspunkt ihrer Bewertung des Projektes der Moderne dar. Beide Denker
verfolgten den Ansatz, die Auswirkungen der neuartigen und vielschichtigen Herausforderungen, die insbesondere aus der kolonial geprägten Begegnung mit dem Westen
hervorgingen, zu analysieren und sowohl die unmittelbaren als auch die langfristigen
Konsequenzen für das Individuum und daraus resultierend für alle anderen gesellschaftlichen Bereiche zu formulieren. Ein wichtiger Bestandteil in ihrem Denken war es, Lösungsansätze für die Probleme auszuarbeiten, die die gesamte muslimische Welt betreffen.
Trotz der biographischen Unterschiede – Ali Schariati, der von Kindheit an in einem
muslimischen Umfeld mit einem islamischen Bewusstsein sozialisiert wurde, gegenüber
Kisakürek, der erst später den Islam als Lebensweise für sich entdeckte –, war beiden der
bedingungslose Einsatz für die Belange der Muslime gemein, den sie nach der unmittelbaren Konfrontation und einer tiefgreifenden Auseinandersetzung mit der westlichen Welt
und den zunehmenden Transformationsprozessen innerhalb der muslimischen Gesellschaft als ihre Aufgabe begriffen. Zwar gehörte Schariati der schiitischen Richtung des Is-
laman an, während Kisakürek sich als Sunnit bezeichnete, mit der Konsequenz vor allem
terminologischer Unterschiede. Wenn allerdings Schariati beispielsweise in der Frage, wer
die Gemeinschaft führen solle, dem Imam eine besondere Rolle zusprach und Kisakürek
diesen Begriff in dem Zusammenhang nicht benutzte, dann betonten dennoch beide, dass
die Führungsfrage für die weitere Entwicklung der Muslime entscheidend und eine Füh-
rerpersönlichkeit von vorbildlichem Charakter von zentraler Bedeutung sei.

Ausgehend von einer *tauhidischen* Weltanschauung und aus einer koranisch gestützten Perspektive beschäftigten sie sich mit den Errungenschaften der Moderne und
den Folgen der Kolonialisierung. Beide Denker bewunderten den Westen für dessen
wissenschaftlich-technologische Entwicklung, und beide wiesen auf die unausweichli-
che Übernahme der westlichen Innovationen in den muslimischen Gesellschaften hin.
Des Weiteren vermerkten sie auch, dass die Folgen dieser Übernahmen im besonderen
Maße zu berücksichtigen seien und ggf. eine Transformierung dieser im islamischen Sinne
stattfinden müsse, d.h., sie sprachen sich beide gegen eine blinde Nachahmung im All-

gemeinen aus. Dem Wertekanon der Moderne begegneten Schariati und Kisakürek mit einer kritischen Haltung, da sie die Meinung vertraten, der Westen befinde sich in einer moralischen Krise, die sich zu einer wahrhaft existentiellen Krise auswachsen werde. Vor diesem Hintergrund kritisierten sie die Strukturen der westlichen Geisteswelt und warnten die muslimische Bevölkerung davor, sich dieser Entwicklung anzuschließen. Auch vertraten beide den Standpunkt, dass die muslimische Welt ihre krisenhafte Situation nur überwinden könne, wenn eine Rückbesinnung auf die Wiederbelebung der islamischen Lehre und damit auf ihre eigentliche Identität vollzogen werde. Für die Denker stellte die Zeit des Propheten Muhammad den wichtigsten Bezugsrahmen dar, die Befolgung seiner Lebensweise sei ausschlaggebend. Sie bezogen sich auch auf muslimische Persönlichkeiten wie Ali oder Abu Dharr, die sie zu den wichtigsten Vorbildern für die Muslime des 20. Jahrhunderts zählten. Sowohl Kisakürek als auch Schariati sahen die Einleitung einer Revolution als notwendiges Mittel, um den Verfallsprozess in der muslimischen Welt zu beenden und den Aufbau einer muslimischen Zivilisation einleiten zu können. Dabei besannen sich beide auf die untergegangenen muslimischen Zivilisationen und forderten deren Neuerrichtung, der Einheitsgedanke der Muslime, die *umma*, war hierbei der Ausgangspunkt ihrer Motivation. An dieser Stelle muss allerdings erwähnt werden, dass ihre gesellschaftlichen und politischen Vorstellungen auf einer sehr idealistischen Haltung beruhten und aus diesem Grund oft utopische Züge aufwiesen.[998]

Obgleich sich Wahrnehmung und Denken dieser beiden Denker in vielen Aspekten ähnelten, unterschieden sich ihre methodischen Vorgehensweisen doch deutlich. Ali Schariati, der erste muslimische Soziologe, leistete mit seiner Methodik der soziologischen Analyse der muslimischen Verhältnisse Pionierarbeit[999], denn seine Bewertungen der aktuellen Geschehnisse, vor allem aber auch seine speziell angelegte Betrachtungsweise der klassisch-islamischen Termini und Themenkomplexe eröffneten die Möglichkeit, neue Fragestellungen zu formulieren, revidierten tradierte Vorstellungen und zeigten

---

998 Insbesondere wies al-Azmeh auf diese Problematik im muslimischen Denken des 20. Jahrhunderts hin. Siehe dazu Aziz al-Azmeh: Islâmlar ve Moderniteler [Islam und Modernitäten]. Istanbul 2003. S. 203-222.

999 Kadir Canatan: Ali Şeriati: „Islam Sosyolojisi" ve „Islam Bilim". In: Mustafa Yılmaz (Hrsg.): Ali Şeriati Yıllığı. Sizi rahatsız etemeye geldim. Kocaeli 2009. S. 190.

Wege für neue Interpretationen auf. Aufgrund dieser Tatsachen erlangte Schariati schon
zu Lebzeiten, aber erst recht nach seinem Tod hohes Ansehen und wird er bis heute als
einer der größten muslimischen Persönlichkeiten des 20. Jahrhunderts beschrieben.[1000]

Kisakürek stieß im besonderen Maße wegen seiner scharfen Analysefähigkeit, die er
in seinem Zivilisationsvergleich unter Beweis stellte, und seiner besonderen Eloquenz auf
Aufmerksamkeit. Zwar wurde er nicht so breit international rezipiert wie Ali Schariati,
doch gelang es ihm mit seinem Zivilisationsprojekt „Büyük Doğu", ein umfassendes und
in sich schlüssiges Konzept zu präsentierten, das über Generationen hinweg das Denken – insbesondere der türkischsprachigen Muslime – prägen sollte.[1001]

Beide Denker ließen sich stark von der aktuellen Krise der muslimischen Welt leiten und formulierten ihre Denkmuster aus dieser Problematik heraus. Dabei bestand ihre
Hauptkritik darin, dass sich die muslimische Bevölkerung vom Westen, der das „Projekt
der Moderne" als evolutionistisches Modell in der ganzen Welt propagierte, blenden ließ.
Fortan forderten sie ein islamisches Wiedererwachen. Obwohl weder die Türkei noch
der Iran direkt vom Kolonialismus betroffen waren, setzten sich sowohl Schariati als auch
Kisakürek mit diesem globalen Phänomen auseinander und wehrten sich gegen hegemoniale Bestrebungen der westlichen Mächte.

Vor diesem Hintergrund kann zusammenfassend festgehalten werden, dass Ali Schariati und Necip Fazıl Kisakürek zu denjenigen muslimischen Denkern des 20. Jahrhunderts gezählt werden können, die mittels der koranischen Botschaft darum bemüht waren,
die „Welt so zu verändern und zu gestalten, wie es zum Besten des Menschen ist – um ihm
ein Leben in Würde, Gerechtigkeit, Liebe, Vergebung und Frieden zu ermöglichen".[1002]

Mit dieser Betrachtungsweise versuchten die muslimischen Denker die Themen, mit
denen sie unmittelbar konfrontiert wurden, zu bewerten und ihre Urteile nach diesem
Maßstab zu fällen und die vorgegebenen Maßstäbe der hegemonialen Mächte ggf. auch
in Frage zu stellen. So verlor die Ansicht, sich um jeden Preis modernisieren zu müssen,

---

1000 Fevzi Zülaloğlu: Geleneksel ulema ve laik aydınlar arasında Ali Şeriati. In: Ekin Yayınları (Hrsg.): Islam mücade-
     lede öncü şahsiyetler. Istanbul 2009. S. 359.
1001 Toker Yayınları Edebi Heyeti (Hrsg.): Necip Fazıl Kisakürek. Istanbul 2002. S. 36.
1002 Tarik Ramadan: Radikale Reformen. Die Botschaft des Islam für die moderne Gesellschaft. München 2009.
     S. 420.

an Popularität, da im besonderen Maße der gewissenlose Fortschrittsgedanke des Westens einer starken Kritik unterzogen wurde.

Ein wichtiges Ergebnis der innermuslimischen Bewertung des Verhältnisses Islam und Moderne ist die Veränderung des muslimischen Denkens. Zwar hatte der Reform- bzw. Wiederbelebungsgedanke im Islam eine lange Tradition, die spezifischen Herausforderungen des 20. Jahrhunderts führten jedoch zur Veränderung der Parameter im Denken, da sich die Konfrontation mit der hegemonialen und zugleich evolutionistischen Welt der westlichen Moderne als unausweichlich erwies.[1003] Dies bildete letzlich auch die Grundlage für die weitere Beschäftigung mit dieser komplexen Thematik, denn zum einen wurde verstärkt der Fortschrittsgedanke behandelt, der oft mit dem Aufbau einer Zivilisation verbunden wurde. Und zum anderen versuchten die Intellektuellen mit ihrer intensiven Beschäftigung mit der Moderne Widerstand „gegen ein buchstabengetreues Verharren [...] und irreführenden Formalismus"[1004] zu leisten. Blinde Nachahmung, ob auf den Verwestlichungsgedanken oder auf die innermuslimischen Belange bezogen, galt dabei als wichtige Ursache für die Identitätskrise. Wie im dritten Kapitel deutlich wurde, wurden diese unterschiedlich konnotierten Themenfelder unterschiedlich betrachtet und bewertet, so dass ganz sicher nicht von einem monolithischen muslimischen Denken gesprochen werden kann. Im Gegenteil: Die verschiedenen Ausrichtungen wiesen unterschiedliche Denkweisen und demnach auch gegensätzliche Interpretationen auf, wodurch sich die Heterogenität der muslimischen Welt – trotz des „Wiederwachens des Islam" – ausweiten konnte. Die aufgekommenen Erfordernisse, wie beispielsweise die Neubewertung der schriftlichen Quellen hinsichtlich ihrer soziopolitischen Bezüge oder auch die Konklusion der islamischen Wissenschaften mit den wissenschaftlich-technologischen Erkenntnissen, haben deswegen auch bis heute ihre Aktualität behalten.

An dieser Stelle soll betont werden, dass die vorliegende Arbeit keine vollständige Aufarbeitung der gewählten Thematik aufweist – weder kann sie bis heute als abgeschlossen betrachtet werden noch ist angesichts ihrer Komplexität eine umfassende Zusammenfas-

---

1003 Aziz al-Azmeh: Islâmlar ve Moderniteler. Istanbul 2003. S. 141 ff.
1004 Tarik Ramadan: Radikale Reformen. Die Botschaft des Islam für die moderne Gesellschaft. München 2009. S. 421.

sung in diesem Rahmen möglich. Die kompakte Einführung lieferte letztendlich lediglich einen kurzen Abriss des innermuslimischen Diskurses über das Thema Islam und Moderne. Nichtsdestotrotz können diese Ausführungen dazu dienen, die in der westlichen Wissenschaftslandschaft dominierende Haltung, wonach der Islam mit seinen dogmatischen Zügen nicht mit der Moderne zu vereinbaren sei, zu hinterfragen und neu zu bewerten. Wie in dieser Arbeit darüber hinaus deutlich wurde, versuchten die muslimischen Denker den Islam in die modernen Zeiten zu integrieren. Dabei wurde auch darauf hingewiesen, dass sie keine antimodernistische Haltung einnahmen, sondern aus ihrer Weltanschauung und ihren vorhandenen Denkmustern heraus versuchten, dem Islam und somit auch den Muslimen ihren Platz in der modernen Welt aufzuzeigen. Sie waren davon überzeugt, dass der Islam ein großes Potential in sich trägt, um an der sich immer stärker globalisierenden Welt zu partizipieren: „Sieht man in der islamischen Welt ein künftiges Gegenzentrum, so übersieht man die Tatsache, dass die muslimische Welt keine monolithische, sondern eine vielfältige, multikulturelle und multikonfessionelle Welt ist."[1005]

1005 Amir Sheikhzadegan: Der Griff des politischen Islam zur Macht. Iran und Algerien im Vergleich. Bern 2003.
    S. 16.

Literaturverzeichnis

1 Quellen

Archiv Dritte Welt (Hrsg.): Bewegung der Blockfreien. Deklarationen, Resolutionen und Reden der Konferenzen von Belgrad, Kairo, Lusaka, Algier, Colombo. Köln 1978

Ersoy, Mehmet Akif: Safahat [Wohlstand]. Ankara 1999

Ikbal, Muhammed: Yansımalar [Reflexionen]. Istanbul 2001
Ikbal, Muhammed: Mektuplar [Briefe]. Istanbul 2002
Ikbal, Muhammed: Aşk ve tutku. On uzun manzume [Liebe und Leidenschaft. Zehn lange Gedichte]. Ankara 2003
Ikbal, Muhammed: Şarktan Haber [Nachricht aus dem Osten]. Istanbul 2006
Ikbal, Muhammed: Kulluk kitabı [Buch des Dieners]. Istanbul 2006
Iqbal, Muhammad: Persischer Psalter. Köln 1968
Iqbal, Muhammad: Die Entwicklung der Metaphysik in Persien. Bonn 1982
Iqbal, Muhammad: Die Wiederbelebung des religiösen Denkens im Islam. Berlin 2010

Kisakürek, Necip Fazıl: Doğu yolun sapık kolları [Die verirrten Richtungen des östlichen Weges]. Istanbul 1978
Kisakürek, Necip Fazıl: Çerçeve 1 [Fassung 1]. Istanbul 1982

Kisakürek, Necip Fazıl: Çile [Entbehrung]. Istanbul 1985

Kisakürek, Necip Fazıl: Konuşmalar [Reden]. Istanbul 1990

Kisakürek, Necip Fazıl: Hesaplaşma [Abrechnung]. Istanbul 1991

Kisakürek, Necip Fazıl: Ben ve ötesi [Ich und das Übrige]. Istanbul 1993

Kisakürek, Necip Fazıl: Çöle inen nur [Das herabgesandte Licht der Wüste]. Istanbul 1994

Kisakürek, Necip Fazıl: İlim beldesinin kapısı: Hz. Ali [Das Tor zur Wissenslandschaft: Heiliger Ali]. Istanbul 1994

Kisakürek, Necip Fazıl: Türkiye'nin manzarası [Die Aussicht der Türkei]. Istanbul 1997

Kisakürek, Necip Fazıl: Örümcek ağı [Spinnennetz]. Istanbul 1999

Kisakürek, Necip Fazıl: Tanrı kulundan dilediklerim [Herr, was ich mir von Deinem Diener wünsche]. Istanbul 1999

Kisakürek, Necip Fazıl: Ulu Hakan Ikinci Abdülhamid Han [Der große Herrscher Abdulhamid II.]. Istanbul 2003

Kisakürek, Necip Fazıl: Iman ve Islâm atlası. Şekil, ruh – Amel, hikmet [Atlas zum Glauben und Islam. Gestalt, Seele – Tat, Weisheit]. Istanbul 2006

Kisakürek, Necip Fazıl: Çepçevre sosyalizm, kömünizm ve insanlık [Rundblick Sozialismus, Kommunismus und Menschheit]. Istanbul 2007

Kisakürek, Necip Fazıl: Dininizi ögreniniz. Gençler için [Lernen Sie ihre Religion. Für die Jugend]. Istanbul 2007

Kisakürek, Necip Fazıl: Dünya inkılâp bekliyor [Die Welt wartet auf eine Revolution] Istanbul 2007

Kisakürek, Necip Fazıl: Ideoloyca örgüsü [Ideologische Verstrickung]. Istanbul 2007

Kisakürek, Necip Fazıl: Mümin-Kafir [Gläubiger-Ungläubiger]. Istanbul 2007

Kisakürek, Necip Fazıl: Son devrin din mazlumları [Die religiösen Unterdrückten des letzten Jahrhunderts]. Istanbul 2007

Kisakürek, Necip Fazıl: Batı tefekürrü ve Islam tassavvufu [Das westliche Denken und der islamische Sufismus]. Istanbul 2008

Kisakürek, Necip Fazıl: Bir adam Yaratmak [Einen Menschen erschaffen]. Istanbul 2008

Kisakürek, Necip Fazıl: Tohum [Samen]. Istanbul 2008

Kisakürek, Necip Fazıl: Bediüzzaman Said Nursî. Istanbul 2009

Kisakürek, Necip Fazıl: Büyük Doğu cemiyeti [„Büyük Doğu"-Gesellschaft]. Istanbul 2009

Nursi, Bediüzzaman Said: Risale- i Nur Külliyatı. 14. cilt [Gesammelte Werke der Risale Nur. 14 Bände]. Istanbul 2007

Nursî, Said: Nutuk [Rede]. Istanbul 1908

Rauschning, Dietrich (Hrsg.): Rechtsstellung Deutschlands. Völkerrechtliche Verträge und andere rechtsgestaltende Akten. Nördlingen 1989

Schariati, Ali: Exploitation und Raffinierung der kulturellen Quellen. Bonn 1980

Schariati, Ali: Zivilisation und Modernismus. Bonn 1980

Schariati, Ali: Die vier Gefängnisse des Menschen. Bonn 1981

Schariati, Ali: Zur westlichen Demokratie. Bonn 1981

Schariati, Ali: Wo fangen wir an? Bonn 1982

Schariati, Ali: Das Menschenbild im Marxismus, in anderen abendländischen Denkschulen und im Islam. Bonn 1983

Şeriati, Ali: Ne yapmalı [Was muss getan werden]. Istanbul 1990

Şeriati, Ali: Mektuplar [Briefe]. Istanbul 1991

Şeriati, Ali: Kevir. Bir tarih olarak beliren coğrafya [Kawir. Eine historisch geprägte Landschaft]. Ankara 1992

Şeriati, Ali: Kapitalizm [Kapitalismus]. Istanbul 1994

Şeriati, Ali: Marksizm [Marxismus]. Istanbul 1994

Şeriati, Ali: Islam ekonomisi [Islamische Wirtschaft]. Istanbul 1996

Şeriati, Ali: Kültür ve ideoloji [Kultur und Ideologie]. Istanbul 1996

Şeriati, Ali: Medeniyet Tarihi I [Geschichte der Zivilisation I]. Ankara 1998

Şeriati, Ali: Medeniyet Tarihi II [Geschichte der Zivilisation II]. Ankara 1998

Şeriati, Ali: Medeniyet ve modernizm [Zivilisation und Modernismus]. Istanbul 1998

Şeriati, Ali: Yarının Tarihine Bakış [Ein Blick auf die morgige Geschichte]. Istanbul 1998

Şeriati, Ali: Dinleri tanımak [Religion kennenlernen]. Istanbul 1999

Şeriati, Ali: Öze dönüş [Die Rückkehr zum wahren Sein]. Istanbul 1999

Şeriati, Ali; Şehidî: Siret [Das Leben des Propheten Muhammad]. Istanbul 2000

Şeriati, Ali: Yalnızlık sözleri II [Die Worte der Einsamkeit II]. Istanbul 2003

Şeriati, Ali: Anne baba biz suçluyuz [Mutter, Vater wir sind schuldig]. Istanbul 2004

Şeriati, Ali: Dinler tarihi [Geschichte der Religionen]. Istanbul 2004

Şeriati, Ali: Sanat [Kunst]. Istanbul 2004

Şeriati, Ali: Bir daha Ebuzer [Noch einmal Abu Dharr]. Istanbul 2005

Şeriati, Ali: Hz. Ibrahim'le buluşmak [Das Treffen mit Abraham]. Ankara 2005

Şeriati, Ali: Muhammed Kimdir [Wer ist Muhammad?]. Ankara 2005

Şeriati, Ali: Tarihi sorgulamak [Die Hinterfragung der Geschichte]. Istanbul 2005

Şeriati, Ali: Biz ve Ikbâl [Wir und Iqbal]. Istanbul 2006

Şeriati, Ali: Du'a [Bittgebet]. Istanbul 2006

Şeriati, Ali: Fatıma Fatımadır [Fatima ist Fatima]. Istanbul 2006

Şeriati, Ali: Hacc [Pilgerreise]. Istanbul 2006

Şeriati, Ali: Islam Bilim I-II [Islamkunde]. Istanbul 2006

Şeriati, Ali: Muhammad'i tanıyalım [Lasst uns Muhammad kennenlernen]. Ankara 2006

Şeriati, Ali: Aşina yüzlerle. Ailesine ve dostlarına mektuplar [Bekannte Gesichter. Briefe an seine Familie und Freunde]. Ankara 2007

Şeriati, Ali: Insanın dört zindanı [Die vier Gefängnisse des Menschen]. Istanbul 2007

Şeriati, Ali: Ali. Ankara 2008

Şeriati, Ali: Insan [Mensch]. Istanbul 2008

Şeriati, Ali: Islam ve sınıfsal yapı [Islam und Klassenstruktur]. Ankara 2008

Şeriati, Ali: Ali şiası safevi şiası [Die Schia Alis, die Schia der Safawiden]. Istanbul 2009

Shari'ati, Ali: On the Sociology of Islam. Berkeley 1979

2   Lexika, Handbücher, Nachschlagewerke

Ağırakça, Ahmed (Hrsg.): Şamil Islam ansiklopedisi. 2. cilt [Umfassende Islam-Enzyklopädie. Band 2.] Istanbul 1990

Ağırakça, Ahmed (Hrsg.): Şâmil Islam ansiklopedisi. 5. cilt [Umfassende Islam-Enzyklopädie. Band 5]. Istanbul 1992

Ağırakça, Ahmed: Şamil Islam Ansiklopedisi. 6. cilt [Umfassende Islam-Enzyklopädie. Band 6]. Istanbul 1994

Ağırakça, Ahmed (Hrsg.): Şamil Islam ansiklopedisi. 1. cilt [Umfassende Islam-Enzyklopädie. Band 1]. Istanbul 2000

Albayrak, Ahmet: Muhammad Ikbâl sözlüğü [Muhammad Iqbals Wörterbuch]. Istanbul 2005

Boudon, Raymond; Bourricaud, François: Soziologische Stichworte. Ein Handbuch. Opladen 1992

Brunner, Otto; Conze, Werner; Koselleck, Reinhart (Hrsg.): Geschichtliche Grundbegriffe. Band 4. Stuttgart 1978

Ertuğrul, Ismail Fenni: Lugatce-I felsefe [Wörterbuch der Philosophie]. Istanbul 1925

Flores, Alexander: Die arabische Welt. Ein kleines Sachlexikon. Stuttgart 2003

Fuchs-Heinritz, Werner; Lautmann, Rüdiger; Rammstedt, Otthein; Wienold, Hans (Hrsg.): Lexikon zur Soziologie. Opladen 1994

Hillmann, Karl-Heinz: Wörterbuch der Soziologie. Stuttgart 2007

Kerimoğlu, Yusuf: Kelimeler Kavramlar [Begriffe. Bedeutungen]. Istanbul 1983

Kettermann, Günter: Atlas zur Geschichte des Islam. Darmstadt 2008

Khoury, Adel Theodor; Hagemann, Ludwig; Heine, Peter: Islam-Lexikon. Geschichte,
   Ideen, Gestalten. Band 2. Freiburg im Breisgau 1991

Khoury, Adel Theodor; Heine, Peter; Oebbecke, Janbernd (Hrsg.): Handbuch Recht und
   Kultur des Islams in der deutschen Gesellschaft: Probleme im Alltag – Hintergründe – Antworten. Gütersloh 2000

Korte, Hermann; Schäfers, Bernard (Hrsg.): Einführung in die Hauptbegriffe der Soziologie. Wiesbaden 2000

Kreiser, Klaus; Diem, Werner; Majer, Hans-Georg (Hrsg.): Lexikon der Islamischen Welt.
   Band 3. Stuttgart 1974

Reidegeld, Ahmad Abdurrahman: Handbuch Islam. Die Glaubens- und Rechtslehre der
   Muslime. Kandern im Schwarzwald 2008

Schäfers, Bernhard: Grundbegriffe der Soziologie. Opladen 2001

Ule, Wolfgang: Bibliographie zu Fragen des arabischen Sozialismus, des Nationalismus
   und Kommunismus unter dem Gesichtspunkt des Islam. Hamburg 1967

3   Monographien, Aufsatzsammlungen, Zeitschriften

Abdul Hakim, Khalifa: Fundamental human rights. Lahore 1952

Abdul Hakim, Khalifa: Islamic ideology. The fundamental beliefs and principles of Islam
   and their application to practical life. Lahore 1961

Abdullah, Muhammad Salim (Hrsg.): Stimmen zum Dialog. Köln 1981

Abels, Heinz: Einführung in die Soziologie 1. Der Blick auf die Gesellschaft. Wiesbaden
   2009

Açıkgenç, Alparslan: Islâm medeniyetinde bilgi ve bilim [Wissen und Wissenschaft in der
   islamischen Zivilisation]. Istanbul 2006

Afschar, Moussa: Die Stellung der Frau im Islam. Lizenz zur Unterdrückung im Namen Allahs. Stuttgart 2002

Ahmed, Leila: Women and gender in Islam. Historical roots of modern debate. Yale 1992

Ahsen, Abdullah: Çağdaş müslümanın kimlik krizi [Die Identitätskrise des zeitgenössischen Muslims]. Istanbul 1985

Ak, Suat: Necip Fazıl Kisakürek ve Büyük Doğu. Siystem karşısında gerçek muhalefet [Necip Fazıl Kisakürek und Großer Osten. Eine wahre Opposition gegenüber dem System]. Istanbul 2009

Akbari, Semiramis: Religiöse Wissensgenerierung und Modernisierung. Wandel religiös-politischer Deutungsmuster im politischen Diskurs der Schia und Verschiebungen der inneren Machtbalance im postrevolutionären Iran. Frankfurt am Main 2010

Akgül, Mehmet: Türk modernleşmesi ve din [Türkische Modernisierung und Religion]. Konya 1999

Aktay, Yasin; Topçoğlu, Abdullah (Hrsg.): Postmodernizm ve Islam, küreselleşme ve oryantalizm [Postmodernismus und Islam, Globalisierung und Orientalismus]. Ankara 1996

Akyüz, Vecdi (Hrsg.): Bütün yönleriyle asr-ı saadet'te Islâm. Birinci Cilt [Alle Perspektiven des Islam im Zeitalter der Glückseligkeit. Band 1]. Istanbul 2006

Al Habib, André Ahmed: Sufismus. Das mystische Herz des Islam. Eine Einführung. Freiburg im Breisgau 2005

Al-Azmeh, Aziz: Islâmlar ve moderniteler [Islam und Modernitäten]. Istanbul 2003

Albayrak, Sadık: Son devrin Islam akademisi – Daru'l-Hikmeti'l-Islamiyye [Die islamische Akademie der letzten Ära – Daru'l-Hikmeti'l-Islamiyye]. Istanbul 1973

Albertini, Rudolf von (Hrsg.): Moderne Kolonialgeschichte. Köln 1970

Albrow, Martin: Das globale Zeitalter. Frankfurt am Main 2007

Algar, Hamid: Islâm devriminin kökleri [Die Wurzeln der islamischen Revolution]. Istanbul 1988

Ali, Syed Ameer: The spirit of Islam or the life and teachings of Mohammed. Kalkutta 1902

Allafi, Muhammad: Islam, Gesellschaft und europäische Moderne. Chancen und Hindernisse für Demokratie und Zivilgesellschaft. Frankfurt am Main 2002

Al-Maaly, Khalid (Hrsg.): Die arabische Welt. Zwischen Tradition und Moderne. Heidelberg 2004

Al-Ramadhani, Mazin Ismail: Die Liga der arabischen Staaten: Studie zu ihrer Entstehung, Organisation und ihren Aktivitäten. Bamberg 1974

Altvater, Elmar; Ganßmann, Heiner; Heinrich, Michael (Hrsg.): Prokla 75. Euro-Fieber. Zeitschrift für politische Ökonomie und sozialistische Politik. Frankfurt am Main 1989

Amirpur, Katajun; Ammann, Ludwig (Hrsg.): Der Islam am Wendepunkt. Liberale und konservative Reformer einer Weltreligion. Freiburg im Breisgau 2006

Apak, Adem: Hz. Osman Dönemi Devlet Siyaseti [Staatspolitik in der Regierungszeit Uthmans]. Istanbul 2003

Appardurai, Arjun: Modernity at Large: Cultural Dimension of Globalization. Minneapolis 1996

Aries, Wolf D.; Ülker, Rüstem (Hrsg.): Dietrich Bonhoeffer, Alfred Delp und Said Nursi: Christentum und Islam im Gegenüber zu den Totalitarismen. Erträge aus dem II. Said-Nursi-Symposium. Berlin, Münster 2009

Asad, Muhammad: Islam am Scheideweg. Mössingen 2007

Atay, Hüseyin: Osmanlılarda yüksek din eğitimi [Religiöse Hochschulausbildung bei den Osmanen]. Ankara 1983

Atay, Hüseyin: Kur'ân'a göre Islâm' ın temel kuralları [Die islamischen Grundsätze aus koranischer Perspektive]. Istanbul 1994

Aydınlı, Abdullah: Hasan Basri hayati ve hadis ilimindeki yeri [Das Leben von Hasan al-Basri und seine Stellung innerhalb der Hadith-Wissenschaften]. Erzurum 1988

Aydınlı, Yaşar: Gazzali: muhafazakar ve modern [Al-Ghazali: Traditionalist und Modern]. Bursa 2002

Baier, Frank; Kaufmann, Franz-Xaver; Klima, Rolf (Hrsg.):Zeitschrift für Soziologie. Jahrgang 1, Heft 1. Stuttgart 1972

Badawi, Zaki: The Reformers of Egypt – A Critique of Al-Afgani, Abduh and Ridha. London 1976

Badıllı, Abdülkadir: Bediüzzaman Said Nursi. Mufassal Tarihçe-i Hayatı. 1. cilt [Ausführliche historische Biographie. Band 1]. Istanbul 1990

Bağçeci, Muhittin: Kelam ilmine giris [Einführung in die Kalam-Wissenschaft]. Kayseri 2000

Bahadır, Gürbüz: Yorgun toplum. Birey ve kimlik, modernite ve gelenek [Müde Gesellschaft. Individuum und Identität, Modernisierung und Tradition]. Konya 2005

Bahadıroğlu, Yavuz: Bediüzzaman Said Nursî. Hayatı-tefekkürü-mücadelesi [Sein Leben, sein Denken, seine Auseinandersetzung]. Istanbul 2005.

Balandier, Georges: Die koloniale Situation: ein theoretischer Ansatz. In: Rudolf von Albertini (Hrsg.): Moderne Kolonialgeschichte. Köln 1970, S. 105-124

Baljon, Johannes Marinus Simon: The reforms and religious ideas of Sir Sayyid Ahmad Khan. Leiden 1964

Başkaya, Fikret: Sömürgecilik, emperyalizm, küreselleşme [Ausbeutung, Imperialismus, Globalisierung]. Istanbul 2010.

Bayerische Landeszentrale für politische Bildungsarbeit (Hrsg.): Weltmacht Islam. München 1988

Bayrakdar, Mehmet: Islâm'da bilim ve teknoloji tarihi [Geschichte der Wissenschaft und Technologie im Islam]. Ankara 2000

Beck, Ulrich: Die Erfindung des Politischen. Frankfurt am Main 1993

Beck, Ulrich: Was ist Globalisierung? Irrtümer des Globalismus – Antworten auf Globalisierung. München 1997

Beck, Ulrich; Giddens, Anthony; Lash, Scott: Reflexive Modernisierung. Eine Kontroverse. Frankfurt am Main 1996

Bellebaum, Alfred: Soziologische Grundbegriffe. Eine Einführung für soziale Berufe. Stuttgart 2001

Benz, Wolfgang; Graml, Hermann (Hrsg.): Fischer Weltgeschichte. Band 36. Weltprobleme zwischen den Machtblöcken. Das Zwanzigste Jahrhundert III. Frankfurt am Main 1991

Berger, Johannes (Hrsg.): Die Moderne – Kontinuitäten und Zäsuren. Göttingen 1986

Berkes, Niyazi: Türkiye 'de cağdaşlaşma [Modernisierung in der Türkei]. Ankara 1973

Binnebi, Malik: Islam ve demokrasi [Islam und Demokratie]. Istanbul 1991

Bohnet, Michael (Hrsg.): Das Nord-Süd-Problem. München 1971

Bozdoğan, Sibel; Kasaba, Reşat (Hrsg.): Türkiye'de modernleşme ve ulusal kimlik [Modernisierung in der Türkei und nationale Identität]. Istanbul 2010

Bräker, Hans: Kommunismus und Weltreligionen Asiens. Zur Religions- und Asienpolitik der Sowjetunion. Band 1. Kommunismus und Islam. 1. Religionsdiskussion und Islam in der Sowjetunion. Tübingen 1969

Braun, Christina von; Mathes, Christina: Verschleierte Wirklichkeit. Die Frau, der Islam und der Westen. Berlin 2007

Bühl, Walter Ludwig: Krisentheorien. Darmstadt 1984

Bülendoğlu, Arif: Necip Fazıl Kisakürek şiiri, sanatı, aksiyonu [Necip Fazıl Kisaküreks Gedicht, Kunst und Aktion]. Istanbul 1968

Bulaç, Ali: Islam ve demokrasi -teokrasi, totaliterizm- [Islam und Demokratie – Theokratie, Totaliterismus-]. Istanbul 1993

Bulaç, Ali: Islam ve Fundamentalizm [Islam und Fundamentalismus]. Istanbul 1997

Bulaç, Ali: Islam düşüncesinde din-felsefe/vahiy-akıl ilişkisi [Die Beziehung zwischen Religion – Philosophie/Offenbarung – Vernunft im islamischen Denken]. Istanbul 2003

Burckhardt, Titus: Vom Sufitum. Einführung in die Mystik des Islam. Rheinfelden 1989

Burgdorff, Stephan; Wiegrefe, Klaus (Hrsg.): Der Erste Weltkrieg. Die Urkatastrophe des 20. Jahrhunderts. München 2004

Cahen, Claude (Hrsg.): Der Islam I. Vom Ursprung bis zu den Anfängen des Osmanenreiches. Fischer Weltgeschichte. Band 14. Frankfurt am Main 2003

Canan, Ibrahim: Bediüzzaman'ın fikrî program. Üzerine bir analiz [Die Gedankenwelt Bediüzzamans. Eine Analyse]. Istanbul 2008

Cardini, Franco: Europa und der Islam. Geschichte eines Missverständnisses. München 2000

Casanova, José: Public Religions in the Modern World. Chicago 1994

Çebi, Hasan: Tiyatro eserlerinde madde ve manada Necip Fazıl [Necip Fazıls Anspruch und Bedeutung in seinen Theaterstücken]. Istanbul 1981

Çelebi, Katip: Mizanu'l- Hak fi İhtiyari'l- Ehakk [Die Art und Weise der Kritikausübung und Diskussion im Islam]. Istanbul 2001

Choung, Kap-Young: Einfluss und Bedeutung der Modernisierungstheorien am Beispiel Südkoreas. Tübingen 1991

Cook, David: Understandig Islam. London 2005

Cooper, John; Nettler, Ronald; Mahmoud, Mohamed (Hrsg.): Islam and modernity. Muslim intellectuals respond. London 1998

Corm, Georges: Missverständnis Orient. Die islamische Kultur und Europa. Zürich 2004

Courbage, Youssef; Todd, Emmanuel: Die unaufhaltsame Revolution. Wie die Werte der Moderne die islamische Welt verändern. München 2008

Crone, Patricia: Hagarism. The making of the Islamic world. Cambridge 1977

Cuma, Ahmet: Rainer Maria Rilke ve Necip Fazıl Kısakürek'in Şiirlerinde imgesel anlatım biçimleri [Die fiktive Beschreibungsformen in den Gedichten von Rainer Maria Rilke und Necip Fazıl Kisakürek]. Ankara 2002

Degele, Nina; Dries, Christian: Modernisierungstheorie. Eine Einführung. München 2005

Demir, Şehmus: Kur'an'ın yeniden yorumlanması. Batı'yla münasebetin Kur'an yorumuna yansımaları [Die neue Interpretation des Koran. Die Auswirkungen der Beziehungen mit dem Westen auf die Koraninterpretation]. Istanbul 2005

Denffer, Ahmad von (Hrsg.): Allahs Gesandter hat gesagt ... Nördlingen 1998

Dharampal-Frick, Gita; Qasmi, Ali Usman; Rostetter, Katia (Hrsg.): Revisioning Iqbal. As a poet and muslim political thinker. Heidelberg 2010

Diner, Dan: Versiegelte Zeit. Über den Stillstand in der islamischen Welt. Berlin 2007

Dodge, Bayard: Al-Azhar. A Millennium of Muslim Learning. Washington 1961.

Doğruer, Bünyamin: Ali Şeriati. Istanbul 1998

Dormal, Michel: Terror und Politik. Eine politische Analyse des Islamismus aus Sicht einer kritischen Theorie von Antisemitismus und totaler Herrschaft. Berlin 2009

Ebu Rebi, Ibrahim M.: Islâmî hareketin entelektüel kökenleri [Die intellektuellen Ursprünge der islamischen Bewegung]. Istanbul 1998

Ebu Zehra, Muhammed: Ebu Hanife [Abu Hanifa]. Istanbul 1981

Ebu Zehra, Muhammed: Islam 'da siyasî ve itikadî mezhepler tarihî [Die Geschichte der politischen und religiösen Rechtsschulen im Islam]. Istanbul 1983

Ebu Zehra, Muhammed: Imam Şafii [Imam Schafi]. Ankara 1996

Edisyon (Hrsg.): Dünyada Ali Şeriati [Ali Schariati in der Welt]. Istanbul 1998

Ekin Yayınları (Hrsg.): Islam mücadelede öncü şahsiyetler [Führende Persönlichkeiten in der islamischen Auseinandersetzung]. Istanbul 2009

El-Bahay, Muhammad: Muhammad Abduh. Eine Untersuchung seiner Erziehungsmethode zum Nationalbewusstsein und zur nationalen Erhebung in Ägypten. Hamburg 1936

El-Bahnassawi, Salim: Die Stellung der Frau zwischen Islam und weltlicher Gesetzgebung. München 1994

El-Efendi, Abdülvahap: Islâm ve modernliği yeniden düşünmek [Die Neubewertung von Islam und Moderne]. Istanbul 2003

El-Eşari, Ebu'l Hasen: Makalatu'l-Islamiyyin II [Das islamische Denken II]. Istanbul 1928

Emig, Julia: Die Liga der arabischen Staaten. Eine Bilanz unter besonderer Berücksichtigung der arabischen Kultur. Ladenburg 2004

Ende, Werner; Steinbach, Udo (Hrsg.): Der Islam in der Gegenwart. München 2005

Engelleder, Denis: Die islamistische Bewegung in Jordanien und Palästina: 1945-1989. Wiesbaden 2002

Erdoğan, Mehmet: Bediüzzaman ve siyaset [Bediüzzaman und Politik]. Istanbul 2008

Ertuğrul, Ismail Fenni: Lugatce-I felsefe [Wörterbuch der Philosophie]. Istanbul 1925

Ess, Josef van: Theologie und Gesellschaf im 2. und 3. Jahrhundert Hidschra. Eine Geschichte des religiösen Denkens im frühen Islam. Band 2. Berlin, New York 1991

Eyuboğlu, Ismet Zeki: Günün ışığında tasavvuf tarkikatlar mezphepler tarihi [Die Geschichte des Sufismus, der Orden, der Rechtsschulen aus zeitgenössischer Perspektive]. Istanbul 1987

Fahri, Macit: Islam felsefesi tarihi [Geschichte der islamischen Philosophie]. Istanbul 1967

Feldbauer, Peter; Liedl, Gottfried: Die islamische Welt 1000-1517. Wirtschaft. Gesellschaft. Staat. Wien 2008

Fieldhouse, David Kennenth (Hrsg.): Fischer Weltgeschichte. Band 29. Die Kolonialreiche seit dem 18. Jahrhundert. Frankfurt am Main 1965

Fischer, Michael: Iran. From religious dispute to revolution. Cambridge, London 1980

Fischer-Barnicol, Hans: Die islamische Welt und Europa. Kulturelle Verständigung als politische Herausforderung. Stuttgart 1991

Flora, Peter: Modernisierungsforschung. Zur empirischen Analyse der gesellschaftlichen Entwicklung. Opladen 1974

Flora, Peter; Klima, Rolf; Lipp, Wolfgang (Hrsg.): Zeitschrift für Soziologie. Jahrgang 8, Heft 4. Stuttgart 1979

Flores, Alexander: Der Palästinakonflikt. Wissen was stimmt. Freiburg im Breisgau 2009

Fürtig, Henner; Höpp, Gerhard (Hrsg.): Wessen Geschichte? Muslimische Erfahrungen historischer Zäsuren im 20. Jahrhundert. Berlin 1998

Fuller, Graham E.; Lesser, Ian E.: A sense of siege. The geopolitics of Islam and the West. Boulder 1995

Gamper, Markus: Islamistischer Feminismus in Deutschland? Religiosität und Gender in muslimischen Frauenvereinen. Bielefeld 2011

Gazâli, Imam: Ihyâu'ulûm'd-din. 1. cilt [Wiederbelebung der Religionswissenschaft. Band 1]. Istanbul 1973

Geiger, Wolfgang; Mansilla, Hugo Celso Felipe: Unterentwicklung. Frankfurt am Main, Berlin, München 1983

Giddens, Anthony: Die Konstitution der Gesellschaft. Frankfurt am Main 1988

Giordano, Christian: Die Betrogenen der Geschichte. Überlagerungsmentalität und Überlagerungsrationalität in mediterranen Gesellschaften. Frankfurt am Main, New York 1992

Gölpınarlı, Abülbâkiy: Tarih boyunca islâm mezhepleri ve şîîlik [Rechtsschulen und Schiitentum im Verlauf der Geschichte]. Istanbul 1979

Gröbl-Steinbach, Evelyn: Fortschrittsidee und rationale Weltgestaltung. Die kulturellen Voraussetzungen des Politischen in der Moderne. Frankfurt am Main 1994

Gronke, Monika: Geschichte Irans. Von der Islamisierung bis zur Gegenwart. München 2003

Grunebaum, Gustave Edmund von: Modern Islam. The search for cultural identity. Berkeley 1962

Grunebaum, Gustave Edmund von (Hrsg.): Fischer Weltgeschichte. Islam Band 2. Die islamischen Reiche nach dem Fall von Konstantinopel. Islam II. Frankfurt am Main 2003

Gstrein; Heinz: Marx oder Mohammed. Arabischer Sozialismus und islamische Erneuerung. Freiburg, Würzburg 1979

Güngör, Erol: Islam' ın bugünkü meseleleri [Die hiesigen Aufgaben des Islam]. Istanbul 1990

Güvenis, Halil: Der Weg der Liebe: Essays und Gedichte zur Lebensgeschichte von Yunus Emre, Werther, Faust und Swedenborg. Freiburg im Breisgau 2007

Haarmann, Ulrich (Hrsg.): Geschichte der arabischen Welt. München 1987

Haikal, Muhammad Husain: Das Leben Muhammad. Siegen 1987

Haksal, Ali Haydar: Necip Fazıl Kisakürek: Büyük Doğu ırmağı [Quelle des Großen Ostens]. Istanbul 2007

Halbwachs, Maurice: Das kollektive Gedächtnis. Frankfurt am Main 1991

Halm, Heinz: Der schiitische Islam. Von der Religion zur Revolution. München 1994

Halm, Heinz: Die Schiiten. München 2005

Hanioğlu, Şükrü: Osmanlı'dan cumhuriyet'e zihniyet, siyaset ve tarih [Mentalität, Politik und Geschichte von den Osmanen bis zur Republik]. Istanbul 2006

Hanf, Theodor: Die arabische Welt. Geschichte, Probleme, Perspektiven. Freiburg im Breisgau, Würzburg 1978

Hauck, Gerhard: Evolution, Entwicklung, Unterentwicklung: Gesellschaftstheoretische Abhandlungen. Frankfurt am Main 1996

Hekimoğlu, Ismail: 100 soruda Bediüzzaman Said Nursi, Risale-i nur külliyatı ve Risale-i nur talebeleri [100 Fragen zu Bediüzzaman Said Nursi, der Risale-Nur-Bibliothek und den Risale-Nur-Schülern]. Istanbul 2005

Heller, Erdmute; Mosbahi, Hassouna (Hrsg.): Islam, Demokratie, Moderne. Aktuelle Antworten arabischer Denker. München 1998

Hendrich, Geert: Arabisch-islamische Philosophie. Geschichte und Gegenwart. Frankfurt am Main 2005

Heuberger, Valeria (Hrsg.): Das Bild vom Anderen. Identitäten, Mentalitäten, Mythen und Stereotypen in multiethnischen europäischen Regionen. Frankfurt am Main 1998

Hippler, Jochen; Lueg, Andrea (Hrsg.): Feindbild Islam oder Dialog der Kulturen. Hamburg 2002

Hofmann, Murad Wilfried: Der Islam als Alternative. München 1999

Höpp, Gerhard; Wien, Peter; Wildangel, René (Hrsg.): Blind für die Geschichte? Arabische Begegnungen mit dem Nationalsozialismus. Berlin 2004

Hourani, Albert: Die Geschichte der arabischen Völker. Von den Anfängen des Islam bis zum Nahostkonflikt unserer Tage. Frankfurt am Main 2006

Hülagü, Metin: Islam birliği ve Mustafa Kemal [Islamische Einheit und Mustafa Kemal]. Istanbul 2008

Huntington, Samuel P.: Kampf der Kulturen. Die Neugestaltung der Weltpolitik im 21. Jahrhundert. Wien, München 1996

Hussain, Muhammad Zohair: Global Islamic Politics. New York 1995

Ihsanoğlu, Ekmeleddin: Osmanlılar ve bilim [Die Osmanen und Wissenschaft]. Istanbul 2007

Imbusch, Peter: Moderne und Gewalt. Zivilisationstheoretische Perspektiven auf das 20. Jahrhundert. Wiesbaden 2005

Inalcık, Halil: Essays in ottoman history. Istanbul 1998

Irtem, Süleyman Kâni: Bilinmeyen Abdülhamid. Husûsî ve siyasî hayatı [Der unbekannte Abdulhamid. Sein privates und politisches Leben]. Istanbul 2003

Islâmî Ilimiler Araştırma Vakfı [Stiftung für die Untersuchung der islamischen Wissenschaften] (Hrsg.): Islam ve demokrasi [Islam und Demokratie]. Istanbul 2000

Islâmî Ilimler Araştırma Vakfı [Stiftung für die Untersuchung der islamischen Wissenschaften] (Hrsg.): Modernleşme, Islâm dünyası ve Türkiye [Modernisierung, islamische Welt und Türkei]. Istanbul 2001

Islamic Cultural Centre (Hrsg.): Islamic Quarterly 23. London 1979

Islamoğlu, Huricihan (Hrsg.): Toplum ve Bilim. 27 [Gesellschaft und Wissenschaft. 27]. Istanbul 1984

Jaros, Karl: Der Islam V. Die Mystik. Eine Annäherung. Ulm 1998

Jauß, Hans Robert: Literaturgeschichte als Provokation. Frankfurt am Main 1970

Jonker, Gerdien; Hecker, Pierre; Schnoy, Cornelia (Hrsg.): Muslimische Gesellschaften in der Moderne. Ideen, Geschichten, Materialien. Wien 2007

Kaase, Max (Hrsg.): Politische Wissenschaft und politische Ordnung. Opladen 1986

Kabaklı, Ahmet: Sultanü'ş- şuara Necip Fazıl [Der König der Dichter – Necip Fazıl]. Istanbul 1995

Kaelble, Hartmut: Der historische Vergleich. Eine Einführung zum 19. und 20. Jahrhundert. Frankfurt am Main 1999

Kalın, Ibrahim: Islâm ve batı [Islam und Westen]. Istanbul 2007

Kamali, Masoud: Multiple modernities. Civil society and Islam: the case of Iran and Turkey. Liverpool 2006

Kara, Ismail: Türkiye'de islamcılık düşüncesi I. Metinler/Kişiler [Der Islamismusgedanke in der Türkei I. Texte/Personen]. Istanbul 1986

Kara, Ismail: Islamcıların siyasi görüşleri [Die politischen Ansichten der Islamisten]. Istanbul 1994

Kara. Ismail: Türkiye'de islamcılık düşüncesi II. Metinler/Kişiler [Der Islamismusgedanke in der Türkei II. Texte/Personen]. Istanbul 1997

Kara, Ismail (Hrsg.): Islam siyasi düşüncesinde değişme ve süreklilik. Hilafet risaleleri. 1. cilt. II. Abdülhamit devri [Veränderungen und Kontinuitäten im politischen Denken des Islam. Band 1. Die Periode Abdulhamids II.]. Istanbul 2002

Kara, Mustafa: Tasavvuf ve tarikatlar tarihi [Geschichte des Sufismus und der Orden]. Istanbul 1985

Karadaş, Cağfer: Çağdaş Islam düşünürleri [Zeitgenössische islamische Denker]. Istanbul 2007

Karadeniz, Osman: Hasan el-Basri ve kelami görüşleri [Hasan al-Basri und seine Ansichten zur Kalam]. Izmir 1985

Karahan, Abdülkadir: Dr. Muhammad Ikbal ve eserlerinden seçmeler [Dr. Muhammad Ikbal und eine Auswahl aus seinen Werken]. Istanbul 1984

Karaman, Hayreddin: Islam hukukunda ictihad [Idschtihad im islamischen Recht]. Ankara 1975

Karaman, Hayreddin: Islamın ışığında günün meseleleri II [Die aktuellen Probleme unter der Berücksichtigung des Islam II]. Istanbul 1982

Karaman, Hayrettin: Islam Hukuk Tarihi [Islamische Rechtsgeschichte]. Istanbul 1999

Karaman, Hayreddin: Laik düzende dini yaşamak II [Das religiöse Leben in einem laizistischen System II]. Istanbul 2002

Kardavi, Yusuf: Tarihi hesaplaşma Islam ve laiklik [Geschichtliche Abrechnung. Islam und Laizismus]. Istanbul 1996

Karpat, Kemal: Studies on Ottoman social and political history. Selected articels and essays. Leiden 2002

Karpat, Kemal: Osmanlı'dan günümüze kimlik ve ideoloji [Identität und Ideologie von den Osmanen bis heute]. Istanbul 2009

Kaweh, Silvia: Ali Schariati interkulturell gelesen. Nordhausen 2005

Kazıcı, Ziya: Osmanlı'da toplum yapısı [Die Gesellschaftsstruktur im Osmanenreich]. Istanbul 2003

Khatab, Sayed; Bouma, Gary D.: Islam ve demokrasi [Islam und Demokratie]. Ankara 2010

Khoury, Raif Georges: Politik und Religion im Islam und die Probleme der Entwicklung der arabisch-islamischen Welt in der modernen Zeit. Der Beitrag der Reformen. Heidelberg 2007

Klemm, Verena; Hörner, Karin (Hrsg.): Das Schwert des „Experten". Heidelberg 1993

Knapp, Manfred; Krell, Gert (Hrsg.): Einführung in die Internationale Politik. Ein Studienbuch. München 2004

Kocahanoğlu, Osman Selim (Hrsg.): Türk Edebiyatında Necip Fazıl Kisakürek. Hayatı-sanatı-çilesi. Hakkındaki tüm yazıları1 [Necip Fazıl Kisakürek in der türkischen Literaturwissenschaft. Sein Leben – seine Kunst – seine Entbehrungen. Alle über ihn verfassten Schriften 1]. Istanbul 1983

Kösoğlu, Nevzat: Bediüzzaman Said Nursî. Hayatı, yolu, eseri [Sein Leben, sein Weg, sein Werk]. Istanbul 2004

Kößler, Reinhart; Schiel, Tilman: Auf dem Weg zu einer kritischen Theorie der Modernisierung. Frankfurt am Main 1996

Krämer, Gudrun: Gottes Staat als Republik. Reflexionen zeitgenössischer Muslime zu Islam, Menschenrechten und Demokratie. Baden-Baden 1999

Krämer, Gudrun: Geschichte Palästinas. Von der osmanischen Eroberung bis zur Gründung des Staates Israel. München 2002

Krämer, Gudrun: Geschichte des Islam. München 2005

Krämer, Gudrun: Demokratie im Islam. Der Kampf für Toleranz und Freiheit in der arabischen Welt. München 2011

Kreiser, Klaus; Neumann, Christoph K.: Kleine Geschichte der Türkei. Bonn 2005

Kremer, Alfred von: Geschichte der herrschenden Ideen des Islam. Darmstadt 1961

Kuhn, Thomas S: Die Struktur wissenschaftlicher Revolutionen. Frankfurt am Main 1976

Kultu, Sönmez: Islam düşüncesinde ilk gelenekciler [Die ersten Traditionalisten im islamischen Denken]. Ankara 2000

Kurt, Cahit: Die Türkei auf dem Weg in die Moderne. Bildung, Politik und Wirtschaft vom Osmanischen Reich bis heute. Frankfurt am Main 1989

Kurz, Isolde: Vom Umgang mit dem anderen: Die Orientalismus-Debatte zwischen Alteritätsdiskurs und interkultureller Kommunikation. Würzburg 2000

Langenohl, Andreas: Tradition und Gesellschaftskritik. Eine Rekonstruktion der Modernisierungstheorie. Frankfurt am Main 2007

Lautenschlager, Robert: Der Modernisierungsprozess in der Türkei und seine strukturellen und räumlichen Widersprüche. Weiden und Regensburg 1996

Lerch, Wolfgang Günter: Denker des Propheten: die Philosophie des Islam. Düsseldorf 2000

Lerner, Daniel: The Passing of Traditional Society. New York, London 1958

Lewis, Bernhard: Die Wut der arabischen Welt. Warum der jahrhundertelange Konflikt zwischen dem Islam und dem Westen weiter eskaliert. Frankfurt 2003

Louis, William Roger: Ends of British imperialism. The scramble of empire, Suez and decolonization. Collected Essays. New York 2006

Lübbe, Hermann: Modernisierung und Folgelasten. Trends kultureller und politischer Evolution. Berlin, Heidelberg, New York 1997

Lücke, Hanna: „Islamischer Fundamentalismus" – Rückfall ins Mittelalter oder Wegbereiter der Moderne? Die Stellungnahme der Forschung. Berlin 1993

Luhmann, Niklas: Soziologische Aufklärung 2. Opladen 1975

Maas, Walther: Das Zeitalter des Kolonialismus: von den Conquistadoren zur Konferenz
von Bandung. Lüneburg 1958

Mahmood, Saba: Politics of piety: the Islamic revival and the feminist subject. Princeton
2005

Makowski, Stefan: Allahs Diener in Europa: Denker und Dichter im Dialog mit dem
Islam. Zürich 1997

Malik, Fazlur Rahman: Islam and Modernity: Transformation of an intellectual tradition.
Chicago 1982

Mallmann, Klaus-Michael; Cüppers, Martin: Halbmond und Hakenkreuz. Das Dritte
Reich, die Araber und Palästina. Darmstadt 2006

Mansilla, Hugo: Entwicklung als Nachahmung. Zu einer kritischen Theorie der Modernisierung. Meisenheim 1978

Mardin, Şerif: Türk modernleşmesi [Die türkische Modernisierung]. Istanbul 1991

Markham, Ian S.; Özdemir, Ibrahim (Hrsg.): Bediüzzaman'ın gözüyle küreselleşme ve
ahlâk [Globalisierung und Moral aus der Sicht Bediüzzamans]. Istanbul 2007

Markham, Ian S.; Pirim, Suendam Birinci: An introduction to Said Nursi: life, thought
and writings. Farnham 2011

Masud, Muhammad Khalid; Salvatore, Armando; Bruinessen, Martin van (Hrsg.): Islam
and Modernity. Key issues and debates. Edinburgh 2009

Matuz, Josef: Das Osmanische Reich. Grundlinien seiner Geschichte. Darmstadt 1985

Mejcher, Helmut (Hrsg.): Die Palästina-Frage 1917-1948. Historische Ursprünge und
internationale Dimensionen eines Nationalkonflikts. Paderborn 1993

Mernessi, Fatema: Die Angst vor der Moderne. Frauen und Männer zwischen Islam und
Demokratie. Hamburg 1992

Meyer, Thomas: Fundamentalismus. Aufstand gegen die Moderne. Hamburg 1989

Mirzabeyoğlu, Salih: Necip Fazıl'la başbaşa [Unter vier Augen mit Necip Fazıl]. Istanbul 1982

Miyasoğlu, Mustafa: Necip Fazıl Kisakürek. Ankara 1999

Miyasoğlu, Mustafa: Necip Fazıl Armağanı [Das Geschenk Necip Fazıl]. Istanbul 2004

Moghadam, Valentine (Hrsg.): Gender and national identity. Women and politics in Muslim society. Karatschi 1994

Mohagheghi, Hamideh; Stosch, Klaus von (Hrsg.): Moderne Zugänge zum Islam. Plädoyer für eine dialogische Theologie. Paderborn 2010

Moore, Wilbert Ellis: Strukturwandel der Gesellschaft. München 1967

Morel, Julius; Bauer, Eva; Meleghy, Tamas; Niedenzu, Heinz-Jürgen; Preglau, Max; Staubmann, Helmut: Soziologische Theorie. Abriss der Ansätze ihrer Hauptvertreter. München 2001

Moughrabi, Fouad; Said, Edward Wadie (Hrsg.): Arab Studies Quarterly. Volume 8. San Bernardino 1986

Müller, Wolfgang M. (Hrsg.): Christentum und Islam. Plädoyer für den Dialog. Zürich 2009

Münevver, Muhammad: Ikbal ve kur'ânî hikmet [Iqbal und die koranische Weisheit]. Istanbul 1995

Murtaza, Muhammad Sameer: Die Salafiya. Die Reformer des Islam. Eine Darstellung der Biographien und des politischen Denkens von Gamal Al-Din Al-Afgani, Muhammad Abduh, Muhammad Rasid Rida und Hasan Al-Banna sowie der Muslimbruderschaft in ihrer formativen Phase 1928-1932. Norderstedt 2005

Nagel, Tillmann: Die islamische Welt bis 1500. Oldenbourg Grundriss der Geschichte. Band 24. München 1998

Nakavi, Ali Muhammad: Islam ve Milliyetçilik [Islam und Nationalismus]. Istanbul 1996

Nalbandoğlu, Mehmet Reşat: Die Industrialisierung der Türkei. München 1937

Navah, Abdol Reza: Der Gegensatz „islamisch–westlich" im Menschenbild zeitgenössischer schiitischer Beiträge im Iran, unter besonderer Berücksichtigung von Motahhari und Schariati. Kiel 1987

Nasr, Seyyid Hüseyin: Modern dünyada gelenksel Islam [Der traditionelle Islam in der modernen Welt]. Istanbul 2004

Nolte, Ernst: Die dritte radikale Widerstandsbewegung: Der Islamismus. Berlin 2009

Nuscheler, Franz (Hrsg.): Dritte-Welt-Forschung. Entwicklungstheorie und Entwicklungspolitik. Opladen 1985

Özel, Ismet; Ural, Şafak; Özemre, Ahmet Yüksel (Hrsg.): Bilgi, bilim ve Islam [Wissen, Wissenschaft und Islam]. Istanbul 1987

Özervarlı, Said: Kelamda yenilik arayışları [Die Suche nach Neuerungen in der Kalam]. Istanbul 1998

Özköse, Kadir: Muhammed Senûsî. Hayatı, eserleri, hareketi [Sein Leben, seine Werke, sein Wirken]. Istanbul 2000

Ohlig, Karl-Heinz: Weltreligion Islam. Eine Einführung. Mainz 2000

Okay, Orhan: Necip Fazıl Kisakürek. Istanbul 2006

Okay, Orhan: Necip Fazıl Kisakürek. Kendini sesinin yankısı [Das Echo seiner Stimme]. Istanbul 2007

Ortayli, Ilber: Imparatorluğun en uzun yüzyıllı [Das längste Jahrhundert des Imperiums]. Istanbul 1983

Palmer, Alan: Untergang und Verfall des Osmanischen Reiches. München, Leipzig 1994

Paret, Rudi (Hrsg.): Die Welt des Islam und die Gegenwart. Stuttgart 1961

Parsons, Talcott: The Social System. Glencoe 1951

Parsons, Talcott: Das System moderner Gesellschaften. München 1972

Patton, Walter Melville: Ahmed Ibn Hanbal and the Mihna. A contribution to a biography of the Imâm and to the history of the Mohammedan inquisition called the Mihna. Leiden 1897

Platti, Emilio: Christen und Muslime: Freunde oder Feinde? Herausforderung an die Moderne. Freiburg im Breisgau 2010

Polat, Mizrap; Tosun, Cemal (Hrsg.): Islamische Theologie und Religionspädagogik. Islamische Bildung als Erziehung zur Entfaltung des Selbst. Frankfurt am Main 2010

Pollack, Detlef: Studien zum religiösen Wandel in Deutschland. 1. Säkularisierung – ein moderner Mythos? Tübingen 2003

Poya, Abbas (Hrsg.): Das Unbehagen in der Islamwissenschaft: ein klassisches Fach im Scheinwerferlicht der Politik und Medien. Bielefeld 2008

Pultar, Gönül (Hrsg.): Türk bilim adamlarının bakiş açısından Islâm ve modernite [Das Verhältnis zwischen Islam und Modernisierung aus der Perspektive türkischer Wissenschaftler]. Istanbul 2007

Purnaqchéband, Nader: Islamismus als politische Theologie: Selbstdarstellung und Gegenentwurf zum Projekt der Moderne. Münster, Hamburg, London 2002

Ramadan, Said: Das islamische Recht. Theorie und Praxis. Marburg 1996.

Ramadan, Tariq: Muslimsein in Europa. Untersuchung der islamischen Quellen im europäischen Kontext. Köln 2001

Ramadan, Tariq: Radikale Reform. Die Botschaft des Islam für die moderne Gesellschaft. München 2009

Ramazan, Tarık: Islam medeniyetlerin yüzleşmesi. Hangi modernite için hangi proje? [Die Konfrontation der islamischen Zivilisation. Welche Modernisierung für welches Projekt?]. Istanbul 2003

Ramazan, Tarık: Islâmî yenilenmenin kökenleri. Afgânî'den el-Bennâ'ya kadar Islâm ıslahâtçıları [Die Ursprünge der islamischen Erneuerung. Islamische Reformer von al-Afgani bis al-Benna]. Istanbul 2005

Rambod, Mahmod: Religion und Gesellschaft bei Ali Schariati. Ein Beitrag zur modernen Interpretation des schiitischen Islam in Iran. Tübingen 1987

Rammstedt, Otthein (Hrsg.): Simmel und die frühen Soziologien. Nähe und Distanz zu Durkheim, Tönnies und Max Weber. Frankfurt am Main 1988

Rashed, Abdel Hamid: Arabische Einheit – Wunschbild und Wirklichkeit? Struktur und Funktion der „Liga der arabischen Staaten". Tübingen, Basel 1974

Reissner, Johannes: Islam in der Weltgesellschaft. Wege in eine eigene Moderne. Berlin 2007

Renan, Ernest: Der Islam und die Wissenschaft. Schutterwald 1997

Resasade, Hadi: Zur Kritik der Modernisierungstheorien. Ein Versuch zur Beleuchtung ihres methodologischen Basissyndroms. Leverkusen 1984

Richard, Yann: Der Verborgene Imam. Die Geschichte der Schia in Iran. Grundlagen einer Religion. Berlin 1983

Riesebrodt, Martin: Die Rückkehr der Religionen. Fundamentalismus und der „Kampf der Kulturen". München 2000

Robbe, Martin; Höpp, Gerhard: Welt des Islam – Geschichte und Alltag einer Religion. Leipzig 1988

Rondot, Pierre: Der Islam und die Mohammedaner von heute. Die islamische Geschichte: gestern – heute – morgen. Stuttgart 1963

Rostow, Walt Whitman: Stadien wirtschaftlichen Wachstums. Eine Alternative zur marxistischen Entwicklungstheorie. Göttingen 1960

Sağıroğlu, Ekrem: Necip Fazıl şiirinde ölüm senfonisi [Die Todessinfonie in Necip Fazıls Gedichten]. Ankara 1997

Şahinöz, Cemil: Die Nurculuk-Bewegung. Entstehung, Organisation und Vernetzung. Die erste soziologische und wissenschaftliche Analyse der Bewegung. Istanbul 2009

Said, Edward: Orientalism. London 2003

Şar, Yasemin: Necip Fazıl Kisakürek'in tiyatrolarının tahlili [Untersuchung der Theaterstücke Necip Fazıl Kisaküreks]. Ankara 1971

Sarıbay, Ali Yaşar; Keyman, Fuad (Hrsg.): Küreselleşme, sivil toplum ve Islam [Globalisierung, Zivilgesellschaft und Islam]. Ankara 1998

Schäfer, Heinrich Wilhelm: Kampf der Fundamentalisten. Radikales Christentum, radikaler Islam und Europas Moderne. Leipzig 2008

Scheuzger, Stephan; Fleer, Peter (Hrsg.): Die Moderne in Lateinamerika. Zentren und Peripherien des Wandels. Hans Werner Tobler zum 65. Geburtstag. Frankfurt am Main 2009

Schimmel, Annemarie: Buch der Ewigkeit von Muhammad Ikbal. München 1957

Schimmel, Annemarie: Sir Mohammad Ikbal. Leiden 1963

Schimmel, Annemarie: Mystische Dimensionen des Islam. Die Geschichte des Sufismus. Köln 1985

Schimmel, Annemarie: Muhammad Iqbal. Prophetischer Poet und Philosoph. München 1989

Schimmel, Annemarie: Wanderungen mit Yunus Emre. Köln 1989

Schimmel, Annemarie: Rumi. Ich bin Wind und du bist Feuer. Leben und Werk des großen Mystikers. München 1995

Schöllgen, Gregor: Das Zeitalter des Imperialismus. Oldenbourg Grundriss der Geschichte Band 15. München 2000

Schreiner, Hans-Peter; Becker, Kurt; Freund, Wolfgang: Der Imam. Islamische Staatsidee und revolutionäre Wirklichkeit. St. Michael 1982

Schröder, Bernd (Hrsg.): Religion in der modernen Gesellschaft. Überholte Tradition oder wegweisende Orientierung. Leipzig 2009

Schulze, Reinhard: Islamischer Internationalismus im 20. Jahrhundert. Leiden 1990

Schulze, Reinhard: Geschichte der islamischen Welt im 20. Jahrhundert. München 2002

Schwarz, Helmut: Einführung in die moderne Systemtheorie. Braunschweig 1969

Schwarz, Jürgen (Hrsg.): Der politische Islam. Intentionen und Wirkungen. Paderborn 1993

Schweizer, Gerhard: Islam und Abendland – ein Dauerkonflikt. Stuttgart 1995

Schwinn, Thomas (Hrsg.): Die Vielfalt und Einheit der Moderne. Wiesbaden 2006

Senghaas, Dieter (Hrsg.): Imperialismus und strukturelle Gewalt. Frankfurt am Main 1972

Şentürk, Recep: Islam dünyasinda modernleşme ve toplumbilim – Türkiye ve Misir örneği [Modernisierung und Sozialwissenschaften in der muslimischen Welt am Bespiel der Türkei und Ägypten]. Istanbul 2006

Şeriati, Puran: Gözetim altında özgürlük. Eşim Ali Şeriati [Freiheit unter Beobachtung. Mein Mann Ali Schariati]. Istanbul 2005

Seufert, Günter; Kubaseck, Christopher: Die Türkei. Politik, Geschichte, Kultur. Bonn 2006

Sezen, Yümni: Çağdaşlaşma, yabancılaşma ve kimlik [Modernisierung, Entfremdung und Identität]. Istanbul 2002

Shahin, Emad Eldin: Through Muslim Eyes. M. Rashid Rida and the West. Herndon 1994

Shaw, Stanford J.; Shaw, Ezel Kural: History of the Ottoman Empire and modern Turkey. Reform Revolution and Republic. The Rise of Modern Turkey 1908-1975. Cambridge 1977

Sheikhzadegan, Amir: Der Griff des politischen Islam zur Macht: Iran und Algerien im Vergleich. Bern, Berlin, Frankfurt am Main, Wien 2003

Sıddıki, Mazharuddin: Islam dünyasında modernist düşünce [Modernistische Denker in der islamischen Welt]. Istanbul 1982

Sifil, Ebubekir: Islam ve modern cağ I [Islam und Modernes Zeitalter I]. Istanbul 2004

Şimşek, Said: Günümüz tefsir problemleri [Aktuelle Probleme der Koraninterpretation]. Konya 2008

Soyalan, Mehmet Yaşar: Kur'an ve insan. Insanın „kim" liğine dair bir sorgulama [Koran und Mensch. Ein Hinterfragen der menschlichen Identität]. Ankara 1999

Stark, Carsten; Lahusen, Christian: Theorien der Gesellschaft. Einführung in zentrale Paradigmen der soziologischen Gegenwartsanalyse. München 2002

Stauth, Georg: Herausforderung Ägypten. Religion und Authentizität in der globalen Moderne. Bielefeld 2010

Stein, Georg; Windfuhr, Volkhard (Hrsg.): Ein Tag im September. 11.9.2001. Hintergründe, Folgen, Perspektiven. Heidelberg 2002

Steinbach, Udo: Geschichte der Türkei. München 2000

Sträter, Beate: Zwischen Radikalisierung und Integration: Politischer Islam in Ägypten und christliche Befreiungstheologie in Brasilien. Baden-Baden 2007

Stuttgarter Stiftung für Wissenschaft und Religion (Hrsg.): Islamische Theologie des 21. Jahrhunderts. Der aufgeklärte Islam. Aufkommen, Ideen, Niederschlag. Das Paradigma des Said Nursi. Stuttgart 2007

Suruş, Abdulkerim: Dinî düşüncenin yeniden kurulsması ve Dr. Ali Şeriati [Die Neuerrichtung des religiösen Denkens und Dr. Ali Schariati]. Ankara 1989

Takakoğlu, Ahmet; Çelenk, Sadık (Hrsg.): Bilgi, bilim ve Islam I-II [Wissen, Wissenschaft und Islam I-II]. Istanbul 2005

Tanpinar, Ahmet Hamdi: Seelenfrieden. Zürich 2008

Teherani-Krönner, Parto (Hrsg.): Die Genderdebatte im Islam aus studentischer Sicht. Freiburg im Breisgau 2009

The Islamic Foundation for Science and culture (Hrsg.): International symposium. The reconstruction of Islamic thought in the twentieth century and Bediuzzaman Said Nursi. Istanbul 1992

Thomas, Scott M.: The Global Resurgence of Religion and the Transformation of International Relations. New York 2005

Tibi, Bassam: Vom Gottesreich zum Nationalstaat. Islam und panarabischer Nationalismus. Frankfurt am Main 1987

Tibi, Bassam: Islamischer Fundamentalismus, moderne Wissenschaft und Technologie. Frankfurt am Main 1992

Tippelskirch, Dorothee C. von; Hanusch, Rolf (Hrsg.): Fundamentalismus in der Moderne. Tübingen 1999

Toker Yayınları Edebi Heyeti (Hrsg.): Necip Fazıl Kisakürek. Istanbul 2002

Topdemir, Gazi: Türk düşünce tarihi [Die türkische Wissenschaftsgeschichte]. Ankara 2000

Toplayıcı, Mesut: Islam ve demokrasi [Islam und Demokratie]. Istanbul 2010

Toprak, Ahmet: Integrationsunwillige Muslime? Ein Milieubericht. Freiburg im Breisgau 2010

Towfigh, Ebrahim: Modernisierung und postkoloniale Herrschaft in Iran. Frankfurt am Main 1998

Türkiye Yazarlar Birliği Yayınları [Verlag der vereinigten türkischen Schriftsteller] (Hrsg.): Bütün yönleriyle [Necip Fazıl aus allen Perspektiven]. Ankara 1994

Türkmen, Hamza: Türkiye'de Islâmcılığın kökleri [Die Wurzeln des Islamismus in der Türkei]. Istanbul 2008

Türköne, Mümtaz'er: Siyasi ideolojji olarak islamçılığın doğuşu [Die Entstehung des Islamismus als politische Ideologie]. Istanbul 1991

Tüz, Seyit Ali (Hrsg.): Küreselleşme, Islam dünyasi ve Türkiye [Globalisierung, islamische Welt und Türkei]. Istanbul 2002

Ucar, Bülent; Sarıkaya, Yaşar: Entwicklung der modernen islamischen Religionspädagogik in der Türkei im 20. Jahrhundert. Hamburg 2009

Ule, Wolfgang: Der arabische Sozialismus und der zeitgenössische Islam. Dargestellt am Beispiel Ägyptens und des Iraks. Opladen 1969

Ulfkotte, Udo: Heiliger Krieg in Europa: wie die radikale Muslimbruderschaft unsere Gesellschaft bedroht. Frankfurt am Main 2007

United Islamic Students Association (Hrsg.): Die Islamische Revolution. Aachen 1979

Uzuncarşılı, Ismail Hakkı: Osmanlı devletinin ilmiye teşkilatı [Die Wissenschaftsorganisation im Osmanischen Reich]. Ankara 1984

Vahide, Şükran: Islam in der modernen Türkei. Die Intellektuelle Biographie des Bediüzzaman Said Nursi. Berlin 2009

Waage, Peter Norman: Islam und die moderne Welt. Versuch eines Dialogs. Dornach 2004

Waardenburg, Jaques: Religionen und Religion. Berlin 1986

Waissenberger, Robert (Hrsg.): Die Türken vor Wien. Europa und die Entscheidung an der Donau 1683. Salzburg, Wien 1982

Watt, William Montgomery: Politische Entwicklung und theologische Konzepte. Stuttgart 1985

Wehler, Hans-Ulrich: Modernisierungstheorie und Geschichte. Göttingen 1975

Wehling, Peter: Die Moderne als Sozialmythos. Zur Kritik sozialwissenschaftlicher Modernisierungstheorien. Frankfurt am Main 1992

Wellhausen, Julius: Die religiös-politischen Oppositionsparteien im alten Islam. Schwetzingen 2010

Werle, Rainer; Kreile, Renate: Renaissance des Islam. Das Beispiel Türkei. Hamburg 2000

Wiktorowicz, Quintan: The management of Islamic activism: Salafis, the Muslim Brotherhood and state power in Jordan. New York 2001

Wunberg, Gotthart (Hrsg.): Die literarische Moderne. Dokumente zum Verständnis der Literatur um die Jahrhundertwende. Frankfurt am Main 1971

Yaşar, Selâhaddin: Muhammed Ikbal. Hayatı, sanatı, mücadelesi [Sein Leben, seine Kunst, seine Auseinandersetzung]. Istanbul 2007

Yassari, Nadjma (Hrsg.): The Sharia in the constitutions of Afghanistan, Iran and Egypt: Implications for private law. Tübingen 2005

Yazıcıoğlu, Mustafa Said: Islam düşüncesinin tarihsel gelişmesi [Die historische Entwicklung des islamischen Denkens]. Ankara 2001

Yetkin, Çetin: Türk edebiyatında batılılaşma ve kimlik sorunu [Verwestlichung und die Identitätsproblematik in der türkischen Literatur]. Istanbul 2008

Yıldırım, Ergün: Türkiye'nin modernleşmesi ve Islam [Die Modernisierung der Türkei und der Islam]. Istanbul 1995

Yılmaz, Mustafa (Hrsg.): Ali Şeriati Yıllığı. Sizi rahatsız etemeye geldim [Ali Schariati Jahrbuch. Ich bin gekommen, um Euch zu stören]. Kocaeli 2009

Zaidan, Amir M. A.: Al-'Aqida. Einführung in die Iman-Inhalte. Offenbach 1999

Zapf, Wolfgang (Hrsg.): Theorien des sozialen Wandels. Köln, Berlin 1969

Zapf, Wolfgang (Hrsg.): Die Modernisierung moderner Gesellschaften. Verhandlungen des 25. Deutschen Soziologentages in Frankfurt am Main 1990. Frankfurt am Main, New York 1991

Zehetmair, Hans (Hrsg.): Der Islam. Im Spannungsfeld von Konflikt und Dialog. Wiesbaden 2005

Zorlu, Cem: Islam'da ilk iktidar mücadelesi [Der erste Machtkampf im Islam]. Konya 2002

4   Webseiten

http://avalon.law.yale.edu/20th_century/arableag.asp [Zugriff 08.09.2011].

http://www.aliseriati.com [Zugriff 17.05.2011].

http://www.akademi.nl/sayi12/Reform.htm [Zugriff 01.04.2010].

http://www.bpb.de/popup/popup_quellentext.html?guid=RXZ9T6 [Zugriff 26.05.2010].

http://www.darulkitap.com/oku/kulliyatlar/v2/nfk/AynadakiYalan.htm [Zugriff 22.06.2011].

http://www.erster-weltkrieg.clio-online.de/_Rainbow/documents/poluzeit/ apuz_reimann.pdf [Zugriff 10.07.2011].

http://www.freidok.uni freiburg.de/volltexte/3369/pdf/Ende_Sunniten_und_Schiiten. pdf [Zugriff 23.07.2011].

http://www.isam.org.tr/documents_dosyalar_pdfler\islam_arastirmalari_dergisi\ sayi04\189_279.pdf [Zugriff 29.08.2011].

http://www.hayrettinkaraman.net/yazi/laikduzen/4/0009.htm [Zugriff 26.04.2010].

http://www.islam-pure.de/iw/buecher/Fatima_ist_Fatima.pdf [Zugriff 10.08.2011].

http://www.n-f-k.com/hatiralar-ve-hayatindaki-diger-kisiler/mehmed-hilmi-efendi [Zugriff 15.06.2011].

http://www.n-f-k.com/hatiralar-ve-hayatindaki-diger-kisiler/zafer-hanim
[Zugriff 15.06.2011].

http://www.n-f-k.com/kategori/ustaddan/page/5 [Zugriff 15.07.2011].

http://www.n-f-k.com/necip-fazil-kimdir [Zugriff 15.06.2011].

http://www.n-f-k.com/nfkforum/index.php?/topic/2585-marifetname
[Zugriff 12.08.2011].

http://www.ozemre.com/index.php?option=com_content&task=view&id=28&Item
id=57 [Zugriff 26.04.2010].

http://www.risaleara.com/oku.asp?id=2064 [Zugriff 01.09.2011].

http://www.risaleara.com/oku.asp?id=4609 [Zugriff 01.09.2011].

http://www.shariati.com/translat.html [Zugriff 18.08.2011].

Ortsregister

Personenregister

Dschalal ad-Din Muhammad Rumi
   (Maulana) 80
Dschelebi 85
Dumas, Alexandre 195
Durkheim, David Émile 44-45, 179

Einstein, Albert 161
Ersoy, Mehmet Akif 95, 101
Ertuğrul, Ismail Fenni 105

Fanon, Frantz 136
Fatima bint Muhammad 136
Fatma Neslihan Hanım 198
Fuzûlî 194

Galvin, John 38
Gide, André 174
Goethe, Johann Wolfgang von 155
Gorvicz, Georg 136

Hamdi, Ahmad 195
Hamidullah, Muhammad 205
Hegel, Georg Wilhelm Friedrich 163,
   190
Huntington, Samuel 3
Hussain, Taha 125

Ibn al-Qayyim 89
Ibn Athir 73

Ibn Taymiyah 89
Ibrahim Aşkî (Tanık) Bey 196
Imam Aschari 84-85
Imam Schafi 77
Iqbal, Muhammad 153-158

Jänicke, Martin 57
Jesus von Nazaret 139, 161

(Kain und) Abel 145-146, 175, 189
Kemal, Yahya 23, 195, 207
Khalifa Abdul Hakim 124
Khan, Sayyid Ahmad 23, 121
Khomeini, Ayatollah 34
Kisakürek, Necip Fazıl 12, 126, 133,
   194-206, 208-209, 212-236, 238-240
Kutub, Sayyid 205

Luhmann, Niklas 52

Marx, Karl 145, 190
Massignon, Louis 136
Maududi, Sayyid Abul ala 205
Mediha Hanım 194
Mehmed Hilmi Efendi 194
Mehmet Ağa 102
Mehmet, Fatih Sultan 80, 217
Muawiya 75-76